Die Treckstraßen der volksdeutschen Flüchtlinge aus Rumänien im Herbst 1944
Drumurile evacuării în toamna anului 1944

Treckwege
Drumurile evacuării

Vorstöße deutsch-ungarischer Truppen im September 1944
Atacurile forțelor germano-maghiare în septembrie 1944

Stoßrichtungen der sowjetischen Offensive August/September 1944
Direcțiile ofensivei sovietice august/septembrie 1944

Karte: Idee Horst Göbbel · Zeichnung Sigrid Göbbel · Ausführung Roland Göbbel

Alexandru Pintelei / Horst Göbbel

PUNCT CRUCIAL ÎN ARDEALUL DE NORD
WENDEPUNKT IN NORDSIEBENBÜRGEN

Herti Schuster
mit großer Freude und
Anerkennung

Horst Göbbel
München
12. 10. 2004

Heimat ist dort, wo wir gemeinsam unterwegs sind.
Patria este acolo unde suntem împreună pe acelaşi drum.

Alexandru Pintelei / Horst Göbbel

PUNCT CRUCIAL ÎN ARDEALUL DE NORD

WENDEPUNKT IN NORDSIEBENBÜRGEN

EDITURA – VERLAG
HAUS DER HEIMAT NÜRNBERG

NÜRNBERG 2004

Die Finanzierung und Drucklegung dieses Buches wurde vom Haus der Heimat Nürnberg und einer Reihe interessierter siebenbürgisch-sächsischer Heimatortsgemeinschaften, Institutionen und Einzelpersonen gefördert.

Die Deutsche Bibliothek – CIP-Einheitsaufnahme
Alexandru Pintelei / Horst Göbbel

WENDEPUNKT IN NORDSIEBENBÜRGEN
PUNCT CRUCIAL ÎN ARDEALUL DE NORD

VERLAG HAUS DER HEIMAT NÜRNBERG
EDITURA HAUS DER HEIMAT NÜRNBERG
NÜRNBERG 2004

ISBN 3-00-013968-0

Herausgeber/Editor:
Haus der Heimat Nürnberg

Redaktion/Redactor:
Horst Göbbel · Alexandru Pintelei

Übersetzungen/Traduceri:
Horst Göbbel, Nürnberg · Dr. Ekkehard Hallensleben, Bonn · Margarete Schuster, Nürnberg

Bildernachweis/Fotografii:
Martin Eichler, Dresden · Dr. Hermann Fabini, Hermannstadt/Sibiu · Dr. Georg Gerster, Zürich
Horst Göbbel, Nürnberg · Mihaela Someşan, Bistritz/Bistriţa · u.a.

Layout:
Roland Göbbel · Michelle Chrétien · Horst Göbbel

Gesamtherstellung/Tiparul executat la:
Druckerei Schobert Nürnberg
Inhaber Gerhard Adam
Bulmannstr. 32 · 90459 Nürnberg · Tel. +49-(0)911-440669
E-Mail: druckerei_schobert@web.de

Vertrieb/Difuzare:
Haus der Heimat Nürnberg
Imbuschstr. 1 · 90473 Nürnberg · Tel. +49-(0)911-8002638
E-Mail: hausderheimat-nbg@t-online.de
http://www.hausderheimat-nuernberg.de

Inhaltsverzeichnis/Cuprins

Zum Geleit

Dieses Buch wendet sich – neben allen Interessierten an einer markanten europäischen Kulturlandschaft – besonders an drei Adressatengruppen:

- an die Nordsiebenbürger Sachsen, die zumindest einen Teil ihres Lebens in Nordsiebenbürgen verbracht haben,
- an deren Nachkommen und
- ganz besonders an die Nachfolger der Siebenbürger Sachsen in Nordsiebenbürgen, d.h. an die jetzigen und künftigen Bewohner deutscher Orte in Nordsiebenbürgen, speziell an die junge Generation von Rumänen, Ungarn u. a.

Das Buch erscheint keineswegs zufällig im Jahre 2004.

2004, sechzig Jahre nach der Evakuierung bzw. Flucht der Nordsiebenbürger Sachsen im Herbst 1944 und ihrer teilweisen Rückführung im Sommer 1945, ist festzustellen, dass das einst blühende siebenbürgisch-sächsische Leben in Nordsiebenbürgen unweigerlich der Vergangenheit angehört.

Von den mehr als 40.000 in 52 nordsiebenbürgischen Orten im Raum Bistritz (34) und Sächsisch Regen (11) sowie weiteren sieben südsiebenbürgischen Gemeinden lebenden Deutschen, deren deutsche Bevölkerung im Herbst 1944 evakuiert wurde, zählt heute die ev. Kirche in der Diaspora noch einige hundert Seelen, vorwiegend alte Menschen bzw. Deutsche in gemischten Familien. Weit mehr als 95% der Siebenbürger Sachsen leben derzeit außerhalb Siebenbürgens.

Der erste Aderlass erfolgte im Zusammenhang mit dem Zweiten Weltkrieg 1939-1945 (gefallene Soldaten, Evakuierte und anschließend im Westen Verbliebene – etwa ¾ – sowie Soldaten in Kriegsgefangenschaft), der zweite im Gefolge der umfassenden Aussiedlung der Deutschen etwa ab 1969/70 bis ca. 1990/91.

Ziemlich genau 850 Jahre nach ihrer Einwanderung nach Siebenbürgen haben sich die Siebenbürger Sachsen von ihrer jahrhundertealten Heimat verabschiedet, sind größtenteils in ihr Ursprungsland Deutschland heimgekehrt oder sie haben sich in Österreich, in den USA und in Kanada integriert.

Viele Menschen, die heute in den früheren sächsischen Orten Nordsiebenbürgens wohnen, be-

Notă asupra ediției

În afară de toți cei interesați de istoria unui ținut cu un profil cultural de esență central-europeană, această carte se adresează, cu precădere, următoarelor trei categorii:

- sașilor din nordul Transilvaniei care au trăit pe aceste meleaguri cel puțin o parte a vieții lor,
- descendenților lor
- și, mai ales, actualilor locuitori ai fostelor așezări săsești din această regiune, în mod special generației tinere de români, maghiari etc.

Cartea nu apare întâmplător în anul 2004. În acest an se împlinesc 60 de ani de la evacuarea, respectiv „fuga" sașilor din Ardealul de Nord (plus sașii din șapte sate din centrul Transilvaniei) în toamna anului 1944; tot în acest an, 2004, constatăm cu regret că o civilizație înfloritoare, civilizația sașilor din nordul Transilvaniei, aparține de domeniul trecutului.

Din cei peste 40.000 de germani care au trăit până în 1944, răspândiți în 52 de localități – 34 în zona Bistriței, 11 în zona Reghinului, respectiv în șapte localități din zona Transilvaniei de Sud – și care au fost evacuați în 1944 (o parte readuși în 1945), astăzi Biserica Evanghelică, ajunsă aici în situație de diaspora, mai numără doar câteva sute de suflete, în principal persoane în vârstă sau aflate în familii mixte. Mai mult de 95% dintre sașii acestor zone trăiesc actualmente în afara Transilvaniei.

Primii care au determinat scăderea populației germane în nordul Transilvaniei au fost soldații căzuți în cel de-al doilea război mondial, persoanele evacuate și rămase în Vest (aproximativ ¾), precum și soldații ajunși prizonieri. O a doua grupă au fost cei care au emigrat din România în Germania, mai ales între 1969/70 și 1990/91.

Astfel, după 850 de ani de la colonizarea în Transilvania, sașii și-au luat rămas bun de la meleagurile lor natale și s-au stabilit, cei mai mulți, în patria de origine, Germania, dar și în Austria, SUA sau Canada.

Mulți dintre cei care trăiesc astăzi în fostele localități săsești din nordul Transilvaniei, în special cei din generația tânără, sunt, probabil, uimiți că în centrul acestor localități îi întâmpină de regulă o arhitectură aparte, ce se deosebește de cea tradițională românească. Surprind mai

sonders die junge Generation, mag sich wundern, dass es hier vorwiegend im Ortskern eine Architektur gibt, die sich vom sonstigen typisch rumänischen oder ungarischen Ortsgefüge deutlich unterscheidet. Besonders die völlig anders gebauten ev. Kirchen fallen auf.

Ebenso tauchen möglicherweise auch weitere Fragen auf, die bisher gar nicht, völlig falsch bzw. unzureichend beantwortet wurden. Dazu zählen Fragen zur Einwanderung und zur Auswanderung der Siebenbürger Sachsen, zur politischen, wirtschaftlichen, sozialen Geschichte der jeweiligen nordsiebenbürgischen Orte, Fragen zur ethnischen Zusammensetzung, zum Verhältnis der Deutschen zu ihren siebenbürgischen Nachbarn, Fragen zum zivilisatorischen Beitrag der Deutschen in Siebenbürgen, Fragen zu deren Kulturerbe usw. usf.

Natürlich kann ein Buch wie das vorliegende all diese Fragen nicht klären, aber es kann sicherlich etliche Daten, Fakten, Überlegungen, ja sogar Bilder liefern, die neugierig machen, die einige Bereiche unseres Weltbildes zurechtrücken.

* * *

Ausgangspunkt für dieses Buch war die Diplomarbeit von Alexandru Pintelei, die dieser 1998 an der Universität Bukarest zum Abschluss seines Studiums vorgelegt hat. Ihr Titel: „Die Sachsen Nordsiebenbürgens während des Zweiten Weltkrieges". Ein Nicht-Siebenbürger Sachse, aus Mocod (zwischen Bethlen und Nassod gelegen), aus einem nichtsächsischen Dorf Nordsiebenbürgens stammend, nimmt sich eines der schwierigsten Kapitel der Geschichte der Nordsiebenbürger Sachsen an, beleuchtet dessen Vorgeschichte, und setzt neue Maßstäbe durch den erstmaligen Rückgriff auf jahrzehntelang während der kommunistischen Diktatur streng der Geschichtswissenschaft verwehrten Dokumente der Verwaltungs- und Sicherheitsbehörden aus den umwälzenden Jahren 1944-1947. Die in dieser Arbeit geäußerten Feststellungen sind in der rumänischen Geschichtsschreibung völlig neu, sie erlauben dem Leser eine neue Sicht. Nach den unseligen Zeiten der Geschichtsverfälschung und Geschichtsklitterung in der kommunistischen Diktatur meldet sich eine unbefangene Stimme zu Wort, nähert sich mit gesundem Menschenverstand den Tatsachen und fördert Erstaunliches zu Tage. Diese Stimme kam für die Siebenbürger Sachsen überraschend, sie ist so prägnant, dass sie in diesem Buch den zentralen Teil einnimmt. Um die Arbeit von Alexandru Pintelei gruppieren sich die weiteren

ales bisericile evanghelice, care sunt construite într-un cu totul alt stil.

La fel, unii îşi pun, probabil, şi alte întrebări, dar care până acum nu au găsit răspuns, sau răspunsul a fost nesatisfăcător, sau, pur şi simplu, a fost unul fals. Printre ele se găsesc, de exemplu, întrebări privind colonizarea saşilor în sec. al 12-lea şi emigrarea lor în sec. al 20-lea, sau întrebări privind istoria politică, economică, socială şi culturală a saşilor, compoziţia etnică a localităţilor, relaţiile saşilor cu vecinii lor de alte naţionalităţi, rolul lor civilizator jucat în Transilvania, moştenirea culturală săsească etc. etc.

În mod sigur, o lucrare ca cea de faţă nu poate da răspunsuri diferenţiate la toate aceste întrebări, dar ea poate să furnizeze unele date, fapte, reflexii, chiar şi unele imagini, care produc curiozitate, care limpezesc anumite percepţii.

* * *

Această carte izvorăşte din teza de licenţă a domnului Alexandru Pintelei, pe care a susţinut-o în 1998 ca absolvent al Facultăţii de Istorie a Universităţii din Bucureşti, având titlul: „Saşii din zona Bistriţei în timpul celui de-al doilea război mondial". Un tânăr român, dintr-o localitate nesăsească (din Mocod, situat între Beclean şi Năsăud), se ocupă de un capitol extrem de dificil din istoria saşilor din Ardealul de Nord, cercetează originea lor şi produce ceva absolut nou: pentru prima dată un istoric român descrie istoria saşilor în perioada lor cea mai întunecată, având ocazia să cerceteze acte ale administraţiei şi organelor de ordine din anii 1944-1947, acte care în timpul dictaturii comuniste au fost inaccesibile pentru un istoric. Concluziile din această lucrare sunt absolut noi în istoriografia românească, oferind cititorilor o perspectivă nouă. După perioada dezastruoasă a dictaturii comuniste, cu pseudoistoriografia ei şi cu falsificarea grosolană a adevărului, aici se prezintă o voce sinceră, imparţială, care analizează cu o minte sănătoasă faptele, realitatea şi scoate la lumină lucruri uimitoare. Această voce a venit pentru saşii ardeleni în mod surprinzător şi este atât de pregnantă încât deţine în această carte locul central. În jurul lucrării lui Alexandru Pintelei se grupează alte părţi: un sumar al evacuării saşilor în 1944, cu mărturii venite de la trei persoane care au trăit evacuarea, o prezentare a localităţilor evacuate, însoţită de fotografii şi un mic istoric al fiecărei localităţi, iar la sfârşit o scurtă cronologie a istoriei saşilor ardeleni - un ghid pentru cei interesaţi.

Teile: eine knappe zusammenfassende Darstellung der Evakuierung 1944, drei Erlebnisberichte von Teilnehmern, ein Bild-Textteil, der einige repräsentative Fotos und einen knappen historischen Abriss der 46 ehemals deutschen Orte Nordsiebenbürgens und der angesprochenen sieben Gemeinden Südsiebenbürgens umfasst und abschließend eine kurze Übersicht zur Geschichte der Siebenbürger Sachsen.

Das Buch wurde aus guten Gründen zweisprachig verfasst. Die Übersetzungen ins Rumänische und ins Deutsche besorgten Horst Göbbel und Margarete Schuster, Nürnberg, außer Kapitel 1.4, die von Dr. Ekkehard Hallensleben, Bonn stammt. Der vorliegende Band enthält besonders in seinem Bildteil zahlreiche Fotos von Dr. Georg Gerster (Zürich), Dr. Hermann Fabini (Hermannstadt), Martin Eichler (Dresden), Mihaela Someşan (Bistritz) und Horst Göbbel (Nürnberg).

Jede ehemals deutsche nordsiebenbürgische Gemeinde erhält als Geschenk für deren Schulbibliothek, Rathaus und Kirchengemeinde dieses Buch von den nordsiebenbürgischen Heimatortsgemeinschaften, um es Interessierten vor Ort zur Verfügung zu stellen.

Ohne den substantiellen Beitrag des Hauses der Heimat Nürnberg, der nordsiebenbürgischen Heimatortsgemeinschaften in Deutschland und Österreich und der wertvollen Arbeit von Roland Göbbel (besonders Layout) und der Druckerei Theodor Schobert Nürnberg, deren Inhaber und Geschäftsführer Gerhard Adam ein Nordsiebenbürger Sachse ist, wäre dieses ehrgeizige Projekt so nicht vollendet worden. Ebenso ist Dank auszusprechen Herrn Michael Anders-Kraus, aus Bistritz stammend und seit Jahrzehnten in Wien lebend, der in besonderer Manier auf die Arbeit von Alexandru Pintelei aufmerksam gemacht und die notwendige Verbindung zwischen diesem und Horst Göbbel aufgebaut und freundlich begleitet hat.

Horst Göbbel

Nürnberg, im Sommer 2004

Cartea – din motive uşor de înţeles, bilingvă (traducerile în limba română au fost efectuate de către Horst Göbbel si Margarete Schuster, Nürnberg, respectiv în limba germană de către Margarete Schuster, Nürnberg, cap. 1-3, Dr. Ekkehard Hallensleben, Bonn, cap. 1.4 şi Horst Göbbel, celelalte părţi) – cuprinde o serie de fotografii oferite de către Dr. Georg Gerster (Zürich), Dr. Hermann Fabini (Sibiu), Martin Eichler (Dresda), Mihaela Someşan (Bistriţa) şi Horst Göbbel (Nürnberg).

Fiecare fostă localitate săsească primeşte pentru bibliotecă cel puţin trei exemplare ale acestei cărţi, respectiv şcoala, primăria şi comunitatea creştină a localităţii, drept un cadou din partea saşilor din nordul Transilvaniei stabiliţi în Germania şi Austria, spre a le pune la dispoziţia tuturor celor interesaţi.

Fără sprijinul substanţial din partea Casei Patriei (Haus der Heimat) din Nürnberg, a asociaţiilor saşilor din nordul Transilvaniei stabiliţi în Germania şi Austria, a unor donatori generoşi şi a muncii valoroase depusă mai ales de către Roland Göbbel şi tipografia Theodor Schobert din Nürnberg, condusă de Gerhard Adam, care este sas din nordul Transilvaniei, acest proiect ambiţios nu ar fi putut fi înfăptuit. Le mulţumim tuturor pentru sprijin. La fel, vreau să mulţumesc şi domnului Michael Anders-Kraus, originar din Bistriţa, stabilit de câteva decenii în Viena, care mi-a îndreptat atenţia spre teza de licenţă a domnului Alexandru Pintelei, mijlocind legătura fertilă dintre noi.

Horst Göbbel

Nürnberg, în vara anului 2004

1. Alexandru Pintelei:
Sașii din Ardealul de Nord în timpul celui de-al doilea război mondial*

Prefață

"Pământul ardelenesc, pecetluit așa de vădit, în chip cultural, prin sârguința săsească, nu poate fi prea îngust pentru 210.000 de oameni, care reprezintă cinste, muncă, economie și simț pentru dreptate și adevăr" – aprecia Nicolae Iorga în 1919. Cuvintele sale erau o justă recunoaștere a imensei contribuții adusă de sași la ridicarea culturală și materială a Transilvaniei, dar în același timp și un bun venit în hotarele României Mari.

Dar, din nefericire, tragediile celui de-al doilea război mondial și consecințele sale pentru partea central-răsăriteană a Europei, au infirmat crezul exprimat de marele istoric. În ambele cazuri pământul ardelenesc se va dovedi prea îngust pentru acești oameni, deoarece acum, la începutul secolului XXI, prezența lor în Transilvania este mai mult simbolică sub aspect numeric.

Fără îndoială, printre semințiile care au trăit pe pământul românesc, minoritatea germană – și în cadrul ei, cu deosebire sașii – se evidențiază prin aportul de excepție la progresul societății românești. Din conviețuirea cu etnicii germani, români din Transilvania și Banat au avut mult mai mult de câștigat decât de pierdut, mai ales dacă am încerca o comparație cu alte minorități. În spațiul multicultural al Transilvaniei, prin legătura strânsă cu Occidentul, sașii au fost motorul progresului sub toate aspectele. Din aceste considerente, cred că nu ar fi exagerat dacă – folosind un joc de cuvinte – am spune că sașii au fost o minoritate majoră prin cultură.

După o conviețuire seculară ce nu a fost marcată de conflicte majore cu populația românească, etnicii germani au înțeles să fie solidari cu năzuința de unitate a românilor, înfăptuită în 1918. Sașii au fost primii minoritari ce și-au dat adeziunea la actul Marii Uniri, conștienți că prin aceasta se asigura pentru prima dată și unitatea tuturor etnicilor germani din această parte a Europei.

Formate din punct de vedere temporal în perioade istorice diferite, având structuri economice, sociale și politice deosebite, comunitățile de

1. Alexandru Pintelei:
Die Sachsen Nordsieben-bürgens während des Zweiten Weltkrieges

Einführung

„Der siebenbürgische Boden, kulturell so deutlich besiegelt durch sächsischen Fleiß, kann nicht zu eng sein für 210.000 Menschen, die Ehre, Arbeit, Wirtschaftskraft darstellen und ein Gefühl für Recht und Freiheit besitzen" – so urteilte Nicolae Iorga 1919. Seine Worte waren eine gerechte Anerkennung des unermesslichen Beitrags der Siebenbürger Sachsen am kulturellen und materiellen Aufbau Siebenbürgens, zugleich auch ein herzliches Willkommen im neugeschaffenen Groß-Rumänien.

Jedoch werden die Tragödien des Zweiten Weltkrieges und seine Folgen für Mittel- und Osteuropa das vom großen Historiker ausgesprochene Credo widerlegen. In beiden Fällen wird sich das siebenbürgische Land zu eng erweisen für diese Menschen, denn nun, zu Beginn des 21. Jahrhunderts ist ihre Anwesenheit in Siebenbürgen numerisch nur noch von symbolischem Wert.

Es steht außer Frage, dass unter den Völkerschaften, die auf rumänischem Boden gelebt haben, sich die deutsche Minderheit, und innerhalb dieser insbesondere die Minderheit der Siebenbürger Sachsen, durch einen entscheidenden Beitrag für die Entwicklung der rumänischen Gesellschaft auszeichnet. Aus dem Zusammenleben mit den Deutschen haben die Rumänen aus dem Banat und aus Siebenbürgen mehr gewonnen als verloren, insbesondere wenn wir einen Vergleich mit anderen Volksgruppen durchführen würden. Im multikulturellen Gefüge Siebenbürgens waren die Siebenbürger Sachsen – auch durch ihre enge Verbindung mit Mittel- und Westeuropa – der Motor der Entwicklung unter allen Gesichtspunkten. Aus all diesen Gründen glaube ich, dass es nicht übertrieben wäre, die Sachsen – wenn wir ein Wortspiel benützen – als eine kulturell riesige Minderheit (minoritate majorā) zu bezeichnen.

Nach einem jahrhundertealten Zusammenleben ohne große Konflikte mit der rumänischen Bevölkerung, haben die Deutschen erkannt, solidarisch zu sein mit dem Wunsch der Rumänen nach Einheit, in die Wirklichkeit umgesetzt im

saşi ardeleni, şvabi bănăţeni şi sătmăreni, ţipţeri maramureşeni, germani bucovineni, basarabeni şi dobrogeni, au avut după 1918 şansa de a trăi împreună în graniţele aceluiaşi stat. Cei aproape 750.000 de germani din România au reuşit să ajungă în perioada interbelică la formarea unei conştiinţe naţionale de sine, însă la o conştiinţă colectivă a unei adevărate comunităţi de soartă se va ajunge abia după 1945.

Când ne referim la cel de-al doilea război mondial şi la implicaţiile grave pe care el le-a avut pentru România, primele noastre percepţii se îndreaptă – mai întotdeauna – spre anumite momente bine cunoscute şi cercetate: rapturile teritoriale din vara anului 1940, drama românilor din teritoriile ocupate, campania din URSS, actul de la 23 august, lupta împotriva hitlerismului, intrarea României în sfera de influenţă sovietică.

Alături de aceste evenimente care au influenţat viitorul României şi al poporului român, al doilea război mondial, prin multiplele şi complicatele sale consecinţe, a lovit puternic şi destinul minorităţii germane din România. Strămutarea în Reich a etnicilor germani din Bucovina, Basarabia şi Dobrogea în 1940, înrolarea în armata germană a zeci de mii de tineri de origine germană începând din 1942, marea dramă a deportării în Uniunea Sovietică a peste 70.000 de saşi şi şvabi în ianuarie 1945, toate acestea au constituit momente dureroase şi hotărâtoare pentru destabilizarea structurii bine închegate până atunci a acestei minorităţi.

Li s-a reproşat unor conducători politici ai minorităţii germane prea marele ataşament faţă de ordinele primite de la Berlin în anii războiului; însă, nici aceştia, nici minoritatea germană în ansamblul ei, nu au avut pata unor masacre, precum cele de la Ip şi Treznea, a maltratărilor, schingiuirilor şi expulzărilor în masă, a distrugerii unor lăcaşuri de cult, a încercării de ştergere prin brutalitate a identităţii naţionale a românilor, aşa cum, din nefericire, s-a întâmplat în Ardealul de Nord între 1940-1944.

La acestea, dacă am adăuga şi cele opt secole de remarcabilă istorie, din care principalii beneficiari am fost noi, românii ardeleni, nu poate decât să stârnească un profund regret ce s-a întâmplat atunci şi de atunci cu această minoritate.

După o tăcere aproape totală în anii comunismului, momentul deportării la muncă forţată în URSS a etnicilor germani din România a început să fie scos la lumină, mai ales după

Jahr 1918. Die Siebenbürger Sachsen waren die erste Minderheit, die sich zum Akt der großen Vereinigung bekannten, wohl auch wissend, dass dadurch erstmals die Einheit aller Deutschen aus dieser europäischen Region verwirklicht wurde.

Obwohl sie sich im Laufe unterschiedlicher Zeitläufe und historischer Perioden entwickelten und unterschiedliche wirtschaftliche, gesellschaftliche und politische Strukturen aufbauten, haben die Gemeinschaften der Siebenbürger Sachsen, der Banater und der Sathmarer Schwaben, der Zipser aus der Maramuresch, der Bukowina-, Bessarabien und der Dobrudschadeutschen nach 1918 die Chance, zusammenzuleben innerhalb der Grenzen des gleichen Staates. Den etwa 750.000 Deutschen aus Rumänien wird es in der Zwischenkriegszeit gelingen, ein eigenes nationales Selbstbewußtsein auf den Weg zu bringen, ein gemeinsames Bewusstsein einer wirklichen Schicksalsgemeinschaft wird sich jedoch bei ihnen erst nach 1945 herauskristallisieren.

Sobald es um den Zweiten Weltkrieg und seine gravierenden Folgen für Rumänien geht, denken wir zunächst – fast immer - an einige bekannte und gut erforschte Momente: die territorialen Brüche im Sommer 1940, das Drama der Rumänen in den besetzten Gebieten, der Waffengang gegen die UdSSR, der Akt des 23. August 1944, der Kampf gegen den Hitlerismus, der Fall Rumäniens in die sowjetische Einflusssphäre.

Neben diesen zukunftsbestimmenden Ereignissen für Rumänien und das rumänische Volk hat der Zweite Weltkrieg durch seine vielschichtigen und komplizierten Folgen in besonderem Maße auch das Schicksal der deutschen Minderheit in Rumänien bestimmt. Die Umsiedlung in das Deutsche Reich der Deutschen aus der Bukowina, aus Bessarabien und aus der Dobrudscha 1940, die Einberufung von zehntausenden jungen Deutschen ab 1942 in die deutsche Streitmacht, das große Drama der Deportation von mehr als 70.000 Sachsen und Schwaben im Januar 1945 in die Sowjetunion, all diese Ereignisse werden schmerzhafte und entscheidende Momente für die Destabilisierung einer bislang gut funktionierenden Lebensstruktur dieser Minderheit darstellen.

Einigen politisch führenden Personen der deutschen Minderheit wurde die zu große Anhänglichkeit, der zu große Gehorsam gegenüber den aus Berlin während der Kriegsjahre erhaltenen

comemorarea la Braşov, între 13-15 ianuarie 1995, a 50 de ani de la desfăşurarea lui. Prin dimensiunile sale, deportarea în URSS a fost o adevărată catastrofă, din ale cărei consecinţe minoritatea germană nu şi-a mai revenit, lăsând în mentalul colectiv al acestor minoritari traume psihice de neînlăturat. A uita sau a minimaliza acea gravă pedeapsă colectivă impusă fără nici un act de acuzare, înseamnă a prelungi marea nedreptate făcută acestor oameni.

Befehle vorgeworfen. Jedoch weder diese noch die deutsche Minderheit als Ganzes weisen keineswegs den Fleck, das Stigma von Massakern auf, wie etwa die von Ip oder Treznea, der massenhaften Mißhandlungen, der Folterungen und der Ausweisungen, der Zerstörung von religiösen Stätten, des Versuchs der brutalen Auslöschung der nationalen Identität der Rumänen, wie es leider zwischen 1940 und 1944 in Nordsiebenbürgen geschah.

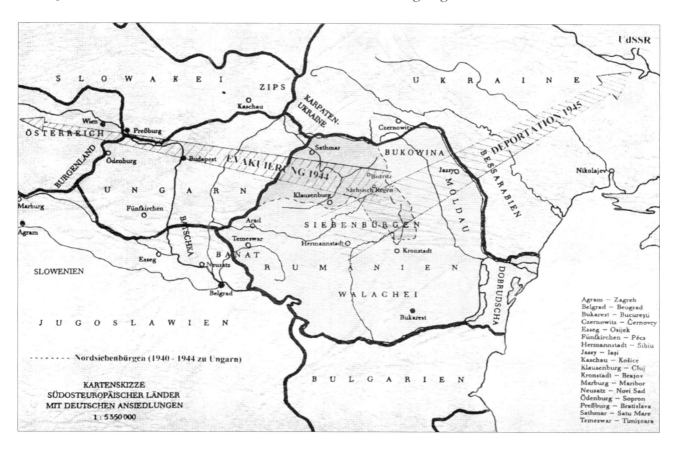

Însă, dacă această dramă pentru minoritatea germană din România anului 1945 a început să fie dezvăluită opiniei publice, ceea ce s-a petrecut cu etnicii germani de la nord de nefireasca frontieră trasată pe trupul Transilvaniei la 30 august 1940 rămâne un lucru aproape necunoscut. În afară de informaţia extrem de lapidară din unele lucrări ce tratează perioada celui de-al doilea război mondial, conform căreia germanii din Ardealul de Nord au fost evacuaţi spre Germania la sfârşitul războiului, acest moment – cu motivaţia, desfăşurarea şi consecinţele sale – este, pentru publicul larg, acoperit de umbră.

Dictatul de la Viena din 30 august 1940 a marcat destinul nu numai al românilor din nordul Transilvaniei, ci şi al celei mai vechi comunităţi germane ardelene – saşii din zona Bistriţei şi Reghinului. Dacă soarta particulară a acestor

Wenn wir dazu auch die acht Jahrhunderte großartiger Geschichte hinzufügen, deren Nutznießer wir, die siebenbürgischen Rumänen waren, kann das, was damals und seit damals mit dieser Minderheit geschehen ist, nur ein tiefes Bedauern hervorrufen.

Nach einem fast vollständigen Totschweigen während der kommunistischen Jahre, begann man die Deportation der Deutschen aus Rumänien zur Zwangsarbeit in die UdSSR allmählich ans Licht zu bringen. Dies geschah insbesondere nach der Gedenkveranstaltung vom 13. bis 15. Januar 1995 in Kronstadt, fünfzig Jahre nach dem Geschehen. Durch seine Dimensionen wurde die Deportation eine wirkliche Katastrophe, aus deren Folgen sich die deutsche Minderheit nicht mehr erholen konnte. Sie hinterließ im kollektiven Bewusstsein ein unauslöschbares

etnici germani va fi sau nu mai dificilă decât a celor din teritoriul transilvan rămas României, vom încerca să aflăm pe parcursul acestei lucrări.

Rupți de marea masă a conaționalilor lor din sudul Transilvaniei, deveniți cetățeni ai Ungariei și supuși acelorași vechi tendințe de asimilare, ca de altfel toate minoritățile, sașii nord-ardeleni vor fi evacuați spre teritoriul german (ce cuprindea atunci și Austria, Regiunea Sudetă din Cehoslovacia și "coridorul polonez"), în septembrie 1944, la inițiativa conducătorilor lor locali, cu sprijinul armatei germane și sub coordonarea generalului Arthur Phleps. Motivația fundamentală a gestului lor a fost teama cumplită de a nu fi masacrați de trupele sovietice. La această psihoză au contribuit ofițerii germani întorși de pe frontul din URSS, dar și imaginea dezolantă a etnicilor germani refugiați din Transnistria și trecuți în primăvara anului 1944 prin nordul Transilvaniei. Atunci, în septembrie 1944, prin plecarea lor în masă s-a produs o mare ruptură în istoria sașilor nord-ardeleni, deoarece mai puțin de un sfert dintre ei se vor întoarce acasă în vara și toamna anului 1945 – respectiv cei din regiunile fostului Reich ocupate de sovietici (mai precis din partea răsăriteană a Austriei și din Regiunea Sudetă), iar în prezent, din ținuturile tradițional germane ale Transilvaniei și Banatului, în zona Bistriței și Reghinului trăiesc cei mai puțini etnici germani.

Cu toate că acest eveniment nu a fost abordat de către istoriografia românească – deși el se referă în mod direct la calvarul unei părți dintre foștii cetățeni ai statului român –, în schimb, în lucrări apărute în Germania și Austria lui i se dă o atenție cuvenită, fiind integrat în marele exod al populației de origine germană din Europa Răsăriteană și Centrală, ce s-a petrecut la sfârșitul celui de-al doilea război mondial. Așadar, cea mai mare parte a informației din această lucrare* provine din surse istoriografice germane. Însă, pentru aproape toate aspectele abordate, aceste informații au fost confruntate cu cele provenind din surse românești ce abordează problema minorităților, al doilea război mondial, aspecte legate de demografie și elemente de istorie locală.

Pentru istoricul sașilor până la primul război mondial, baza informației provine din lucrările a doi istorici sași bistrițeni, lucrări ce au apărut la Bistrița și au fost realizate, în parte, pe baza documentelor păstrate în arhiva Bisericii Evanghelice din localitate. Oskar Kisch în "Die

psychisches Trauma. Diese gravierende kollektive Bestrafung, den Deutschen auferlegt ohne jeden Akt der Beschuldigung, zu vergessen oder zu verniedlichen, bedeutet, die große Ungerechtigkeit, die diese Menschen erleiden mussten, zu verlängern.

Während dieses Drama der deutschen Minderheit im Rumänien des Jahres 1945 nun der öffentlichen Meinung enthüllt wird, bleibt das, was die Deutschen nördlich der Grenze des unnatürlich am 30. August 1940 geteilten Siebenbürgens erlebten, fast völlig unbekannt. Außer der sehr knappen Information in einigen Arbeiten, die sich mit der Periode des Zweiten Weltkrieges beschäftigen, wonach die Deutschen aus Nordsiebenbürgen am Ende des Krieges in Richtung Deutschland evakuiert wurden, ist dieses Ereignis mit seinen Gründen, seiner Durchführung und seinen Folgen von Schatten umgeben.

Das Wiener Diktat vom 30. August 1940 markiert das Schicksal nicht nur der Rumänen aus Nordsienbenbürgen, sondern auch das der ältesten deutschen Gemeinschaft Siebenbürgens – das der Sachsen aus dem Bereich Bistritz und Sächsisch Regen (sowie von sieben Gemeinden Südsiebenbürgens). Ob das persönliche Schicksal dieser Deutschen schwieriger war als das anderer im siebenbürgischen Teil Rumäniens, soll im Folgenden ergründet werden.

Gewaltsam getrennt von der großen Masse ihrer Mitbürger aus Südsiebenbürgen, nun ungarische Staatsbürger geworden und dem gleichen Assimilationsdruck unterworfen wie all die anderen Minderheiten, werden die Nordsiebenbürger Sachsen im September 1944 aufgrund der Initiative ihrer örtlichen Führer und mit Unterstützung der Deutschen Wehrmacht unter der Leitung von General Arthur Phleps in Richtung Deutsches Reich (dieses umfasste damals auch Österreich, das Sudetenland und den „polnischen Korridor") evakuiert. Der tiefe Grund dafür war ihre entsetzliche Angst, nicht von den sowjetischen Truppen massakriert zu werden. Diese Psychose wurde auch von deutschen Offizieren verursacht, die von der sowjetischen Front zurückkehrten, aber auch vom trostlosen Bild der deutschen Flüchtlinge aus Transnistrien, die im Frühjahr 1944 Nordsiebenbürgen passierten. Damals, im September 1944, vollzog sich durch die Massenevakuierung ein tiefer Bruch in der Geschichte der Nordsiebenbürger Sachsen, denn nur weniger als ein Viertel von ihnen werden im Sommer und Herbst 1945 heimkehren – nämlich diejenigen aus dem sowjetisch

wichtigsten Ereignisse aus der Geschichte von Bistritz und des Nösnergaues von der Zeit der Kolonisten-Einwanderung bis zur Gegenwart" (Evenimente mai importante din istoria Bistriței și a ținutului Bistriței începând cu vremea colonizării și până astăzi) în volumul I (1926), alături de Emil Csallner în Dentwürdigkeiten aus dem Nösnergau – ein Zeitkundlicher der Stadt, des Kapitels und des Distriktes Bistriz (Fapte memorabile din ținutul Bistriței – o contribuție la istoria orașului și districtului Bistriței) apărută în 1941, realizează o extrem de interesantă și bine documentată prezentare a evenimentelor istorice din ținutul Bistriței, în principal, dar și al Reghinului, alături de reliefarea diferitelor aspecte ce țin de viața socială, culturală, frământări și obiceiuri ale oamenilor simpli, lucruri ce fac parte din ceea ce azi s-ar numi istorie a mentalităților.

Pentru perioada amintită, dar și pentru unele evenimente de la mijlocul secolului trecut, au fost utilizate informații provenind din diferite studii realizate de cercetători români și cuprinse în anuarul Revista Bistriței, editat de Muzeul Județean de Istorie Bistrița-Năsăud.

În urma evacuării din septembrie 1944 și a rămânerii pe teritoriul Germaniei și Austriei a marii majorități a sașilor din nord-estul Transilvaniei, intelectualitatea acestora a simțit nevoia rememorării în scris a faptelor de istorie întreprinse de saşi pe parcursul celor opt veacuri de existență pe pământul ardelean, la care s-a adăugat istoria anilor ulteriori stabilirii în aceste țări. Dubla motivație a gestului lor este clară: publicul austriac și german trebuia să cunoască trecutul unei părți a etnicilor germani din partea de est a Europei, care, datorită consecințelor războiului, trăiau acum alături de ei, iar pe de altă parte, s-a dorit menținerea în rândul celor plecați din spațiul transilvan a identității proprii, lucru posibil prin recuperarea unei istorii strălucite trăite în comun timp de secole, dar dureroasă la mijlocul celui trecut.

Astfel, un colectiv de oameni pasionați de istorie, adunați în jurul lui Ernst Wagner, a realizat în perioada 1980-1992 o serie de 6 volume dedicate ținutului Bistriței. Aceste lucrări din ciclul Beiträge zur Geschichte der Stadt Bistritz in Siebenbürgen (File din istoria orașului Bistrița din Transilvania) cuprind într-o analiză bine documentată istoria sașilor din momentul colonizării până la evacuarea din septembrie 1944. Deși accentul este pus pe perioada dualismului austro-ungar, epoca

bestzten Gebiet Österreichs (genauer aus dem nördlichen Ober- und aus Niederösterreich) sowie aus dem Sudetenland. Außerdem leben gegenwärtig im Großraum Bistritz und Sächsisch Regen die wenigsten Deutschen im Vergleich zu allen traditionell deutschen Gebieten im Banat und in Siebenbürgen.

Während diese Ereignisse in der rumänischen Geschichtsschreibung unerforscht blieben, obwohl es eindeutig um das Leid eines Teils früherer rumänischer Staatsbürger geht, beschäftigen sich zahlreiche Arbeiten, die in Österreich oder Deutschland erschienen sind, entsprechend umfassend damit, wobei das Thema in die Behandlung des großen Exodus der Deutschen aus Ost- und Zentraleuropa am Ende und nach dem Ende des Zweiten Weltkrieges integriert ist. Somit bezieht diese Arbeit ihre Informationen vorwiegend aus der deutschen historischen Literatur. Jedoch wurden fast alle angesprochenen Aspekte mit rumänischen Quellen konfrontiert, die sich mit Themen wie Minderheitenproblematik, Zweiter Weltkrieg, Demografie und Lokalgeschichte befassen.

Die Geschichte der Sachsen bis zum Ersten Weltkrieg stützt sich haupsächlich auf die Arbeiten von zwei sächsischen Historikern aus Bistritz und sie wurden teilweise erstellt auf der Grundlage von Quellen aus dem Archiv der örtlichen evangelischen Kirche.

Oskar Kischs „Die wichtigsten Ereignisse aus der Geschichte von Bistritz und des Nösnergaues von der Zeit der Kolonisten-Einwanderung bis zur Gegenwart", Band I (1926), neben Emil Csallners Denkwürdigkeiten aus dem Nösnergau - ein zeitkundlicher Beitrag zur Geschichte der Stadt, des Kapitels und des Distriktes Bistritz, erschienen 1941, gelingt eine höchst interessante und gut dokumentierte Präsentation der historischen Ereignisse vorwiegend aus dem Bistritzer jedoch auch aus dem Sächsisch-Regener Gau. Daneben wird ein breites Bild verschiedenster Aspekte des sozialen und kulturellen Lebens, der Gewohnheiten der einfachen Menschen gestaltet, insgesamt Bereiche, die heute unter dem Gesamttitel Die Geschichte der Denkweisen subsumiert werden könnte.

Für die angesprochene Zeitspanne sowie für einige Ereignisse um die Mitte des 20. Jahrhunderts werden Informationen genutzt, die herausgegeben wurden von verschiedenen rumänischen Forschern, zusammengefasst im Jahrbuch Die Bistritzer Zeitschrift, herausgegeben vom Kreismuseum Bistritz-Nassod.

Ernst Wagner

interbelică românească și anii ocupației horthyste – unde este cuprinsă și evacuarea –, aceste lucrări nu au un caracter exclusivist, dovadă fiind și prezentarea în amănunțime în volumul VI (1992) a rezultatelor cercetărilor arheologice întreprinse în zonă, și care cuprind mărturii ale civilizației dacice și predadice. Referitor la tema abordată, volumul III (1984) – ce are ca subtitlu Ardealul de Nord în anii 1940-1945 – este o adevărată frescă a celei mai agitate perioade din existența sașilor din nord-estul Transilvaniei, analizând atitudinea acestor oameni față de noua calitate de cetățeni ai Ungariei, motivațiile și desfășurarea evacuării spre teritoriul german.

Printr-o documentare extrem de riguroasă și o expunere de mare finețe stilistică se remarcă lucrarea istoricului bistrițean Otto Dahinten – Geschichte der Stadt Bistritz in Siebenbürgen

(Istoria orașului Bistrița din Transilvania), reeditată în Germania în 1988 ca al XIV-lea volum al ciclului Studia Transylvanica. Folosind materiale din arhivele bistrițene, date statistice legate de demografie și economie, autorul oferă un ansamblu unitar asupra celor opt secole de istorie săsească în zona Bistriței.

Nach der Evakuierung vom September 1944 und dem Verbleib der Mehrheit der Sachsen aus dem Nordosten Siebenbürgens auf östereichischem bzw. deutschem Boden haben deren Intellektuelle die Notwendigkeit verspürt, schriftlich all das festzuhalten, was an Ereignissen während der achthundert Jahre der Existenz auf siebenbürgischem Boden zu nennen war, wobei noch die darauf folgende Geschichte ihrer Ansiedlung in Österreich und in der Bundesrepublik Deutschland hinzugefügt wurde. Dabei ist die doppelte Motivation dieses Handelns klar: zum einen sollte der geschichtsbewusste Teil der Österreicher oder der Deutschen die Vergangenheit der Deutschen aus Osteuropa kennenlernen, die wegen der Kriegsfolgen nun in ihren Ländern lebten und zum anderen war unter den Betroffenen aus dem siebenbürgischen Raum der Wunsch groß, ihre eigene Identität zu bewahren, ein Unternehmen, das nur möglich war durch die Erinnerung an eine jahrhundertelang in einer Gemeinschaft gelebte herrliche Geschichte, die nun an der Mitte des 20. Jh. so schmerzhaft geworden war.

In diesem Sinne hat eine Gruppe passionierter Menschen um den Historiker Ernst Wagner (leider ist er inzwischen verstorben) zwischen 1980 und 1992 eine Serie von 6 Bänden zur Geschichte von Bistritz und seiner Umgebung herausgegeben. Diese Arbeiten aus dem Zyklus Beiträge zur Geschichte der Stadt Bistritz in Siebenbürgen enthalten in einer gut dokumentierten Analyse die Geschichte der Siebenbürger Sachsen von ihrer Kolonisation bis zu ihrer Evakuierung im September 1944. Obwohl der Akzent auf der Phase des österreichisch-ungarischen Dualismus, der rumänischen Zwischenkriegszeit und der Jahre der Horthyschen Okkupation liegt (hier ist auch die Evakuierung dokumentiert), haben diese Arbeiten keinen exklusiven Charakter. Dies zeigt sich beispielhaft auch im Band VI (1992), in dem die Ergebnisse der archäologischen Forschung aus dem Gebiet aufgenommen werden und Zeugnisse der dakischen und vordakischen Zivilisation enthalten. In Bezug auf unser Thema ist der Band III (1984) mit dem Untertitel Nordsiebenbürgen zwischen 1940 und 1945 ein wirkliches Fresko der wohl aufregendsten Phase der Existenz der Sachsen aus dem Nordosten Siebenbürgens. Darin werden die Haltung dieser Menschen in Bezug auf die neue ungarische Staatsangehörigkeit, die Gründe und die Durchführung der Evakuierung analysiert.

Beachtlich durch seine sehr strenge Dokumentation und eine auch stilistisch hochklassige Dar-

Din seria lucrărilor apărute în literatura germană, tratând problema sașilor din nordul Transilvaniei, mai sunt de amintit, prin aportul mare de informații, *Der große Treck der Siebenbürger Sachsen* (Marele drum al sașilor ardeleni), apărută în 1993, și *Heimat verloren, Heimat gefunden* (Patrie pierdută, patrie regăsită), din 1994. Oliver Klöck și Norbert Wallet, autori ai primei lucrări amintite, au ca studiu întreaga perioadă de după 1940, oferind puncte de vedere ale liderilor politici sași referitoare la noua situație de după 30 august 1940 din nordul Transilvaniei, pregătirea în detaliu a evacuării, situația ulterioară a refugiaților sași pe teritoriul Austriei și Germaniei. Prin formația lor de jurnaliști, cei doi autori au fost preocupați și de surprinderea modului în care oamenii de rând au perceput evacuarea, cuprinzând mărturii ale unor sași ce au trăit atât drumul spre Reich, cât și revenirea acasă. *Heimat verloren, Heimat gefunden* este realizată de către un colectiv de istorici la împlinirea a 50 de ani de la evacuare și a 40 de ani de la stabilirea la Setterich – în zona Aachen, Germania – a unei părți dintre sașii aflați până atunci în Austria. Prezentând mai ales informații despre perioada ulterioară anului 1944 pentru cei peste 25.000 de sași rămași pe teritoriul austriac și german, lucrarea se evidențiază și prin bogăția de date despre aproape toate localitățile săsești din nord-estul Transilvaniei, dar și despre cele mai importante din sudul provinciei.

Pentru înțelegerea stării de spirit ce domnea în zona Bistriței la cumpăna anilor 1944-1945, de folos au fost memoriile prefectului județului Năsăud (denumirea județului Bistrița-Năsăud în perioada 1925-1940, respectiv 1944-1950), dr. Ștefan I. Pop, ce s-a aflat în această funcție din octombrie 1944 până în iunie 1945. Chiar dacă ideile cuprinse în lucrarea sa, *O pagină de istorie* (1947), sunt pătrunse de o atitudine extrem de dușmănoasă la adresa a tot ce era german, faptele rememorate de el sunt o imagine amănunțită a măsurilor discriminatorii aplicate cu deosebire sașilor reîntorși începând din luna mai 1945. În schimb, memoriile lui Gustav Zikeli, cuprinse în *Amintirile unui tipograf* (1952), sunt o cronică lucidă și echidistantă a perioadei 1918-1950. Sunt observațiile celui mai mare gazetar bistrițean, social-democrat convins, un om ce nu a cochetat în nici un fel cu național-socialismul, s-

Gustav Zikeli
1876-1952

stellung erscheint in diesem Zusammenhang die Arbeit des Bistritzer Historikers Otto Dahinten - Geschichte der Stadt Bistritz in Siebenbürgen, neu herausgegeben in Deutschland 1988 als Band XIV der Reihe Studia Transylvanica. Der Autor bietet auf der Grundlage von statistischen Erhebungen aus den Bereichen Demografie und Wirtschaft ein gelungenes Gesamtbild der acht Jahrhunderte sächsischer Geschichte im Raum Bistritz.

Aus der Serie der in Deutschland erschienenen Arbeiten zum Thema Nordsiebenbürger Sachsen sind besonders wegen ihrer umfassenden Datenmenge noch zu erwähnen: Der große Treck der Siebenbürger Sachsen, erschienen 1993 und Heimat verloren, Heimat gefunden (1994). Oliver Klöck und Norbert Wallet, die Autoren der ersten Arbeit, konzentrieren sich auf die Zeit von 1940 bis zur Gegenwart und präsentieren erstmals die Positionen der damals führenden politischen Köpfe der Siebenbürger Sachsen in Bezug auf die neue Lage nach dem 30. August 1940, die Vorbereitung der Evakuierung im Detail, die folgende Situation der auf das Territorium Österreichs und Deutschlands geflüchteten Sachsen. Durch ihr Herangehen an das Thema auch als Journalisten gelingt es den beiden Autoren, die Unmittelbarkeit der Wahrnehmung der Evakuierung durch den einfachen Menschen dadurch zu verdeutlichen, dass diese mit ihren Erlebnisberichten zur Flucht in das Reich bzw. zur Rückkehr nach Siebenbürgen zu Worte kommen. Heimat verloren, Heimat gefunden ist erstellt worden von einer Gruppe von Historikern anläßlich von 50 Jahren seit der Evakuierung und 40 Jahre seit der Ansiedlung in Setterich bei Aachen. Vorwiegend werden darin Informationen zu den ca. 25.000 Siebenbürger Sachsen gebracht, die nach 1944 im Westen geblieben waren, jedoch auch eine Vielzahl von Daten und Fakten zu fast allen sächsischen Orten Nordostsiebenbürgens und der wichtigsten aus dem Süden dieser Provinz.

Von großem Nutzen in Bezug auf das Verstehen der Gemütslage, die 1944/1945 in der Region Bistritz vorherrschte, waren die Memoiren des Präfekten des Kreises Nassod (so hieß der Kreis Bistritz-Nassod von 1925 bis 1940 und von 1945 bis 1950) Dr. Ștefan I. Pop, der dieses Amt von Oktober 1944 bis zum Juli 1945 ausübte. Auch wenn seine Ideen in sei-

a opus evacuării, s-a luptat pentru cauza sașilor rămași, precum și împotriva persecuțiilor la care au fost supuși cei reîntorși.

O sursă importantă de informații pentru perioada interbelică – mai precis anii 1918-1931 – au fost cele două volume de documente apărute în 1995 și 1996, intitulate Minoritățile naționale din România, editate de Arhivele Naționale ale României și coordonate de Ioan Scurtu, Liviu Boar și Ioan Dordea. Culegerea de documente Deportarea etnicilor germani din România în Uniunea Sovietică, 1945, apărută în 1994 și întocmită de Hannelore Baier, chiar dacă nu se oprește asupra situației din zona Bistrița-Reghin, constituie o bază pentru a trage concluzii cu privire la actul din septembrie 1944 al sașilor nord-ardeleni, din perspectiva dramei etnicilor germani din sudul Transilvaniei și Banat.

Documentele păstrate la filiala din Bistrița a Arhivelor Naționale au oferit un bogat și inedit material informativ despre perioada ulterioară revenirii sașilor refugiați și măsurile discriminatorii aplicate lor. Studierea fondurilor aparținând Legiunii de Jandarmi a Județului Năsăud, Prefecturii Județului Năsăud și Primăria orașului Bistrița a permis surprinderea mecanismului prin care unele ordine primite

ner Arbeit Ein historisches Blatt von einer extrem antideutschen Haltung geprägt sind, stellen die von ihm festgehaltenen Daten ein detailliertes Bild aller diskriminierenden Maßnahmen dar, die insbesondere gegen die zurückgekehrten Sachsen ab Mai 1945 unternommen wurden. Im Gegensatz dazu sind die Memoiren von Gustav Zikeli Erinnerungen eines Buchdruckers (1952) eine weitsichtige und unabhängige Chronik der Zeitspanne von 1918 bis 1950. Es sind die Beobachtungen des größten Bistritzer Zeitungsmannes, überzeugter Sozialdemokrat, ein Mann, der mit dem Nationalsozialismus in keinerlei Weise zusammengearbeitet hat, der sich der Evakuierung widersetzte, der sich für die Sache der nichtevakuierten Sachsen eingesetzt hat, ebenso gegen die Verfolgungen, denen die Zurückgekehrten ausgesetzt waren.

Eine wichtige Informationsquelle für die Zwischenkriegszeit – genauer für die Jahre 1918 bis 1931 – waren die beiden 1995 und 1996 erschienenen Urkundenbände „Die nationalen Minderheiten Rumäniens", herausgegeben vom Nationalarchiv Rumäniens, koordineirt von Ioan Scurtu, Liviu Boar und Ioan Dordea. Auch wenn in der Urkundensammlung von Hannelore Baier „Die Deportation der Deutschen Rumäniens in die Sowjetunion 1945", erschienen 1994, die Sachsen aus dem Raum Bistritz-Sächsisch-Regen nicht das eigentliche Objekt der Ausführungen sind, so stellt diese eine Grundlage für den Vergleich dar, der am Ende dieser Arbeit durchgeführt wird und wo einige Schlussfolgerungen zu den Geschehnissen vom September 1944 in Nordsiebenbürgen aus der Perspektive des Dramas der Deutschen aus Südsiebenbürgen und aus dem Banat gezogen werden.

Schließlich haben die in der Zweigstelle Bistritz des Nationalen Archivs aufbewahrten Dokumente ihrerseits reichhaltige und bisher nicht veröffentlichte informative Materialien über die Zeit nach der Rückkehr der geflüchteten Siebenbürger Sachsen und der diskriminierenden Maßnahmen, die sie erdulden mussten, geliefert. Das Studium der Bestände der Gendarmenlegion des Kreises Nassod, der Präfektur des Kreises Nassod und des Rathauses der Stadt Bistritz ermöglichten das überraschende Herausfinden des Mechanismus, durch den verschiedene Befehle, die aus Bukarest kamen und die keineswegs extrem hart gegen die Sachsen gerichtet waren, hier aufgrund des Missbrauchs bei der Durchführung durch die lokale Führung genau diese „Qualität" erreichten. Gleichzeitig

Eines der Dokumente aus dem Archiv
Unul dintre documentele din arhivă

de la Bucureşti, şi care nu erau extrem de dure la adresa saşilor, au reuşit să-şi dobândească această calitate prin abuzul unor factori de decizie ai puterii locale. În acelaşi timp, chiar din "răceala" documentelor s-a putut desprinde uneori umanul, gesturi ale unor funcţionari sau membri ai jandarmeriei care au căutat, atât cât se putea în acele vremuri, să nu facă rău celor pentru care soarta era aspră atunci.

Pentru întregirea imaginii oferite de studierea acestor materiale, de reală utilitate au fost mărturiile unor persoane în vârstă, atât saşi cât şi români, care au fost martore directe ale unor evenimente abordate în lucrarea de faţă.

Înainte de a încheia această prefaţă, se cuvin două precizări.

Iniţial, această lucrare şi-a propus să se oprească doar asupra saşilor din ţinutul Bistriţei, de unde şi precumpănirea informaţiilor asupra acestuia, comparativ cu ţinutul Reghinului. Însă, disocierea netă dintre istoria celor două zone este aproape imposibil de făcut, populaţia acestora constituind blocul etnic german din nord-estul Transilvaniei, deosebit prin aşezare de grosul populaţiei germane din sudul provinciei, având o istorie comună şi un destin comun după 30 august 1940; la aceasta se adaugă şi faptul că în urma împărţirii administrativ-teritoriale din 1968, o parte din localităţile ce ţineau în mod tradiţional de zona Reghinului au trecut în componenţa actualului judeţ Bistriţa-Năsăud.

A doua precizare ţine de formularea unor termeni. În toate lucrările apărute în istoriografia de limbă germană, momentul din septembrie 1944 este denumit evacuare. Şi pe parcursul acestei lucrări se va folosi acelaşi termen, însă, atunci când se va vorbi despre cei ce l-au trăit se va utiliza termenul de refugiaţi, iar acest lucru va fi făcut din două motive: primul, datorită faptului că în toate documentele păstrate la filiala din Bistriţa a Arhivelor Naţionale se folosesc sintagmele «saşii reîntorşi din refugiu» sau «refugiaţii saşi», iar apoi făcând o comparaţie cu românii din Basarabia şi Bucovina de Nord, evacuaţi în 1944 când trupele sovietice au pătruns în aceste provincii, dar care întotdeauna au fost numiţi – atât în lucrările istorice, cât şi de oamenii de rând – refugiaţi; aşa cum se va putea deduce din această lucrare, o comparaţie între soarta saşilor din nord-estul Transilvaniei şi românii din provinciile sus-amintite, nu este deloc forţată. De altfel saşii care au trăit evacuarea din 1944 au vorbit despre „refugiul" lor şi nu despre evacuarea lor.

konnte allerdings auch aus der „Kälte" der Dokumente manchmal das humane Element erkannt werden. Es handelt sich dabei um Gesten einiger Funktionäre oder Mitglieder der Gendarmerie, die versucht haben, soweit es in diesen Zeiten überhaupt möglich war, diejenigen, deren Schicksal ohnehin damals hart war, nicht noch mehr zu verschlechtern.

Für die Erweiterung des Gesamtbildes, das das Studium dieser Materialien bot, waren außerdem auch die persönlichen Aussagen verschiedener älterer Zeitzeugen von großem Nutzen, sowohl Sachsen als auch Rumänen, die direkt betroffen oder Zeugen der in dieser Arbeit angesprochenen Geschehnisse waren.

Vor dem Abschluss dieses Vorworts sind zwei Präzisierungen notwendig.

Ursprünglich sollte die vorliegende Arbeit die Situation der Sachsen aus dem Raum Bistritz behandeln, wodurch naturgemäß auch die Daten zu diesem Raum überwiegen, jedoch eine eindeutige Trennung zu den Geschehnisssen aus dem weiteren Raum Sächsisch Regen ist fast unmöglich, denn die Bewohner beider Gebiete stellen einen geschlossenen ethnischen deutschen Block Nordost-Siebenbürgens dar, der sich von der Mehrheit der deutschen Bevölkerung aus dem Süden Siebenbürgens unterscheidet, weil er eine gemeinsame Geschichte und das gleiche Schicksal nach dem 30. August 1940 hatte. Außerdem wurden nach der administrativ-territorialen Reform von 1968 einige der Ortschaften, die traditionell zum Raum Sächsisch-Regen gehörten, nun dem Kreis Bistritz-Nassod einverleibt.

Die zweite Präzisierung bezieht sich auf die Formulierung einiger Begriffe. In allen Arbeiten, die in der deutschsprachigen Historiografie erschienen sind, wird das Ereignis des September 1944 als Evakuierung benannt. Auch in dieser Arbeit wird dieser Begriff verwendet, jedoch dann, wenn von denjenigen die Rede ist, die die Evakuierung erlebt haben, wird der Begriff Flüchtlinge benützt. Dies geschieht aus zwei Gründen: Erstens, weil in allen Dokumenten, die in der Zweigstelle Bistritz des Nationalarchivs aufbewahrt werden, die Wortverbindungen „die von der Flucht zurückgekehrten Sachsen" oder „die geflohenen Sachsen/die sächsischen Flüchtlinge" benützt werden und dann, auch im Vergleich zu den Rumänen aus Bessarabien oder aus der Nord-Bukowina, die 1944 evakuiert wurden, als die sowjetischen Truppen in diese Provinzen eindrangen, jedoch im-

Pe lângă analiza cu prioritate a perioadei 1940-1947, această lucrare îşi propune să fie şi un omagiu adus saşilor din zona Bistriţa-Reghin pentru contribuţia lor de peste opt secole la dezvoltarea economică şi culturală a nord-estului Transilvaniei, dezvoltare ai cărei beneficiari am fost în mod direct şi noi, românii din imediata vecinătate.

Notă – Anmerkung:

* Lucrarea de faţă reprezintă varianta revăzută şi adăugită a tezei de licenţă pe care autorul a susţinut-o în 1998 la Facultatea de Istorie a Universităţii din Bucureşti. – Diese Arbeit ist eine neu erarbeitete und erweiterte Variante der Lizentiatenarbeit, die der Autor 1998 an der Fakultät für Geschichte an der Universität Bukarest vorlegte.

mer sowohl vom einfachen Menschen auf der Straße als auch in den historischen Abhandlungen Flüchtlinge genannt wurden. Hier erschien mir ein Vergleich zwischen dem Schicksal der Sachsen Nordsiebenbürgens und der Rumänen aus den genannten Provinzen möglich (was ich nicht als übertrieben ansehe). Im Übrigen sprachen die betroffenen Siebenbürger Sachsen von der „Flucht" und kaum von der Evakuierung.

Außer der vorrangigen Analyse der Zeit von 1940 bis 1947 will diese Arbeit auch eine Ehrenbezeugung („omagiu") zugunsten der Nordsiebenbürger Sachsen für ihren achthundertjährigen Beitrag im Bereich der wirtschaftlichen und kulturellen Entwicklung des Nordostens Siebenbürgens sein, eine Entwicklung, deren direkte Nutznießer auch wir, die Rumänen aus der unmittelbaren Nachbarschaft waren.

1.1 Capitolul I: Scurt istoric al populaţiei săseşti din nordul Transilvaniei

Colonizarea populaţiei germane în zonele Satu Mare, Rodna, Bistriţa şi Reghin se constituie în primul implant german organizat în Transilvania în timpul regelui ungar Geza al II-lea (1142-1162), cu toate că unele documente din secolul al XIII-lea semnalează prezenţa unor astfel de colonişti în nordul Transilvaniei încă de la începutul secolului al XI-lea[1].

Saşii din nord-estul Transilvaniei, respectiv zona Bistriţa-Reghin, provin în primul rând din văile Moselei, care atunci aparţineau Principatului de Luxemburg, precum şi din partea de nord-vest a Lorenei. Dovada cea mai clară este însuşi

1.1 Kapitel I: Kurze Geschichte der Sachsen aus Nordsiebenbürgen

Die Ansiedlung der deutschen Bevölkerung in den Gebieten Sathmar, Rodna, Bistritz und Sächsisch Regen fand als erste organisierte Ansiedlungsaktion während der Herrschaft des Königs Geisa des II. (1142-1162) statt, obwohl einige Urkunden aus dem 13. Jh. andeuten, dass bereits am Anfang des XI. Jahrhunderts deutsche Kolonisten im Norden Siebenbürgens anzutreffen waren.

Die Sachsen aus dem nordöstlichen Siebenbürgen, bzw. aus der Bistritzer Gegend, sowie die aus dem Reener Ländchen, kamen in erster Reihe aus dem Moseltal, das zu der Zeit zum Fürs-

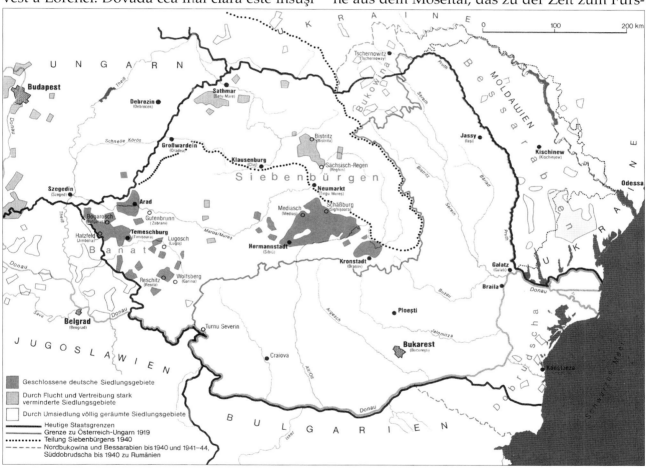

numele celui mai important oraş întemeiat de aceştia în nord-estul Transilvaniei, Bistriţa, care până la 1285 s-a numit Nösen, iar ţinutul bistriţean, Nösnergau sau Nösnerland, denumiri păstrate până astăzi în literatura istorică de limbă germană. La 12 km nord de oraşul Luxemburg există un oraş cu acest nume şi el este contemporan cu colonizarea germană în Transilvania. Pe lângă Nösen, încă trei denumiri de localităţi din zona Bistriţei sunt identice cu aşezări din Luxemburg: Dürrbach (azi Dipşa),

tentum Luxemburg gehörte, sowie aus dem nordwestlichen Teil Lothringens. Der beste Beweis dafür ist der Name Nösen, den Bistritz bis 1285 inne hatte. Das Bistritzer Gebiet hieß Nösnergau oder Nösnerland, Namen, die bis heute in der geschichtlichen Literatur erhalten geblieben sind. 12 km nördlich von Luxemburg entfernt gibt es eine Stadt mit diesem Namen Nösen und er ist zeitgleich mit der Aussiedlung. Daneben sind auch die Namen Dürrbach, Wallendorf und Treppen aus Luxemburg identisch mit den Na-

Wallendorf (Unirea) și Treppen (Tărpiu)[2].

Anul precis al întemeierii orașului Bistrița-*Nösen* rămâne acoperit de umbră, la fel de sărace în informații rămânând și deceniile de până la marea invazie mongolă din 1241. Singurul lucru precis pentru coloniștii germani din nord-estul Transilvaniei, dovedit de arhivele bisericești, este împărțirea acestor colonii în cinci *capitluri*, dispuse în trei zone: Bistrița, Teaca și Reghin.

În zona Bistriței existau trei capitluri: Bistrița (Nösen), Chiraleș (Kyrieleis) și Șieu (Gross-Schogen), între care, nu de puține ori, au apărut tensiuni ce au necesitat intervenția episcopului catolic al Ardealului, iar aceasta din cauza patronajului pe care capitlul Bistriței încerca să-l exercite asupra celorlalte două.

men Dürrbach, Wallendorf und Treppen aus dem Bistritzer Gebiet.

Das exakte Gründungsjahr der Stadt Bistritz liegt im Dunkeln; ebenso gibt es wenige geschichtliche Daten bis zum Mongolensturm von 1241. Einzig und allein ist aus kirchlichen Archiven bekannt, dass die neuen Siedlungen in fünf *Kapitel* innerhalb von drei Zonen aufgeteilt waren: Bistritz, Tekendorf und Sächsisch Regen.

Zum Bistritzer Kapitel gehörten Bistritz, Kyrieleis und Groß-Schogen. Nicht selten entstanden Spannungen unter diesen, so, dass der katholische Bischof Siebenbürgens des Öfteren eingreifen musste. Der Grund dafür war, dass das Bistritzer Kapitel die Vormachtstellung gegenüber den beiden anderen ausüben wollte.

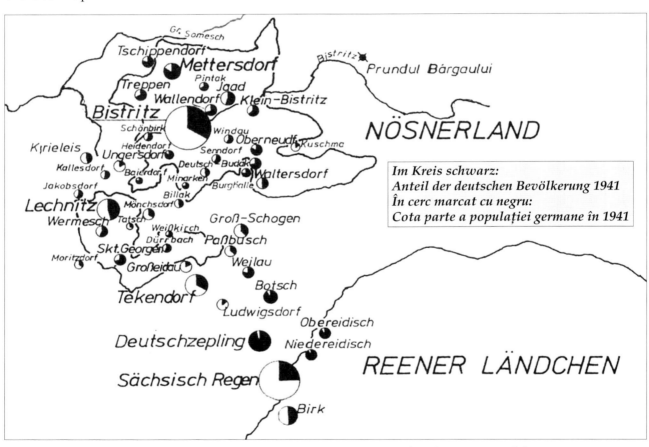

Deutsche Orte in Nordsiebenbürgen – Nösner Land und Reener Ländchen
Localități săsești din nordul Transilvaniei – Zona Bistriței și zona Reghinului

Capitlul Bistriței, pe lângă orașul propriu-zis, mai cuprindea localitățile: Nieder-Wallendorf (acum integrată în orașul Bistrița), Heidendorf (Viișoara), Schönbirk (Sigmir), Treppen (Tărpiu), Mettersdorf (Dumitra), Pintak (Slătinița), Wallendorf (Unirea), Jaad (Livezile), Klein-Bistritz (Dorolea), Neudorf (Satul Nou), Windau (Ghinda), Senndorf (Jelna), Deutsch-Budak (Budacul de Jos), Minarken (Monari) și Eppendorf, sat dispărut.

Das Bistritzer Kapitel umfasste außer der Stadt selber folgende Ortschaften: Niederwallendorf, Heidendorf, Schönbirk, Treppen, Mettersdorf, Pintak, Wallendorf, Jaad, Kleinbistritz, Neudorf, Windau, Senndorf, Deutsch-Budak, Minarken und Eppendorf, ein nicht mehr existierendes Dorf.
Zum Kyrieleiser Kapitel gehörten Kyrieleis, Baierdorf, Lechnitz, Wermesch, Tatsch, Weißkirch,

Capitlul Chiraleş (Kyrieleis), pe lângă această localitate, mai cuprindea: Baierdorf (Crainimăt), Lechnitz (Lechinţa), Wermesch (Vermeş), Tatsch (Tonciu), Weisskirch (Albeştii Bistriţei), Schelken (Jeica), Grossdorf (Mărişelu), Johannisdorf (Sântioana), Waltersdorf (Dumitriţa), Petersdorf (Petriş) şi Sankt Georgen (Sângeorzu Nou).

Cel mai mic capitlu era cel al Şieului – Schogener Capitel – şi cuprindea: Gross Schogen (Şieu), Ungersdorf (Şieu-Măgheruş), Kallesdorf (Arcalia), Jakobsdorf (Sâniacob), Moritzdorf (Moruţ), Niederneudorf (Corvineşti), Burghalle (Orheiul Bistriţei). Acest capitlu mai includea încă opt localităţi care au dispărut treptat din arealul evanghelic, la unele dintre ele doar numele szász (săsesc) la denumirea lor în limba maghiară mai amintindu-le originea: Kinteln (Chintelnic), Oberblasendorf (Blăjenii de Sus), Unterblasendorf (Blăjenii de Jos), Heresdorf (Galaţii Bistriţei), Bodestref (Buduş), Matesdorf (Matei/Szász Máthe), Zagendorf (Ţigău/Szász Zego), Eisch (Fântânele/Szász Eis). În 1893, capitlul Şieu a fost integrat celui bistriţean.

Zonei Teaca, situată între Bistriţa şi Reghin, îi corespundea un alt capitlu, cuprinzând localităţile: Tekendorf (Teaca), Gross-Eidau (Viile Tecii), Ludwigsdorf (Loghig), Mönchsdorf (Herina), Passbusch (Posmuş) şi Weilau (Uila). Capitlurile Şieu şi Teaca erau la mijlocul secolului al XVI-lea subordonate Superintendenţei Bisericii Reformate din Transilvania, abia în 1852 trecând în subordinea Bisericii Evanghelice.

În fine, capitlul din zona Reghin cuprindea următoarele localităţi: Sächsisch-Regen (Reghin), Botsch (Batoş), Birk (Petelea), Deutsch-Zepling (Dedrad), Obereidisch (Ideciu de Sus), Niedereidisch (Ideciu de Jos), Kleinschogen (Şieuţ), Prinzendorf (Telfalău?); în urma presiunilor din partea satelor româneşti vecine – Gledin, Monor şi Ardan – localitatea Şieuţ a fost părăsită de locuitorii săi saşi, Sinodul de la Mediaş, din 6 iulie 1666, scoţând-o din matricola Universităţii săseşti[3].

Din aceste numeroase aşezări, trei vor căpăta un caracter urban: Rodna, Bistriţa şi Reghinul. Însă, marea invazie mongolă din 1241 a distrus în întregime înfloritoarea colonie minieră de la Rodna, de atunci Bistriţa devenind cel mai important centru al saşilor din nordul Transilvaniei.

1.1.1 De la colonizare la epoca Principatului

Anul 1222 a adus prima confirmare documentară a existenţei Bistriţei: într-un document al

Schelken, Großdorf, Johnnisdorf, Waltersdorf, Petersdorf und Sankt Georgen.

Das Schogener Kapitel war das kleinste. Dazu gehörten: Großschogen, Ungersdorf, Kallesdorf, Jakobsdorf, Moritzdorf, Niederndorf und Burghalle. Zu diesem Kapitel gehörten noch acht Ortschaften, die leider aus der evangelischen Welt „verschwunden" sind. Nur ihr Name, zum Teil ungarisch, erinnert noch an ihren Ursprung: Kinteln, Oberblasendorf, Unterblasendorf, Heresdorf, Bodestref, Matesdorf, Zagendorf und Eisch. 1893 wird das Schogener Kapitel dem Bistritzer Kapitel einverleibt.

Die Zone Tekendorf, sie liegt zwischen Bistritz und Regen, umfasste ein weiteres Kapitel. Dazu gehörten: Tekendorf, Großeidau, Ludwigsdorf, Mönchsdorf, Paßbusch und Weilau. Die Kapitel Schogen und Tekendorf waren bis 1852 der Superitendenz der reformierten Kirche aus Siebenbürgen untergeordnet. Erst 1852 sind sie zur evangelischen Kirche übergegangen.

Schließlich gehörten zum Kapitel Sächsisch Regen: Sächsisch Regen, Botsch, Birk, Deutsch-Zepling, Obereidisch, Niedereidisch (Ideciu de Jos), Kleinschogen (Şieuţ), Prinzendorf. Aufgrund des von den rumänischen Nachbargemeinden Gledin, Monor und Ardan ausgeübten Drucks verließen die Sachsen Kleinschogen. Am 6. Juli löschte die Synode in Mediasch Kleinschogen aus der Matrikel der *Sächsischen Nationsuniversität*.

Von diesen zahlreichen Ortschaften haben sich drei zu Städten entwickelt: Rodna, Bistritz und Sächsisch Regen. Der große Mongolensturm von 1241 zerstörte jedoch die kleine Bergbaukolonie aus Rodna völlig. Bistritz wird seither zum wichtigsten Mittelpunkt der Sachsen aus Nordsiebenbürgen.

1.1.1 Von der Ansiedlung zur Epoche des Fürstentums

Die erste schriftliche Erwähnung der Stadt Bistritz (für das Jahr 1222) findet sich in einer Urkunde vom 3. September 1459 unter der Herrschaft des Kaisers Ferdinand des I. und erwähnt die Ernennung eines Komes Emerich von Salzburg in der Stadt Bistritz für das Jahr 1222. Aus demselben Dokument geht auch die Existenz der Stadt Sächsisch Regen hervor bzw. das Jahr 1228. Der Mönch Rogerius schildert in seiner schriftlichen Arbeit „*Carmen miserabile*" die Zerstörung der prosperierenden Stadt Rodna

împăratului Ferdinand I, datat la 3 septembrie 1459, se amintește despre un comite al orașului Bistrița – Emerich von Salsburg – instalat în acel an; în același document este atestată și existența Reghinului, respectiv anul 1228. Pentru Rodna, informații oferă călugărul Rogerius, în lucrarea *Carmen miserabile*, unde este povestită distrugerea prosperului oraș și fuga din fața mongolilor a grafului Aristaldus împreună cu cei 600 de soldați sași[4].

În timpul regelui Ladislau al IV-lea (1272-1290), respectiv la 1285, se produce o nouă invazie mongolă, iar din cauza distrugerilor, regele reduce două treimi din dările *"civilus de Bystercze"*; aceasta este prima atestare a numelui de Bistrița, nume cu rezonanță slavonă – *iute*[5].

Mijlocul secolului al XIV-lea a constituit un moment important pentru dezvoltarea economică a ținutului Bistriței. La cererea jurraților bistrițeni Martinus și Stephan, regele Ludovic I. (1343-1382) permite orașului să țină târg în fiecare an, de Sfântul Bartolomeu, timp de

und den Rückzug des Grafen Aristaldus mit 600 sächsischen Soldaten vor den Mongolen.

Während der Herrschaft des Königs Ladislaus des IV. (1272-1290) fallen die Mongolen 1285 von neuem ein, verwüsten das Gebiet dermaßen, dass der König zwei Drittel der Abgaben den *„civilus de Bystercze"* erläßt. Dies ist die erste urkundliche Erwähnung des Namens *Bistritz* (Wort mit slawischem Einschlag: bistro= schnell).

Die Mitte des XIV. Jahrhunderts kennzeichnet eine wichtige Phase der wirtschaftlichen Entwicklung im Bistritzer Gebiet. Auf Antrag der Geschworenen von Bistritz, Martinus und Stefan, erlaubt König Ludwig I. (1343-1382), an Sankt Bartholomäus für Kaufleute fünf Tage abgabenfreien Markt abzuhalten. Dieses Privilegium führte dazu, dass Bistritz innerhalb kurzer Zeit der dritte wirtschaftliche Mittelpunkt Siebenbürgens nach Kronstadt und Hermannstadt wird und den Handel mit der Moldau beherrscht. Derselbe König, der in Bistritz oft zu

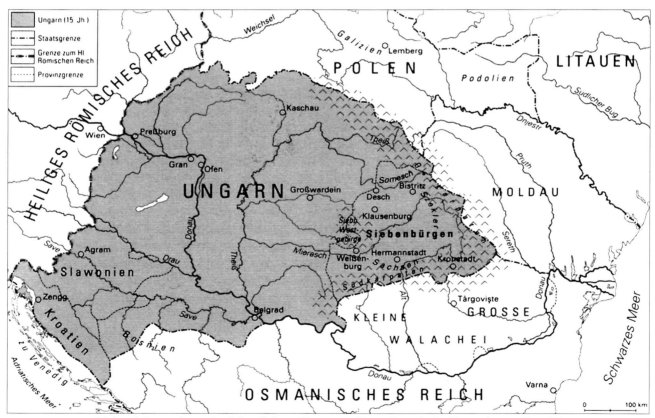

Siebenbürgen im mittelalterlichen Ungarn – Transilvania în Ungaria medievală

5 zile, fără nici o taxă din partea comercianților[6]. Acest privilegiu a permis Bistriței ca în scurt timp să devină al treilea mare centru comercial al Transilvaniei, după Brașov și Sibiu, deținând un adevărat monopol în comerțul cu Moldova.

Gast war, läßt durch eine königliche Bulle vom 1. Juni 1366 die Stadt in den Genuss des *Goldenen Freibriefes* von 1224 (Andreanum) gelangen, ein Vorrecht, das bis dahin nur die südlichen Stühle der Siebenbürger Sachsen besaßen. Auf-

Acelaşi rege, frecvent oaspete al Bistriţei, acordă oraşului Bula regală din 1 iunie 1366, prin care prevederile din *Privilegium Andreanum* (1224), de care beneficiau doar scaunele săseşti din sudul Transilvaniei, au fost extinse şi asupra ţinutului Bistriţei[7]; prin urmare, saşii acestei regiuni se vor bucura de organizare autonomă prin alegerea liberă a primarilor şi judecătorilor, competenţa de aplanare a oricăror neînţelegeri la nivel local, scutirea negustorilor de orice taxă de circulaţie în interiorul Ungariei etc.

Deşi saşii făceau parte din faimoasa *Unio Trium Nationum*, puterea centrală nu i-a scutit de unele neplăceri. Astfel, regina Elisabeta a donat voievodului Desew de Losoncz, în 1439, localităţile Lechinţa, Sângeorzul Nou, Vermeş şi Tonciu; Tărpiul şi Petrişul vor fi donate în 1440 familiei grofeşti Bethlen, de către Vladislav I, iar în anul următor şi localitatea Albeştii Bistriţei, fapte ce au stârnit proteste vehemente din partea Consiliului Orăşenesc, în calitate de for suprem în ţinut şi care asigura legătura dinte oraş (*Civitas*) şi satele înconjurătoare (*Provincia*)[8].

La 30 ianuarie 1453, regele Ladislau al V-lea (1445-1457) îl numeşte pe Iancu de Hunedoara comite regal perpetuu, cu drept de moştenire, pentru ţinutul Bistriţei. Acesta le-a întărit saşilor vechile privilegii, cerându-le în schimb să-i construiască o cetate. După moartea lui Iancu, în 1456, proprietar devine cumnatul său, Mihai Szilagy, care, împreună cu regimentul cantonat aici, terorizează oraşul în repetate rânduri. Ajutorul pentru bistriţeni a venit din partea noului rege, Matei Corvin (1458-1490), care de-a lungul întregii sale domnii s-a simţit foarte legat sufleteşte de Bistriţa şi i-a acordat o grijă deosebită. Astfel, în scurt timp, el readuce refugiaţii în oraş şi, după moartea în captivitate a lui Szilagy, oferă cetatea bistriţenilor, la 2 iunie 1462, în schimbul sumei de 6.000 de florini (fl.); un an mai târziu, în aprilie 1463, le dă permisiunea să o distrugă şi să construiască un zid puternic pentru oraş [9]. După 20 de ani va fi gata primul brâu de ziduri al oraşului, având trei porţi principale de intrare, situate la *strada Ungurească, strada Spitalului* şi *strada Lemnelor*. Cele trei turnuri principale erau încredinţate celor mai puternice bresle: turnul de la strada Ungurească – breslei cizmarilor, cel de la strada Spitalului – cojocarilor, iar cel de la strada Lemnelor – sticlarilor. Pe lângă aceste turnuri, mai existau şi altele, încredinţate diferitelor bresle: croitorilor, fierarilor, tapiţerilor, măcelarilor, curelarilor, tâmplarilor, ţesătorilor,

grund des Andreanums durften sich die Nordsiebenbürger Sachsen selbst verwalten, ihre Gräfen (Bürgermeister) und Richter selber wählen, Streitigkeiten vor eigenem Gericht schlichten, Kaufleute durften frei und ohne Abgaben im Königreich Ungarn herumreisen u.a.m.

Obwohl die Sachsen der bedeutenden „*Unio Trium Nationum*" angehörten, blieben sie vor manchen Ärgernissen nicht verschont. So geschah es im Jahre 1439, dass Königin Elisabeth dem Wojwoden Desew von Losoncz die Ortschaften Lechnitz, Sankt Georgen, Wermesch und Tatsch schenkte. Ladislaus I. schenkte 1440 der gräflichen Familie Bethlen Treppen und Petersdorf und im nächsten Jahr auch noch Weißkirch. Dies führte zu heftigen Protesten seitens des Bistritzer Stadtrats in seiner Position der übergeordneten Instanz, die die Verbindung der Stadt (*Civitas*) mit den umliegenden Dörfern (*Provincia*) sicherte.

Am 30. Januar 1453 ernennt König Ladislaus V. (1445-1457) Johann Hunyadi von Hunedoara als königlichen „*comes perpetuum" mit Erbrecht auf das Bistritzer Gebiet*. Johann (Jancu) bestätigte ihre alten Privilegien, verlangte aber im Gegenzug den Bau einer Burg. Nach seinem Tode 1456 wird sein Schwager Michael Szilagy, der mit seinem hier stationierten Regiment die Stadt des Öfteren terrorisiert, Besitzer. Den Bistritzern kam der neue König Mathias Corvinus (1458-1490) zu Hilfe, der sich während seiner ganzen Regierungszeit mit ihnen seelisch verbunden fühlte und der ihnen eine besondere Achtsamkeit gewährte. Er brachte innerhalb kürzester Zeit die Flüchtlinge zurück in die Stadt und bot nach dem Tode des eingekerkerten Szilagy am 2. Juni 1462 den Bistritzern die Burg an. Im Gegenzug sollten sie dafür 6000 fl (=Florin =Florentiner Gulden) dem König bezahlen. Ein Jahr danach, im April 1463, erhalten die Bistritzer die Erlaubnis, die Burg zu zerstören und aus den Steinen eine starke Stadtmauer zu errichten. Nach 20 Jahren war der erste Mauergürtel der Stadt mit drei Haupttoren fertig. Ein Tor befand sich in der Ungargasse, eines in der Spitalgasse und eines in der Holzgasse. Die drei Hauptwehrtürme waren den stärksten Zünften anvertraut. Der Wehrturm aus der Ungargasse der Schuhmacherzunft, der aus der Spitalgasse der Kürschnerzunft und der aus der Holzgasse der Glaserzunft. Außer denen gab es noch weitere Wehrtürme, für die andere Zünfte verantwortlich waren: die der Schneider, der Schmiede, der Tapezierer, der Fleischer, der Riemenmacher,

dogarilor (singurul care se păstrează până astăzi), al rotarilor şi aurarilor[10].

Cel mai important act de bunăvoință făcut de către Matei Corvin Bistriței a fost acordarea, în 1475, a dreptului de dominație asupra Rodnei şi a Văii Rodnei, cu 20 de localități românești: Maieru, Sângeorz, Leşu, Ilva, Feldru, Nepos, Parva, Rebra, Rebrişoara, Năsăud, Salva, Hordou, Telciu, Bichigiu, Suplai, Zagra, Poienile Zăgrii, Găureni, Runc şi Mocod. Timp de 300 de ani, aceste sate vor plăti diferite dări ce se vărsau direct în visteria oraşului; situația s-a menținut până la mijlocul secolului al XVIII-lea, când a fost organizată granița militară năsăudeană[11].

În această perioadă, respectiv din 1480, începe ridicarea *Kornmarkt*-ului (Sugălete), construcție care, alături de biserica din piața centrală, reprezintă emblema oraşului Bistrița. Acest ansamblu, terminat în jurul anului 1550, este compus din 13 case legate, prezentând la parter un portic unitar, pe sub care orăşenii să poată circula sau târgui pe timp nefavorabil; arhitectura lui este tipică pentru secolele XV-XVI şi îmbină elemente gotice cu cele ale Renaşterii transilvane[12].

O dovadă a înaltului grad de civilizație la care a ajuns Bistrița la începutul secolului al XVI-lea este şi înfiinţarea primei farmacii, în 1526, proprietate a oraşului şi a doua din Transilvania, după cea de la Sibiu[13].

Frământările din Ungaria de după înfrângerea de Mohács, luptele dintre Ferdinand de Austria şi voievodul Zapolya s-au răsfrânt şi asupra zonei Bistriței, care ajunge în 1529 în posesiunea domnitorului moldovean Pertu Rareş, lucru de care saşii "nu au fost prea încântați"[14].

1.1.2 Epoca Principatului

Situația politică din Transilvania tinde spre un relativ calm spre 1538, când Ioan Zapolya ajunge principe, însă mediul săsesc este cuprins de o puternică zguduire: *reforma*. După ce în 1541 moare preotul oraşului, Johann Teutsch (duşman hotărât al acestui curent), îi urmează M. Fleischer – adept al noii învăţături şi ultimul preot numit de către episcopul catolic. Acesta, împreună cu notarul Christian Pomarius, îndepărtează în 1543 icoanele din biserică, la fel şi altarele secundare, rămânând numai cel mare[15]. Prin aceasta, Bistrița s-a înscris printre primele comunități săseşti care au îmbrăţişat

der Tischler, der Weber, der Faßbinder. Ein einziger ist bis heute erhalten geblieben: der Turm der Wagner und der Goldschmiede.

Im Jahre 1475 schenkte Mathias Corvinus der Stadt das Recht, über Rodna und das Rodnatal zu herrschen. Dazu gehörten die rumänischen Ortschaften: Maieru, Sângeorz, Leşu, Ilva, Feldru, Nepos, Parva, Rebra, Rebrişoara, Năsăud, Salva, Hordou, Telciu, Bichigiu, Suplai, Zagra, Poienile Zăgrii, Găureni, Runc und Mocod. Der König erwies damit der Stadt eine große Gefälligkeit. Diese Orte leisteten der Stadt 300 Jahre lang verschiedene Abgaben, die in die städtische Schatzkammer flossen. Das geschah bis zur Mitte des 18. Jahrhunderts, als die militärische Grenze von Nassod organisiert wurde.

In dieser Zeit, ab 1480, begann der Bau des Kornmarktes, der neben der Kirche auf dem Hauptplatz ein Sinnbild der Stadt darstellt. Er wurde 1550 fertig gestellt und besteht aus 13 fest aneinander gereihten Häusern, davor ein arkadenähnlicher Vorbau, durch den die Bürger auch bei ungünstigem Wetter Handel betreiben oder auch einfach durchgehen konnten. Seine Architektur ist typisch für das 15.-16. Jahrhundert und zeigt eine Mischung aus gotischen sowie aus siebenbürgischen Elementen der Renaissance. Ein Beispiel für den hohen Zivilisationsgrad der Stadt zu Beginn des 16. Jh. war die Einrichtung der ersten Bistritzer Apotheke im Jahre 1526, als zweite Apotheke Siebenbürgens (die erste gab es bereits in Hermannstadt).

Die Unruhen aus Ungarn nach der Niederlage von Mohács, die Kämpfe zwischen Ferdinand von Österreich und dem Wojwoden Zapolya wirkten sich insofern auch auf das Bistritzer Gebiet so aus, dass es 1529 in den Besitz des moldauischen Herrschers Petru Rareş gelangte, eine Tatsache, von der die Sachsen „nicht gerade begeistert waren".

1.1.2 Die Epoche des Fürstentums

Die politische Lage schien sich gegen 1538 zu beruhigen, als Johann Zapolya Fürst wurde. Zu der Zeit wurde das Sachsentum von der Reformation erschüttert. 1541, nach dem Tode von Stadtpfarrer Johann Teutsch (ein entschlossener Gegner dieser Strömung), wurde M. Fleischer sein Nachfolger. Er war ein Anhänger dieser neuen Lehre, er war auch der letzte vom katholischen Bischof eigesetzte Pfarrer. M. Fleischer und der Notär Pomarius haben die Ikonen aus der Kir-

noua credinţă – *lutheranismul,* înainte ca ea să fie impusă, în 1544, tuturor saşilor de către adunarea de la Mediaş. O consecinţă a acestor mutaţii de ordin religios a fost alungarea călugărilor catolici din Bistriţa, în 1556, iar după 10 ani de tratative, unificarea capitlurilor Bistriţa şi Chiraleş (în 1570), sub dechantul comun Christian Pomarius[16].

Perioada de linişte prin care trece ţinutul Bistriţei la sfârşitul veacului al XVI-lea a permis terminarea în 1575 a celui de-al doilea zid în

che entfernen lassen, ebenso die Nebenaltäre, es blieb nur der große Altar. So war Bistritz eine der ersten sächsischen Gemeinden, die den neuen Glauben Luthers angenommen hatte, bevor 1544 die Versammlung von Mediasch die Reformation allen Sachsen auferlegt hatte. Eine Folge dieses Glaubensüberganges war das Verjagen der katholischen Mönche aus Bistritz 1556. Nach 10 Jahren Verhandlungen wurde das Bistritzer Kapitel 1570 mit dem Kyrieleiser Kapitel unter dem gemeinsamen Dechanten Christian Pomarius vereint. Ende des XVI. Jahrhunderts befand

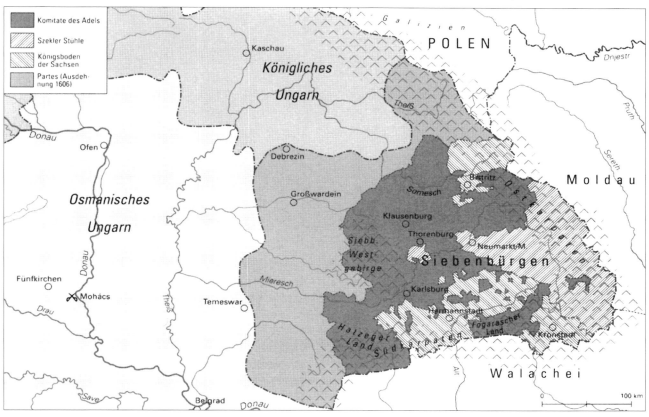

Siebenbürgen als autonomes Fürstentum – Transilvania ca principat autonom

jurul oraşului, completat şi de un şanţ adânc ce putea fi umplut oricând cu apă. Intensificarea activităţii meşteşugăreşti este reflectată în încheierea unui contract între breslele din oraş şi comunele Lechinţa şi Dipşa, situate la o relativă depărtare de acesta; ca urmare, din 1581, în aceste comune se puteau practica următoarele meserii: croitorie, cizmărie, ţesătorie, construcţii de căruţe, însă cu obligativitatea de a respecta statutele şi standardele breslelor din oraş[17].

Curând, campania lui Mihai Viteazul în Transilvania a creat o perioadă dificilă pentru ţinutul săsesc din nordul Transilvaniei. După victoria de la Şelimbăr (Schellenberg), o parte din trupele sale de mercenari au devastat regiunile săseşti din sudul Transilvaniei; prin impunerea unui impozit de 2.000 de fl. pentru clerul săsesc,

sich das Bistritzer Gebiet in einer ruhigen Phase. 1575 konnte die zweite, niedrigere Außenmauer um die Stadt gezogen werden, um die sich ein tiefer Graben erstreckte, den man jederzeit mit Wasser vollaufen lassen konnte. Aus einem Kontrakt zwischen den Zünften aus Bistritz und den Gemeinden Lechnitz und Dürrbach geht hervor, dass sich das Handwerk intensiv weiterentwickelte, obwohl diese Ortschaften relativ weit von der Stadt entfernt lagen. Seit 1581 konnte man in diesen Orten folgende Gewerbe praktizieren: Schneiderei, Schuhmacherei, Weberei, und Wagnerei, jedoch waren die Handwerker verpflichtet, die Satzungen und Normen der Zünfte aus der Stadt zu respektieren.

Gar bald sollte der Feldzug Michaels des Tapferen in Transsylvanien den sächsischen Norden

ținutului bistrițean i-au revenit de plătit 300 de fl. În urma înfrângerii lui Mihai la Mirăslău, în 18 septembrie 1600, primarul orașului, Georg Baiersdorfer, pleacă în tabăra de la Alba Iulia pentru a cere generalului Gheorghe Basta să cruțe orașul, acesta învoindu-se în schimbul unor importante ajutoare materiale oferite de breslele bistrițene. Însă, în decembrie, orașul este cucerit de trupele lui Moise Szekely, care lasă aici 200 de secui conduși de comandanții săi

dieses Landes in eine schwierige Lage bringen. Nach seinem Sieg von Schellenberg haben seine Söldner sächsische Gebiete aus Südsiebenbürgen verwüstet und der sächsischen Geistlichkeit Steuern von 2000 fl. auferlegt. Davon entfielen auf Bistritz 300 fl. Nach der Niederlage Michaels bei Mirăslău am 16. Sept. 1600, begab sich der Bürgermeister der Stadt, Georg Baiersdorfer, ins Lager nach Alba Julia (Weißenburg) zu General Basta mit der Bitte, die Stadt zu verschonen. Bas-

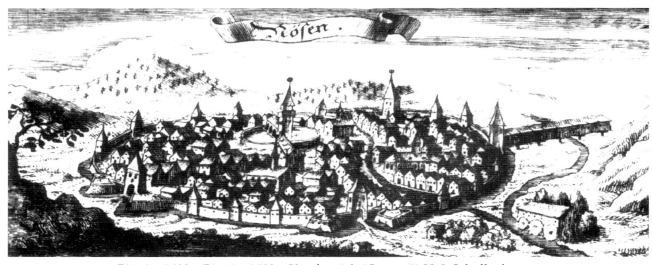

Bistritz 1602 – Bistrița 1602 – Kupferstich (Gravură) H. J. Schollenberger

de trupe, Vitéz Miklos și Nagy Albert. Prezența secuilor în Bistrița a atras represalii din partea generalului Basta, care, după ce devastează satele din jur, supune orașul la un lung asediu, începând din 1 februarie 1602; acesta a fost ridicat în schimbul imensei contribuții de 3.200 de fl., acordată generalului Basta în martie 1602 de către bistrițeni.

Acest aspru asediu a fost cauza unei mari epidemii de ciumă. Informații provenind din surse bisericești arată ravagiile făcute de aceasta: înmormântări în gropi comune a câte 50 de persoane decedate, reducerea la aproape un sfert a numărului breslașilor – cizmarii de la 84 la 22, croitorii de la 70 la 20, tăbăcarii de la 67 la 9, blănarii de la 48 la 11, iar unele sate au fost aproape depopulate – Vermeșul, Lechința, Sângeorzul Nou și Albeștii Bistriței[18].

Perioada domniei lui Gabriel Bethlen (1613-1629) este una fastă pentru sașii bistrițeni. După ce la 4 aprilie 1615 scoate Herina din cadrul comitatului Dăbâca și-l acordă ținutului bistrițean, în timpul primei sale vizite la Bistrița, în 1617, amână impozitele de la satele Albeștii Bistriței și Satu Nou, iar peste 7 ani, cu ocazia unei noi vizite, va scuti de taxe Sântioana, Vermeșul și Dipșa.

ta erklärte sich einverstanden, wollte aber im Gegenzug materielle Hilfe von den Bistritzer Zünften. Im Dezember wurde die Stadt von Moise Szekely erobert, der 200 Szekler in der Stadt zurückließ, geführt von seinen Kommandanten Vitéz Miklos und Nagy Albert. Die Präsenz der Szekler in Bistritz veranlaßte Basta Vergeltungsmaßnahmen zu ergreifen. Zunächst verwüstete er die umliegenden Dörfer, danach belagerte er die Stadt vom 1. Februar 1602 bis März 1602. Nachdem er von der Stadt eine enorme Summe von 3200 fl. erhalten hatte, zog er ab.

Die strenge Belagerung führte dazu, dass die Pest sich maßlos ausbreitete und eine Epidemie auslöste. Aus kirchlichen Dokumenten geht hervor, dass große Verheerungen entstanden waren. Je 50 Personen wurden in Massengräbern bestattet. Die Zahl der Handwerker verminderte sich fast auf ein Viertel. Von 84 Schuhmachern verblieben 22, von 70 Schneidern blieben 20, von 67 Gerbern noch 9, von 48 Kürschnern 11. Einige Orte wurden sogar fast vollständig entvölkert, wie: Wermesch, Lechnitz, Sankt Georgen und Weißkirch.

Die Regierungszeit des Gabriel Bethlen 1613-1629 war für die Stadt Bistritz eine glanzvolle

În timpul ultimului principe, Mihai Apaffi I (1662-1690), respectiv la 1671, prin această zonă trece o armată de peste 20.000 de turci și tătari; tributul plătit acestora, *Taxa Ottomanica*, și care "a fost strâns cu multă strășnicie", a provocat sașilor o profundă nemulțumire[19].

În urma convenției secrete încheiate la Viena între împăratul Leopold și principele Apaffi, împăratul a luat sub protecția sa Transilvania, cu condiția participării principelui ardelean la războiul contra turcilor. Încă din anul semnării convenției (1686), armata imperială condusă de generalul Piccolomini se stabilește în apropierea Bistriței. Timp de 4 ani, atât pentru trupele imperiale cât și pentru oastea ardeleană, ținutul bistrițean a trebuit să contribuie cu importante sume de bani și bunuri alimentare sau manufacturiere (de exemplu, în primele trei luni ale anului 1690, aceste contribuții s-au ridicat la 1.464 fl.).

După moartea principelui Apaffi, în virtutea obligațiilor, Transilvania intră în componența Imperiului habsburgic; pentru sași începea o perioadă marcată de evoluții contradictorii, mai ales dacă luăm în seamă originea noilor stăpâni.

1.1.3 Sub sceptrul habsburgic

Diploma Leopoldină din 1691 a recunoscut sașilor nu numai libertatea religioasă, ci și vechile drepturi de care se bucuraseră până atunci. Însă, curând, deferite dări pentru întreținerea armatei și contribuțiile pentru depozitele de subzistență au constituit o grea povară pentru toți sașii.

Astfel, încă din 1691, preoții din capitlul Bistriței au fost obligați să plătească *Partia hybernalis*, o contribuție pentru întreținerea taberelor armatelor imperiale pe timp de iarnă, a cărei sumă era inițial de 1.260 fl. și 77 dinari, adăugându-i-se în scurt timp alta de 620 fl. și 73 dinari, plata acestor sume făcându-se – cum afirma preotul colector Jakobus Nassvetter – "cu multe suspine"[20].

Începând din 1703 își fac apariția în ținutul Bistriței curuții, care aveau să-l ucidă pe preotul Georg Lani din Petriș și-i vor schingiui pe cei din Dorolea și Slătinița. În anul următor, după un asediu de patru săptămâni, orașul se predă partizanilor lui Rákoczi, conduși de groful Mihai Teleki, ce vor rămâne aici până în 7 noiembrie 1705. Trupele imperiale își fac apariția la 15 noiembrie, fiind conduse de

Zeit. Nachdem er am 4. April 1615 Mönchsdorf aus dem Komitat Doboka herausholte und es dem Bistritzer Gebiet zuteilte, schob er die Steuerzahlungen der Orte Weißkirch und Neudorf hinaus und als er nach sieben Jahren wieder zu Besuch kam, erließ er die Taxen den Gemeinden Johannisdorf, Wermesch und Dürrbach.

Zur Zeit des letzten Fürsten, Michael Apaffi I. (1662-1690) im Jahre 1671 durchstreifte ein Heer von über 20.000 Türken und Tataren dieses Gebiet. Der Tribut, den sie erhielten, wurde mit außerordentlicher Mühe eingetrieben, gleichzeitig provozierte diese Tatsache eine tiefe Unzufriedenheit der Sachsen.

Nach einer geheimen Abmachung zwischen dem Kaiser Leopold und dem Fürsten Apaffi, hatte der Kaiser Transsylvanien mit der Bedingung unter seine Obhut genommen, dass der siebenbürgische Fürst an den Kriegen gegen die Türken teilnehmen sollte. Noch seit der Unterzeichnung dieses Abkommens 1686, setzte sich General Piccolomini mit seinem Heer in der Nähe von Bistritz fest. Vier Jahre hindurch haben die Menschen aus der Bistritzer Gegend den kaiserlichen Truppen sowie dem siebenbürgischen Heer Geld, Lebensmittel und andere Güter aus ihren Manufakturen geben müssen (z.B. in den ersten drei Monaten des Jahres 1690 erhob sich der Betrag auf 1464 fl.).

Nach dem Tode des Fürsten Apaffi wurde Siebenbürgen aufgrund der Pflichten ein Bestandteil des Habsburgischen Kaiserreiches. Für die Sachsen begann eine markante Epoche der gegensätzlichen Entwicklungen, obwohl die neuen Besitzer die gleiche Nationalität mit den hiesigen Sachsen hatten.

1.1.3 Unter habsburgischem Szepter

Das Leopoldinische Diplom von 1691 hat den Sachsen nicht nur die religiösen Rechte anerkannt, sondern auch die alten Rechte, derer sie sich bis dahin erfreut hatten. Aber bald mussten verschiedene Abgaben zum Lebensunterhalt der Armee und verschiedene Beiträge gezahlt werden. Das war eine schwere Last für alle Sachsen.

Bereits ab dem Jahre 1691 werden die Pfarrer aus dem Bistritzer Kapitel verpflichtet, die „Partia hybernalis" zu bezahlen, einen Betrag zur Erhaltung kaiserlicher Heereslager im Winter. Ursprünglich sollte diese Summe 1260 fl. und 77 Dinar betragen, gar bald wurde sie um 620 fl.

generalul Gläskelsberg. Cei 3.000 de soldaţi aflaţi sub conducerea locotenentului Murando, ce aveau să rămână în Bistriţa până la 23 iulie 1706, au distrus partea de sud a zidului oraşului, confiscând şi toate armele cu care erau înzestrate turnurile de pe acea parte a zidului[21].

Distrugerea zidului a lăsat Bistriţa pradă uşoară pentru căpitanul lui Rákoczi, Dániel Jozsika, ce a ocupat-o în septembrie 1706. Pe lângă plata diferitelor taxe, începând din 18 noiembrie Bistriţa a suferit una dintre cele mai mari distrugeri din istoria sa: sub conducerea lui Mihai Petrotzi, cele trei porţi principale şi majoritatea

und 73 Dinar erhöht. Pfarrer Jakobus Nasswetter, der das Geld eingesammelt hatte, übergab es mit vielen Seufzern.

Seit 1703 erschienen im Bistritzer Gebiet die Kurutzen. Sie töteten den Pfarrer Georg Lani aus Petersdorf und folterten die Pfarrer aus Kleinbistritz und Pintak. Im nächsten Jahr, nach einer Belagerung von vier Wochen, ergab sich die Stadt den Partisanen Rakoczis, geführt vom Grafen Michael Teleki; sie blieben bis zum 7. November 1705 hier. Am 15. November erschienen die kaiserlichen Truppen, geführt vom General Gläskelsberg. Die 3000 Soldaten unter der Führung

Siebenbürgen im Habsburger Reich – Transilvania în Imperiul habsburgic

turnurilor sunt distruse, pentru cele rămase breslaşii trebuind să plătească o răscumpărare de câte 20 fl. Curând, furia acestora s-a îndreptat asupra mormintelor, *furia sacrilegia*, Petrotzi devastând personal cimitirul din Dumitra, însă casa parohială a fost salvată prin plata a 44 fl.; aceeaşi soartă a avut-o şi cimitirul din Tărpiu, pentru salvarea casei parohiale plătindu-se aici 40 fl. Curuţii aveau să se retragă din oraş abia în august 1707, la ştirea venirii în Transilvania a generalului imperial Rabutin[22].

În timpul împărătesei Maria Tereza (1740-1780), perioadă de real progres cultural şi material pentru o parte însemnată a românilor ardeleni, Bistriţa pierde dominaţia asupra zonei româneşti

des Leutnants Murando blieben bis zum 23. Juli 1706 in Bistritz. Sie zerstörten die südliche Stadtmauer und beschlagnahmten alle Waffen aus den betreffenden Wehrtürmen der Stadt.

Im September 1706 besetzte Daniel Josziska, ein Hauptmann Rakoczis, die Stadt; durch die Bresche in der südlichen Stadtmauer wurde Bistritz zur leichten Beute. Neben verschiedenen Abgaben wurden nun ab 18. November, unter der Führung von Michael Petrotzi, die drei Stadttore und die meisten anderen Wehrtürme zerstört. Die verbliebenen Wehrtürme wurden von den Zünften für je 20 fl. freigekauft. Gar bald ergoß sich die Wut Petrotzis auf die Friedhöfe: „furia sacrilegia"; er selber verwüstete den Friedhof

a Văii Rodnei, teritoriu ce a fost timp de aproape 300 de ani o sursă de venituri pentru oraş.

Cea dintâi măsură în vederea militarizării Văii Rodnei a fost stabilirea în 1754 a aşa-numitului *impozit sistem Bethlen,* prin care în tabelul de manipulaţie au fost trecuţi drept contribuabili şi locuitorii din zona amintită; acest fapt a stârnit furia românilor de aici, care au refuzat să plătească *taxa capitis iobagionalis,* protestând şi împotriva calificativului de "supuşi ai Bistriţei". Încercarea judelui suprem al Bistriţei, Johann Friedriech Klein von Straussenburg, de a pune capăt revoltei începute la Mocod, în 1757, este sortită eşecului. În aceste condiţii, în 1761 începe la Cluj procesul intentat de *gubernul* Transilvaniei magistraturii bistriţene, pentru neplata *decimei* de către satele năsăudene, prin aceasta urmărindu-se "influenţarea Bistriţei pentru a ceda *districtul valah*"[23].

După ce la începutul anului 1762, Maria Tereza aprobă planul generalului Adolf Nicolaus von Buccow privind organizarea graniţei militare, judele suprem al Bistriţei este chemat în 14 mai la Sibiu, unde generalul Schröder îl sfătuieşte să cedeze Valea Rodnei, mai ales că românii de acolo sunt de acord cu acest lucru. Întelegerea se realizează la 24 mai 1762, Bistriţa cerând o despăgubire de 105.144 fl., sumă considerată exagerată atât de gubern, cât şi de Universitatea săsească. Militarizarea zonei româneşti va începe în 1763, sub conducerea feldmareşalului Siskowitz, şi durează 4 ani; se constituia astfel Regimentul II de graniţă, cu sediul la Năsăud, având în compunere două batalioane de infanterie şi unul de dragoni[24]. În urma tratativelor purtate între Bistriţa şi gubern, în perioada 1763-1765, oraşul a primit 38.431 fl. ca despăgubiri.

Ceremonia oficială a predării Văii Rodnei a avut loc la 9 ianuarie 1766, iar în primăvară saşii şi ungurii din Rodna au fost mutaţi în Satu Nou, în urma deciziei luate de către judele suprem al Bistriţei.

Noul împărat, Iosif al II-lea (1780-1790), dă Transilvaniei – la 3 iunie 1784 – o nouă împărţire administrativă în 10, apoi 11 comitate, desfiinţând autonomiile naţiunilor privilegiate. Cu toate acestea, un motiv de satisfacţie pentru saşi a fost introducerea limbii germane în administraţie şi în tranzacţiile comerciale. În spiritul politicii pro-catolice a Curţii de la Viena, şi la Bistriţa – la fel ca în celelalte oraşe ardelene cu populaţie preponderent protestantă – s-a ridicat o biserică

von Mettersdorf, jedoch wurde das Pfarrhaus für 44fl. freigekauft; das gleiche Schicksal ereilte auch den Friedhof aus Treppen; hier wurde das Pfarrhaus für 40 fl. freigekauft. Die Kurutzen zogen sich erst im August 1707 zurück, nachdem sie vom Herannahen des kaiserlichen Generals Rabutin nach Siebenbürgen erfahren hatten.

Zur Zeit Maria Theresias (1740-1780), eine wahre kulturelle und wirtschaftliche Blütezeit für einen nicht geringen Teil der rumänischen, siebenbürgischen Bevölkerung, verlor Bistritz die Herrschaft über das rumänische Rodnatal. Dieses Territorium hatte fast 300 Jahre lang der Stadt Bistritz Einkünfte gebracht.

Die erste Maßnahme der Militarisierung des Rodnatals war 1754 die Festlegung des Bethlenschen Steuersystems. Die Steuerzahler sowie die Bewohner dieser Region waren in der Steuertabelle eingetragen, eine Tatsache, die die Gemüter der Rumänen erregte. Infolgedessen verweigerten sie die Zahlung der Leibeigenentaxe (*taxa capitis iobagionalis*). Sie protestierten auch gegen die Bezeichnung „Bistritzer Untertanen". Im Jahre 1757 brach aus obigem Grund in Mocod eine Revolte aus. Der oberste Gerichtsherr von Bistritz Johann Friedrich Klein von Straußenburg versuchte, diese Revolte zu beenden, jedoch ohne Erfolg.

Unter diesen Bedingungen begann 1761 in Klausenburg ein Prozess, angestrengt vom Gubernium Siebenbürgens gegen den Bistritzer Magistrat wegen Verweigerung der Zahlung des Zehnten der Dörfer aus dem Raum Nassod. Die Stadt Bistritz sollte dadurch beeinflußt werden, den *walachischen Distrikt* aufzugeben.

Zu Beginn des Jahres 1762 erklärte sich Maria Theresia mit dem Plan, die militärische Grenze durch General Adolf Nikolaus von Buccow zu organisieren, einverstanden. Der oberste Richter von Bistritz wurde am 14. Mai nach Hermannstadt gerufen, wo ihm General Schröder den Rat gab, das Rodnatal abzutreten; die Rumänen von dort seien damit sowieso einverstanden. Am 24. Mai 1762 war Bistritz damit einverstanden, verlangte aber im Gegenzug 105.144fl., eine übertrieben hohe Summe nach Meinung des Guberniums und der Nationsuniversität.

Die Militarisierung der rumänischen Zone begann 1763 unter der Führung des Feldmarschalls Siskowitz und dauerte vier Jahre. So wurde das II. Grenzregiment mit Sitz in Nassod gebildet. Es bestand aus zwei Infanteriebatallions und einem aus Dragonern. Infolge von Ver-

catolică, în 1787, având pe frontispiciu gravată inscripția: *Deo unit et trino has aedes posuit Josefus II Rom. Imp. MDCCLXXXVII.*

Un fenomen foarte des întâlnit în localitățile săsești, cauzat și de stilul specific de construire al caselor, au fost incendiile devastatoare. Un astfel de incendiu a distrus toate casele din Viișoara,

handlungen zwischen dem Gubernium und der Stadt Bistritz von 1763-1765 erhielt Bistritz letztendlich 38.431 fl. als Entschädigung. Die offizielle Zeremonie der Übergabe erfolgte am 9. Januar 1766. Im Frühjahr diesen Jahres wurden aufgrund des Beschlusses des obersten Richters von Bistritz die Sachsen und die Ungarn aus Rodna nach Neudorf umgesiedelt.

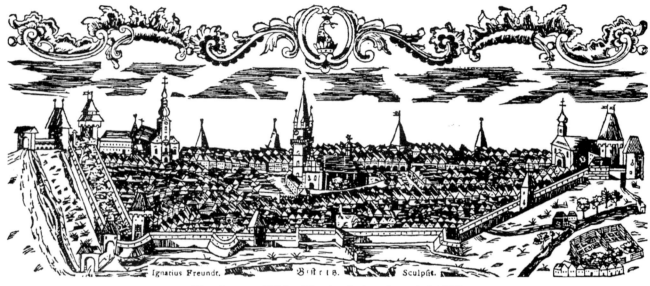

Bistritz um 1800 – Bistrița în jurul anului 1800

în 7 mai 1788; la Tărpiu, în 1809, 148 de case au căzut pradă focului; incendii puternice au nimicit multe gospodării din Livezile, în 1838, iar în Bistrița o parte dintre casele din partea centrală au fost arse în 1836, 1840 și 1842[25].

În luna august a anului 1817 Bistrița primește vizita împăratului Franz I și a împărătesei Carolina. După ce au vizitat principalele așezăminte din oraș, la 16 august împăratul este oaspete al Năsăudului, iar împărăteasa vizitează Viișoara, unde este asaltată cu plângeri din partea locuitorilor.

Episcopul Bisericii Evanghelice din Transilvania, Daniel Gräser, efectuează în iulie 1825 o vizită în ținutul bistrițean, poposind în localitățile Unirea, Tărpiu, Sigmir, Dumitra, Cepari, Dorolea și Livezile. Pe parcursul vizitei sale, acesta pledează pentru constituirea vecinătăților (Nachbarschaften), ca mijloc de într-ajutorare a comunităților rurale.

La 4 aprilie 1832 începe construcția gimnaziului din partea centrală a orașului. Această instituție, ce a funcționat până în 1934, a fost una dintre cele mai importante școli bistrițene, adunând în băncile sale câte 4 elevi din fiecare localitate înconjurătoare, dovedind astfel preocuparea constantă pentru cultură a comunității săsești.

Der neue Kaiser Joseph II. (1780-1790) teilte Transsylvanien in neue Verwaltungseinheiten ein, zunächst waren es zehn, dann elf sogenannte Komitate. Er setzte die Autonomie der privilegierten Nationen außer Kraft. Trotz alledem bedeutete für die Sachsen die Einführung der deutschen Sprache in der Verwaltung sowie bei Transaktionen des Handels eine Genugtuung. Im Sinne der prokatholischen Haltung des Hofes wurde in Bistritz – wie auch in anderen Städten mit mehrheitlich protestantischer Bevölkerung - eine katholische Kirche 1787 erbaut, die auf dem Giebeldreieck am Eingang folgende Inschrift hat: *Deo unit et trino has aedes posuit Josefus II Rom. Imp. MDCCLXXXVII.*

In den sächsischen Gebieten konnten durch den spezifischen Baustil der Häuser (Haus-an-Haus) sehr leicht Feuersbrünste entstehen. Dieses Phänomen war häufig zu beobachten. So brannten am 7. Mai 1788 in Heidendorf alle Häuser ab, im Jahre 1809 brannten in Treppen 148 Häuser nieder; die Feuersbrunst aus Jaad 1838 vernichtete viele Häuser und Wirtschaftsgebäude; 1836, 1840 und 1842 verbrannten ein Teil der Häuser aus dem Zentrum der Stadt Bistritz.

Im August des Jahres 1817 besuchten Kaiser Franz I. mit seiner Gemahlin Karoline Bistritz.

1.1.4 Revoluția de la 1848

Revoluția de la 1848, cu desfășurarea ei atât de violentă în Transilvania, a fost un moment foarte important din lupta sașilor ardeleni pentru păstrarea identității lor etnice. Rezultat firesc al unei conviețuiri pașnice de sute de ani, anul 1848 i-a solidarizat pe sașii bistrițeni și românii năsăudeni, Regimentul II de graniță de la Năsăud constituindu-se într-un scut și pentru ținutul Bistriței în fața atacurilor militare secuiești și maghiare.

După ce în aprilie 1848, Universitatea săsească hotărăște organizarea gărzilor naționale în toate localitățile săsești, la Bistrița se constituie, sub conducerea senatorului Stebringer, două companii al căror necesar de armament a fost asigurat de către Regimentul II din Năsăud. Dând dovadă de aceeași atitudine pe care au luat-o mai mulți fruntași ai sașilor ardeleni, preotul Theil și senatorul Kelp au ținut în 29 mai 1848 un discurs virulent împotriva „unirii" Transilvaniei cu Ungaria; acest fapt se petrecea în aceeași zi în care, la Cluj, dieta lua măsuri preliminarii în vederea acestei anexări.

În septembrie trec prin Bistrița și împrejurimi soldați maghiari pentru a le cere sașilor să se înroleze în armata maghiară, însă nici un sas nu a făcut acest lucru. În acest timp, regimentul din Năsăud este pus pe picior de luptă, iar 527 de sate românești din Transilvania depun jurământul de credință împăratului Ferdinand I; vecinătățile bistrițene hotărăsc să-și cumpere pe cheltuială proprie 12 tunuri, începându-se și renovarea zidurilor orașului.

La 2 noiembrie, sute de refugiați sași sosesc dinspre Reghin la Bistrița, în urma devastării acestuia de către secui. În ziua următoare sosește în oraș locotenent-colonelul Urban, în fruntea a 2.000 de soldați năsăudeni, iar la 8 noiembrie își fac intrarea *dragonii de Sadova*, sub comanda generalului Wardener. Încercarea de a opri la Dej înaintarea trupelor maghiare este sortită eșecului; apropierea acestora de oraș provoacă mare panică, mai ales după o nouă victorie a acestora la Viișoara, în 30 decembrie 1848[26].

După ce la 2 ianuarie 1849 trupele imperiale se retrag spre Unirea, trupele maghiare ocupă orașul, fapt ce i-a îndemnat pe mulți bistrițeni să se refugieze în satele din jur. Orașului și localităților înconjurătoare li se impune un impozit de 200.000 fl. și obligația de a oferi cai, căruțe și produse manufacturiere. După o scurtă perioadă de retragere, de la 16 ianuarie

Nach dem Besuch wichtiger Einrichtungen der Stadt war der Kaiser auch in Nassod zu Gast, die Kaiserin aber weilte in Heidendorf, wo sie mit Klagen seitens der Bewohner überhäuft wurde.

Der evangelische Bischof aus Siebenbürgen, Daniel Gräser, besuchte im Juli 1825 den Nösnergau mit den Gemeinden Wallendorf, Treppen, Schönbirk, Mettersdorf, Tschippendorf, Kleinbistritz und Jaad. Bei diesen Besuchen plädierte er mit Nachdruck für die Bildung der Nachbarschaften in den ländlichen Gemeinschaften.

Am 4. April 1832 begann der Bau des Gymnasiums im Zentrum der Stadt. Diese Institution hat bis 1934 funktioniert, sie war eine der wichtigsten Bistritzer Schulen. In seinen Bänken saßen je vier Schüler aus jedem umliegenden Ort, ein Beweis für das konstante Interesse der sächsischen Gemeinschaft an seiner kulturellen Weiterentwicklung.

1.1.4 Die Revolution von 1848

Die Revolution von 1848 nahm in Siebenbürgen einen heftigen Verlauf. Für die Sachsen war dieser Kampf für die Bewahrung ihrer ethnischen Identität sehr wichtig. Nach jahrhunderte langem friedlichem Zusammenleben hat das Jahr 1848 die Bistritzer Sachsen und die Rumänen aus Nassod zusammengeführt. Das II. Grenzregiment wurde zum gemeinsamen Schutzschild gegen die Angriffe der Szekler und Ungarn. Im April 1848 fasste die Nationsuniversität den Beschluss, in allen sächsischen Orten nationale Bürgerwehren zu bilden. In Bistritz gelang die Zusammenstellung von zwei Kompanien unter der Führung des Senators Stebringer. Sie wurden vom II. Regiment aus Nassod mit Waffen beliefert. Mehrere Spitzenpolitiker der Sachsen zeigten die gleiche Einstellung gegenüber einer Vereinigung Siebenbürgens mit Ungarn. Pfarrer Theil und der Senator Kelp hielten am 29. Mai eine heftige Rede gegen diese Vereinigung. Dies geschah am gleichen Tag, an dem in Klausenburg Vorentscheidungen für diesen Anschluss getroffen wurden.

Im September zogen ungarische Soldaten durch Bistritz und durch die sächsischen Gemeinden und forderten die Sachsen auf, sich in die ungarische Armee anwerben zu lassen. Kein Sachse hat das getan! Zu diesem Zeitpunkt war das Regiment kampfbereit. 527 rumänische Dörfer aus Siebenbürgen schwören Kaiser Ferdinand I. die Treue. Die Bistritzer Nachbarschaften entschlossen sich, auf eigene Kosten 12 Kanonen zu kau-

la 26 februarie, trupele maghiare iau din nou în stăpânire Bistrița, obligând magistratura și pe reprezentanții comunității săsești să depună jurământul de credință față de guvernul maghiar.

La 21 iunie 1849, prin pasul Tiha Bârgăului își fac apariția trupele ruse; o delegație a Consiliului Orășenesc pleacă în tabăra acestora, așezată la marginea orașului, pentru a le cere să ferească Bistrița de distrugeri inutile. În urma luptelor din 27 iunie, trupele maghiare părăsesc orașul; treptat, refugiații revin în oraș, iar la 15 iulie 1849 preotul orășenesc Müller își ține prima predică după refugiu.

După plecarea trupelor ruse spre Dej, în Bistrița sosește trimisul imperial Franz Salmen, care în timpul unei adunări mulțumește bistrițenilor pentru atașamentul arătat Curții de la Viena. Cu prilejul vizitei acestuia au fost estimate pagubele produse începând din ianuarie până în iulie 1849; prin rechiziții, distrugeri și jaf, ținutul Bistriței a suferit o pierdere de 261.295 fl., cele mai afectate fiind Livezile - 34.346 fl., Unirea - 22.519 fl., Lechința - 17.823 fl., Dipșa - 15.130 fl., Dumitra - 14.936 fl., Budacul de Jos - 14.112 fl.[27]

Pentru dezvoltarea economică a întregii regiuni în a doua jumătate a secolului al XIX-lea, un rol foarte important avea să-l joace prima instituție financiară din Bistrița, Bistritzer Spar und Aushilfsverein (Asociația bistrițeană de economii și ajutor), creată în 1853.

Anul 1857 a adus cel mai mare incendiu din istoria Bistriței, a cărui pagube – de peste 300.000 fl. – au fost mai mari decât cele produse de distrugerile din timpul revoluției. Pornind de la casa arămierului Berger, de pe strada Lemnelor, incendiul a cuprins principalele străzi centrale ale orașului, toate periferiile din partea de jos a Bistriței, biserica evanghelică și turnul, ceasul de aici topindu-se la scurt timp după ce a bătut ora 12. În total au ars 148 de case (cu anexele lor), majoritatea clădirilor publice, 236 de familii rămânând fără adăpost; turnul va fi restaurat până în 1860, fiind acum acoperit cu tablă de aramă[28].

Prin *patentul imperial protestant* emis la 8 aprilie 1861 de către împăratul Franz Josef I., se oferea comunităților săsești (evanghelice) posibilitatea afilierii la Asociația Gustav Adolf din Berlin, președintele filialei bistrițene a acestei organizații de caritate fiind ales părintele Müller. După moartea lui Johann Daniel Stebringer, la 8 octombrie 1865, urmașul său, Franz Schmidt, devine ultimul *jude suprem* al Bistriței.

fen; gleichzeitig begannen sie die Stadtmauer zu renovieren.

Am 2. November erschienen hunderte von sächsischen Flüchtlingen aus der Reener Gegend, weil die Szekler ihre Orte verwüstet hatten. Am nächsten Tag erschien Oberstleutnant Urban mit 2000 Nassoder Soldaten, und am 8. November marschierten die *Sadova-Dragoner* unter der Führung von General Wardener, um die ungarischen Truppen bei Desch aufzuhalten, was nicht gelang. Ihr Herannahen an Bistritz verursachte große Panik. In Heidendorf hatten sie bereits am 30. Dezember 1848 einen neuen Sieg errungen. Nachdem sich die kaiserlichen Truppen am 2. Januar 1849 nach Wallendorf zurückgezogen hatten, besetzten die ungarischen Truppen Bistritz. Viele Bistritzer sind in die umliegenden Dörfer geflüchtet. Der Stadt sowie den Gemeinden aus dem Raum wurde eine Steuer von 200.000 fl. auferlegt, dazu noch die Verpflichtung, Pferde samt Fuhrwerken und handwerkliche Erzeugnisse zu liefern. Nach einem kurzen Rückzug der Ungarn vom 16. Januar – 26. Februar, besetzten sie erneut die Stadt und zwangen den Magistrat und die Repräsentanten der Sachsen, den Eid auf die ungarische Regierung zu schwören

Am 21. Juni 1849 näherten sich der Stadt über den Tihuțapaß russische Truppen. Eine städtische Delegation überbrachte den Russen, die ihr Lager in der Nähe der Stadt aufgeschlagen hatten, die Bitte, die Stadt von unnötigen Verwüstungen zu verschonen. Nach den Kämpfen vom 27. Juni verließen die ungarischen Truppen die Stadt. Nur allmählich kamen die Geflüchteten wieder in die Stadt und am 15. Juli 1849 konnte Stadtpfarrer Müller die erste Predigt nach der Flucht halten.

Nach dem Abzug der russischen Truppen in Richtung Desch kam der kaiserliche Gesandte Franz Salmen nach Bistritz und überbrachte in einer Versammlung den Bistritzern den Dank des Wiener Hofes für die Treue gegenüber dem Wiener Hof. Während dieses Besuches wurden die Schäden vom Januar bis Juli 1849 abgeschätzt. Das Bistritzer Gebiet hatte durch Raub, Verwüstung und Beschlagnahmungen große Schäden im Gesamtwert von 261.295fl. erlitten. Am meisten betraf es die Gemeinden Jaad: 34.346 fl., Wallendorf: 22.519fl., Lechnitz: 17.823fl., Dürrbach: 15.130 fl., Mettersdorf: 14.936fl., Budak: 14.112fl.

Eine wichtige Rolle für die wirtschaftliche Entwicklung der Stadt und der Umgebung in der

1.1.5 Anii Dualismului

Compromisul austro-ungar din 1867 și politica sistematică de asimilare a minorităților promovată de guvernul de la Budapesta, îi fac pe sașii ardeleni – pentru prima dată în existența lor de peste 700 de ani – să se simtă amenințați în ființa lor etnică. La aceasta contribuie legea din 1868, prin care limba maghiară devine singura limbă oficială, precum și desființarea, prin legea din 1876, a autonomiei pentru pământul regesc (Köningsboden). Sașii bistrițeni au avut

zweiten Hälfte des XIX. Jahrhunderts spielte das im Jahre 1853 gegründete erste Finanzinstitut der Gegend, der Bistritzer Spar- und Aushilfsverein.

Das Jahr 1857 brachte die größte Feuersbrunst der Geschichte von Bistritz mit sich. Die Schäden waren viel höher als die der Revolution. Das Feuer entfachte sich in der Holzgasse am Hause des Kupferschmiedes Berger und wütete in den Hauptstraßen der Stadt, sowie in der Peripherie der Unterstadt. Auch die evangelische Kirche,

Siebenbürgen in Österreich-Ungarn – Transilvania în Austro-Ungaria

un motiv în plus de teamă, deoarece comitele de Bistrița-Năsăud, baronul Dezsö Bánffy, "ducea o viguroasă politică de maghiarizare"[29]. În aceste condiții, sașii au căutat un sprijin în Biserică și în Asociația Gustav Adolf, precum și în puternica personalitate a episcopului Georg Daniel Teutsch (1867-1893). Această asociație s-a implicat activ în viața spirituală a ținutului bistrițean. Din fondurile sale s-au ridicat biserica din Sâniacob, în 1871, noua școală din Herina, în 1880, iar în 1896 bisericile din două importante localități: biserica din Cepari (care a costat 30.260 coroane) și cea din Dumitra (care a costat 80.000 de coroane). Tot această asociație a contribuit la ridicarea bisericii din Domnești, ce a fost sfințită la 10 septembrie 1902, de către dechantul cercual Daniel Csallner. Asociația Gustav Adolf-

der Turm und die Turmuhr brannten. Nachdem es zwölf geschlagen hatte, schmolz sie in kürzester Zeit. Insgesamt waren 148 Häuser samt den Nebengebäuden und die meisten öffentlichen Gebäude verbrannt. 236 Familien waren obdachlos geworden. Der Turm wurde bis 1860 restauriert und nun mit Kupferblech gedeckt.

Aufgrund des protestantisch-kaiserlichen Patents vom 8. April 1861, herausgegeben von Kaiser Franz Joseph I., wurde den sächsischen evangelischen Gemeinschaften der Anschluß an den Gustav-Adolf-Verein aus Berlin angeboten. Zum Vorsitzenden dieser Bistritzer karitativen Zweigstelle wurde Stadtpfarrer Müller gewählt.

Nach dem Tode von Johann Daniel Stebringer am 8. Oktober 1865 wurde sein Nachfolger

Transilvania, ce-şi propunea să fie "un sprijin, în măsura posibilităţilor, pentru apărarea religiei evanghelice şi a naţiunii germane", s-a întrunit la Bistriţa de trei ori (in 1868, 1883 şi 1896), iar cu ocazia aniversării a 50 de ani de la înfiinţare, ea a fost reprezentată la Berlin de preotul din Viişoara, Friedriech Kramer[30].

După modelul Sibiului, Braşovului şi Sighişoarei, în 1877 se înfiinţează la Bistriţa *Societatea Pompierilor Voluntari (Freiwilligen Feuerwehr),* ce a dăinuit până în 1937, când a fost înlocuită de pompierii profesionişti.

În 1886, *basilica* din Herina, construită în stil romanic şi constituind cel mai vechi monument religios din zona Bistriţa-Reghin, este supusă unei ample acţiuni de renovare ce a durat până în 1898. La 1893, biserica minorită din Bistriţa

Franz Schmidt der letzte oberste Gerichtsherr von Bistritz.

1.1.5 Die Jahre des Dualismus

Durch den österreichisch-ungarischen Ausgleich von 1867 und die systematische Assimilierungspolitik (der Minderheiten) der Budapester Regierungen fühlten sich die Sachsen zum ersten Mal in ihrer 700jährigen Geschichte in ihrer völkischen Existenz bedroht. Das Gesetz von 1868, demzufolge die ungarische Sprache als einzige offizielle Sprache eingeführt wurde, verstärkte diese Angst. Dazu kam noch 1876 die Auflösung des Königsbodens. Die Bistritzer Sachsen hatten einen Grund mehr zur Sorge, da der Komes von Bistritz-Nassod, Baron Deszö Bánffy, „eine scharfe Magyarisierungspolitik betrieb". Unter

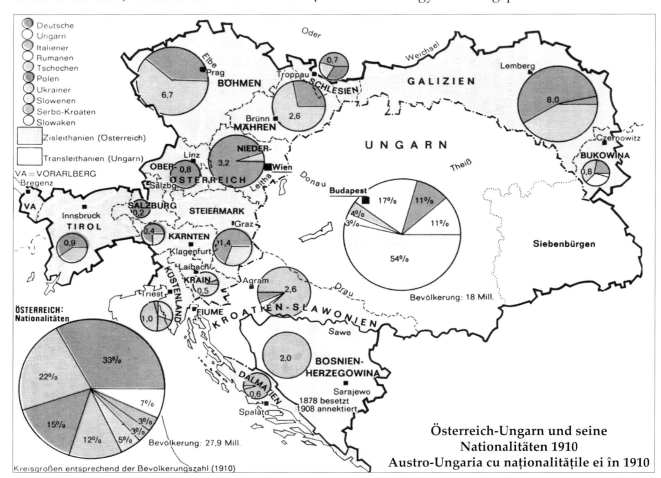

Österreich-Ungarn und seine Nationalitäten 1910
Austro-Ungaria cu naţionalităţile ei în 1910

este vândută românilor greco-catolici cu suma de 30.000 de coroane[31].

Tendinţa emigrării – cu deosebire spre America de Nord, manifestată în limite modeste în primii ani ai secolului trecut, a luat proporţii deosebite după 1906, când, într-un singur an, peste 600 de persoane se hotărăsc să plece. Cel mai ridicat număr l-a înregistrat Şieul (unde din aproximativ

diesen Bedingungen suchten die Sachsen bei der Kirche, im Gustav-Adolf-Verein und in der starken Persönlichkeit des Bischofs Georg Daniel Teutsch (1867-1893) Schutz. Der Gustav-Adolf-Verein hat das geistige Leben der Sachsen aus dem Bistritzer Raum aktiv mitbestimmt. Aus seinen Geldmitteln wurde in Jakobsdorf 1871 eine Kirche gebaut, in Mönchsdorf 1880 eine neue Schule, 1896 eine Kirche in Tschippendorf

1000 de locuitori emigrează 141), cifre ridicate înregistrându-se și la Jeica, Domnești, Albeștii Bistriței, Dipșa, Vermeș, Monari, Unirea[32].

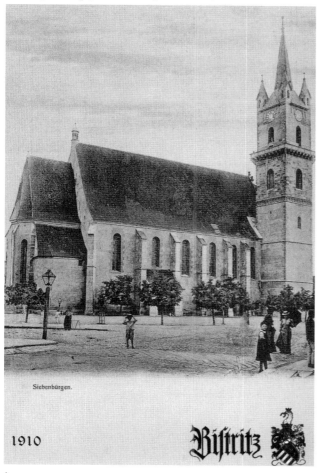

1910 **Biſtritz**

În 1908, în prezența episcopului Bisericii Evanghelice din Transilvania, Fritz Teutsch, s-a pus piatra de temelie a noului *gimnaziu* de pe *Fleischer Allee*. Ridicarea acestui așezământ, ce a rămas până astăzi cea mai impunătoare unitate școlară din Bistrița, a fost asigurată prin contribuția cetățenilor și a celor două instituții de credit din oraș: *Bistritzer Credit und Vorschusvereines* și *Bistritzer Spaar und Aushilfsverein*. Mutarea elevilor în noul gimnaziu, al cărui prim director a fost Georg Fischer, s-a făcut la 8 septembrie 1910.

La ultimul sinod general al Bisericii Evanghelice din Transilvania și Ungaria, ținut la Sibiu în 9 mai 1911, capitlul Bistrița-Reghin a fost reprezentat de dechantul Daniel Csallner. Tot în acest an, între 6 iunie-2 iulie, respectiv între 16 septembrie-7 octombrie, mai mult de jumătate dintre localitățile săsești ale zonei Bistriței au fost vizitate de episcopul Teutsch, ce a pledat pentru intensificarea vieții religioase ca mijloc de păstrare a identității etnice; aceluiași scop i-a fost destinat și ziarul *Bistritzer Deutsche Zeitung*, al cărui prim număr a apărut la 7 martie 1913[33].

(Kosten: 30.260 Kronen) und eine in Mettersdorf für 80.000 Kronen. Der gleiche Verein unterstützte mit Geldmitteln den Bau der evangelischen Kirche aus Billak, eingeweiht vom Kreisdekan Daniel Csallner am 10. September 1902. Der *Gustav-Adolf-Verein Siebenbürgen* hat in den Jahren 1868, 1883, 1896 in Bistritz seine Tagungen abgehalten. Der Verein nannte als Ziel „die Unterstützung des evangelischen Glaubens und die der deutschen Nation". An der 50. Jahresfeier seit der Vereinsgründung nahm Pfarrer Friedrich Kramer aus Heidendorf in Berlin teil.

Nach dem Vorbild Hermannstadts, Kronstadts und Schäßburgs gründeten die Bistritzer 1877 die *„Freiwillige Feuerwehr"*, die bis 1937 existierte, danach wurde sie von der beruflich geschulten Feuerwehr abgelöst. Von 1886 bis 1898 wurde die im romanischen Stil gebaute Mönchsdorfer Basilika umfangreich renoviert. Sie stellt das älteste religiöse Monument aus dem Bistritzer-Sächsisch-Regener Raum dar.

1893 wurde die Minoritenkirche aus Bistritz den griechisch-katholischen Rumänen für 30.000 Kronen verkauft.

Die Auswanderung der Sachsen, hauptsächlich nach Nordamerika, begann zu Beginn des 20. Jh. nur zögerlich. Nach 1906 nahm die Zahl der Auswanderer rasch zu, so dass in einem Jahr bereits 600 Personen entschlossen waren auszuwandern. Aus Schogen waren es (von ca. 1000 Bewohnern) 141 Personen; ebenso emigrierten auch aus folgenden Gemeinden Sachsen: aus Schelken, Billak, Weißkirch, Dürrbach, Wermesch, Minarken und Wallendorf.

Im Jahre 1908 wurde im Beisein des Sachsenbischofs Friedrich Teutsch der Grundstein für

Liceul Evanghelic-lutheran, 1911

Das neue Bistritzer Gymnasium 1911

das neue Gymnasium auf der Flescherallee gelegt. Der Bau dieser auch heute eindrucksvollsten Lernanstalt aus Bistritz konnte durch Beiträge der Bürger und der Geldinstitute des *„Bistritzer Credit und Vorschußvereins"* sowie des Bistrit-

Sub raport economic, ultimele trei decenii ale secolului al XIX-lea şi începutul secolului XX se înscriu sub semnul progresului. Valorificând o tradiţie de sute de ani, meşteşugarii din Bistriţa, organizaţi în bresle până în 1872, au reuşit să-şi utilizeze cu un înalt randament capitalul acumulat, organizându-se în asociaţii ce au pus bazele unor fabrici de renume. Astfel, în 1910 funcţionau în Bistriţa 10 întreprinderi de dimensiuni mari, ceea ce situa oraşul pe un loc fruntaş în Transilvania istorică, după Cluj, Braşov, Sibiu şi Târgu Mureş.[34] Acest progres a fost cu atât mai remarcabil cu cât zona a fost conectată abia în 1884 la reţeaua de cale ferată, prin inaugurarea liniei Dej-Bistriţa.

Bistritz 1914 - Unter dem Kornmarkt - Sugălete

La 28 iunie 1914, în timpul inaugurării noii case comunale din Tărpiu, soseşte vestea asasinării lui Franz Ferdinand la Sarajevo. Curând începea prima conflagraţie mondială, care a cerut jertfa a 120 de bistriţeni. La sfârşitul ei, pentru saşii din această parte a Transilvaniei începea, cu speranţă, un alt capitol al existenţei lor.

1.1.6 Anii interbelici

Saşii ardeleni au fost prima minoritate din Transilvania ce a consimţit la actul unirii de la 1 Decembrie 1918. Întrunită la Mediaş, în 8 ianuarie 1919, Adunarea saşilor – bazându-se pe promisiunile formulate la Alba-Iulia – s-a pronunţat pentru unirea Transilvaniei cu România; lor le-au urmat şvabii bănăţeni, la 10 august 1919, când au cerut unirea întregului Banat cu România. "Prin aceste acte, minoritatea germană căuta să-şi asigure un loc bine definit în noua sa patrie"[35].

La o privire de ansamblu, se poate afirma că, pentru minoritatea germană din România – şi cu precădere pentru saşi –, perioada interbelică a fost una marcată de evoluţii contradictorii.

zer „Spar- und Aushilfsvereins" gesichert werden. Am 8. September 1910 konnten die Schüler ins neue Gebäude übersiedeln. Der erste Direktor war Georg Fischer.

Bei der letzten Generalsynode der evangelischen Kirche aus Siebenbürgen vom 9. Mai 1911 wurde das Bistritzer- Sächsisch Regener Kapitel von Dekan Daniel Csallner vertreten. Im gleichen Jahr, in der Zeit vom 6. Juni bis 2. Juli und vom 16. September bis 7. Oktober wurden mehr als die Hälfte der Gemeinden von Bischof Teutsch besucht. Dabei plädierte er für eine Intensivierung des religiösen Lebens als Mittel der Erhaltung des Deutschtums. Dem gleichen Zweck diente die „Bistritzer Deutsche Zeitung", die zum ersten Mal am 7. Mai 1913 erschienen war.

Die drei letzten Jahrzehnte des 19. und das erste des 20. Jh. sind Jahrzehnte der wirtschaftlichen Prosperität der Region. Ausgehend von den hochentwickelten Zünften, die in Bistritz bis 1872 existierten, entstanden in der Folge erste erfolgreiche Industriebetriebe. 1910 gab es in Bistritz zehn große Unternehmungen, die Bistritz in eine Reihe mit den anderen gut entwickelten siebenbürgischen Städten versetzten: Klausenburg, Kronstadt, Hermannstadt, Neumarkt. Dies war um so erfreulicher, da Bistritz erst 1884 durch die Fertigstellung der Strecke Desch-Bistritz an das Eisenbahnnetz angeschlossen wurde.

Am 28. Juni 1914, als man in Treppen das neue Gemeindehaus einweihte, erreichte die Sachsen die Nachricht von der Ermordung Franz Ferdinands in Sarajewo. Gar bald begann der Erste Weltkrieg, in dem Bistritz 120 Opfer zu beklagen hatte. Am Ende dieses Weltbrandes begann für die Sachsen aus diesem Teil Siebenbürgens ein neues Kapitel ihrer Existenz.

1.1.6 Die Jahre der Zwischenkriegszeit

Die Siebenbürger Sachsen waren die erste Minderheit, die dem Akt der Vereinigung vom 1. Dezember 1918 zustimmten. Die Sächsische Nationalversammlung vom 8. Januar 1919 beschloss in Mediasch der vollzogenen Vereinigung Transsylvaniens mit Rumänien auf der Grundlage der in Alba Julia gegebenen Versprechungen zuzustimmen. Am 10. August 1919 äußerten auch die Schwaben den Wunsch, das gesamte Banat an Rumänien anzuschließen. „Durch diese Entschlüsse versuchten die deutschen Minderheiten sich einen gesicherten Platz in ihrem neuen Vaterland festzulegen".

Reforma agrară din 1921 a restrâns serios proprietăţile funciare săseşti, fapt ce a afectat în mod direct finanţarea celor două instituţii de bază pentru această comunitate, şcoala şi Biserica, şi a creat terenul favorabil pentru

Insgesamt gesehen kann festgestellt werden, dass für die deutsche Minderheit in Rumänien – vorwiegend für die Siebenbürger Sachsen - die Zwischenkriegszeit eine Zeit der gegensätzlichen Entwicklungen war. Die Agrarreform

Die Neuordnung Osteuropas nach 1918

EUROPA DE EST ŞI SUDEST DUPĂ 1918

apariția unor opțiuni radicale în domeniul politic. Cu toate acestea, economia rurală săsească și-a menținut un foarte ridicat randament și a constituit un model – de neatins – pentru agricultura românească interbelică. La rândul ei, industria din orașele săseşti, găsind noi debușee în Vechiul Regat, a cunoscut o perioadă de înflorire. În plan politic, chiar dacă parlamentarii de naționalitate germană nu au reușit să includă în noua constituție din 1923 aproape nimic din generoasele promisiuni pentru minorități formulate la Alba Iulia în 1 Decembrie 1918, totuşi, prin lunga experiență dobândită în calitate de minoritari, au reușit să contracareze cu succes unele excese ale statului național unitar și, prin carteluri electorale încheiate cu partidele aflate la putere, au asigurat acestei comunități un loc privilegiat între minoritățile României interbelice. Din această perspectivă, în ciuda unor măsuri ca îndepărtarea firmelor neromânești din orașe, la 10 martie 1919, îndepărtarea inscripțiilor stradale în limba germană, la 16 martie 1920, și înlocuirea limbii germane cu limba română în administrație, în iarna anului 1924[36], sașii din nordul Transilvaniei, alături de conaționalii lor din restul spațiului românesc, "nu se vor simți amenințați de nici o politică serioasă de românizare"[37].

La fel ca populația românească și evreiască, sașii din Bistrița și-au organizat propria gardă națională, la 24 noiembrie 1918, sub conducerea lui Hans Kraus, compusă dintr-un batalion cu patru companii a câte 80 de bărbați fiecare; după intrarea în oraș, la 4 decembrie 1918, a *Regimentului 15 de infanterie* al armatei române, la 6 decembrie gărzile naționale îşi încetează activitatea, iar *Bistritzer Bürgerliche Schützenverein* (Comitetul Orășenesc de Apărare) îşi orientează activitatea spre rezolvarea problemelor generate de război. La 27 decembrie 1918, vicarul Adolf Schullerus devine reprezentantul Bistriței în *Adunarea Sașilor din Transilvania*, adunare ce și-a exprimat, în ianuarie anul următor, adeziunea pentru unire[38].

Ca semn al drepturilor de care au beneficiat sașii sub noua administrație românească a fost și alegerea lui Carl Sanchen în funcția de primar al Bistriței, în noiembrie 1919, funcție pe care a deținut-o până în mai 1934, deși ponderea elementului german a scăzut de la 41,8%, în 1 septembrie 1920 (când Bistrița număra 12.364 locuitori), la 31,6 %, în 30 decembrie 1930 (atunci în oraș trăiau 14.128 locuitori)[39].

von 1921 hat den sächsischen Grundbesitz, insbesondere denjenigen der beiden wesentlichen sächsischen Institutionen, der ev. Kirche und der Schule, deutlich verkleinert und damit deren Finanzierung stark beeinträchtigt. Dies hat zum Teil einen günstigen Nährboden für das Auftauchen von radikalen politischen Positionen geschaffen. Andererseits behielt die sächsische ländliche Wirtschaft eine weiterhin hohe Produktivität und blieb ein (nicht zu erreichendes) Modell für die rumänische Landwirtschaft der Zwischenkriegszeit. Ebenso konnte die Industrie der sächsischen Städte, auch durch das Hinzukommen neuer Absatzmärkte in Altrumänien, eine weitere Periode des Aufschwungs erleben. Im politischen Bereich gab es manche Probleme. Die großen Versprechungen für die Minderheiten, formuliert am 1. Dezember 1918 in Alba Iulia, konnten von den deutschen Abgeordneten im Bukarester Parlament nicht in die Verfassung von 1923 eingefügt werden. Zwar konnten die Sachsen als eine Minderheit, die jahrhundertelange Erfahrungen mit dieser Situation gesammelt hatten, manche Versuche des nationalen Einheitsstaates geschickt umgehen, manche Allianzen im Parlament zu ihren Gunsten eingehen, jedoch nicht verhindern, dass z.B. am 10. März 1919 die nichtrumänischen Firmennamen gewaltsam entfernt und am 16. März 1920 die deutschen Straßennamen durch rumänische ersetzt wurden, bzw. 1924 die rumänische Amtssprache eingeführt wurde.

Dennoch „fühlten sich" die Nordsiebenbürger Sachsen ebenso wie ihre deutschen Mitbürger der anderen Teile Rumäniens „nicht bedroht von einer wirklich seriösen Romanisierungspolitik".

Ähnlich wie die rumänische und die jüdische Bevölkerung organisierten die Sachsen am 24. November 1918 eine eigene Nationale Garde unter der Führung von Hans Kraus. Die sächsische Garde umfaßte ein Batallion mit vier Kompanien zu je 80 Männern. Nachdem am 4. Dezember 1918 das *rum. Infanterieregiment 15* in die Stadt einmarschiert war, beendeten die Nationalen Garden ihre Aktivität. Der Bistritzer Bürgerliche Schützenverein hatte seine Arbeit neu orientiert. Es sollten die Probleme, die aufgrund des Krieges entstanden waren, gelöst werden. Am 27. Dezember 1918 wurde Vikar Adolf Schullerus Vertreter der Stadt Bistritz im „Sächsischen Nationalrat", der sich mit dem Anschluß Siebenbürgens an Rumänien im Januar 1919 einverstanden erklärte. In der Zeit der neuen rumäni-

În cea mai mare parte a perioadei interbelice, sașii din zona Bistriței au avut un reprezentant în parlamentul roman – deputatul Arthur Konnerth. Accederea lui în parlament a fost ușurată în iulie 1927 datorită cartelului electoral dintre Partidul German și Partidul Maghiar[40], iar în 1928 datorită cartelului încheiat de Partidul German cu Partidul Național-Țărănesc, prin care din cele 9 mandate pentru cameră, unul era rezervat sașilor din județul Năsăud[41]. Astfel, chiar dacă prin împărțirea administrativă electorală din martie 1921, plasele Teaca, Reghinul de Jos și Reghinul de Sus (locuite de un număr semnificativ de etnici germani) nu mai făceau parte din *cercul electoral* Bistrița[42], populația germană a noului cerc electoral al județului Năsăud a putut fi reprezentată în forul legislativ datorită divizării acestui cerc în trei secții: Bistrița-romană, Bistrița-săsească și Năsăud[43].

În ce privește reprezentarea în structurile locale ale puterii, sașii au avut un număr important de consilieri, procentul lor scăzând însă treptat, pe măsură ce creștea ponderea populației românești pe ansamblul orașului și județului. De exemplu, în urma alegerilor locale din 1926, din 26 consilieri județeni, 5 erau sași, ponderea lor fiind mai mare în consiliul local Bistrița[44]. Într-o abordare comparativă, 1920-1939, modificările în structura administrației Bistriței și a județului Năsăud se prezintă astfel[45]:

Administrația orașului Bistrița	
1920: 53 membri	1939: 47 membri
- 51 sași - 1 roman - 1 maghiar germanizat	- 26 romani - 19 sași - 2 maghiari

Administrația județului Năsăud	
1920: 23 membri	1939: 25 membri
- 13 romani - 6 sași - 4 maghiari	- 18 romani - 4 sași - 2 maghiari - 1 evreu

Referindu-ne la viața comunitară a sașilor bistrițeni, după 1918 s-a revigorat vechea și atât de utila organizare în vecinătăți (Nachbarschaften). "Ca formă potrivită de organizare ni s-a părut împărțirea în vecinătăți, care cu decenii în urmă erau considerate învechite. Planul nostru a

schen Verwaltung wurde ein sächsischer Bürgermeister, Carl Sanchen, in Bistritz gewählt (Nov. 1919- Mai 1934); dies war ein Zeichen der anerkannten Rechte der Deutschen, obwohl der Anteil der deutschen Bevölkerung von 41,8% (am 1. September 1920 hatte Bistritz 12.364 Einwohner), auf 31,6% am 30. Dezember 1930 schrumpfte (damals zählte Bistritz 14.128 Einwohner).

Während fast der gesamten Zwischenkriegszeit hatten die Sachsen aus dem Bistritzer Raum den Abgeordneten Arthur Konnerth als Vertreter im rumänischen Parlament. Der Zugang ins Parlament wurde im Juli 1927 durch das Wahlbündnis zwischen der deutschen Partei mit der ungarischen Partei erleichtert. Im Jahre 1928 bestand das Wahlbündnis zwischen der Deutschen Partei mit der Nationalen Bauernpartei. Von den 9 Mandaten für die Kammer war ein Mandat für die Sachsen aus dem Kreis Nassod reserviert. Obwohl durch die neuen Wahlkreise im März 1921 die Bereiche Tekendorf und Sächsisch Regen, in denen eigentlich viele Sachsen lebten, nicht mehr zu dem Bistritzer Wahlkreis gehörten, konnten die Deutschen aus dem Bistritzer Wahlkreis im Forum der Legislative dennoch vertreten werden. Der neue Wahlkreis Nassod bestand nämlich nun aus drei Abteilungen, die Abteilung des rumänischen Bistritz, die des sächsischen Bistritz und die aus Nassod. In den lokalen Machtstrukturen waren die Sachsen je nach Bevölkerungszahl vertreten. Mit Zunahme der rum. Bevölkerung in der Stadt und im Kreis, sank die Zahl der Stadt- und Gemeinderäte, z.B.: nach den Wahlen von1926 waren es von 26 Kreisräten 5 Sachsen, davon die meisten im Stadtrat von Bistritz. In einer Übersicht für die Jahre 1920-1939 sehen die Veränderungen in der Struktur der Verwaltung von Bistritz und des Kreises Nassod folgendermaßen aus:

Verwaltung der Stadt Bistritz	
1920: 53 Mitglieder	1939: 47 Mitglieder
- 51 Sachsen - 1 Rumäne - 1 germanisierter Ungar	- 26 Rumänen - 19 Sachsen - 2 Ungarn

Verwaltung des Kreises Nassod	
1920: 23 Mitglieder	1939: 25 Mitglieder
- 13 Rumänen - 6 Sachsen - 4 Ungarn	- 18 Rumänen - 4 Sachsen - 2 Ungarn - 1 Jude

găsit întreg asentimentul conducerii de atunci a judeţului. Am pregătit regulamentul şi am împărţit oraşul în 18 vecinătăţi. La 21 decembrie 1918 planul a prins viaţă. În anii de mai târziu s-a dovedit că am procedat foarte bine" – îşi amintea peste ani Gustav Zikeli[46].

În privinţa vieţii economice, anii interbelici s-au dovedit a fi – pe ansamblu – un timp de prosperitate, chiar dacă s-au înregistrat şi unele momente de regres, aşa cum a fost perioada crizei economice din 1929-1933, când unele societăţi economice şi-au redus drastic activitatea. Serioase nemulţumiri au apărut în mediul rural săsesc în toamna anului 1921, când, prin aplicarea reformei agrare, saşii – inclusiv Biserica Evanghelică – au pierdut 8.991 iugăre (5.176 ha.) din totalul celor 45.437 iugăre de pământ deţinute anterior. Media pierderilor pe ansamblul celor 18 localităţi predominant săseşti a fost de 19,8 %; la cele două extreme s-au situat Slătiniţa, cu 196 iugăre (46,9 % din suprafaţă), şi Ghinda, cu 60 iugăre (3 %), ambele fiind situate în imediata apropiere a Bistriţei [47]:

Nach 1918 wurde das Gemeinschaftsleben der Sachsen wieder belebt. „Die alte und sehr nützliche Einteilung in Nachbarschaften, die vor einigen Jahrzehnten als veraltet galt, hatte sich bewährt. Die Führung des Kreises billigte diese Neuorganisierung. „Wir hatten eine Satzung erstellt und die Stadt in 18 Nachbarschaften eingeteilt. Am 21. Dez. 1918 wurden sie ins Leben gerufen. In späteren Jahren hatte es sich gezeigt, dass wir gut gehandelt hatten", erinnert sich Gustav Zikeli.

In der Zwischenkriegszeit nahm die wirtschaftliche Entwicklung einen Aufschwung, obwohl es auch einige Rückschritte gab, wie z.B. während der Weltwirtschaftskrise von 1929-1933. In dieser Zeit mussten einige Unternehmen ihre Produktion drastisch reduzieren. Deutliche Unzufriedenheiten gab es im Herbst des Jahres 1921 auf dem Land als aufgrund der Agrarreform die Sachsen – inklusive die ev. Kirche – von insgesamt 45.437 Joch Grund, 8.991 Joch Grund (5.176 ha), verloren. Das waren im Schnitt 19,8%. Die beiden Extreme waren dabei die Gemeinden Pintak, die 196 Joch (46,9% aus ihrer Gesamtfläche) verlor und Windau mit 60 Joch Verlust (3%). Beide befinden sich in unmittelbarer Nähe von Bistritz:

Nr. cu-rent	Locali-tatea	Suprafaţa deţinută anterior (iugăre)	Pierderi în urma reformei agrare	
			iugăre	%
1.	Slătiniţa	2045	960	46,9
2.	Livezile	8018	3400	42,4
3.	Dumitra	5464	1600	29,3
4.	Unirea	1397	350	25,1
5.	Cranimăt	622	135	21,7
6.	Orheiul Bistriţei	559	100	17,9
7.	Domneşti	2195	360	16,4
8.	Satu Nou	2897	359	12,4
9.	Budacul de Jos	808	100	12,4
10.	Dorolea	3629	387	10,8
11.	Monariu	677	70	10,3

Lfd. Nr.	Ort	Vorheriger Besitz (Joch)	Verluste durch die Agrarreform	
			Joch	%
1.	Pintak	2045	960	46,9
2.	Jaad	8018	3400	42,4
3.	Mettersdorf	5464	1600	29,3
4.	Wallendorf	1397	350	25,1
5.	Baierdorf	622	135	21,7
6.	Burghalle	559	100	17,9
7.	Billak	2195	360	16,4
8.	Neudorf	2897	359	12,4
9.	Deutsch Budak	808	100	12,4
10.	Klein-Bistritz	3629	387	10,8
11.	Minarken	677	70	10,3

12.	Lechința	2052	190	9,3
13.	Sigmir	1180	100	8,5
14.	Bistrița	3406	270	7,9
15.	Tărpiu	932	150	7,8
16.	Dipșa	1261	100	7,9
17.	Dumitrița	5279	300	5,7
18.	Ghinda	2016	60	3,0
Total:		**45437**	**8991**	**19,8**

12.	Lechnitz	2052	190	9,3
13.	Schönbirk	1180	100	8,5
14.	Bistritz	3406	270	7,9
15.	Treppen	932	150	7,8
16.	Dürrbach	1261	100	7,9
17.	Waltersdorf	5279	300	5,7
18.	Windau	2016	60	3,0
Insgesamt:		**45437**	**8991**	**19,8**

Cu toate acestea, la Bistrița a continuat să funcționeze una dintre cele mai bune școli agricole din Transilvania, condusă de prof. Michael Englisch, iar aici s-a desfășurat – în 1924 – prima întrunire a *Asociației Transilvane a Agricultorilor Saşi (Siebenbürgisch-sächsischer Landvirtschaftsverein)*. Un alt motiv de nemulțumire, dar care de data aceasta nu a fost doar al saşilor, l-a reprezentat preschimbarea la raportul 1:2 a coroanelor ungare cu leul românesc, fapt ce a afectat grav economiile tuturor locuitorilor Transilvaniei. Dintre cele mai importante unități economice ale saşilor din Bistrița ar trebui amintite Societatea Bistrițeană a Industriei și Comerțului - BIHA (Bistritzer Industrie - und Handel*gesellschaft),* ce se ocupa cu comercializarea lemnului, *Prima Societate Tran*silvană pe Acțiuni de Prelucrare a Leg*u*melor, Fructelor și Cărnii - ESOGA (Erste Si*e*benbürgische Obst-, Gemüse- und Fleischver-*wertungsaktiengesellschaft), Trassia* – profilată pe producerea cimentului, marea firmă de mezeluri *Braedt* [48]. Desigur, acestor întreprinderi li se pot adăuga mulțimea de ateliere meșteșugărești, care au dus întotdeauna faima acestui oraș. Cu toate acestea, în 1939, într-un clasament privind nivelul dezvoltării economice al celor 23 de județe din Transilvania, județul Năsăud ocupa locul 18 în ceea ce privește forța motrică inst*a*lată și locul 20 în privința valorii producției industriale[49].

Bistrița a fost în această perioadă locul de desfășurare al unor importante reuniuni cu caracter cultural și profesional ale comunității germane din România. Aflată printre primele organizații de acest fel din Transilvania, *Societatea Pompierilor Voluntari (Freiwilligen*

In Bistritz wurde trotz alledem die Ackerbau-schule unter der Führung von Prof. Michael Englisch weitergeführt. Sie war eine der besten aus Siebenbürgen. Hier hatte der *Siebenbürgisch-Sächsische Landwirtschaftsverein* 1924 seine erste Tagung abgehalten. Ein anderer Grund der Unzufriedenheit aller siebenbürgischen Bewohner war die Währungsreform. Das Verhältnis der Umwechslung war 1:2 der ungarischen Kronen mit dem rumänischen Leu. Für die Provinzen, die sich mit Rumänien vereinigt hatten, war es nicht vorteilhaft; das hat den Menschen Verluste zugefügt.

In Bistritz gab es zu der Zeit wichtige Unternehmen: die *Bistritzer Industrie und Handelsgesellschaft (BIHA)*, die sich mit Holzhandel befasste, die *Erste Siebenbürgische Obst-Gemüse - und Fleischverwertungsaktiengesellschaft (ESOGA)*, die „Trassia", eine Zementproduktionsfirma und der *Wurstwarenbetrieb Braedt*. Außer diesen gab es noch zahlreiche handwerkliche Werkstätten, die der Stadt seit jeher einen guten Ruf brachten. Dennoch erreichte der Kreis Nassod 1939 in einer Übersicht zum wirtschaftlichen Entwicklungsniveau unter den 23 siebenbürgischen Kreisen Rang 18 bezüglich der installierten Maschinenkraft und Rang 20 bezüglich des Wertes der Industrieproduktion.

Bistritz war in dieser Phase der Schauplatz kultureller und professioneller Veranstaltungen der Deutschen aus Rumänien. Die *Freiwillige Feuerwehr* feierte als erste 50 Jahre seit ihrer Gründung. Zu diesem Fest kamen Vertreter der Feuerwehren auch aus anderen Teilen Siebenbürgens. Am 8. und am 9. April 1934 fand hier das Sängerfest aller deutschen Chöre aus Siebenbürgen, dem Banat und der Bukowina statt. Im Som-

Feuerwehr) şi-a sărbătorit, în 1927, 50 de ani de la înfiinţare, prilej cu care la Bistriţa au fost prezenţi reprezentaţi ai asociaţiilor similare din alte oraşe ardelene. Între 8 şi 9 aprilie 1934 s-a desfăşurat tot aici reuniunea formaţiilor corale germane din Transilvania, Banat şi Bucovina, iar în vara anului 1935, la Albeştii Bistriţei, s-a ţinut o mare adunare a Asociaţiei Gustav Adolf.

În ceea ce priveşte învăţământul confesional – cu o tradiţie atât de lungă şi benefică pentru comunitatea săsească –, acesta a avut de înfruntat presiunile autorităţilor, care doreau suprimarea acestui tip de învăţământ şi înlocuirea lui cu cel de stat. Pentru a-l menţine la dimensiunile şi standardele anterioare – în condiţiile în care, prin reforma agrară, proprietăţile bisericeşti au fost masiv expropriate, iar statul a refuzat să subvenţioneze şcolile confesionale –, Biserica Evanghelică s-a văzut nevoită să recurgă la impunerea unei taxe bisericeşti împovărătoare, care depăşea nivelul impozitelor directe plătite satului[50]. În acelaşi timp, în anii '20, odată cu introducerea obligativităţii limbii române în şcolile confesionale ale minorităţilor (începând din clasa a III-a, în programa şcolară figurau câte şapte ore de limba română pe săptămână), autorităţile au urmărit să instaleze clasele şcolilor de stat (deschise pentru copiii români şi ţigani) în localurile şcolilor confesionale săseşti, fapt ce a generat alte nemulţumiri; cel mai adesea, aceste situaţii s-au rezolvat prin cumpărarea unor case libere de către comunitatea săsească, ce au fost amenajate ca şcoală de stat şi locuinţă pentru învăţător.[51] Pe de altă parte, dintre elevii aparţinând minorităţilor naţionale, cei de naţionalitate germană au înregistrat cea mai înaltă rată de promovabilitate la examenul de bacalaureat, care din 1925 trebuia susţinut – în mod obligatoriu – în limba română[52]. Deşi Bistriţa nu a fost centru universitar, aici s-au pus bazele constituirii Uniunii Studenţilor Germani din România (*Bundes deutscher Hochschüler in Rumänien*), în urma întrunirii din 22-23 septembrie 1922 a reprezentanţilor acestora din întreg spaţiul românesc[53]. În semn de recunoaştere a locului important deţinut în cadrul învăţământului de limbă germană din Transilvania, Bistriţa a fost gazda "Olimpiadei Şcolare Germane" (*Die deutsche Schülerolympiade*), desfăşurată în perioada 14-17 aprilie 1938, cu participarea a 427 de elevi germani din Bistriţa, Braşov, Sibiu, Mediaş, Sighişoara şi Timişoara. În anul următor au avut loc două acţiuni cultural-sportive de amploare, ce au reunit tinerii germani, români şi maghiari

mer des Jahres 1935 hielt der Gustav-Adolf-Verein in Weißkirch eine große Versammlung ab.

Was den konfessionellen Unterricht anbelangt – der auf eine lange und wohltuende Tradition für die sächsische Gemeinschaft zurückblicken konnte – hatte dieser dem staatlichen Druck standzuhalten. Die Behörden wollten ihn abschaffen und durch staatlichen Unterricht ersetzen. Um ihn unter den Bedingungen der Agrarreform, die das kirchliche Eigentum massiv enteignet hatte und der Staat sich weigerte, konfessionelle Schulen zu subventionieren, in dem früheren Umfang aufrecht zu erhalten, war die evangelische Kirche genötigt, eine nicht geringe Kirchensteuer einzuführen, die die direkten Steuern gegenüber dem Staat überschritt. Zugleich versuchten die Behörden in den zwanziger Jahren mit der Einführung der verpflichtenden rumänischen Sprache in den konfessionellen Schulen der Minderheiten (beginnend mit der 3. Klasse gab es gemäß Lehrplan sieben Stunden Rumänisch pro Woche) auch den Ersatz der konfessionellen durch staatliche Schulen, die auch rumänischen und Zigeuner-Kindern geöffnet waren, ein Sachverhalt, der viel Unzufriedenheit produzierte. Meistens wurden solche Schwierigkeiten dadurch gelöst, dass die sächsische Gemeinschaft freie Häuser kaufte, die als Staatsschulen mit Lehrerwohnung eingerichtet wurden. Andererseits haben unter den Schülern der Minderheiten die sächsischen Schüler die höchste Erfolgsrate in der Abiturprüfung erreicht, obwohl seit 1925 diese obligatorisch in rumänischer Sprache abgehalten werden musste. Auch wenn Bistritz kein Hochschulzentrum war, wurden hier die Grundlagen für die Gründung des *Bundes Deutscher Hochschüler in Rumänien* in der am 22.-23. September 1922 abgehaltenen Versammlung der studentischen Vertreter aus dem gesamten rumänischen Raum gelegt.

Da Bistritz einen wichtigen Platz im Bereich der Lehre der deutschen Sprache einnahm, fand hier vom 14.-17. April 1938 die *Deutsche Schülerolympiade* statt, an der sich 427 deutsche Schüler aus Bistritz, Kronstadt, Hermannstadt, Mediasch, Schäßburg und Temeswar beteiligten. Im nächsten Jahr, am 16. Juli 1939, wurde in Bistritz der *Jugendtag des Kreises Nösen* abgehalten, und am 18. Juli das *Kreissportfest*. An diesen Veranstaltungen nahmen deutsche, rumänische und ungarische Jugendliche des Kreises Nassod teil.

Der neue Bürgermeister Dr. Cornel Mureşanu beschloß am 18. September 1934 die Auflösung des Mädchengymnasiums vom Hauptplatz ne-

din județul Năsăud: la 16 iulie 1939 – "Ziua Tineretului din Ținutul Bistriței" (Jugendtag des *Kreisses Nösen*), iar la 18 iulie – "Sărbătoarea Sportului" (Kreisspo*rtfest*)[54].

În privința școlilor bistrițene, noul primar – dr. Cornel Mureșanu – a hotărât la 18 septembrie 1934 să fie dezafectată școala de fete din piața centrală a orașului, elevele de aici urmând a-și continua studiile la principalul liceu din oraș (ridicat în 1910). În ciuda protestelor din partea sașilor, ce doreau menținerea acestui local pentru biserica evanghelică din vecinătate, școala a fost demolată în vara anului următor. Același Cornel Mureșanu, primul primar român al Bistriței, a luat în scurt timp o altă măsură ce a stârnit nemulțumiri în rândul meșteșugarilor și comercianților: în aprilie 1935 hotărăște mutarea târgului săptămânal din piața centrală a orașului în cea de vite, impunând în același timp proprietarilor caselor ce alcătuiesc complexul comercial Kornmarkt (Sugălete) să le zugrăvească într-o singură culoare[55]; deși se descongestiona partea centrală a orașului, activitatea în cel mai important vad comercial a fost puternic afectată prin hotărârea luată.

În domeniul cultural este de remarcat întemeierea *muzeului* bistrițean, al cărui prim director a fost Alfred Zintz; piatra de temelie a fost pusă la 3 octombrie 1926, iar pentru strângerea fondurilor necesare ridicării acestuia, trupa de teatru condusă de Elly Seiller a întreprins mai multe turnee prin orașe din Transilvania, Banat și Bucovina[56].

Sub aspect demografic, situația înregistrată în comunitățile săsești nord-ardelene plasa această regiune pe o poziție net inferioară zonelor săsești din sudul Transilvaniei. Astfel, în intervalul 1925-1938, creșterea populației săsești din zona Bistriței a fost foarte modestă, respectiv de la 24.658 la 25.348 persoane. Acest lucru s-a datorat unei natalități mai reduse, 20,10‰ (media pentru zonele săsești a fost în acea perioadă de 21,82%),

ben der Kirche. Die Schülerinnen setzten ihre Lerntätigkeit im neuen Gymnasalgebäude, das 1910 gebaut wurde, fort. Die Sachsen wollten dieses Gebäude für kirchliche Zwecke beanspruchen; es wurde trotz aller Proteste im Jahre 1935 demoliert.

Derselbe Cornel Mureșanu, der erste rumänische Bürgermeister von Bistritz, traf bald eine andere Maßnahme, die ihm die Unzufriedenheit der Handwerker und der Händler einbrachte. Im April 1935 verfügte er, den Wochenmarkt aus der Stadtmitte auf den Viehmarkt zu verlegen und befahl gleichzeitig den Hausbesitzern des Kornmarktes, ihre Häuserfronten alle mit der gleichen Farbe zu tünchen. Obwohl der zentrale Teil der Stadt dadurch vom Markttrubel befreit war, waren die Marktbetreiber von dieser Maßnahme schmerzlich getroffen.

Auf kulturellem Gebiet ist die Gründung des *Bistritzer Museums* hervorzuheben, dessen erster Direktor Prof. Alfred Zintz war. Die Grundsteinlegung erfolgte am 3. Oktober 1926. Um Gelder für den Bau des Museums bereitzustellen, unternahm die von Elly Seiller geleitete Theatergruppe Gastspielreisen in die Städte aus Siebenbürgen, ins Banat und in die Bukowina.

Vom demografischen Gesichtspunkt aus betrachtet, war die Lage der nordsiebenbürgischen Gemeinden im Vergleich zu den südsiebenbürgischen eindeutig schwächer. So z.B. war die Bevölkerungszunahme bei den Sachsen des Raumes Bistritz sehr gering, d.h. von 24.658 zu 25.348 Personen. Dies beruhte auf einer geringeren Geburtenrate von 20,10% (bei einem Mittelwert von 21,82% für alle sächsischen Gebiete), der höchsten Todesrate mit 18,25% (Mittelwert: 14,66%), sowie einer hohen Kindersterblichkeitsrate von 12,54% (vorletzter Platz nach der Zone von Sächsisch-Regen, während der Mittelwert 9,91% betrug). Unter diesen Bedingungen war der natürliche Bevölkeungszuwachs der sächsischen Bevölkerung im Raum Bistritz mit 1,85% bei einem Mit-

Dr. Carl Molitoris (1887-1972)

celui mai ridicat nivel al deceselor, 18,25% (media – 14,66%), precum şi unei rate ridicate a mortalităţii infantile, 12,54‰ (penultimul loc, după zona Reghinului, în timp ce media era de 9,91%). În aceste condiţii, sporul natural al populaţiei săseşti din zona Bistriţei a fost cel mai redus, doar de 1,85% (media – 7,16%), în timp ce la cealaltă extremă se situa zona Sibiului, cu un excedent de 11,69% (în 1937), ce devenea astfel cea mai sănătoasă regiune demo-grafică a României interbelice. În schimb, în ceea ce priveşte asistenţa medicală, situaţia era cu totul alta: dintre oraşele săseşti, Bistriţa ocupa locul I privind numărul medicilor (un medic la 263 locuitori saşi), iar ca zonă era pe locul III (un medic la 1171 locuitori saşi)[57].

Biserica a rămas şi în perioadă interbelică un reper f u n d a m e n t a l pentru viaţa comunităţii săseşti. După moartea la 29 iulie 1925 a preotului paroh din Bistriţa, Friedrich Hofstädter, locul său a fost luat de dr. Carl Molitolis (1887-1972), om de o vastă cultură, devenit după 30 august 1940 dechantul general al Bisericii Evanghelice Germane din Ardealul de Nord. Episcopul Bisericii Evanghelice din Transilvania, dr. Friedriech Teutsch, a efectuat în luna august 1928 o lungă vizită pastorală în ţinutul Bistriţei, cuprinzând în traseul său jumătate din parohiile săseşti ale acestei zone[58].

După cum se ştie, în deceniul al treilea al secolului XX, în viaţa politică a minorităţii germane au început să apară unele curente de

telwert von 7,16% am niedrigsten. Den Gegenpol bildete damals Hermannstadt mit einem Überschuss von 11,69%, was für ganz Rumänien der Zwischenkriegszeit der Spitzenwert war. Andererseits ergab die medizinische Versorgung ein völlig anderes Bild: unter den sächsischen Städten war Bistritz die Nummer 1 bezüglich der Zahl der Ärzte pro Kopf der Bevölkerung (ein Arzt für 236 sächsische Bewohner) und der Kreis auf Platz 3 (ein Arzt für 1171 sächsische Bewohner)

Die Kirche blieb auch in der Zwis c h e n k r i e g szeit ein grundlegender Anhaltspunkt im Gem e i n s c h a f t s l eben der Siebenbürger Sachsen. Nach dem Tode des Stadtpfarrers Friedrich Hofstaedter (29. Juli 1925) tritt Dr. Carl Molitoris (18871972) die Stadtpfarrstelle an, ein Mann mit enormem, kulturellem Wissen, der nach dem 30. August 1940 Generaldechant der deutschen evangelischen Kirche aus Nordsiebenbürgen wurde. Der Bischof der evangelischen Kirche Siebenbürgens, Dr. Friedrich Teutsch, besuchte im August 1928 die Hälfte der sächsischen Kirchengemeinden aus diesem Gebiet.

Wie bekannt, tauchten im dritten Jahrzehnt des 20. Jh. im politischen Leben der deutschen Minderheit einige Strömungen mit nationalsozialistischem Inhalt auf. Auch die rumänische Geschichtslehre erkennt an, dass diese Strömungen nur in einigen Bereichen der politischen Klasse der Deutschen

nuanță național-socialistă. Însă, fapt recunoscut și de istoriografia românească, aceste curente s-au manifestat la nivelul unei părți a clasei politice, fără a implica minoritatea în totalitatea ei; de asemenea, o parte importantă a politicienilor de origine germană au continuat o linie consecvent democratică, respingând asemenea idei.

Bistrița – poate și prin poziția ei geografică relativ izolată de marea masă a etnicilor germani din sudul Transilvaniei – a avut, în acest context, o situație mai aparte. Jurnalistul bistrițean Gustav Zikeli este de părere că acest oraș a fost "punctul fierbinte al luptei împotriva național-socialismului"[59]. El își argumentează afirmația prin faptul că de aici dr. Hans Otto Roth a condamnat Mișcarea de Reînnoire Națională a Germanilor din România, condusă de Fritz Fabricius – noua denumire luată de Partidul Național-Socialist al Germanilor din România, înființat la 1 august 1933 și care, pentru a nu fi dizolvat pe baza Jurnalului Consiliului de Miniștrii din 9 decembrie 1933, renunță la expresia "național-socialist"[60]. Într-o adunare ținută la Bistrița, în aprilie 1934, marele democrat Hans Otto Roth și-a exprimat opiniile sale despre drumul pe care ar trebui să-l urmeze pe mai departe minoritatea germană. Conținutul principal al ideilor sale cuprinse în "Hotărârile bistrițene al mișcării săsești de unitate" (Bistritzer Beschlüse der sächsischen Einheitsbewegung) era acela de a nu scinda din punct de vedere politic pe germanii din România, ci să se continue o direcție asemănătoare celei de până acum, în care fiecare să-și aibă locul său[61].

Mișcarea de Reînnoire Națională a Germanilor din România avea să fie dizolvată de către guvernul Gheorghe Tătărescu în iulie 1934, însă ideile național-socialiste au continuat la nivelul unei părți a liderilor politici ai minorității germane; expresia acestui fapt a fost constituirea în aprilie 1935 a *Partidului Poporului German din România,* aflat sub conducerea lui Alfred Bonfert[62].

În aceste condiții, în mediile politice germane – unde influența vechilor politicieni democrați era tot mai mică – s-a dus o luptă aprigă între adepții lui Fritz Fabritius (considerat mai *moderat*) și cei ai lui Alfred Bonfert (considerat un *radical*). Politicienii sași din zona Bistriței s-au situat pe latura moderată a acestei mișcări, fapt dovedit de sprijinirea lui Helmuth Wolf la președinția Consiliului Sașilor din Transilvania; ales la 7 iunie 1935 cu 64 de voturi din 89, acesta urma să fie reprezentantul tuturor conservatorilor și

festzustellen war und nicht bei der gesamten deutschen Minderheit. Ein gewichtiger Teil der Politiker deutscher Herkunft führten eine konsequente demokratische Linie weiter und verwarfen die nationalsozialistischen Ideen. Da Bistritz durch seine geografische Lage relativ isoliert von der großen Masse der Deutschen aus Südsiebenbürgen lag, hat es eine etwas andere Rolle eingenommen. Der Journalist Gustav Zikeli war der Meinung, „dass diese Stadt der heiße Brennpunkt im Kampf gegen den Nationalsozialismus war." Als Beweis nennt Zikeli die Tatsache, dass Dr. Hans Otto Roth von hier aus die *Erneuerungsbewegung der Deutschen aus Rumänien* unter der Führung von Fritz Fabritius verurteilte.

Die nationalsozialistische Partei der Deutschen aus Rumänien, gegründet am 1. August 1933, hatte diese Bennenung angenommen, damit sie aufgrund der Bestimmungen im Amtsblatt des Ministerrats vom 9. Dez. 1933 nicht aufgelöst werden sollte. Im April 1934 hatte der große Demokrat Hans Otto Roth, anläßlich einer Versammlung in Bistritz seinen Standpunkt bezüglich der Zukunft der Sachsen dargelegt. Es ging ihm darum, die Deutschen aus Rumänien aus politischer Sicht nicht zu spalten, sondern so wie bisher die Richtung beizubehalten, in der jeder seinen Platz innehat. In den *Bistritzer Beschlüssen der Sächsischen Einheitsbewegung* waren diese Gedanken festgehalten. Die *Nationale Erneuerungsbewegung der Deutschen aus Rumänien* wurde vom Ministerpräsidenten Gheorghe Tătărescu im Juli 1934 verboten, jedoch blieben einige von den politischen Führern weiterhin Anhänger nationalsozialistischer Ideen. Im April 1935 wurde die *Deutsche Volkspartei Rumäniens* unter der Führung von Alfred Bonfert gegründet. Unter den neuen Gegebenheiten wurde in den politischen Medien ein heftiger Kampf zwischen den Anhängern von Fritz Fabritius, den Gemäßigteren, und den Anhängern Bonferts, den Radikalen, ausgetragen. Die sächsischen Politiker aus dem Bistritzer Raum haben sich den Gemäßigten dieser Bewegung zugewendet, sie haben Helmuth Wolf bei der Wahl des Vorsitzenden des *Sächsischen Rates Siebenbürgens* unterstützt. Die Wahl fand am 7. Juni 1935 statt. Er erhielt von 89 Stimmen 64 und war somit der Repräsentant aller konservativen- sowie aller gemäßigten Nationalsozialisten im *Verband der Deutschen aus Rumänien.* Auf lokaler Ebene erzielten die Gemäßigten einen fast vollständigen Sieg, denn am 25. Juni 1935 wurde Dr. Fritz Holzträger mit einer Stimmenanzahl von 248 von 256 zum Vorsitzenden des *Rates der sächsischen Gemeinschaft* ge-

național-socialiştilor moderaţi în *Comunitatea Germanilor din România*. Moderaţii au câştigat net mai ales pe plan local, unde preşedinte al Consiliului Comunităţii Săseşti a fost ales, la 25 iunie 1935, dr. Fritz Holzträger, cu o majoritate zdrobitoare de 248 de voturi din cele 256. Într-o alegere ulterioară, de complectare a conducerii acestui for local, a fost ales şi Robert Clemens, viitorul lider politic al saşilor din nord-estul Transilvaniei în perioada 1940-1942. În cuvântarea ţinută cu ocazia alegerii sale, acesta afirma: "Prima problemă la care vreau să răspund: Cine eşti tu? Eu sunt un german căruia îi curge acelaşi sânge ca şi vouă şi multor milioane. Eu sunt şi naţional-socialist şi mă confrunt cu aceleaşi probleme cu care se confruntă toţi germanii. Însă sunt legat de pământul sfânt pe care noi trăim. Această legătură strânsă vorbeşte despre credinţa faţă de stat, pe care nu trebuie să o prezentăm nimănui ca pe o îndoială. Prin aceasta arătăm şi credinţa noastră către conducătorul statului, regele Carol»[63]. Un alt câştig al taberei moderate a fost înregistrat cu prilejul alegerilor din noiembrie 1935, pentru desemnarea membrilor în Consiliul bisericesc al oraşului, unde moderaţii obţin 72 % din voturi, respectiv 705 din cele 980.

Gustav Zikeli
1876 – 1952

În calitate de redactor-şef al ziarului *Bistritzer Deutsche Zeitung* şi oponent hotărât al naţional-socialismului, Gustav Zikeli a atacat puternic cele două *curente,* considerându-le străine de tradiţiile minorităţii germane. În articolul «Comunitatea populară" scria: "Cine oare va putea să reprezinte comunitatea populară cu adevărat? Principiile noastre conducătoare au căzut în ridicol prin naţional- socialiştii noştri. Fiecare se vrea conducător, însă nimeni nu e potrivit"[64]. Acelaşi gazetar, în 3 septembrie 1935,

wählt. In einer folgenden Nachwahl zur Vervollständigung dieses lokalen Forums wurde Robert Clemens, der zukünftige politische Führer der Nordsiebenbürger in der Zeit von 1940-1942, gewählt. Anlässlich seiner Wahl hielt er eine Ansprache, in der er behauptete: „Das erste Problem, zu dem ich Stellung nehme: Wer bist du? Ich bin ein Deutscher, in mir fließt dasselbe Blut wie auch in euch und in vielen Millionen. Ich bin zwar auch Nationalsozialist und ich setze mich mit den gleichen Problemen auseinander, mit denen sich alle Deutschen auseinander setzen. Aber ich bin mit dem heiligen Boden verwurzelt, auf dem wir alle leben. Diese feste Bindung spricht auch vom Glauben an den Staat, den wir niemandem als einen Zweifel darstellen wollen. Dadurch zeigen wir auch unseren Glauben an den Führer unseres Staates, den König Karl." Ein weiterer Gewinn der Gemäßigten zeigte sich bei den Wahlen des Kirchenvorstands vom November 1935, wo sie von 980 möglichen Stimmen 705 (=72%) erhalten.

Als Chef-Redakteur der *Bistritzer Deutschen Zeitung* und entschlossener Gegner des Nationalsozialismus hat Gustav Zikeli beide Strömungen angegriffen, weil er der Überzeugung war, dass sie den Traditionen der deutschen Minderheit fremd seien. Im Artikel „Die Volksgemeinschaft" schreibt er: „Wer kann die Volksgemeinschaft eigentlich in Wahrheit repräsentieren? Unsere Führungsprinzipien sind durch unsere Nationalsozialisten ins Lächerliche gesunken. Jeder will ein Führer sein, keiner passt dazu". Derselbe Zeitungsmann gab am 3. September 1935 eine Antwort auf eine von Fabritius formulierte, zielsetzende These „Der Aufbau" genannt: „Es wäre ungerecht meinerseits, den Nationalsozialismus zu propagieren, denn

a răspuns următoarele unei teze programatice formulate de către Fritz Fabricius şi intitulată *"Der Aufbau"* (Construcţia): "Ar fi nedrept din partea mea să propag naţional-socialismul pentru că aici el nu poate fi cultivat. El este ocazie germană, însă noi suntem aici o minoritate. Dacă dumneavoastră vreţi să faceţi aici o mişcare germană, atunci aceasta va fi o fărădelege atât pentru voi, cât şi pentru întreaga Germanie. Voi nu trebuie să fiţi naţional-socialişti. Voi trebuie să fiţi germani"[65].

În perioada regimului autoritar al lui Carol al II-lea, primar al Bistriţei a fost numit primar colonelul Theodor Sbârcea, un bun cunoscător al limbii germane, iar viceprimar – Michael Philippi. Prin aderarea la Frontul Renaşterii Naţionale (F.R.N.) a Comunităţii Germanilor *din România,* în ianuarie 1939, saşii bistriţeni au participat la diversele manifestări organizate de către acesta. Dr. Michael Prall a devenit preşedintele secţiei germane a organizaţiei orăşeneşti Bistriţa a F.R.N., iar prof. Robert Clemens – preşedintele secţiei germane a organizaţiei judeţene Năsăud a aceluiaşi *front;* acesta din urmă a condus defilarea saşilor în cadrul festivităţii de depunere a jurământului gărzilor naţionale şi a constituirii Sfatului Judeţean al F.R.N., ce au avut loc la Bistriţa în 7 aprilie 1940[66].

La 10 iunie 1940 au părăsit zona Bistriţei 46 de tineri saşi – din care 37 din Bistriţa, 5 din Unirea, 3 din Lechinţa şi 1 din Petriş – spre a se înrola voluntar în trupele Waffen SS, în cadrul acţiunii *1000-Mann-Aktion in Siebenbürgen,* prima de acest fel din spaţiul românesc[67]; însă, despre „voluntariatul" acţiunilor petrecute în anii viitori, mai multe amănunte vor fi cuprinse în capitolul ce urmează.

Peste puţin timp, la 30 august 1940, Transilvania era sfâşiată, pecetluindu-se în mod nefericit soarta a zeci de mii de locuitori din partea de nord a provinciei; au urmat ultimii patru ani de viaţă germană încă intensă în zona Bistriţa-Reghin, deoarece, din septembrie 1944, mai mult de trei sferturi dintre saşii de aici îşi vor părăsi definitiv pământul natal.

hier kann er nicht kultiviert werden. Er ist eine deutsche Angelegenheit, wir aber sind hier nur eine Minderheit. Wenn sie hier eine deutsche Bewegung machen wollen, dann wird das sowohl für euch, als auch für ganz Deutschland eine Übeltat sein. Ihr müßt nicht Nationalsozialisten sein. Ihr müßt Deutsche sein." Während der Königsdiktatur von Karl II. wurde in Bistritz der Oberstleutnant Teodor Sbârcea, ein guter Kenner der deutschen Sprache, zum Bürgermeister ernannt; zum Vizebürgermeister Michael Philippi. Nach dem Anschluß der *Deutschen Volksgruppe in Rumänien* an die Erneuerungsbewegung im Januar 1939 nahmen die Bistritzer Sachsen an verschiedenen Kundgebungen, die von der Erneuerungsbewegung organisiert waren, teil.

Dr. Michael Prall wurde der Vorsitzende der deutschen Sektion der städtischen *Front der Nationalen Wiedergeburt* (rum FRN-Frontul Renasterii Naţionale), Prof. Robert Clemens Vorsitzender des Kreises Nassod derselben Organisation. Am 7. April 1940 legten die Nationalen Garden im Rahmen einer Festlichkeit den Eid ab und gründeten einen Kreisrat der FNW. Robert Clemens war dabei Anführer eines Aufmarsches der Sachsen anläßlich dieser Feier.

Am 10. Juni 1940 verließen 46 jugendliche Sachsen, davon 37 aus Bistritz, 5 aus Wallendorf, 3 aus Lechnitz und 1 aus Petersdorf, ihre Heimat und meldeten sich freiwillig zur Waffen SS im Rahmen der *1000-Mann-Aktion in Siebenbürgen.* Es war die erste dieser Art auf rumänischem Gebiet. In den folgenden Kapiteln erfahren wir mehrere Einzelheiten über diese „Freiwilligen"-Meldungen, die in den kommenden Jahren noch stattfinden sollten.

Kurze Zeit darauf, am 30. August 1940, wurde Siebenbürgen buchstäblich zerrissen. Dieses Datum markiert eine unglückliche Zukunft von zehntausenden Bewohnern aus der nördlichen Provinz. Es folgten noch die letzten vier Jahre intensiven Lebens der deutschen Bevölkerung, bevor im September 1944 weit mehr als dreiviertel der Sachsen Nordsiebenbürgens für immer den heimatlichen Boden verlassen werden.

Note – Endnoten

1. Jean Nouzille, Transilvania - zonă de contacte și conflicte, București, Edit. Enciclopedică, 1995, p. 78.
2. Ernst Wagner, Beiträge zur Geschichte der Stadt Bistritz in Siebenbürgen, vol. III, Wehrheim, Verlag Peter GmbH, 1986, p. 8.
3. Emil Csallner, Denkwürdigkeiten aus dem Nösnergau - ein zeitkundlicher Beitrag zur Geschichte der Stadt, des Kapitels und des Distriktes Bistritz, Bistritz, Druck und Verlag von Gustav Zikeli, 1941, p. 30-32.
4. Oscar Kisch, Die wichtigsten Ereignisse aus der Geschichte von Bistritz und des Nösnergaues von der Zeit der Kolonisten. Einwanderung bis zur Gegenwart, vol. I, Bistritz, Verlag Minerva, 1926, p. 41.
5. Ibidem, p. 49.
6. Emil Csallner, Op. cit., p. 37.
7. Jean Nouzille, Op. cit., p. 80.
8. Oskar Kisch, Op. cit., vol. I, p. 53.
9. Emil Csallner, Op. cit., p. 44.
10. Ştefan Dănilă, Bistrița - o mică istorie, Cluj, Edit. Dacia, 1969, p. 58.
11. Florea Grapini, Cartea vieții părintelui Pamfiliu, Suceava, Edit. Mușatinii, 2003, p. 30.
12. Thomas Nägler, Die Ansiedlung der Siebenbürger Sachsen, Bukarest, Kriterion Verlag, 1992, p. 68.
13. Ernst Wagner, Op. cit., vol. III, p. 137.
14. Emil Csallner, Op. cit., p. 51.
15. Lucian Popa, Monumente istorice din Transilvania, Sfântu Gheorghe, Edit. Castrum, 1994, p. 9.
16. Emil Csallner, Op. cit., p. 59-61.
17. Ibidem, p. 69.
18. Ibidem, p. 74.
19. Oskar Kisch, Op. cit., vol. I, p. 65.
20. Ibidem, p. 68.
21. Emil Csallner, Op. cit., p. 84.
22. Ibidem, p. 88.
23. Florea Grapini, Op. cit., p. 31 .
24. Ibidem, p. 33.
25. Emil Csallner, Op. cit., p.104-105.
26. Ibidem, p. 140-141.
27. Ibidem, p. 149-151.
28. Oskar Kisch, Op. cit., vol. I, p. 64.
* Din cei 14 milioane de locuitori ai statului ungar de după 1867, "minoritățile" numărau 8 milioane.
29. Jean Nouzille, Op. cit., p. 214.
30. Oskar Kisch, Op. cit., vol. I, p. 70-72.
31. Ibidem, p. 79-80.
32. Ibidem, p.92.
33. Emil Csallner, Op. cit., p. 184-187.
34. Benedek József, Organizarea spațiului rural în zona de influiență apropiată a orașului Bistrița, Cluj-Napoca, Edit. Presa Universitară Clujeană, p. 56.
35. Johann Titlenhofer, Repere din istoria plină de schimbări a germanilor din România, în "Anuarul Societății de Istorie a Bavariei de Sud", München, nr. XXI / 1994, p. 120.
36. Ernst Wagner, Op. cit., vol. IV, p. 135-136.
37. Johann Titlenhofer, Op. cit., p. 122.
38. Ernst Wagner, Op. cit., vol. IV, p. 134.
39. Otto Dahinten, Geschichte der Stadt Bistritz in Sieberbürgen, Köln, Böhlau Verlag, 1988, p. 46.
40. Ioan Scurtu, Ioan Dordea (coord.), Minoritățile naționale din România. Documente. 1925-1931, București, 1996, doc. nr. 30 (p. 235).
41. Ibidem, doc. nr. 51 (p. 327).
42. Ioan Scurtu, Liviu Boar (coord), Minoritățile naționale din România. Documente. 1918-1925, București, 1995, doc. nr. 64 (p. 262).
43. Vasile Moldovan, Memorii, manuscris păstrat la Arhivele Naționale Bistrița-Năsăud (în continuare A.N.B-N), fond VI/1956, vol. II, p. 132.
44. Vasile Moldovan, Op. cit., p. 267.
45. Academia Română, Institutul de Cercetări Socio-Umane Sibiu, Forschungen zur Volks- und Landeskunde Sonderabdruck, Band 40, nr. 1-2/ 1997, p. 200
46. Gustav Zikeli, Amintirile unui tipograf, manuscris păstrat la A.N.B-N, fond XVII/1952, p.47.
47. Otto Dahinten, Op. cit., p. 185.
48. Ernst Wagner, Op. cit., vol. V, p. 37.
49. Victor Jinga, Germanii în economia transilvană, Sibiu, 1942, Tipografia "Dacia Traiană", p. 31
50. Phleps Reinhard, Contribuții la studiul evoluției demografice a sașilor din Transilvania, 1925-1938, Teză de doctorat la Facultatea de Medicină din București, 1941, p. 19.
51. Johann Kauntz, Petersdorf Heimatbuch, 1988, p. 64.
52. Ioan Scurtu, Liviu Boar, Op. cit., doc. nr.174 (p. 740).
53. Ioan Scurtu, Liviu Boar, Op. cit., doc. nr. 101 (p.463).
54. Ernst Wagner, Op. cit., vol. IV, p. 145.
55. Ibidem, p. 32-33.
56. Gustav Zikeli , Op. cit., p. 52.
57. Phleps Reinhard, Op. cit., p. 20.
58. Ernst Wagner, Op. cit., vol. IV, p. 139.
59. Gustav Zikeli, Op. cit., p. 68.
60. Ioan Scurtu, Istoria României în anii 1918-1940. Evoluția regimului politic de la democrație la dictatură, București, Edit. Didactică și Pedagogică, 1995, p.141.
61. Gustav Zikeli, Op. cit., p. 69.
62. Ioan Scurtu, Op. cit., p. 141.
63. Ernst Wagner, Op. cit., vol. IV, p. 29.
64. Ibidem, p. 30.
65. Ibidem, p. 34.
66. Vasile Moldovan, Op. cit., vol. III, p. 475.
67. Ernst Wagner, Op. cit., vol. III, p. 37.

1.2 Capitolul II: Saşii din Ardealul de Nord de la Dictatul de la Viena până în septembrie 1944

În istoria României, anul 1940 rămâne ca unul încărcat de dramatism. În mai puţin de trei luni, de la 28 iunie la 7 septembrie, statul român pierde o treime din populaţie şi din teritoriu.

În contextul rapturilor teritoriale din vara anului 1940, sfâşierea celei mai prospere provincii a României – Transilvania –, prin dictatul de la Viena, reprezintă un punct culminant al tragediei româneşti. "În mijlocul României, o singură insulă etnică, cea secuiască, de aproape patru sute de mi de suflete, îndemna ţara vecină, Ungaria, la o acţiune tentaculară al cărei moment fusese pândit şi apoi ales în cele mai dramatice împrejurări de viaţă ale ţării noastre"[1]. Cu ajutorul Germaniei hitleriste şi al Italiei fasciste, la 30 august 1940 "o minoritate etnică obţine, printr-un arbitraj vicios, un teritoriu unde rămâne tot minoritate; chiar numai această constatare este suficientă pentru a dovedi nedreptatea care stă la baza arbitrajului de la Viena"[2]. Absurditatea trasării unei frontiere politice în spaţiul multicultural, dar unitar, al Transilvaniei, este – poate cel mai bine – reflectată în Memoriul românilor refugiaţi şi expulzaţi din teritor*iul Transilvaniei revenit Ungariei în urma arbitrajului de la Viena*, memoriu redactat la Braşov, în 1941, de către prof. univ. Victor Jinga: "Ruperea Transilvaniei în două, neîntâlnită niciodată în istoria acestei provincii, este absurdă şi anacronică. Se sparg omogenităţi etnice, se dezbină regiuni şi interese economice, se taie neraţional căi de comunicaţie, rămân oraşe fără spaţiu vital, se destramă o comunitate culturală şi spirituală, se sfâşie o istorie comună, şi toate acestea pentru a spori eterogenitatea etnică, pentru a completa diformitatea geografică, pentru a îmblânzi furia verbală şi a mulţumi orgoliul nemăsurat al unui vecin"[3].

Pentru românii din nordul Transilvaniei începea la 30 august 1940 o perioadă plină de nedreptăţi şi umilinţe. Alături de ei, prin ruperea de conaţionalii din sudul provinciei, etnici germani ai acestei zone au fost loviţi în dezvoltarea lor unitară timp de secole, atât sub aspect economic, cât mai ales cultural şi spiritual.

Din cei 2.667.007 locuitori ai Ardealului de Nord, românii reprezentau 50,2 % din populaţie, maghiarii 37,1 %, germanii 3 % – respectiv

1.2 Kapitel II: Die Sachsen aus dem Nordsiebenbürger Raum vom Wiener Schiedsspruch bis September 1944

Das Jahr 1940 bleibt in der rumänischen Geschichte als ein tragisches Jahr. In weniger als drei Monaten verliert der rumänische Staat vom 28. Juni bis 7. September ein Drittel seines Territoriums und ein Drittel seiner Bevölkerung ungarisch.

Im Kontext der territorialen Wirren vom Sommer 1940 war der Riß durch Siebenbürgen durch den Wiener Schiedsspruch ein tragischer Höhepunkt. „Inmitten Rumäniens hatte die kleine ethnische Insel der Szekler mit ihren fast 400.000 Seelen das Nachbarland Ungarn zu einer verführerischen Handlung veranlaßt - deren Moment bereits aufgelauert war und in den dramatischsten Lebensumständen unseres Landes gewählt wurde". Mit Hilfe Hitlerdeutschlands und dem faschistischen Italien, erhielt am 30. August 1940 „eine ethnische Minderheit durch ein liederliches Schiedsverfahren ein Territorium, in dem sie nach wie vor Minderheit bleibt; schon allein diese Feststellung reicht aus, um dieses Unrecht, das die Grundlage des Wiener Schiedsspruchs bildet, zu beweisen".

Die Sinnlosigkeit dieser politischen Grenzabsteckung, mitten durch einen multikulturellen, aber einheitlichen siebenbürgischen Raum, ist vielleicht am besten im „*Memoriul Românilor refugiaţi si expulzaţi din teritoriul Transilvaniei revenit Ungariei in urma arbitrajului de la Viena*" (Kronstadt 1941) vom Herausgeber des Memorandums, Universitätsprofessor Victor Jinga, wiedergegeben: „Die Trennung Siebenbürgens in zwei Teile, das hatte es in der Geschichte dieser Provinz nie gegeben; sie war abwegig und unzeitgemäß. Es wurden ethnische Einheiten zerbrochen, Regionen und wirtschaftliche Interessen lösten sich los, Verkehrswege wurden unvernünftig abgeschnitten, es blieben Städte ohne Lebensraum, es wurden kulturelle und geistige Gemeinschaften zerstört, es wurde eine gemeinsame Geschichte zerrissen und dies alles, um die ethnische Verschiedenartigkeit zu mehren, um die geographische Mißbildung zu vervollständigen, um die mündliche Furie zu zähmen und um den unermeßlichen Hochmut eines Nachbarn zu stillen."

Für die Rumänen aus Nordsiebenbürgen begann am 30. August 1940 eine Periode voller Unge-

72.108 persoane. În conformitate cu datele oferite de recensământul din 1930, populația germană (sași și șvabi) din teritoriul anexat de Ungaria în 1940 avea următoarea repartiție pe județe: Năsăud - 20.785 de persoane, Mureș - 11.283, Cluj - 2.788, Trei Scaune - 781, Odorhei - 464, Ciuc - 439, Someș - 351, Sălaj - 16.010, Satu Mare - 9.530, Maramureș - 3.239, Bihor - 2.288, reprezentând 12,5% din totalul etnicilor germani din cuprinsul Transilvaniei și Banatului[4].

rechtigkeiten und Demütigungen. An ihrer Seite waren die Deutschen dieser Zone durch die Trennung von Südsiebenbürgen in ihrer einheitlichen, jahrhundertealten Entwicklung, sowohl im wirtschaftlichen als auch im geistig kulturellen Bereich ebenfalls betroffen. Von den 2.667.007 Einwohnern Nordsiebenbürgens, waren 50,2% Rumänen, 37,1% Ungarn und 3% Deutsche (das waren 72.108 Deutsche insgesamt). Übereinstimmend mit den Daten der Volkszählung von

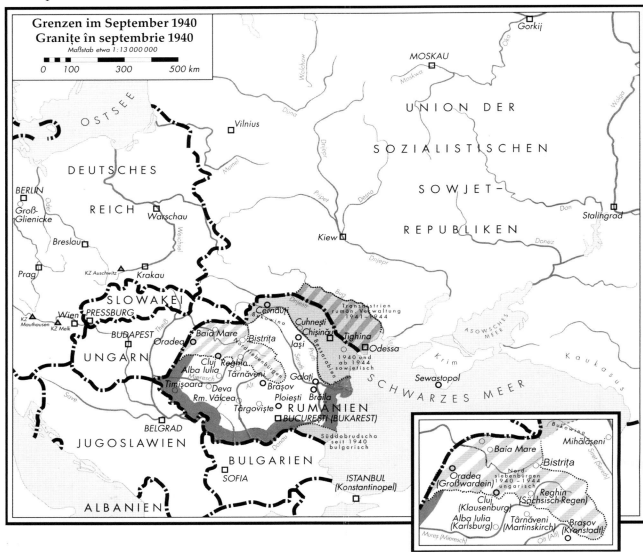

Prin dispunerea geografică relativ compactă, precum și prin cele opt secole de existență, cel mai important grup german – sașii – era situat în zona Bistrița-Reghin. Potrivit recensământului efectuat de către autoritățile maghiare în primăvara anului 1941, structura acestuia se prezenta astfel:

- 34.716 persoane declarate de origine germană;

- 35.454 persoane având limba germană ca limbă maternă;

1930 war der Anteil der deutschen Bevölkerung (Sachsen und Schwaben) nach dem Anschluß an Ungarn wie folgt verteilt: im Kreis Nassod 20.785 Personen, Muresch 11.283, Klausenburg 2.788, Drei Stühle 781, Odorhei 464, Ciuc 439, Somesch 351, Salaj 16.010, Sathmar 9.530, Maramuresch 3.239, Bihor 2.288, das sind insgesamt 12,5% der deutschen Bevölkerung aus dem siebenbürgischen und dem Banater Raum. Durch die relativ kompakte geographische Anordnung und durch ihre 800jährige Existenz, befand sich die wichtigste deutsche Gruppe - die Sachsen –

- 40.414 persoane declarate de religie evanghelică-lutherană (diferența de 5000-5700 persoane era reprezentată de maghiari și țigani evanghelici)[5].

După anexarea nordului Transilvaniei la Ungaria, în acest teritoriu s-a revenit la împărțirea administrativă în *comitate*; în această situație, din fostul județ Năsăud – ce devine comitatul Bistrița-Năsăud – sunt trecute patru localități cu populație germană – Sâniacob, Arcalia, Chiraleș și Moruț – în componența comitatului Solnoc-Dăbâca, al cărui centru era la Dej.

Procentual, sașii nord-ardeleni aveau următoarea dispunere:

- 60 % în comitatul Bistrița-Năsăud și în cele patru localități din comitatul Solnoc-Dăbâca, alcătuind grupa Bistrița;

- 30 % în comitatul Mureș-Turda, reprezentând *grupa Reghin*;

- 10 % locuiau dispersați în diferite localități, mai numeroși fiind la Cluj - 1.606 persoane, Târgu Mureș - 378, și în localitatea săsească Drăușeni (Draas), situată în apropierea Odorheiului Secuiesc și care aparținea tradițional de ținutul Rupea, însă în urma dictatului avea să fie cuprinsă în teritoriul cedat.

Pentru toți acești sași din Ardealul de Nord, al doilea război mondial – și mai ales partea lui de sfârșit – a avut urmări dintre cele mai neplăcute.

1.2.1 În fața noii provocări

Dictatul de la Viena din 30 august 1940 a fost primit cu înfrigurare de către *germanii* din nordul Transilvaniei, conștienți că prin aceasta erau despărțiți de consângenii lor din restul teritoriului românesc. În cazul sașilor, structuri bine închegate timp de 800 de ani erau rupte prin acest nefiresc „*arbitraj*", centrele lor economice, culturale și spirituale – Sibiul și Brașovul – fiind de acum, pentru ei, in hotarele altui stat.

Puși în fața noii realități geopolitice, precum și pentru a preîntâmpina orice acte de dezordine sau răzbunare ce s-ar fi putut desfășura în acele momente, imediat după cunoașterea conținutului hotărârilor luate la Viena, sașii din Bistrița și-au constituit un Stat Major de Criză (*Krisenstab*), avându-l în frunte pe Robert

im Raum Bistritz und Sächsisch Regen.

Aufgrund der ungarischen behördlichen Volkszählung vom Frühjahr 1941 gab es in diesem Gebiet folgende Struktur:

- 34.716 Personen bekennen sich zu den Deutschen;

- 35.455 Personen haben als Muttersprache die deutsche Sprache angegeben;

- 40.414 Personen bekennen sich zur ev. lutherischen Religion (die Differenz von 5.000 bis 5.700 Personen sind evangelische Zigeuner und Ungarn).

Nach dem Anschluß Nordsiebenbürgens an Ungarn wird das Territorium in Komitate aufgeteilt; aus dem Kreis Nassod wird das Komitat Bistritz–Nassod. Vier Orte mit sächsischer Bevölkerung sind dem Komitat Szolnok- Doboka (Zentrum Desch) zugewiesen worden: Jakobsdorf, Kallesdorf, Kyreileis und Moritzdorf. Prozentmäßig waren die Sachsen folgendermaßen vertreten: 60% im Komitat Bistritz-Nassod samt den vier Orten aus dem Komitat Szolnok-Doboka. Sie bildeten die Bistritzer Gruppe; 30 % im Komitat Muresch, dies war die Regener Gruppe; 10 % wohnten verstreut in verschiedenen Orten, die meisten in Klausenburg: 1606 Personen; in Neumarkt (Tg. Muresch) waren es 378 und der sächsische Ort Draas, aus der Nähe von Odorheiul Secuiesc, der traditionsmäßig an Reps und nun als einziger südsiebenbürgischer Ort zu Ungarn gehörte.

Für alle Sachsen aus Nordsiebenbürgen hatte der 2. Weltkrieg, besonders seinem Ende zu, sehr unangenehme Folgen.

1.2.1 Vor der neuen Prüfung

Die Deutschen aus Nordsiebenbürgen erlebten den Wiener Schiedsspruch als harte Herausforderung. Es war ihnen bewußt, dass sie von ihren Blutsbrüdern aus dem übrigen Rumänien getrennt worden waren. Die festgefügten, in 800 Jahren gewachsenen sächsischen Strukturen, wurden durch diesen unnatürlichen Schiedspruch zerrissen. Ihre wirtschaftlichen, kulturellen und geistigen Mittelpunkte Hermannstadt und Kronstadt lagen nun auf dem Gebiet eines anderen Staates. Aufgrund der neuen geopolitischen Tatsache sowie zur Vorbeugung von öffentlicher Unordnung oder Racheakten, die sich

Bistritz – Ev. Kirche 1943
Bistrița – Biserica evanghelică 1943

Clemens și Carl Molitoris – la aceea dată preot al orașului. Rolul acestui *stat major* era acela de a organiza gărzi civile de autoapărare. Alcătuite în primul rând din tineri, aceste gărzi erau conduse de cei ce aveau cunoștințe de poliție sau de natură militară, exercițiile de antrenament fiind desfășurate în curtea gimnaziului german. În cadrul primei ședințe a Statului Major de Criză, pe lângă hotărârea de creare a gărzilor naționale, s-au dezbătut și posibilele consecințe pentru sașii nord-ardeleni ce ar decurge din revenirea administrației maghiare în acest teritoriu. Ținând cont de politica de asimilare pe care autoritățile de la Budapesta au promovat-o în perioada 1867-1918, în această ședință s-a luat hotărârea trimiterii lui Fritz Holzträger la Berlin, pentru a expune în fața *"Uniunii Germanilor Minoritari"* (*Volksdeutsche Mittelstlle*) doleanțele specifice ale acestei comunități germane intrată sub autoritatea Ungariei [6].

Dacă sașii și-au luat primele măsuri de siguranță, sperând și într-un posibil ajutor din partea autorităților de la Berlin, românii se aflau într-una dintre cele mai grele situații, trăind sentimentul abandonului de către autoritățile de la București, din pricina unor rațiuni de stat. Colonelul Grigore Bălan, comandantul Batalionului 8 Vânători de Munte cu sediul la Bistrița, cuprinde într-o scrisoare trimisă familiei, în 31 august 1940, sentimentele de durere ce au cuprins pe românii bistrițeni în acele momente nefericite: "De când am aflat dureroasa veste stau încremenit de durere și mintea mea nu poate să priceapă această groaznică tragedie care

in den Augenblicken hätten abspielen können, haben die Sachsen in Bistritz nach Bekanntgabe des Inhalts der Wiener Beschlüsse, einen *Krisenstab* gebildet, geführt von Robert Clemens und Carl Molitoris, zu der Zeit Stadtpfarrer von Bistritz. Dieser Generalstab hatte die Aufgabe, Bürgerwehren zur Selbstverteidigung zu organisieren. Sie bestanden hauptsächlich aus Jugendlichen und zwar aus solchen, die einigermaßen polizeiliche oder militärische Kenntnisse hatten. Die Übungen dieser Bürgerwehren fanden auf dem Gelände des deutschen Gymnasiums statt. In der ersten Sitzung des Krisengeneralstabs wurden neben der Gründung der nationalen Bürgerwehren auch die möglichen Folgen, die auf die Nordsiebenbürger Sachsen aufgrund der ungarischen Administration zukommen könnten, erörtert. Budapest hatte in den Jahren 1867-1918 eine deutliche Assimilierungspolitik betrieben. Um Ähnlichem vorzubeugen wurde in dieser ersten Sitzung beschlossen, Prof. Friedrich Holzträger nach Berlin zu schicken, damit er der *„Volksdeutschen Mittelstelle"* die spezifischen Wünsche und Vorschläge dieser deutschen Gemeinschaft, die unter die Autorität Ungarns gelangt war, zu unterbreiten. Die Sachsen ergriffen die ersten Sicherheitsmaßnahmen in der Hoffnung, dass sie auch von der Berliner Staatsbehörde eine mögliche Hilfe erhalten würden. Die Rumänen dagegen befanden sich in einer der schwierigsten Lagen: sie fühlten sich von den Bukarester Autoritäten unter dem Vorwand von Staatsinteressen im Stich gelassen.

Oberst Grigore Bălan, Kommandeur des in Bis-

Bistritz – Unter dem Kornmarkt 1943
Bistrița – Sugălete 1943

a lovit scumpa noastră țară. În calitatea mea de comandant, durerea mea este și mai mare atunci când mă uit la soldații mei cu fața împietrită de durere și pe care se vede lupta de a învinge doliul din sufletul lor. Peste tot s-a așternut o durere mută, pe care eu nu o pot alina, pentru că toate cuvintele, oricât de bine gândite ar fi ele, nu pot să provoace decât lacrimi și scrâșnire din dinți"[7].

tritz stationierten 8. Gebirgsjägerbattalions, hat in einem Brief an seine Familie am 31. August 1940 seinen Gefühlen Ausdruck gegeben, die bei sehr vielen rumänischen Bistritzern vorgeherrscht haben dürften.

„Seit ich die schmerzliche Nachricht erfahren habe, bin ich versteinert vor Schmerz und mein Verstand kann diese schmerzliche Tragödie

Primari din satele săsești din zona Bistriței în 1940

Populația evreiască a orașului – care număra, conform recensământului din 1930, 1.891 de persoane, respectiv 13,4% din totalul locuitorilor – nu a luat nici o poziție oficială față de cele petrecute la Viena la 30 august 1940, însă a participat în număr mare la festivitățile prilejuite de intrarea trupelor maghiare în Bistrița, la 9 septembrie; cu toate acestea, este puțin probabil ca legile antisemite adoptate în Ungaria în 1938 și 1939 să nu fi produs justificate griji pentru aceștia.

nicht begreifen, die unser teures Land getroffen hat. In meiner Eigenschaft als Kommandeur ist mein Schmerz noch größer, wenn ich die Trauer und die in Krämpfen des Schmerzes versteinerten Gesichter meiner Soldaten sehe, die unter meinem Kommando stehen. Über allem ein stummer Schmerz, den ich nicht zu lindern vermag, da alle Worte, wie wohlüberlegt sie auch sein mögen, nicht mehr als Tränenströme und Zähneknirschen hervorrufen würden."

Dintre judeţele cedate Ungariei, în judeţul Năsăud trăiau cei mai puţini etnici maghiari; în 1930 locuiau în Bistriţa 1479 de maghiari, respectiv 10,5% din populaţia oraşului. "Aceştia se arătau bucuroşi, iar cercurile naţionaliste nu încercau să înţeleagă că hotărârea de la Viena îi împărţea şi pe ei în două"[8].

Die jüdische Bevölkerung der Stadt, die aufgrund der Volkszählung von 1930 1891 Personen zählte, das waren 13,4% der gesamten Bewohner, hatte keine öffentliche Position zum Wiener Schiedsspruch zu erkennen gegeben, doch dürfte ihnen nicht unbekannt geblieben sein, dass die ungarische Regierung bereits 1938 und

Lehrerkollegium des Bistritzer deutschen Gymnasiums 1940
Colegiul profesorilor Liceului evanghelic Bistriţa 1940

După zilele pline de încordare ce au urmat anunţării *dictatului*, între 4 şi 6 septembrie are loc retragerea armatei şi a administraţiei româneşti din zona Bistriţei.

La 4 septembrie se constituie o comisie formată din reprezentanţi ai primăriei oraşului, ai armatei şi câte doi reprezentanţi din partea saşilor, românilor şi maghiarilor; sarcina acesteia era de a prelua obiectivele militare şi cele de interes public şi de a le menţine în bune condiţii până la venirea trupelor şi autorităţilor maghiare. Clădirea ce a aparţinut Batalionului 8 Vânători de Munte a fost preluată într-o stare bună, însă fără un inventar amănunţit; în acelaşi mod au fost preluate în zilele de 5 şi 6 septembrie spitalul de trupe, brutăria militară şi clădirea cazărmii *Muntele Negru (Schwarzberg-Kaserne)*. Paza tuturor acestor obiective a fost încredinţată gărzilor civile săseşti [9].

1939 antisemitische Judengesetze verabschiedet hatten. Als aber die ungarischen Truppen am 9. Sept. 1940 in Bistritz einmarschiert waren, sind sie zu den Festlichkeiten zahlreich erschienen.

Von den Kreisen, die an Ungarn abgetreten worden waren, lebten im Kreis Nassod die wenigsten Ungarn. Das waren im Jahre 1930 in Bistritz 1479 Personen (10,5% der Stadtbevölkerung). „Diese zeigten sich zwar erfreut, doch hielt sich ihre Begeisterung in Grenzen. Nationalistische Kreise scheuten sich nicht, die Entscheidung von Wien als halbherzig zu bezeichnen, teilte sie doch auch sie in zwei Teile".

Nach Tagen der Anspannung, die nach der Bekanntgabe des Wiener Schiedsspruches folgten, zogen sich das rumänische Heer sowie die rumänische Verwaltung am 4.-6. Sept. aus der Bistritzer Zone bis an die Demarkationslinie zurück.

În 5 septembrie 1940, primarul Theodor Sbârcea predă conducerea oraşului Bistriţa viceprimarului sas Mihael Philippi, iar în noaptea de 6 spre 7 septembrie părăseau oraşul ultimele trupe române. Majoritatea trupelor din *Batalionul 8*, plecate în timpul zilei de 6 septembrie, ajung după un marş forţat în localitatea Ţagu Mare, situată la marginea judeţului Năsăud. Aici, colonelul Grigore Bălan permite "camarazilor noştri saşi" – soldaţii de origine germană din Ardealul de Nord – să rămână la vatră şi să se întoarcă în localităţile natale, batalionul său urmând să treacă linia de demarcaţie. În localităţile Sângeorzul Nou, Herina şi Sigmir, preoţii de aici organizează primirea soldaţilor

Am 4. Sept. wurde in Bistritz eine Kommission gegründet. Sie bestand aus Repräsentanten des Stadtrates, der Militärs und je zwei Vertreter der Sachsen, der Rumänen und der Ungarn. Die Aufgabe dieses Organs war, die militärischen Objekte und die öffentlichen Gebäude in Ordnung zu halten bis zur Ankunft der ungarischen Truppen und der ungarischen Behörden. Das Gebäude des *8. Gebirgsjägerbatallions* wurde ohne eine detaillierte Inventur in gutem Zustand übernommen, ebenso wurden am 5. und 6. September das Militärkrankenhaus, die Heeresbäckerei und die *Schwarzenbergkaserne* übernommen. Der sächsischen Bürgerwehr war die Überwachung dieser Objektive anvertraut.

9. September 1940: Ankunft der Honvéd in Bistritz – Intrarea trupelor maghiare în Bistriţa

lăsați la vatră, asigurându-le mâncare și mijloace bănești de întoarcere acasă[10].

Ziua de 9 septembrie 1940 a fost pentru oficialitățile săsești ale Bistriței o adevărată zi a farsei. La scurt timp după anunțarea dictatului de la Viena, în Bistrița se răspândește zvonul că, în locul trupelor române ce trebuiau să părăsească orașul, vor veni trupe germane. În multe izvoare se susține că acest zvon ar fi avut un temei real: Hitler intenționa să aducă la 26 august 1940 aproximativ 10 divizii la granița de est a teritoriului polonez ocupat de Germania, dintre care două urmau să ia poziții pe noua frontieră dintre România și Ungaria. Ca urmare, vestea marelui marș german prin Bistrița trebuia să devină realitate la 9 septembrie. Pentru ca orașul – pe lângă caracterul său arhitectonic – să ofere și o priveliște de ansamblu de nuanță germană, Statul Major de Criză a mobilizat din satele săsești înconjurătoare sute de femei și bărbați purtând costume populare și care au fost postați de-o parte și de alta a principalelor străzi ce duceau spre piața centrală a orașului. "Din maghiarii orașului s-a organizat un singur rând de 100 de metri"[11]. Piața centrală și principalele străzi au fost împodobite cu steaguri săsești, steaguri germane cu zvastică și câteva steaguri italiene. "Steagurile maghiare erau foarte puține, pentru că timpul scurt și lipsa stofei n-a permis confecționarea lor. În schimb, nici un steag românesc nu era de văzut"[12].

După această mare mobilizare umană, abia în dimineața zilei de 9 septembrie se află că în Bistrița nu vor sosi trupe germane, ci numai maghiare. Modul de dispunere al celor prezenți era gândit pentru o intrare a trupelor germane dinspre partea de jos a orașului, însă trupele maghiare vor pătrunde prin partea de nord a orașului, dinspre Năsăud.

În tribuna amenajată în piața centrală a orașului au fost prezente personalitățile de prim rang ale sașilor bistriteni: Robert Clemens, Carl Molitoris, Robert Gassner, Reinhold Hähr, Otto Langenhan, Hilde Jakob, Ernst Wagner; de asemenea, era prezent și consulul german din Cluj, K. Vetter.

Prevăzut a începe la ora 9.00, marșul trupelor maghiare va avea loc abia după ora amiezii. Între timp, la ora 11.00, ceasul din turnul bisericii evanghelice din centrul orașului este dat în urmă cu o oră, după ora oficială de la Budapesta. Prin mulțime își fac prezența mulți agenți maghiari, "care impun sașilor să strige

Am 5. September 1940 übergab Bürgermeister Theodor Sbârcea die Führung der Stadt an Vizebürgermeister Michael Philippi. In der Nacht vom 6. zum 7. September verließen die letzten rumänischen Truppen die Stadt. Die meisten Truppen, die am 6. Sept. losgezogen waren, erreichten nach einem Gewaltmarsch die Ortschaft Țagul Mare. Der Ort befindet sich am Rande des Kreises Nassod. Hier erlaubte Oberst Grigore Bălan „unseren sächsischen Kameraden" in ihre Heimatorte heimzukehren, sein Bataillon sollte sich jenseits der Demarkationslinie in Marsch setzen. In den Gemeinden Sankt Georgen, Mönchsdorf und Schönbirk hatten die Pfarrer die Verpflegung und den Heimtransport der Sachsen organisiert.

Am 9. September sollten sich die Gerüchte vom deutschen Einmarsch nach Abzug der rumänischen Truppen endgültig als irreal erweisen. Aus vielen Quellen geht hervor, dass dieses Gerücht einen gewissen realen Hintergrund hatte. Hitler sollte angeblich am 26. Aug. 1940 das Oberkommando des Heeres angewiesen haben, 10 Divisionen an die Ostgrenze des damals besetzten polnischen Gebiets zu verlegen, zwei davon sollten an die neue Grenze zwischen Ungarn und Rumänien bereitgestellt werden. Die Kunde vom großen deutschen Marsch sollte am 9. Sept. Wirklichkeit werden. Die Stadt sollte über seinen architektonischen Charakter hinaus ein möglichst deutsches Aussehen zeigen. Der Krisenstab holte aus dem Umland hunderte von Frauen und Männern in Tracht und stellte sie entlang der Hauptstraßen, die zum Zentrum führten, auf. Die ungarischen Bürger stellten bloß eine Reihe von 100 m Spalier. Die Innenstadt hatte sächsische und Hakenkreuzbeflaggung sowie einige italienische Fahnen. Es waren nur wenige ungarische, da es für die ungarischen Fahnen noch keinen Stoff gab und die Zeit knapp war; rumänische Fahnen waren überhaupt keine zu sehen. Nach dieser großen menschlichen Mobilisierung erfuhr man erst am Morgen des 9. September, dass nicht deutsche, sondern nur ungarische Truppen kommen würden. Die Art der Anordnung (dispunere??) war für den Einmarsch der deutschen Truppen aus der Unteren Vorstadt kommend gedacht, die Ungarn kamen aber aus dem Norden von Nassod.

Auf der Tribüne im Zentrum der Stadt war die deutsche Führungsmannschaft präsent, bestehend aus Robert Clemens, Carl Molitoris, Robert Gassner, Reinhold Höhr, Otto Langenhan, Hilde

în ungurește «*Éljen!*» (trăiască), deoarece ei nu stăpâneau această limbă"[13]. Prilejul oferit de defectarea unui tanc exact în fața tribunei oficiale – și în consecință întreruperea marșului militar –, este folosit de Robert Clemens pentru a spune, în limba germană, câteva cuvinte de *bun-venit* noilor stăpâni. Tot acum, sarcina cea mai grea și delicată a avut-o protopopul greco-catolic din Bistrița, Coriolan Petringel, singura personalitate românească prezentă la această manifestație. Acesta, "vizibil mișcat de durere, dar cu demnitate, a rostit următoarele cuvinte în limba română: În numele populației românești vă spun: «Bine ați venit !»"[14]. Astfel, la 9 septembrie 1940, „visul venirii trupelor germane a fost înmormântat de sași"[15].

1.2.2 Impactul dictatului asupra vieții sociale, economice, culturale și spirituale a sașilor nord-ardeleni

Noile autorități maghiare au căutat încă de la început să asigure elementului maghiar un loc preponderent în conducerea orașului și a comitatului, deși el era cel mai redus dintre naționalitățile ce trăiau în Bistrița. Această politică promovată de către autoritățile de la Budapesta a produs iritare în rândul populației săsești, iar reprezentanții acesteia nu au scăpat diferitele ocazii pentru a aminti ungurilor cine au fost făuritorii de istorie în acest oraș. Singura concesie făcută pe acest plan sașilor a fost posibilitatea de a avea primari de origine germană în Bistrița și Reghin, precum și în comunele unde numărul lor depășea jumătate din populație.

Ungarische Polizisten – Polițiști maghiari

Jakob, Ernst Wagner sowie der deutsche Konsul Vetter aus Klausenburg. Der Einmarsch war für 9 Uhr vorgesehen; die ungarischen Truppen kamen erst am Nachmittag. Inzwischen wurde die große Turmuhr an der ev. Kirche um eine Stunde auf offizielle Budapester Zeit zurückgestellt. In der Menge tauchten ungarische Agenten auf, die den Sachsen noch das „Eljen" („es lebe"), beibringen sollten, da es ihnen noch unbekannt war. Als ein Schützenpanzer ausgerechnet vor der Tribüne stehen blieb und der Vorbeimarsch unterbrochen wurde, nutzte Robert Clemens die Gelegenheit zur Begrüßung der neuen Staatsmacht in deutscher Sprache. Die undankbarste Aufgabe hatte der griechisch-katholische Geistliche, Oberpfarrer Coriolan Petringel, die einzige anwesende rumänische Persönlichkeit. Deutlich von Schmerz gezeichnet löste er dennoch mit Würde die schwere Aufgabe. Er sprach einen einzigen Satz rumänisch: „Im Namen der rumänischen Bevölkerung heiße ich sie willkommen." So wurde am 9. September 1940 der „Traum der Sachsen vom Einmarsch der deutschen Truppen begraben."

1.2.2 Die Auswirkungen des Wiener Schiedsspruches auf das soziale, ökonomische und geistige Leben der Nordsiebenbürger Sachsen

Die neuen ungarischen Autoritäten versuchten von aller Anfang an das ungarische Element überwiegend in der Führung der Stadt und des Komitates zu sichern, obwohl die ungarische Bevölkerung die niedrigste Zahl der Nationalitäten, die in Bistritz wohnten, umfasste. Diese von Budapest geförderte Politik rief in der sächsischen Bevölkerung Irritationen hervor. Die sächsischen Vertreter machten bei verschiedenen Gelegenheiten den Ungarn klar, wer die Begründer der Geschichte dieser Stadt waren. Die einzige Konzession der Ungarn war die, dass Bistritz und Sächsisch Regen samt den umliegenden Gemeinden, die mehr als die Hälfte deutsche Bevölkerung aufzuweisen hatten, sächsische Bürgermeister/Ortsrichter haben durften.

In der Nacht vom 9. Auf den 10. September 1940 wurde im Bürgermeisteramt von seiten der Deutschen heftig über die Anzahl der Beamten mit den Ungarn debattiert. Die Sachsen verlangten die Senkung der Anzahl der Beamten von 97 auf 70, um die administrativen Aktivitäten leistungsfähiger zu gestalten. Die Kompromißlösung war die Festlegung von 72 Beamten, 38

Încă din noaptea de 9 spre 10 septembrie 1940 au avut loc la sediul primăriei Bistrița discuții aprinse între liderii sașilor și reprezentanții noii puteri cu privire la numărul funcționarilor publici, sașii cerând reducerea lui de la 97 la 70, cu scopul eficientizării activităților administrative. Soluția de compromis a fost stabilirea unui număr de 72 de funcționari, dintre care 38 sași, 19 maghiari și 15 romani. "Cu o singură excepție, dintre vechii funcționari romani nu va fi numit nimeni"[16]; aceasta era prima și ultima formulă în care sașii aveau preponderență în administrația Bistriței în perioada ocupației maghiare.

În traseul vizitei întreprinse la mijlocul lunii septembrie de către amiralul Horthy în Ardealul de Nord, orașul Bistrița nu este cuprins. În drum spre Târgu Mureș, el face o scurtă oprire la Sărățel (*Reußen/Szerethfalva*), în 17 septembrie, aici fiind salutat și de reprezentanții germanilor din zona Bistriței.

La sfârșitul lunii septembrie, comandantul trupelor maghiare dislocate în Bistrița, colonelul Jozsef Nemeș, ordonă schimbarea numelor de străzi, acestea urmând a fi scrise trilingv: în maghiară, germană și română. Deoarece necesitățile războiului impuneau folosirea tablei, cu prioritate, în domeniul militar, nu au fost confecționate noi plăcuțe, inscripțiile în limba maghiară făcându-se peste cele deja existente în romana și germană.

La 24 noiembrie 1940, administrația militară a fost înlocuită cu cea civilă. În funcția de primar al Bistriței este numit dr. Norbert Kuales, deși întreaga comunitate ar fi dorit rămânerea în continuare a lui Michael Philippi. Tot acum, principalele posturi în administrație sunt ocupate de funcționari aduși din vechea Ungarie, dintre care numai doi cunoșteau limba germană. "Acest fapt a produs o impresie proastă în rândul populației [săsești n.n.], care nu înțelegea preponderența maghiară"[17].

În primele zile ale lunii mai 1941 are loc instalarea Consiliului orășenesc, format din 15 maghiari, 8 romani și 7 sași. Din cele 18 posturi secundare din aparatul primăriei, maghiarii dețineau două treimi, iar sașii o treime – fapt ce a sporit nemulțumirea celor din urmă. Sugestivă pentru atmosfera ce domnea între sași și administrația maghiară este ședința din 10 mai 1941 a acestui *consiliu*, unde liderul sașilor bistrițeni, Robert Clemens, folosind numai limba germană, a protestat energic față de marginalizarea populației germane, argumentând că sașii au

davon waren Sachsen, 19 Ungarn und 15 Rumänen. „Von den ehemaligen rumänischen Beamten wurde bei einer Ausnahme keiner ins Amt eingesetzt." Das war die erste und letzte Formel, in der die Sachsen die Vorherrschaft in der Verwaltung von Bistritz während der ungarischen Besatzung hatten.

Im Sept. 1940 besuchte Admiral Horthy Nordsiebenbürgen, die Stadt Bistritz jedoch nicht. Unterwegs nach Neumarkt, am 17. September, hatte er einen kurzen Aufenthalt in Sărățel (Reußen/Szerethfalva); hier wurde er auch von den deutschen Repräsentanten aus Bistritz begrüßt. Oberst Jozsef Nemes, der Kommandant der in Bistritz verlagerten ungarischen Truppen, befahl die Namensänderung der Straßen; diese sollten dreisprachig geschrieben werden: ungarisch, deutsch und rumänisch. Im Krieg aber wurde das Blech vorrangig für militärische Zwecke gebraucht, also wurden keine neuen Straßenschilder hergestellt; demzufolge wurden die ungarisch Namen über die alten deutschen und rumänisch Namen geschrieben.

Am 24. Nov. 1940 wurde die Militärverwaltung durch die zivile ersetzt. Zum Stadtrichter (Bürgermeister) wurde Dr. Norbert Kuales ernannt, obwohl die gesamte Gemeinschaft auch weiterhin gerne Michael Philippi behalten hätte. In dieser Zeit wurden die wichtigsten Verwaltungsstellen mit Beamten aus Altungarn besetzt, von denen nur zwei deutsch sprachen: „ Diese Tatsache machte einen schlechten Eindruck beim Volk (beim sächsischen d.V.) das die ungarische Vorherrschaft nicht verstand".

Im Mai 1941 wurde der neue Stadtrat eingesetzt. Er bestand aus 15 Ungarn, 8 Rumänen und 7 Sachsen. Von den 18 Nebenposten des Stadtapparates besetzten die Ungarn zwei Drittel, die Sachsen dagegen nur ein Drittel. Das erregte bei ihnen Unmut. Einer Eingebung folgend und für die Atmosphäre, die zwischen den Ungarn und Sachsen herrschte, hielt der Führer der Bistritzer Sachsen, Robert Clemens, eine Ansprache im Rahmen einer Sitzung des Stadtrates am 10. Mai 1941 nur in deutscher Sprache. Er protestierte energisch gegen die Art, wie die Deutschen an den Rand gedrängt worden seien mit dem Argument, die Sachsen seien es gewesen, die diese Stadt aufgebaut und verteidigt hätten, sie hätten jahrhundertelang ausschließlich hier gewohnt. „Seine Rede war intelligent konzipiert damit sie die Ungarn provozieren sollte; sie sollten sich hier nicht wie vollkommene Führer fühlen."

fost cei care au construit orașul, l-au apărat și l-au locuit aproape în exclusivitate timp de secole. "Cuvântarea lui a fost inteligent construită, pentru a-i provoca pe unguri, încât aceștia să nu se simtă pe deplin conducători" [18]. În cuvântul său, rostit în limba română, Octavian Budușan a căutat să scoată în evidență și contribuția populației românești la dezvoltarea Bistriței; urmărind desfășurarea acestei ședințe, primarul Kaules avea să constate cu umor, dar și cu subînțeles, că la următoarele întâlniri de acest gen "se poate folosi orice limbă, în afară de cea maghiară" [19].

Cu toate acestea, reluându-se politica de deznaționalizare și maghiarizare promovată în anii dualismului austro-ungar, autoritățile maghiare au urmărit să sporească în mod artificial ponderea elementului etnic maghiar atât pe ansamblul comitatului, cât mai ales în Bistrița. Referindu-se la această politică, Gustav Zikeli își nota în *memoriile* sale: "Numai într-un punct s-au schimbat puțin maghiarii: în patima lor pentru maghiarizare. În Livezile au denumit o străduță Magyarutca (strada Ungurească), iar în localitățile de pe Bârgău au construit peste tot case spre a coloniza acolo unguri. Doreau să recupereze ceea ce nu au putut face în cei 21 de ani ce au trecut. Doreau din nou să întărească națiunea maghiară. A rămas același și sistemul lor de ocupare a posturilor de *comite*, fiind preferați nobili maghiari sau mari proprietari de terenuri. La noi, prima dată a fost numit comitele Bethlen, apoi marele proprietar Borbely"[20].

Prin colonizare cu populație secuiască, prin înscrierea la rubrica *maghiari* a cetățenilor de altă naționalitate care știau limba maghiară sau aveau nume cu rezonanță maghiară, prin acțiuni de intimidare și constrângere, recensământul din 1941 avea să înregistreze în Bistrița exageratul număr de 6.796 maghiari din totalul de 16.313 locuitori ai orașului. Că această cifră deosebit de mare nu corespundea unei evoluții demografice normale, nici chiar unui spor natural foarte ridicat, o dovedește o scurtă comparație cu recensământul efectuat cu 11 ani în urmă:

	1930	1941
Români:	5.611 (40,1%)	4.176 (25,6%)
Sași:	4.677 (33,1%)	4.280 (26,2%)
Evrei:	1.891 (13,4%)	937 (5,7%)
Maghiari:	1.479 (10,5%)	6.796 (41,7%)[21]

Referindu-ne la viața economico-financiară a comunității săsești din zona Bistrița-Reghin în perioada 1940-1944, se poate constata că

Octavian Budușan hob in seiner Rede (rumänisch gesprochen) den Beitrag der rumänischen Bevölkerung zur Entwicklung der Stadt hervor. Stadtrichter Kuales verfolgte den Verlauf der Sitzung und stellte mit Humor fest, „bei den nächsten Zusammenkünften dieser Art, dürfe man jedwelche Sprache benutzen außer der ungarischen."

Die Wiederaufnahme der Denationalisierungspolitik und der Magyarisierung, die in den Jahren des österreichisch-ungarischen Dualismus praktiziert worden waren, verfolgten nun die ungarischen Autoritäten das ungarische Element sowohl im ganzen Komitat als auch besonders in Bistritz überwiegend einzuschleusen. Gustav Zikeli schreibt in seinen Memoiren: „ Nur in einem Punkt haben sich die Ungarn kaum geändert: und zwar in ihrer Leidenschaft für die Magyarisierung. In Jaad haben sie eine Gasse: Magyarutca (Ungarisch Str.) genannt und in den Borgo-Gemeinden haben sie Häuser gebaut, in die sie ungarische Familien ansiedeln wollten. Sie hofften das, was sie in den 21 Jahren, die verstrichen waren, nicht erreichen konnten, wiedergewinnen. Sie wollten die ungarische Nation stärken. Es war das gleiche System der Besetzung des Komitatsvorstehers; es wurden die ungarischen Adligen oder die Großgrundbesitzer vorgezogen. Bei uns war als erster zum Komitatsvorsteher Bethlen ernannt, danach der Großgrundbesitzer Borbely".

Durch die Ansiedlung von Szeklern, durch das Eintragen in die Rubrik der Ungarn von Bürgern anderer Nationalität, die die ungarische Sprache beherrschten oder sie einen ungarisch klingenden Namen hatten. Durch Zwangsaktionen und Einschüchterungen wurden 1941 bei der Volkszählung eine übertriebene Zahl von 6.796 Ungarn registriert. Die Stadt Bistritz zählte zu der Zeit insgesamt 16.313 Bewohner. Diese hohe Zahl von Ungarn stand nicht im Verhältnis mit der normalen demographischen Entwicklung, auch nicht mit einer extrem hohen natürlichen Zunahme. Das beweist ein einfacher Vergleich mit der Volkszählung elf Jahre davor:

	1930	1941
Rumänen:	5.611 (40,1%)	4.176 (25,6%)
Sachsen:	4.677 (33,0%)	4.280 (26,0%)
Juden:	1.891 (13,4%)	937 (5,7%)
Ungarn:	1.479 (10,0%)	6.796 (41,0%)

In Bezug auf das ökonomisch-finanzielle Leben der sächsischen Gemeinschaft aus dem Bistritzer und Sächsisch-Regener Raum in der Zeit

aceasta a cunoscut atât momente de declin, cât şi de înflorire; dictatul a dereglat în primele luni activitatea economică – şi mai ales financiară – a saşilor din nord-estul Transilvaniei, însă începând cu anul 1941, odată cu sporirea necesităţilor pentru război, ea a cunoscut o semnificativă revigorare.

La 1 ianuarie 1940 existau în nordul Transilvaniei 33 de asociaţii de consum şi o filială a concernului german *Saxonia*; centrala tuturor acestor asociaţii din Transilvania fiind la Sibiu, după 30 august 1940 Bistriţa devine centrul de unde se va coordona activitatea lor în Ardealul de Nord.

În anii crizei economice din 1929-1933, banca *„Hermannstädter Allgemeine Sparkasse"* din Sibiu a absorbit prin fuziune cele două bănci săseşti din nordul Transilvaniei: *„Vereinigte Bistritzer Sparkasse"* din Bistriţa şi *"Spar- und Vorschusskasse"* din Reghin. În octombrie 1940, filiala bistriţeană a acestei mari bănci din Sibiu devine instituţie independentă, preluând o parte din capitalul băncii-mamă.

Creşterea cerinţelor de război ale Germaniei a făcut ca instituţiile bancare şi întreprinderile săseşti din Bistriţa şi Reghin – în special cele de pielărie şi de prelucrare a lemnului – să fie trecute din 1942 în serviciul direct al armatei germane, centrul lor de coordonare fiind instalat la Şcoala Agricolă din Bistriţa[22].

În ce priveşte agricultura, exceptând anul 1940, recoltele au fost deosebit de bune, un sprijin important la aceasta aducându-şi aplicarea unor tehnologii noi de către absolvenţii prestigioasei şcoli agricole bistriţene; în consecinţă, "dărnicia naturii, alături de conjunctura favorabilă datorată războiului, au dus la îmbunătăţirea situaţiei materiale a ţăranilor saşi"[23].

Divizarea Transilvaniei la 30 august 1940 a avut însemnate urmări şi asupra învăţământului de limbă germană. La aceea dată existau în partea de nord a Transilvaniei 48 de şcoli elementare germane, 3 gimnazii superioare şi numeroase şcoli de meserii. Analizând evoluţia învăţământului de limbă germană din zona Bistriţei şi Reghinului, se poate aprecia că acesta a cunoscut o înflorire faţă de perioada anterioară, fapt datorat – în primul rând – nevoii de asigurare pentru aceste zone a instituţiilor de învăţământ care nu mai puteau fi accesibile tinerilor bistriţeni şi reghineni după dictat, ele fiind situate în oraşe ca Braşov sau Sibiu.

Astfel, după 30 august 1940, elevele din clasele superioare ale *liceului german* din Sibiu, precum

von 1940 bis 1944 kann festgestellt werden, dass es sowohl Aufschwungs- als auch Rückschrittsphasen gegeben hat. Das Wiener Diktat hatte während der ersten Monate die ökonomische und besonders die finanzielle Lage der Sachsen Nordsiebenbürgens aus dem Gleichgewicht gebracht. Mit dem Beginn des Jahres 1941 aber, aufgrund der Notwendigkeiten der Kriegsführung, hat sie wieder einen Aufschwung erlebt. Am 1. Januar 1940 existierten in Nordsiebenbürgen 33 Konsumvereine und eine Zweigstelle des deutschen Saxoniakonzerns. Die Zentrale all dieser Vereine war in Hermannstadt. Nach dem 30. August 1940 wurde Bistritz die Koordienierungsstelle für ganz Nordsiebenbürgen. Während der Wirtschaftskrise von 1929-1933 hatte die „Hermannstädter Allgemeine Sparkassa" durch Fusion die zwei sächsischen Banken aus Nordsiebenbürgen, die „ Vereinigte Bistritzer Sparkasse A.G." und die Sächsisch- Regener „Spar- und Vorschusskasse" übernommen. Im Oktober 1940 wird die Bistritzer Filiale selbständig und übernimmt einen teil des Kapitals der Mutterbank.

Durch die Bedarfssteigerung wegen der Kriegsführung wurden die Bankinstitute und die sächsischen Betriebe aus Bistritz und Sächsisch Regen, besonders die leder- und holzverarbeitenden Betriebe, 1942 direkt den deutschen Militärbehörden übertragen. Ihr Koordinierungszentrum wurde in der Ackerbauschule eingerichtet. In der Landwirtschaft, abgesehen vom Jahr 1940, waren die Ernteerträge besonders gut. Dank der Anwendung neuer Technologien von den Absolventen der hochangesehenen Ackerbauschule aus Bistritz und der „Fruchtbarkeit und Freigebigkeit der Natur, ebenso der kriegsbedingten wirtschaftlichen Konjunktur, führten dazu, dass die materielle Lage der sächsischen Bauern verbessert wurde."

Die Teilung Siebenbürgens am 30. August 1940 hatte auf das *Schulwesen in deutscher Sprache* besondere Auswirkungen. Zu der Zeit gab es 48 Elementarschulen, 3 Gymnasien und viele Gewerbeschulen. Die Entwicklung des Schulwesens in deutscher Sprache aus dem Nösnergau und aus dem Reener Ländchen erlebte einen tatsächlichen Aufschwung im Vergleich von vor dem Wiener Diktat. Dies war in erster Reihe die Folge der notwendigen Gründung neuer Lehranstalten, nachdem die traditionellen in Kronstadt oder Hermannstadt nun für die Nordsiebebürger Sachsen im Ausland lagen. Für die Schüler der Lehrerbildungsanstalt aus Hermannstadt,

și elevii de la școala normală germană din aceeași localitate – toți proveniți din nordul Transilvaniei – au fost împiedecați să-și continue în mod normal studiile, finalizarea lor făcându-se sub forma unor seminarii. Pentru a înlătura această situație delicată, începând din noiembrie 1940 se înființează la Reghin o școală normală germană, ce avea menirea de a pregăti învățători pentru școlile germane din întreg teritoriul Ardealului de Nord [24].

Cel care a avut sarcina de a reorganiza învățământul german, mai ales cel de la sate, a fost inspectorul școlar dr. Hans Schröder. În 1940 existau în zona Bistriței 4 grădinițe germane și

Schäßburg und Temeswar wurde am Bistritzer Obergymnasium ein allmählich auslaufendes Seminar begründet, an dem die Lehrkräfte des Gymnasiums unterrichteten. Ab November 1940 wurde in Sächsisch Regen eine Lehrerbildungs-anstalt für Jungen und Mädchen gegründet. Sie hatte die Aufgabe, Lehrer für die deutschen Schulen aus ganz Nordsiebenbürgen auszubilden.

Die Aufgabe der Neuorganisation des Schulwesens – besonders der Dörfer - oblag dem Schulinspektor Dr. Hans Schröder. 1940 gab es im Nösnergau 4 deutsche Kindergärten und mehrere Kinderaufbewahranstalten, auf diese Weise konnten die Eltern während des Sommers

Wochenmarkt in Bistritz – Zi de târg la Bistrița

mai multe așezăminte ce asigurau îngrijirea copiilor de la sate pe timpul activităților agricole de vară; datorită lui Schröder, începând cu anul școlar 1941/1942 acest sistem de așezăminte se generalizează în întreg spațiul german nord-ardelean, constituindu-se într-un real sprijin pentru țărănci.

În 1941, Școala Agricolă din Bistrița era singura instituție de acest profil din întreaga Ungarie, fapt ce a atras spre acest oraș mulți tineri germani nu numai din Ardealul de Nord, ci și din vechea Ungarie sau din regiunile iugoslave și slovace anexate de către aceasta. Pe lângă

ihre Feldarbeiten verrichten. Dank Schröders wurden mit Beginn des Schuljahres 1941/1942 diese Aufbewahranstalten auf den gesamten deutschen Raum von Nordsiebenbürgen ausgedehnt, sie waren eine wertvolle Hilfe für die Bäuerinnen.

Im Jahre 1941 hat die Ackerbauschule aus Bistritz viele deutsche Jugendliche, nicht nur aus Nordsiebenbürgen, sondern auch aus Altungarn, aus den jugoslawischen und slowakischen Anschlußgebieten angezogen, es war die einzige Schule mit Ackerbauprofil in ganz Ungarn. Neben diesem anerkannten Institut, wurden die

această recunoscută instituție de învățământ, școlile de meserii, gimnaziile și școala normală au făcut din Bistrița și Reghin "centre școlare de primă mărime ale Ungariei"[25].

La 30 august 1940 a fost ruptă și unitatea seculară a Bisericii *Evanghelice* transilvane. În urma vizitei pe care prim-curatorul acestei Biserici, dr. Hans Otto Roth, însoțit de consilierii juridici Gustav Rösler și Hans Weprich, a efectuat-o la Bistrița și Reghin în zilele de 4 și 5 septembrie 1940. Consistoriul Provincial de la Sibiu a hotărât o reorganizare a structurii și ierarhiei Bisericii Evanghelice din partea de nord a Transilvaniei, instituind pentru această zonă funcția de *dechant general*. Cel care a ocupat această înaltă demnitate a fost dr. Carl Molitoris, fost preot al orașului Bistrița; în funcția de prim curator a fost ales Michael Prall, iar vicar general al Reghinului preotul Henrich Nikolaus. La 31 octombrie 1940 s-a întrunit la Bistrița *Consiliul Bisericesc al Dechanatului General* (*Kirchenversammlung des Generaldekanats*), ce a desăvârșit noua organizare a Bisericii Evanghelice din Ardealul de Nord.

Dechanatul General s-a lovit încă de la început de acțiunile separatiste ale credincioșilor evanghelici de naționalitate maghiară, care au căutat să iasă din subordinea acestui nou for bisericesc. Astfel, credincioșii evanghelici maghiari din comuna maghiaro-săsească Jeica (mag. Zselyk/germ. Schelken) nu au acceptat autoritatea Dechanatului General cu sediul la Bistrița, trecând în subordinea Bisericii Evanghelice Maghiare cu sediul în vechea Ungarie, gestul lor fiind urmat și de alți evanghelici maghiari, mai ales din Cluj; în schimb, țiganii din regiunea săsească a Bistriței și Reghinului – aproximativ 3.000 de persoane – au rămas sub autoritatea dechanatului bistrițean. În aceste condiții, noua organizare bisericească a sașilor nord-ardeleni a fost denumită *Dechanatul General German al Bisericii Evanghelice din teritoriile transilvane ale Ungariei* (*Deutsches Evangelisches Generaldekant A.B. in den siebenbürgischen Landsteilen Ungarns*)[26].

1.2.3 Viața politică a sașilor nord-ardeleni

În ceea ce privește reprezentarea parlamentară, populația germană din Ardealul de Nord a avut în perioada 1940-1944 un număr de patru aleși în parlamentul ungar, dintre care doi erau din Bistrița – oraș devenit centrul economic și spiritual al acestei minorități.

Gewerbeschulen, die Gymnasien und die Lehrerbildungsanstalt „Schulzentren von hohem Rang in Ungarn."

Am 30. August 1940 wird die *jahrhundertealte Einheit der evangelischen Kirche zerrissen.* Am 4.-5. September 1940 (nach Bekanntwerden des Wiener Diktats) führten Landeskirchenkurator Dr. Hans Otto Roth, Hauptanwalt Dr. Hans Weprich und Schulrat Gustav Rösler in Bistritz und in Sächsisch Regen Gespräche über die erforderlichen Maßnahmen. Das Hermannstädter Landeskonsistorium beschloß, ein Generaldekanat einzurichten. In dieses hohe Amt wurde als Generaldechant Dr. Carl Molitoris ernannt, zum Generaldekanatskurator Rechtsanwalt Dr. Michael Prall und zum Generaldekanatsvikar Heinrich Nikolaus, der Reener Bezirksdechant war. Im Oktober 1940 konstituierte sich die Kirchenversammlung und vollendete die Neuorganisation der ev. Kirche in Nordsiebenbürgen.

Der Generaldechant hatte von Anfang an mit Widerständen seitens der ungarischen evangelischen Christen zu rechnen. Ev. Ungarn aus Schelken (Jeica; Zselyk) haben die Autorität des Generaldekanats nicht anerkannt und stellten sich unter die Oberhoheit der Ev. Kirche Ungarns mit Sitz in Altungarn. Diese Geste übernahmen auch andere ev. Ungarn, z.B. die aus Klausenburg.

Die alteingesessenen ev. Zigeuner aus der Bistritzer Gegend und aus dem Reener Ländchen dagegen, ca. 3000 Personen, verblieben im Bistritzer Kirchenverband. Unter diesen neuen Umständen hieß die neuorganisierte Kirche der Sachsen „Deutsches Evangelisches Generaldekanat A.B. in den Siebenbürgischen Landesteilen Ungarns".

1.2.3 Das politische Leben der Nordsiebenbürger Sachsen

In Bezug auf die parlamentarische Vertretung hatten die Sachsen aus Nordsiebenbürgen in der Zeit von 1940-1944 vier Vertreter im ungarischen Parlament, davon waren zwei aus Bistritz. Diese Stadt war inzwischen zum geistigen und wirtschaftlichen Mittelpunkt dieser Minderheit geworden. Am 10. Okt. wurde der ehemalige Abgeordnete aus dem rumänischen Parlament, Dr. Eduard Keintzel aus Sächsisch Regen, als Vertreter der deutschen Bevölkerung aus Nordsiebenbürgen ins Parlament gewählt. Nachher wurden

La 10 octombrie 1940, fostul deputat în parlamentul României, dr. Eduard Keintzel, din Reghin, a devenit primul reprezentant al populației germane din teritoriul nord-ardelean în parlamentul de la Budapesta. Ulterior, tot în camera inferioară, șvabii sătmăreni au fost reprezentați de Sepp Sönborn. În senatul ungar, reprezentanții minorității germane au fost dechantul general, dr. Carl Molitoris, și directorul școlii agricole bistrițene, Erich Szegedi.

La 30 aprilie 1939 s-a constituit la Budapesta Uniunea Populară a Germa*nilor din Ungaria – U.P.G.U. (Volksbund der Deutschen in Ungarn)*, ce cuprindea într-o singură organizație politică etnicii germani din această țară. În urma protocolului încheiat între Ungaria și Germania, după semnarea Dictatului de la Viena, U.P.G.U. devine reprezentanta oficială a minorității germane din Ungaria, având în frunte pe dr. Franz Basch; aceasta *uniune* a jucat în Ungaria rolul pe care *Grupul Etnic German* l-a avut în România, după recunoașterea sa ca persoană juridică, la 20 noiembrie 1940. "Dacă în vechea Ungarie exista tendința ignorării acestei organizații, în Ardealul de Nord ea a fost simțită ca ceva cât se poate de concret"[27].

Prin anexarea nordului Transilvaniei la Ungaria, etnicii germani de aici – prin însăși originea lor – vor deveni membri ai U.P.G.U. În octombrie 1940 se constituie în cadru acestei uniuni *Domeniul Transilvania (Gebiet Siebenbürgen)*, cuprinzând etnicii germani din nordul Transilvaniei propriu-zise; acesta era împărțit, din punct de vedere geografic, în trei *zone*: zona Bistrița, zona Reghin (inclusiv comuna săsească Drăușeni, din apropierea Secuimii) și zona Cluj (de care aparțineau și sașii dispersați în diferite localități din apropiere). Conducătorul acestui *domeniu* a fost la început Robert Clemens, iar din primăvara anului 1942 locul său este luat de către Robert Gassner – un intelectual de marcă al sașilor din zona Bistriței, fost preot în Șieu, profesor de religie în Buacul de Jos, profesor de germană și istorie la Școala Agricolă din Bistrița.

Șvabii din regiunea Satu Mare, împreună cu cei din Transcarpatia (teritoriu slovac anexat de Ungaria la 15 martie 1939), au fost cuprinși în Domeniul Sătmar-Transcarpatia al U.P.G.U., cuprinzând *zonele* Satu Mare și Munkács. În urma discuțiilor purtate între 10 și 11 septembrie 1943, cele două *domenii – Transilvania* și Sătmar-Transcarpatia – hotărăsc unirea lor într-unul

ebenfalls im Unterhaus die Sathmarer Schwaben von Sepp Sönborn vertreten. Im ungarischen Senat vertraten Generaldechant Dr. Carl Molitoris und der Direktor der Ackerbauschule aus Bistritz Erich Szegedi die deutsche Minderheit.

Am 30. April 1939 wurde in Budapest der *„Volksbund der Deutschen in Ungarn"* (VDU) gegründet. Nach dem deutsch-ungarischen Zusatzprotokoll, das unmittelbar nach dem Wiener Schiedsspruch unterzeichnet wurde, galt er als einzige offizielle politische Vertretung der deutschen Minderheit und umfasste alle Deutschen aus dem Land unter der Führung von Franz Basch. Diese Organisation hat in Ungarn nach seiner juristischen Anerkennung am 20. November 1940 die gleiche Rolle gespielt wie die *Deutsche Volksgruppe* in Rumänien. „Auch wenn in Altungarn die Tendenz zur Ignorierung dieser Organisation existierte, wurde sie in Nordsiebenbürgen als etwas sehr Konkretes empfunden."

Durch den Anschluss Nordsiebenbürgens an Ungarn wurden die Volksdeutschen aufgrund ihrer Abstammung Mitglieder dieser Organisation. Im Okt. 1940 bildete Nordsiebenbürgen innerhalb der VDU das *„Gebiet Siebenbürgen"*; dazu gehörten eigentlich alle Deutschen aus Nordsiebenbürgen. Der VDU war vom geographischen Gesichtspunkt in drei Zonen eingeteilt: Bistritz, Sächsisch Regen (einschließlich Draas) und Klausenburg mit dem westlich gelegenen Streudeutschtum. Gebietsführer wurde zunächst Robert Clemens, ab Frühjahr 1942 übergab er das Amt an Robert Gassner, ein ausgezeichneter Intellektueller aus dem Bistritzer Gebiet, ehemaliger Pfarrer aus Großschogen, Religionslehrer in Deutsch-Budak und Deutsch- und Geschichtslehrer an der Ackerbauschule Bistritz.

Die Sathmarer Schwaben und die Deutschen der Karpato-Ukraine - sie waren bis 1939 Teil der Slowakei (am 15. März 1939 an Ungarn angeschlossen) - wurden mit in die VDU als *Gebiet Sathmar Transkarpatien* einbezogen (es umfaßte die Zonen Sathmar und Munkács).

Nach den Debatten vom 10. und 11. September 1943 wurden die zwei Gebiete der Sathmarer Schwaben und die Deutschen der Karpato-Ukraine mit den Nordsiebenbürger Sachsen im *„Gebiet Ost"* vereinigt, dessen Führung Robert Gassner übernahm.

Neben dieser regionalen Gliederung gab es auch eine sektorale, aufgrund derer das gesamte Leben der deutschen Gemeinschaft bis ins Kleinste organisiert war. Dazu gehörten: Die Deutsche

singur, numit *Domeniul Est* al U.P.G.U., în fruntea sa fiind desemnat Robert Gassner.

Structura organizatorică a acestor *domenii*, pe lângă modelul regional al *zonelor*, cuprindea și o multitudine de formațiuni prin care era organizată, în amănunt, viața comunitară a minorității germane. Printre cele mai importante formațiuni s-au numărat: *Deutsche Mannschaft* (Asociația Bărbaților Germani), *Frauenschaft* (Asociația Femeilor), *Deutsche Jungend* (*Tinerii Germani*), *Bauernschaft* (Asociația Țăranilor), *Gebietshandwerksmeister* (Oficiul pentru Meșteșugari), alături de acestea continuându-și activitatea tradiționalele *Nachbarschaften* (Vecinătăți) și *Bruder -und Schwesternschaft* (Asociația Fraților și Surorilor).

Organul de presă pentru *domeniul transilvan* al U.P.G.U. devine *Bistritzer Deutsche Zeitung*, care, începând din 1 octombrie 1942, își schimbă numele în *Siebenbürgische Deutsche Zeitung*; pe lângă acest ziar, la Reghin și Cluj apar săptămânale în limba germană. Din 1941, continuând tradiția instituită de *Bistritzer Kalenders* (Calendarul bistrițean), este editat un *anuar* al formațiunilor din *Domeniul Transilvania* al U.P.G.U., un rol important în redactarea lui avându-l organizația *Deutsche Jungend* [28].

Dacă în perioada imediat următoare aflării „verdictului" de la Viena, sentimentele trăite de către majoritatea sașilor nord-ardeleni au fostcele de incertitudine cu privire la viitorul lor sub autoritatea Budapestei, treptat, în rândul acestora – mai exact în rândul factorilor de decizie – apare sentimentul și încrederea că Reichul german, prin legăturile strânse cu Ungaria și prin rolul dominant ce-l juca atunci pe scena europeană, va veghea îndeaproape la un viitor ferit de vechile practici de deznaționalizare și maghiarizare.

În acest context se înscriu două momente din manifestările sașilor bistrițeni, momente oarecum controversate și privite – în general – într-un mod unilateral. Este vorba de primirea la 16 septembrie 1940 a reprezentanților etnicilor germani din Budapesta, conduși de Otto Freiherr von Erdmannsdorf, și de vizita în Bistrița, la 12 octombrie 1940, a conducătorului Uniunii Populare a Germanilor din Ungaria, dr. Franz Basch. Istoricul maghiar Loránd Tilkovszky, cercetător al trecutului minorității ce au trăit pe teritoriul Ungariei, a văzut în manifestațiile sașilor bistrițeni o formă de prețuire și de recunoaștere pentru "eliberarea

Mannschaft, die Frauenschaft, die Deutsche Jugend (DJ), die Gebietsbauernschaft, die Gebietshandwerksmeister. Die traditionellen Nachbarschaften, die Bruder- und Schwesternschaft, führten ihre Tätigkeiten wie bisher fort.

Das Presseorgan des Gebietes Nordsiebenbürgen war die „*Bistritzer Deutsche Zeitung*", die ab dem 1. Okt. 1942 in „*Siebenbürgische Deutsche Zeitung*" umbenannt wurde. Außer dieser gab es noch weitere deutsche Wochenzeitungen in Sächsisch Regen und in Klausenburg. Ab 1941 erschien als Nachfolger des „ *Bistritzer Kalenders*" ein „Jahrbuch des Gebietes Siebenbürgen des Volksbundes der Deutschen in Ungarn". Beim Erstellen dieser Zeitung spielte die Organisation *Deutsche Jugend* eine wichtige Rolle.

In der Zeit unmittelbar nach Bekanntgabe des Verdikts von Wien herrschte allerorts mehr oder weniger auch Fassungslosigkeit. Relativ schnell fassten sich die Siebenbürger Sachsen, bei denen schon seit einigen Jahren die völkischen Gremien von Nationalsozialisten siebenbürgischer Prägung geführt wurden. Allmählich setzte sich die Meinung durch, dass das allgemein bewunderte Deutsche Reich auch die Interessen der Siebenbürger Sachsen nicht übersehen habe und die Assimilierung und Magyarisierung der Vergangenheit zurückdrängen würde, eine Auffassung, die durch die gleichzeitig mit Rumänien und Ungarn abgeschlossenen Volksgruppenabkommen bestätigt schien.

In diesen Kontext gehören zwei Kundgebungen der Bistritzer Sachsen mit zum Teil widersprüchlichem Charakter. Am 16. Sept. 1940 wird der deutsche Gesandte in Budapest, Otto Freiherr von Erdmannsdorff, in Bistritz empfangen und am 12. Oktober 1940 macht der Volksgruppenführer der Ungarndeutschen, Dr. Franz Basch der Stadt Bistritz seine Aufwartung. Der ungarische Historiker Lorant Tilkovszky, der die Vergangenheit der Minderheiten, die auf ungarischem Boden gelebt haben, erforscht hat, sah in den Kundgebungen der Bistritzer Sachsen eine Art Wertschätzung und Anerkennung für „deren Befreiung von der rumänischen Autorität." Auch wenn im Verlauf dieser Kundgebungen die organisatorische Hauptrolle die Idealisten und die nationalsozialistischen Elemente hatten, konnten sie dennoch nicht unbedingt einen Dank an den 30. August 1940 darstellen. Wenn man die Haltung und das Verhalten der Sachsen gegenüber den Vorgesetzten aus Budapest für die gesamte Periode 1940-1944 analysiert, so erscheinen die Kundgebungen vom

12. Oktober 1940: Besuch von Volksgruppenführer Dr. Franz Basch in Bistritz
Vizita conducătorului Uniunii Populare a Germanilor din Ungaria, dr. Franz Basch la Bistriţa

lor de sub autoritatea românească"[29]. Însă, chiar dacă în derularea acestor manifestări, rolul organizatoric principal l-au avut elementele idealiste şi naţional-socialiste, ele nu pot fi considerate, neapărat, gesturi de mulţumire pentru *momentul 30 august 1940*. Analizând atitudinea şi comportamentul saşilor faţă de autoritatea de la Budapesta pe întreaga perioadă 1940-1944, manifestările din octombrie 1940 par a fi, mai degrabă, gesturi de forţă şi de punere în gardă a conducătorilor politici maghiari faţă de revenirea la politica de asimilare, promovată în anii dualismului.

Oktober 1940 eher als Kraftakte, um die ungarischen politischen Führer aufmerksam zu machen, auf keinen Fall zur Assimilierungspolitik zurückzukehren, die in den Jahren der Dualität gefördert wurde.

Ein anderer Aspekt, der nicht außer Acht gelassen werden kann, ist das Anwerben der Deutschen zur Waffen SS. Nach Beginn des Krieges gegen die UdSSR stellten die Deutschen aus den Satellitenstaaten, einschließlich aus Rumänien und Ungarn, eine Reserve für das deutsche Heer dar. Besonders der „freiwillige" Ein-

Un alt aspect ce trebuie avut în vedere este înrolarea etnicilor germani în trupele Waffen SS. După începerea războiului împotriva URSS, minoritarii germani din statele satelite Germaniei – incusiv România și Ungaria – au constituit o rezervă pentru armatele germane. De altfel, una dintre acuzele aduse minorității germane din spațiul românesc a fost și înrolarea „voluntară" a tinerilor și bărbaților de origine germană în trupele Reichului. În realitate, însă, exceptând cazurile de real voluntariat, aceste acțiuni de recrutare pentru Waffen-SS au fost lovituri puternice date comunităților germane chiar de către patria mamă, deoarece ele au dereglat profund structurile bine organizate ale acestor comunități.

În Ungaria (inclusiv Ardealul de Nord), aceste înrolări au devenit – în parte – legale din 12 februarie 1942. Nevoia de combatanți pe frontul de Est a îndemnat Germania să impună statelor satelite ca etnicii lor germani să poată fi înrolați în armatele germane: României - prin acordul din 12 mai 1943 (în urma căruia peste 60.000 de germani au fost înrolați în trupele Reichului), iar Ungariei - la 1 iunie 1943. "Spre deosebire de România, unde aceste operațiuni nu i s-a făcut mare publicitate, în Ungaria autoritățile de stat au fost cele care au asigurat transportul voluntarilor pentru armata germană"[30].

Din punct de vedere cronologic, în perioada de după 30 august 1940 s-au desfășurat trei mari campanii de recrutare pentru Waffen SS. Prima a avut loc în iulie 1941 și a cuprins 500 de bărbați în cadrul acțiunii *500-Mann-Aktion für die Waffen SS*. În aprilie 1942 s-au întrunit la Bistrița, în vederea plecării pe front, 1.510 voluntari pentru trupele SS, aceasta fiind cea mai mare campanie de recrutare. Ultima mare acțiune de acest fel a avut loc în 14 aprilie 1944 și a cuprins, în primul rând, șvabi din zona Satu Mare[31].

În cea mai mare parte, înrolările pentru Waffen SS au fost rodul activității agenților SS veniți din Germania și care au impus aceste acte "cu amenințări, șicane și presiuni de tot felul la adresa familiilor germane"[32]. Aceeași părere o are și Gustav Zikeli în *memoriile* sale: "Anunțarea voluntară a fost redusă. Cei mai mulți tineri au fost luați cu forța și cu teroarea în SS. Cine nu mergea voluntar era socotit dușman al națiunii și fricos, era bătut și umilit. Părinților acestora li se murdăreau fațadele caselor și li se spărgeau geamurile"[33].

Cifra exactă a celor înrolați este greu de stabilit cu exactitate. Majoritatea surselor avansează

tritt der deutschen Jugendlichen und Männer in die Streitkräfte des Deutschen Reiches wurde der deutschen Minderheit aus dem rumänischen Raum zum Vorwurf gemacht. In Wirklichkeit aber, ausgenommen von einigen echten Freiwilligen, war diese Art von Rekrutierung für die Waffen-SS ein harter Schlag für die deutsche Minderheit, den sie just vom Mutterland erleiden mußte. Durch sie wurden gut organisierte Strukturen dieser Gemeinschaften aus der Bahn geworfen.

In Ungarn, einschließlich in Nordsiebenbürgen, waren diese Einberufungen am 12. Februar 1942 teilweise legal. Deutschland hatte die Satellitenstaaten veranlaßt, die Einberufung der Deutschen in die deutschen Armeen durchzusetzen, denn die Ostfront brauchte Nachschub. Aufgrund der Vereinbarung vom 12. Mai 1943 für Rumänien und vom 1. Juni 1943 mit Ungarn wurden in die Armeen des Reiches 60.000 Deutsche einberufen. „Zum Unterschied von Rumänien, wo man diese Einberufungen nicht sonderlich publik gemacht hatte, haben gerade die staatlichen Autoritäten von Ungarn den Transport der Freiwilligen für die deutsche Armee übernommen. In chronologischer Reihenfolge gab es nach dem 30. August 1940 drei große Kampagnen der Rekrutierung für die Waffen-SS. Die erste fand im Juli 1941 statt. Sie umfaßte 500 Männer in der sogenannten *„500-Mann–Aktion für die Waffen SS"*. Im April 1942 sind es 1510 Freiwillige, die sich in Bistritz versammeln und zum Dienst in der Waffen-SS abtransportiert werden. Es war die größte Rekrutierungskampagne. Bei der letzten größeren Aktion dieser Art am 14. April 1944 wurden in erster Reihe Sathmarer Schwaben einberufen. Agenten aus Deutschland hatten die Anwerbungen für die Waffen SS vollzogen. Unter allerlei „Drohungen, Schikanen und Druck in den Familien der Wehrpflichtigen" hatten sie ihr Ziel durchgesetzt. Gustav Zikeli zitiert in seinen Memoiren: „Es waren nur wenige freiwillige Meldungen. Die meisten Jugendlichen wurden mit Gewalt und Terror zur SS getrieben. Wer nicht freiwillig ging, wurde als Feind und als Schwächling der Nation bezeichnet. Manche wurden geschlagen und erniedrigt. Den Eltern dieser Männer wurden die Häuser beschmiert oder es wurden ihnen die Fensterscheiben eingeschlagen". Die genaue Zahl der Einberufenen kann nicht genau ermittelt werden. Die meisten Quellen nennen 5.000-6.000 Nordsiebenbürger. Ein in Sächsisch Regen gefundenes Dokument (in den Registern des Bürgermeiteramtes) behauptet, dass

cifra de 5.000-6.000 de germani nord-ardeleni, iar un document găsit în registrele primăriei din Reghin susține că numărul lor ar fi fost, până la jumătatea anului 1944, de circa 4.000 de sași și 800 de șvabi[34]; chiar dacă nu se cunoaște cu precizie efectivele celor înrolați, cert este faptul că aceste campanii de recrutare au fost percepute negativ în conștiința minorității germane, iar urmările pentru viața acestei comunități au fost dintre cele mai nefavorabile.

Einberufung zur Waffen-SS 1943 in Bistritz
Înrolarea pentru Waffen-SS la Bistrița în 1943

1.2.4 Neliniștile sașilor nord-ardeleni

Încă din primăvara anului 1944, sașii au început să-și facă griji cu privire la viitorul lor ca *etnici germani*, deoarece frontul se retrăgea, iar trupele sovietice se apropiau tot mai mult de hotarele statelor unde locuiau importante minorități germane. Pentru toate aceste comunități din răsăritul Europei – iar mai târziu și pentru unele din partea centrală a continentului – începea unul dintre momentele cele mai nefericite din existența lor: *expulzarea* sau *evacuarea* spre teritoriul german.

În perioada aprilie-mai 1944, peste 63.000 de etnici germani din regiunea Transnistriei aveau să treacă prin nordul Transilvaniei în refugiul lor spre Germania. Ținutul lor natal, situat între Prut și Nistru, intrat din 1941 sub administrația României, a fost ocupat de către trupele sovietice trecute la ofensivă împotriva armatelor Germaniei și a aliaților ei; teama unor represalii extrem de sângeroase din partea sovieticilor la adresa etnicilor germani de aici, a îndemnat factorii de decizie ai armatei germane să hotărască o rapidă evacuare a lor spre teritoriul german. Graba cu care s-a produs aceasta a făcut ca germanii de aici să nu-și poată lua cu ei cele necesare pentru un drum așa de lung. "Au venit în goană nebună spre Transilvania și se aflau într-o situație mai mult decât disperată. Mulți erau bolnavi, caii sufereau trăgând căruțele cu coviltir, situația era dezastruoasă" – își va aminti peste ani fostul conducător al *Domeniului Est* al U.P.G.U., Robert Gassner [35].

Primele măsuri de ajutorare a refugiaților transnistreni au fost organizate de către Erich Szegedi, având sprijinul diverselor formațiuni din *Domeniul Est* al U.P.G.U. La Teaca și Sărățel au fost amenajate două mari tabere de primire, în care medici, farmaciști, precum și numeroase femei din satele săsești s-au îngrijit de acești oameni. Referindu-se la reacția populației

bis zur Mitte des Jahres 1944 etwa 4.000 Sachsen und 800 Schwaben einberufen worden waren. Wenn man die Zahl der Einberufenen auch nicht genau kennt, ist diese Rekrutierungskampagne ohne Zweifel negativ ins Bewußtsein der deutschen Minderheit eingegangen. Die Folgen für das Leben dieser Gemeinschaft waren besonders ungünstig.

1.2.4 Die Unruhe der Nordsiebenbürger Sachsen

Bereits seit dem Frühjahr 1944 waren die Sachsen in Bezug auf ihre Zukunft als Deutsche besorgt. Die deutsche Front war auf dem Rückzug und die sowjetischen Truppen näherten sich den Staaten mit deutscher Minderheit immer mehr. Für all diese Gemeinschaften aus Osteuropa und später auch für einige aus Zentraleuropa begann eine recht unglückliche Zeit ihrer Existenz: *Die Ausweisung(=Vertreibung)* oder *die Evakuierung* in Richtung Deutschland. Im April-Mai 1944 erreichten über 63.000 Deutsche aus Transnistrien das nordsiebenbürgische Gebiet auf ihrer Flucht nach Deutschland. Ihre Heimat lag zwischen dem Prut und Dnjester; sie wurde 1941 rumänischer Administration zugeteilt. Als die Sowjettruppen eine Offensive gegen die deutschen Heere starteten und Transnistrien besetzten, entschied sich die deutsche Heeresführung zu einer schnellen Evakuierung der deutschen Bevölkerung aus Angst vor Repressalien an den Deutschen. Diese Flucht geschah in großer Eile; die Menschen konnten sich das Nötigste für diesen langen Weg nicht mitnehmen. „Sie kamen in verrückter Eile in Richtung Siebenbürgen und sie befanden sich in einer mehr als verzweifelten Lage. Viele waren krank, die Pferde zogen leidend die Planenwagen, die Lage war ein einziges Desaster", erinnert sich nach Jahren der Gebietsführer Osten der DVU, Robert Gassner.

săsești față de acest eveniment, același Robert Gassner își amintește: "Sașii nu vroiau să accepte ideea că și ei într-o zi ar putea avea o asemenea soartă"[36]; însă, peste nici patru luni, această istorie tristă se repeta și pentru ei.

Pentru conducătorii sașilor din nordul Transilvaniei, gândul că și acești *etnici germani* vor trebui să-și abandoneze pământurile natale în fața înaintării trupelor sovietice devine tot mai presant. Această temere a fost puternic întreținută de către ofițerii germani întorși de pe front, care afirmau mereu că ura împotriva germanilor este așa de mare în Rusia, încât nici un german întâlnit în cale nu va fi cruțat de Armata Roșie.

La 23 aprilie 1944, Robert Gassner, în calitate de lider al germanilor din Ardealul de Nord, convoacă la Bistrița un *consiliu restrâns*, format din principalele personalități ale sașilor, unde se va lua în discuție, pentru prima dată, posibilitatea unei evacuări planificate. La acest consiliu au participat Carl Molitoris, Hilde Jakob, Hubert Gross, dr. Eduard Keintzel, Otto Langenhan, Viktor Langer, Andreas Schell, Willi Schlecht și Erich Szegedi.

Pentru a nu crea panică în rândul sașilor, mai ales că la aceea dată în zonă erau prezenți refugiații din Transnistria, această întrunire s-a desfășurat în secret, conținutul discuțiilor purtate rămânând încă mult timp necunoscut populației. Rezultatele acestei consfătuiri au fost cât se poate de concrete, stabilindu-se ca locuitorii satelor (mai ales ai celor mici, unde nu exista cale ferată) să fie deplasați sub forma convoaielor alcătuite din căruțe, care trebuiau să aibă – în mod obligatoriu – coviltir și posibilitatea de înhămare a două animale de tracțiune (cai sau boi). Deplasarea populației orășenești, precum și a persoanelor în suferință, urma sa fie realizată

Erich Szegedi, der Ackerbauschuldirektor, wurde seitens des Volksbundes der Deutschen in Ungarn (VDU) mit organisatorischen Maßnahmen und mit der Betreuung der Flüchtlinge beauftragt. In Tekendorf und Reußen (Sărățel) wurden Auffanglager eingerichtet, in denen Ärzte, Apotheker und unzählige Frauen aus den sächsischen Dörfern mithalfen, die Flüchtlinge zu versorgen. Robert Gassner erinnert sich bezüglich der Reaktionen der Sachsen im Zusammenhang mit diesem Ereignis: „Die Sachsen wollten die Idee nicht wahrhaben, dass auch sie eines Tages das gleiche Schicksal ereilen würde". Leider vergingen nicht einmal vier Monate, bis sich diese traurige Geschichte für sie wiederholen sollte."

Für die Führung der Sachsen aus Nordsiebenbürgen wurde der Gedanke, dass diese Menschen ihre Heimat, in Anbetracht des Vorrückens der Sowjettruppen, preisgeben würden, immer dringlicher. Diese Angst wurde durch deutsche Offiziere, die von der Front zurückgekehrt waren, verstärkt. Sie behaupteten, der Hass gegen die Deutschen sei in Rußland so groß, dass kein Deutscher von der Roten Armee verschont bleiben würde.

Am 23. April 1944 hatte Robert Gassner als Gebietsführer der Deutschen aus Nordsiebenbürgen in Bistritz einen *kleinen Führungskreis* der Sachsen einberufen. Er zog zum ersten Mal die Möglichkeit einer geplanten Evakuierung in Erwägung. An dieser Sitzung nahmen teil: Carl Molitoris, Hilde Jakob, Hubert Gross. Dr. Eduard Keintzel, Otto Langenhan, Viktor Langer, Andreas Schell, Willi Schlecht und Erich Szegedi. Um in den Reihen der Sachsen Panik zu vermeiden, wurde diese Zusammenkunft geheim gehalten. Zudem befanden sich in dieser Zeit im Nösnergau die Flüchtlinge aus Transnistrien. Das Ergebnis

Robert Gassner – Lehrer in Petersdorf 1929
Robert Gassner – Învățător la Petriș 1929

– în primul rând – cu ajutorul trenurilor, apelându-se la nevoie și la mijloacele auto ale armatei. În ceea ce privește traseul, acesta nu a putut fi stabilit cu precizie, el urmând a fi definitivat atunci când se va produce evacuarea. Aplicarea în amănunțime a acestor măsuri (de exemplu, în cazul deplasării cu căruțele: modul de formare al convoaielor, ordinea căruțelor în convoi, încărcarea bunurilor etc.) urma să fie asigurată de către conducătorii locali, ce aveau să fie ulterior informați despre hotărârile luate la Bistrița.

Prin intermediul acestor conducători ai *grupelor locale*, populația satelor a fost anunțată să-și

dieser geheimen Sitzung waren genaue Evakuierungspläne. Es wurde festgelegt, dass die Bewohner der Dörfer, die keine Anbindung an eine Bahnlinie hatten, sich im Treck fortbewegen sollten. Alle Wagen sollten obligatorisch mit Planen bespannt sein und die Möglichkeit haben, von zwei Pferden oder von zwei Ochsen gezogen zu werden. Die Stadtbewohner sowie die Kranken sollten mit Lastwagen der Deutschen Armee, in erster Reihe aber mit der Eisenbahn, flüchten. Die Route konnte nicht genau festgesetzt werden; das sollte erst dann geschehen, sobald die Evakuierung beginnen würde. Die Anwendung dieser Maßnahmen im Detail (z. B. die Flucht mit den Wagen, wie man die Trecks bilden soll-

Robert Gassner – Lehrer in Petersdorf 1939
Robert Gassner – Învățător la Petriș 1939

pună la punct mijloacele de transport și să-și pregătească fiecare familie câte un coviltir. "Mulți n-au înțeles această indicație, însă au urmat-o"[37]. Curând, după o primă evaluare, avea să se constate că nu toate satele aveau suficienți cai și boi pentru a se putea organiza în bune condiții o evacuare. Din aceste considerente, Erich Szegedi și Michael Gagermayer au luat legătura cu refugiații din Transnistria, pentru a-i convinge să lase o parte din cai și căruțe în zona Bistriței, motivând că ar avea nevoie pentru strângerea recoltelor bogate ce se anunțau în acel an; în aceste condiții, refugiații transnistreni și-au continuat drumul din Beclean și Dej cu ajutorul trenurilor.

te, die Reihenfolge der Wagen im Treck, das Aufladen der Güter) sollte von den lokalen Leitern gesichert sein. Diese aber sollten erst später von den Beschlüssen aus Bistritz informiert werden. Die Bevölkerung aus den Dörfern wurde folgendermaßen angewiesen: jede Familie sollte die Transportmittel in Ordnung bringen und eine Plane vorbereiten. Viele haben diese Anordnung nicht verstanden, haben sie aber ausgeführt. Gar bald wurde festgestellt, dass nicht alle Dörfer genügend Pferde oder Ochsen hatten, also konnte der Transport unter diesen Bedingungen nicht organisiert werden. Erich Szegedi und Michael Gagermayer nahmen mit den Flüchtlingen aus Transnistrien Verbindung auf

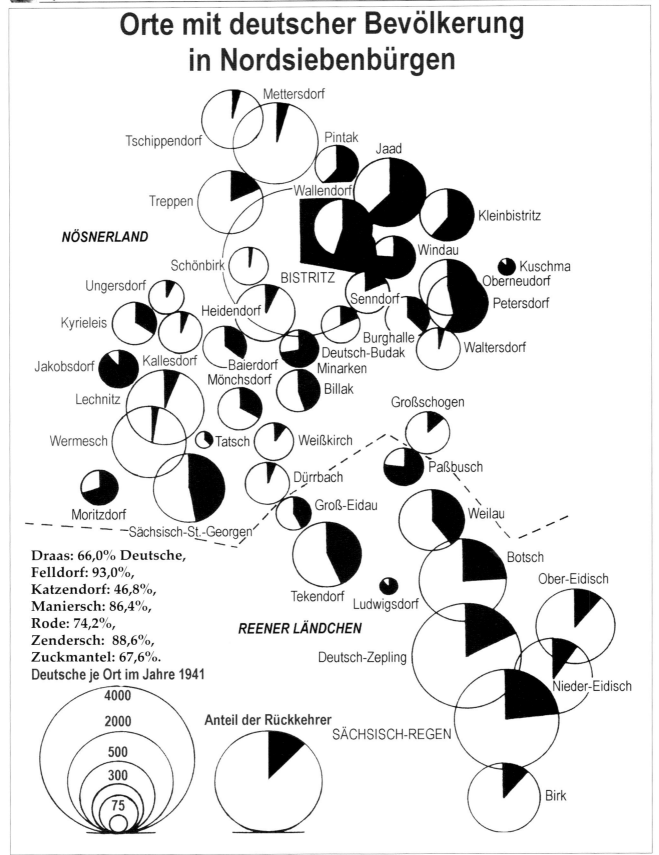

Orte mit deutscher Bevölkerung in Nordsiebenbürgen

Draas: 66,0% Deutsche,
Felldorf: 93,0%,
Katzendorf: 46,8%,
Maniersch: 86,4%,
Rode: 74,2%,
Zendersch: 88,6%,
Zuckmantel: 67,6%.
Deutsche je Ort im Jahre 1941

Dispunerea elementului german în localitățile săsești din Transilvania de nord 1941

Cele 7 localități din sudul Transilvaniei care au participat la evacuarea din 1944 au următoarele date pentru anul 1941: Drăușeni: 66,0% populație germană, Filitelnic: 93,0%, Caţa: 46,8%, Măgheruş: 86,4%, Zagăr: 74,2%, Senereuş: 88,6%, Ţigmandru: 67,6%.

La începutul lunii mai 1944, Robert Gassner întreprinde o vizită la Budapesta, unde îl informează pe conducătorul U.P.G.U., dr. Fraz Basch, despre intențiile sașilor nord-ardeleni de evacuare în cazul invaziei trupelor sovietice în ținuturile lor natale. În scurt timp, dr. Franz Basch pleacă la Berlin, unde prezintă în fața reprezentanților *Uniunii Germanilor Minoritari* măsurile de siguranță ale sașilor din Ardealul de Nord. Tot în această perioadă, Andreas Schmidt, liderul *Grupului Etnic German din România*, întorcându-se de la Berlin, s-a oprit pentru puțin timp și la Bistrița; chiar dacă nu se cunoaște cu siguranță conținutul discuțiilor purtate cu Robert Gassner, este puțin probabil ca tema evacuării să nu fi fost pe primul plan[38].

Actul de la 23 august 1944 – și în consecință posibilitatea ca trupele *sovietice* să ajungă mai repede în regiunile locuite de minoritarii germani – a fost semnalul pentru punerea în practică a planului de evacuare, deși nimeni nu-l vedea ca pe o continuare firească a celor opt veacuri de muncă și jertfă pe meleagurile transilvane.

Cu justificarea salvării în fața înaintării Armatei Roșii, pentru sașii din Ardealul de Nord – din care majoritatea trăiau în zona Bistriței – începea cel mai trist episod din existența lor seculară; se deschidea un drum plin de privațiuni și presărat adesea cu momente de un mare dramatism, dar care, totuși, vor fi incomparabil mai mici ca cele trăite în ianuarie 1945 de către conaționalii rămași în sudul Transilvaniei și în Banat.

und baten sie, einige der Pferde in Bistritz zu lassen, denn man bräuchte sie bei der reichen Ernte dieses Jahres. Die Flüchtlinge wurden unter diesen Bedingungen mit Eisenbahnzügen über Beclean und Desch weiter gefahren.

Zu Beginn des Monats Mai 1944 fuhr Robert Gassner nach Budapest zu Dr. Franz Basch (Führer der VDU), um ihn von den Plänen der Evakuierung der Siebenbürger Sachsen zu informieren, falls es zu einer Invasion sowjetischer Truppen kommen sollte.

Dr. Franz Basch fuhr umgehend nach Berlin, wo er vor der *Volksdeutschen Mittelstelle (Vomi)* die Sicherheitsmaßnahmen der Nordsiebenbürger Sachsen unterbreitete.

In der gleichen Zeit machte Andreas Schmidt, der *Volksgruppenführer in Rumänien*, von Berlin kommend einen Zwischenstop in Bistritz. Auch wenn die Inhalte der Diskussionen mit Robert Gassner unbekannt geblieben sind, ist anzunehmen, dass das Thema der Evakuierung als erster Punkt auf dem Plan war.

Der Akt vom 23. August 1944 und als Folge die Möglichkeit eines raschen Einmarsches der Sowjetruppen in Orte, in denen deutsche Bevölkerung lebte, gab den Anlass für den Startschuss zur Evakuierung, obwohl dies niemand für eine natürliche Sache in der 800jährigen Geschichte schöpferischer Arbeit auf siebenbürgischem Boden halten konnte.

Unter dem Vorwand der Rettung der Deutschen aus Nordsiebenbürgen vor der Roten Armee, begann für die Sachsen die traurigste Episode ihrer 800jährigen Existenz. Es tat sich ein Weg voller Entbehrungen und oft auch sehr dramatischer Augenblicke auf, der jedoch gleichzeitig im Vergleich mit demjenigen, den die Südsiebenbürger Sachsen und die Banater Schwaben im Januar 1945 gehen mussten, wohl weniger beschwerlich war.

Note – Endnoten

[1] Victor Jinga, Probleme fundamentale ale istoriei Transilvaniei, Brașov, Edit. Tipocart Brașovia, 1995, p. 633.

[2] Ibidem.

[3] Ibidem p. 634.

[*] În județele Sălaj, Satu Mare, Maramureș și Bihor, elementul german era reprezentat de șvabi.

[4] Vladimir Trebici, Demografie, București, Edit. Enciclopedică, 1996, p. 73.

[5] Ernst Wagner, Evakuierung, Flucht, Rückkehr und Aussiedlung. Zum Schicksal der Deutschen Nordsiebenbürgens seit dem Jahre 1944, în Zeitschrift für Siebenbürgische Landeskunde 17, (1994), Heft 1, p. 19.

[6] Ernst Wagner, Op. cit., vol. III, p. 21.

[7] Aurică Simion, Dictatul de la Viena, Cluj, Edit. Dacia, 1972, p. 210.

[8] Ernst Wagner, Op. cit., vol. III, p. 19.

[9] Otto Dahinten, Op. cit., p. 191.

[10] Ernst Wagner, Op. cit., vol. III, p. 24

[11] Otto Dahinten, Op. cit., p.192.

[12] Ibidem.

[13] Ernst Wagner, Op. cit., vol. III, p. 25 .

[14] Ibidem.

[15] Ibidem.

[16] Otto Dahinten, Op. cit., p. 194.

[17] Ibidem, p. 195.

[18] Ibidem, p. 196.

[19] Ibidem.

[20] Gustav Zikeli, Op. cit., p. 70.

[21] Vladimir Trebici, Op. cit., p. 79.

[22] Ernst Wagner, Op. cit., vol. III, p. 15.

[23] Oliver Klöck, Norbert Wallet, Der grosse Treck der Siebenbürger Sachsen, Gummersbach, Verlagskontor Oberghaus, 1993, p. 21.

[24] Ernst Wagner, Op. cit., vol. III, p. 152.

[25] Otto Dahinten, Op. cit., p. 46.

[26] Ernst Wagner, Op. cit., vol. III, p. 12.

[27] Ibidem, p. 9.

[28] Ibidem, p. 9-10.

[29] Loránd Tilkovszky, Ungarn und die deutsche «Volksgruppenpolitik» 1938-1945, Wien, Böhlau Verlag, 1981, p. 210.

[30] O. Klöck, N. Wallet, Op. cit., p. 27.

[31] Ernst Waner, Op. cit., vol. III, p. 153-154.

[32] O. Klöck, N. Wallet, Op. cit., p. 28.

[33] Gustav Zikeli, Op. cit., p.72.

[34] O. Klöck, N. Wallet, Op. cit., p. 28.

[35] Ibidem, p. 29.

[36] Ibidem , p. 30.

[37] Ibidem.

[38] Ernst Wagner, Op. cit., vol. III, p. 47-48.

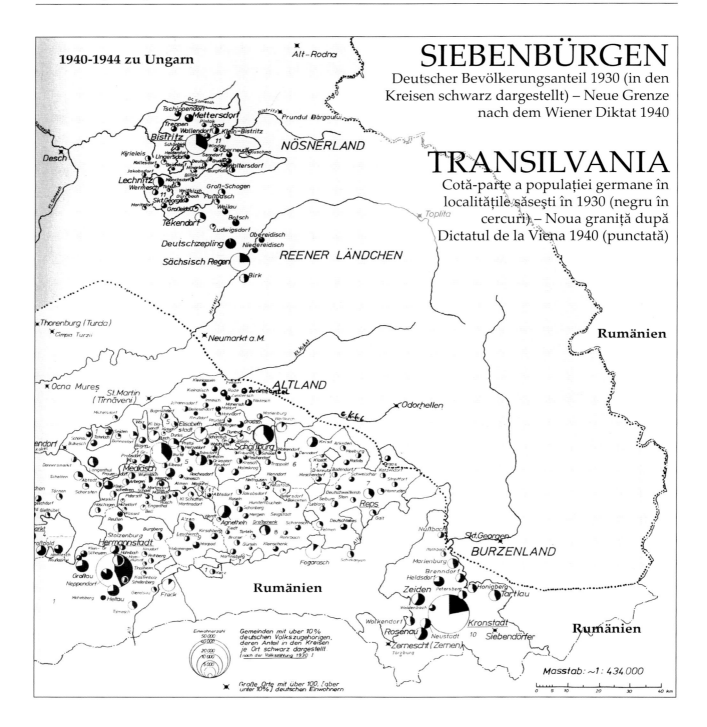

1.3 Capitolul III: Evacuarea sașilor din Ardealul de Nord în septembrie 1944

Actul de la 23 august 1944 a constituit, fără îndoială, unul dintre momentele cheie ale istoriei contemporane a românilor. Prin alăturarea României la efortul de război al Națiunilor Unite, se întrevedea șansa recuperării Ardealului de Nord și a reparării, astfel, a unei mari nedreptăți făcute în tragicul an 1940.

Dacă Proclamația regelui Mihai din seara zilei de 23 august a fost primită de către români cu entuziasm și multă speranță pentru viitor, reverberațiile acesteia în rândul minorității germane din spațiul românesc au avut o cu totul altă conotație. Hans Hartl, un bun cunoscător al situației acestei minorități în timpul celui de-al doilea război mondial, apreciază că nota dominantă a acelei seri pentru etnicii germani a fost *teama*, iar aceasta nu din cauza unor posibile represalii din partea armatei române desprinsă din alianța cu Germania, ci la ideea că în scurt timp trupele sovietice vor ocupa ținuturile locuite de ei – moment de răzbunare al acestora pentru campania dusă de Germania pe teritoriul sovietic[1].

König Michael I. 1940-1947
Regele Mihai I. 1940-1947

Pentru sașii din Ardealul de Nord, cuvintele de ordin la aceea dată erau: "Pământul natal nu-l mai putem ține"; "Este momentul evacuării, nu mai încape nici o îndoială"; "În câteva săptămâni rușii vor fi aici" [2]. Spre deosebire de conaționalii lor din sudul Transilvaniei, sașii nord-ardeleni au cunoscut drama refugiaților germani din Transnistria, luați cu totul pe nepregătite de intrarea în ținutul lor natal a trupelor Armatei Roșii. Puternicul spirit de comunitate și unitate perfectă în fața greutăților pe care sașii l-au avut întotdeauna, a fost mult întărit pentru cei din nordul Transilvaniei după Dictatul de la Viena din 30 august 1940. Dacă la acestea am adăuga *psihoza masacrului etnicilor germani*, vom obține o primă imagine a motivelor evacuării aproape totale din septembrie 1944.

1.3 Kapitel III: Die Evakuierung der Sachsen aus Nordsiebenbürgen im September 1944

Der Akt vom 23. August 1944 stellt in der neuzeitlichen rumänischen Geschichte ohne jeden Zweifel eine Schlüsselrolle dar. Durch den militärischen Schulterschluss Rumäniens mit den alliierten Gegnern Deutschlands war der Wiederanschluss Nordsiebenbürgens an Rumänien in Aussicht gestellt, zugleich konnte auch die tragische Ungerechtigkeit von 1940 wieder gut gemacht werden.

Während die Proklamation des Königs Michael vom Abend des 23. August 1944 von Rumänien mit Enthusiasmus und Zukunftshoffnung aufgenommen wurde, war der Widerhall dieser Proklamation in den Reihen der deutschen Minderheiten ein völlig anderer. Hans Hartl, ein Kenner der Lage der deutschen Minderheit im Zweiten Weltkrieg, stellte fest, dass an diesem Abend bei den Deutschen die Angst dominant war, jedoch nicht Angst vor möglichen Repressalien von Seiten der rumänischen Armee, die sich eben vom Bündnis mit Deutschland gelöst hatte, sondern vor dem Gedanken, in kurzer Zeit ihre Heimat von der der Roten Armee besetzt zu erleben – als Rache für die deutsche Besetzung des sowjetischen Territoriums.

Für die Nordsiebenbürger Sachsen hieß es: „Den heimatlichen Boden können wir nicht mehr halten." „Es ist ohne Zweifel die Zeit der Evakuierung da." „In einigen Wochen werden die Russen hier sein." Zum Unterschied von den Sachsen aus Südsiebenbürgen haben die Nordsiebenbürger das Drama der deutschen Flüchtlinge aus Transnistrien, die völlig unvorbereitet ihre Heimat verlassen mussten, als die Rote Armee dort einmarschierte. Der starke Gemeinschaftsgeist und die perfekte Einheit der Sachsen, den sie vor großen Schwierigkeiten immer bewiesen hatten, wurden in Nordsiebenbürgen nach dem Wiener Diktat vom 30. August 1940

Zweiter Weltkrieg – Rückzug der deutschen Armeen 1943-1945
Al doilea război mondial – Retragerea trupelor germane 1943-1945

1.3.1 Măsuri pregătitoare ale evacuării

După cum am arătat în capitolul anterior, încă din aprilie 1944, în cadrul întâlnirii de la Bistrița a principalilor lideri ai sașilor nord-ardeleni, s-a luat în discuție posibilitatea unei evacuări planificate, stabilindu-se sarcinile ce reveneau din punct de vedere organizatoric fiecărui conducător local al U.P.G.U. Însă, cel care a dat ordinul de evacuare și s-a ocupat îndeaproape de buna organizare a acesteia a fost generalul Waffen-SS Artur Phleps (1881-1944). Însemnările din jurnalul său, mai precis cele consemnate în intervalul 25 august - 14 septembrie 1944** , constituie o importantă sursă de informare pentru înțelegerea acțiunii sale dusă până la capăt doar în Ardealul de Nord; chiar dacă,

noch verstärkt. Wenn wir noch die Psychose des erwarteten Massakers an den Deutschen hinzufügen, erhalten wir einen ersten Einblick in die Ursachen der fast totalen Evakuierung vom September 1944.

1.3.1 Vorbereitende Maßnahmen zur Evakuierung

Wie schon im vorangegangenen Kapitel erwähnt, hatte in Bistritz bereits im April 1944 eine Zusammenkunft wichtiger Persönlichkeiten der Nordsiebenbürger Sachsen stattgefunden, bei der über eine mögliche Evakuierung diskutiert und gleichzeitig festgelegt wurde, welche einzelnen organisatorischen Aufgaben

în calitate de împuternicit al Führerului, avea misiunea de a opri înaintarea trupelor române şi sovietice în Transilvania, din însemnările sale răzbate dorinţa sinceră de a-i salva pe saşi şi şvabi de posibilele acte de represiune din partea ruşilor; dacă a fost sau nu îndreptăţită această temere, cel mai bine o dovedeşte momentul deportării în URSS a *etnicilor germani* din România în ianuarie 1945.

Privind cronologic desfăşurarea eveni-mentelor, la numai câteva zile de la izbucnirea insurecţiei în Bucureşti (la 23 august 1944), din împuternicirea perso-nală a lui Hitler şi la recomandarea reichs-führerului SS Heinrich Himmler, generalul Phleps este numit comandant SS şi de poliţie al Transilvaniei (*Höherer SS- und Polizeiführer Siebenbürgen*), având împuterniciri speciale[3]. Printre ordinele clare primite de la Hitler era şi acela de a lua "toate măsurile de salvare a germanilor din Transilvania şi Banat"[4].

Sosit la Reghin în 25 august 1944, generalul Phleps îi îndeamnă pe conducătorii saşilor din Ardealul de Nord să facă pregătirile pentru evacuare, asigurându-i că pentru aceasta vor primi ajutor din partea armatei germane; de asemenea, convoacă pe toţi reprezentanţii SS din Bistriţa şi Reghin, prezentându-le detaliile planului de acţiune. La 2 septembrie 1944 intră în Târgu Mureş primul batalion al *Diviziei Florian Geyer*, aflată în curs de afluire. (Trebuie amintit faptul că în preajma insurecţiei române de la 23 august, în Ardealul de Nord nu se aflau trupe combatante germane sau ungare; aşadar, pe moment,

General Arthur Phleps
1881-1944

orice acţiune a generalului Phleps se putea baza doar pe soldaţii aflaţi în permisie, pe tineret şi pe formaţiunile locale ale U.P.G.U.). În aceeaşi zi, generalul Phleps propune reichs-führerului SS evacuarea tuturor saşilor din Transilvania şi a şvabilor din Banat ca unică soluţie de salvare a lor, deoarece trecătorile din Carpaţii Orientali şi Meridionali nu pot fi *menţinute*, deschizându-se astfel accesul ruşilor spre ţinuturile locuite de aceşti *etnici germani*.

În acele zile, în rândul populaţiei germane din sudul Transilvaniei şi Banat au avut loc mari frământări cu privire la ideea evacuării, mulţi sperând în respingerea trupelor sovietice.

auf die einzelnen Mitglieder der DVU zukommen. Den Befehl zum Beginn der Evakuierung gab jedoch der General der Waffen-SS, Arthur Phleps, (1881-1944). Die Notizen seines Tagebuches – speziell diejenigen zwischen dem 25. August und dem 14. September – bilden eine gewichtige Informationsquelle für das Verstehen dieser Aktion, die jedoch nur in Nordsiebenbürgen abgeschlossen wurde. Obwohl er vom Führer bevollmächtigt war, den Einmarsch der rumänischen und sowjetischen Truppen nach Siebenbürgen zu stoppen, lag ihm am Herzen, die Sachsen und die Schwaben vor den russischen Repressalien zu retten. Ob diese Befürchtungen real waren oder nicht, das beweist am besten die Deportation der Rumäniendeutschen in die UdSSR im Januar 1945.

Im chronologischen Verlauf der Ereignisse ist festzustellen: Nur wenige Tage nach dem bewaffneten Aufstand vom 23. August 1944 in Bukarest bevollmächtigte Hitler auf Empfehlung von Reichsführer SS Heinrich Himmler persönlich General Arthur Phleps zum „Höheren SS und Polizeiführer Siebenbürgens" mit Sondervollmachten.

Unter den klaren Befehlen Hitlers lautete einer: „Alles ist für die Rettung der Deutschen Siebenbürgens und des Banates daran zu setzen".

Am 25. August 1944 traf Phleps in Sächsisch Regen ein und beauftragte die Leiter der Sachsen, die Vorbereitungen für die Evakuierung zu treffen; gleichzeitig versprach er auch Hilfe seitens der deutschen Armee. Zugleich veranlasste er die Einberufung der SS-Repräsentanten aus Bistritz und Sächsisch Regen und unterbreitete ihnen den detaillierten Aktionsplan. Am 2. September 1944 hielt das Erste Bataillon der Division „Florian Geyer", die sich in einer Phase der Reorganisation befand, Einzug in Neumarkt. Hier muss erwähnt werden, dass um den 23. August 1944 in Nordsiebenbürgen keine deutschen oder ungarischen Kampftruppen anwesend waren. Somit konnte sich General Phleps zunächst nur auf Soldaten im Urlaub, auf Jugendliche und auf örtliche Formationen der VDU stützen. Am gleichen Tag unterbreitete General Phleps dem Reichsführer SS den Vorschlag, alle Sachsen aus Siebenbürgen und die Schwaben aus dem Banat zu evakuieren, da es die einzige Lösung zu ih-

"O încercare de evacuare planificată din Transilvania de Sud și Banatul românesc a eșuat, pentru că grupele populare [ale Grupului Etnic German din România n.n.], prin reprezentanții lor, în discuțiile purtate după 23 august 1944, nu au fost de acord" [5]. Sașii cu influență au făcut front comun împotriva ideii de evacuare. Dintre aceștia, cel mai proeminent a fost dr. Hans Otto Roth, care, la 31 august 1944, într-un interviu pentru ziarul *Siebenbürgisch-Deutsches Tageblatt*, declara următoarele: "[...] Vă chem să nu vă părăsiți curțile și atelierele, ci să vă păstrați aceeași putere liniștitoare care vine din voia lui Dumnezeu. Cine se agită fără rost,

rer Rettung sei, denn die Pässe aus den Ost- und Südkarpaten seien nicht mehr zu halten - und somit sei die Möglichkeit des Eindringens der Russen auf Gebiete dieser Deutschen gegeben.

In den Reihen der Deutschen aus Südsiebenbürgen und dem Banat begannen während dieser Tage Auseinandersetzungen zwischen Befürwortern und Gegnern einer Evakuierung. Viele hofften, die sowjetischen Streitkräfte könnten zurückgeschlagen werden. „Der Versuch einer geplanten Evakuierung aus Südsiebenbürgen und dem rumänischen Banat scheiterte, weil die Volksgruppenführer aus Rumänien durch

Volksgruppenführer Andreas Schmidt, General Arthur Phleps und Amtsleiter Erich Müller (1944)
Conducătorul grupului etnic german Andreas Schmidt, generalul Arthur Phleps și Amtsleiter Erich Müller (1944)

rănește moștenirea părinților și datoria sfântă pentru copiii săi"[6]; reacțiile lui Andreas Schmidt și Arthur Phleps la această declarație rămân neclare, aceștia permițând, totuși, apariția interviului în ediția din 2 septembrie a ziarului sus-amintit. După cum se știe, la scurt timp după actul de la 23 august, în majoritatea ei, "populația germană s-a reunit în jurul avocatului Hans Otto Roth care s-a declarat pentru sprijinul guvernului Sănătescu" [7].

ihre Repräsentanten in ihren Gesprächen vom 23. August 1944 dagegen waren." Die einflußreichen Sachsen haben gemeinsame Front gegen die Idee der Evakuierung gemacht. Der prominenteste Gegner war Dr. Hans Otto Roth, der am 31. August 1944 ein Interview für das „Siebenbürgisch- Deutsche Tageblatt" gab: „(...) Ich rufe euch auf, verlasst eure Höfe, eure Werkstätten nicht, behaltet eure beruhigende Kraft, die aus Gottes Gnaden kommt. Wer sich unnötig auf-

Însă, după doar cinci zile, cei doi lansau un apel populației germane, îndemnând-o să se refugieze în Reich: "[...] Acolo unde propriile trupe [germane sau ungare n.n.] au ocupat poziții, se vor forma de îndată coloane. Acolo unde inamicul a pătruns deja şi se află în apropiere, toți germanii se vor îndrepta prin fugă individuală în direcția trupelor germane şi ungare care avansează. Nu vrem să pierdem nici o viață germană. De aceea, fiecare trebuie să ia asupra lui sacrificiile, eforturile şi pericolele evacuării. Fiți puternici în credință! Dumnezeu va dărui victoria numai Führerului şi poporului german"[8].

În psihoza generală creată, un număr relativ important de germani din hotarele României, mai precis din Banat – zonele Arad, Sânnicolaul Mare, Timişoara şi Jimbolia –, aveau să plece în grabă spre Reich [9]. Acestor refugiați şvabi, aproximativ 30.000 de persoane, li se vor alătura etnicii germani din Banatul iugoslav şi Bacica.[10]:

Primul episod, însă neplanificat din timp, al evacuării etnicilor germani din spațiul românesc s-a produs la Buşteni şi a cuprins angajații germani şi familiile lor de la fabrica de hârtie din localitate, proprietate a lui Heinrich Schell. În seara de 25 august 1944, între orele 20:00-21:00, sub conducerea locotenentului major Schade a plecat un transport feroviar cu aproximativ 380 de etnici germani din Buşteni. "În toate celelalte localități mai mici aflate până la Braşov, inclusiv aici, au mai urcat germani în «trenul salvator» care, în 26 august, la ora 3:00 dimineața, a trecut granița în Ardealul de Nord. A fost considerat primul transport organizat al germanilor spre Reich."[11]. Acest tren a trecut prin Sărățel (în apropiere de Bistrița) în drumul spre Vest.

Următorul moment a avut loc în 26 august 1944 la Braşov. În această zi, la ora 11:30, trupele germane primesc ordin să se retragă din Țara Bârsei peste graniță, în zona oraşului Sfântu Gheorghe. Alături de trupele germane s-au retras aproximativ 600 de saşi din Braşov, printre care mulți elevi din clasele superioare ale gimnaziului *Honterus*, precum şi funcționari ai conducerii centrale a *Grupului Etnic*. Dintre aceşti evacuați, mai ales liceeni, s-a format un grup de luptă ce a fost mai târziu transferat la Târgu Mureş. Inițial, acest grup a fost pregătit pentru o revenire în forță asupra Braşovului, dar, consecințele insurecției armate române făcând imposibil un asemenea lucru, scopul său a fost îndreptat spre facilitatea evacuării unor localități săseşti din partea de sud a Transilvaniei,

regt, verstößt gegen das Erbe der Eltern und die heilige Pflicht seinen Kindern gegenüber:"

Die Reaktionen von Andreas Schmidt und Arthur Phleps zu diesem Interview blieben unklar, beide erlaubten jedoch die Herausgabe des Artikels im o.g. Tageblatt am 2. September 1944.

Nach dem 23. August 1944 hatte sich die deutsche Bevölkerung mehrheitlich um den Rechtsanwalt Hans Otto Roth geschart, der der neuen Regierung Sănătescu Unterstützung zugesagt hatte.

Fünf Tage nach Dr. Roths Interview verlangten Phleps und Schmidt die Evakuierung ins Reich. „(...) Dort, wo eigene Truppen (deutsche oder ungarische – N.N.) in Position gegangen sind, werden sofort Kolonnen gebildet. Dort, wo der Gegner schon eingedrungen ist, werden sich alle Deutschen durch Einzelflucht in Richtung deutsche und ungarische Truppen, die sich entfalten, bewegen müssen. Wir wollen kein einziges deutsches Leben verlieren. Deswegen muss jeder die Opfer, die Mühsal und die Gefahren der Evakuierung annehmen. Seid stark im Glauben! Gott wird den Sieg nur dem Führer und dem deutschen Volk schenken." In dieser allgemeinen Psychose verließen eine relativ hohe Anzahl Deutscher aus Rumänien, genauer aus dem Banat (hier besonders die Gebiete Arad, Großsanktnikolaus und Hatzfeld) das Land und flüchteten umgehend in Richtung Deutsches Reich. Diesen Banater Flüchtenden - etwa 30.000 Personen – schließen sich Deutsche aus dem serbischen Banat und aus der Batschka an.

Die erste Episode der nicht rechtzeitig geplanten Evakuierung der Deutschen aus dem rumänischen Raum findet in Buşteni statt und umfaßt die deutschen Familien der Angestellten aus der Papierfabrik von Heinrich Schell. Am Abend des 25. August 1944 verließ zwischen 20-21 Uhr ein Eisenbahnzug mit ca. 380 Deutschen unter der Führung des Oberleutnants Schade Buşteni. „In allen kleineren Ortschaften bis Kronstadt und in Kronstadt stiegen noch Deutsche in den „rettenden Zug", der am 26. August 1944 um 3:00 Uhr die Grenze zu Nordsiebenbürgen überschritten hatte, hinzu. So betrachtet, war es der erste organisierte Transport von Deutschen ins Reich." Dieser Zug fuhr durch Sărățel bei Bistritz.

Als Nächstes spielte sich Folgendes in Kronstadt am 26. Aug. 1944 ab: An diesem Tag erhielten die deutschen Truppen 11:30 Uhr den Befehl, sich aus dem Burzenland über die Grenze in Richtung Sf. Gheorghe zurückzuziehen. Da-

situate lângă frontiera impusă la 30 august 1940. Aceeaşi misiune o va primi şi un alt grup alcătuit din voluntari din Mediaş şi Sighişoara, condus de însuşi Andreas Schmidt. Plecările din Braşov şi Buşteni s-au produs *spontan,* în strânsă legătură şi ca rezultate imediate ale actului de la 23 august 1944. Pregătirile pentru evacuarea sistematică au fost declanşate începând cu 2 septembrie 1944, dată la care conducerea Reichului este înştiinţată asupra demarării acestei complexe acţiuni. Pe lângă generalul Arthur Phleps, la planul de evacuare au lucrat şi trei personalităţi din conducerea Grupului Etnic din România: Andreas Schmidt, Willi Depner şi Erich Müller. În linii mari, direcţiile de evacuare erau următoarele :

- Sibiul şi zona înconjurătoare (Weinland) spre Târgu Mureş şi Sovata, iar de acolo prin Cluj şi Gilău spre vest;

- zona Târnavelor tot spre Târgu Mureş;

- zona Orăştie spre Cluj;

- şvabii din Banat spre Ungaria;

- grupa Bistriţa-Reghin şi şvabii din partea de nord-vest a Transilvaniei spre Carei.

Iată ce nota generalul Phleps în jurnalul său, la 3 septembrie, referitor la acest plan: "7:00. Müller lucrează la planul evacuării şi ceea ce nu-mi place este că se încrede prea mult în ideile sale. Îi lasă uitaţi pe braşoveni, pentru că acolo sunt cu siguranţă ruşii. Bieţii fraţi din Ţara Bârsei! Dumnezeu este puternic. Sunt aşa de obosit! Este nefiresc de linişte, nimic despre ruşi. Vor veni din Sud, prin pasuri, spre Transilvania. O, Doamne, ce soartă ai rezervat poporului meu"[12].

După cum am arătat anterior, opoziţia liderilor locali ai Grupului Etnic şi atitudinea nefavorabilă a multor persoane cu influenţă în rândul saşilor au făcut imposibilă evacuarea în masă a elementului german din sudul Transilvaniei şi Banat. În schimb, în Ardealul de Nord, unde încă din aprilie s-a pus în discuţie o asemenea eventualitate, acţiunea de evacuare s-a desfăşurat planificat şi a cuprins aproape întreaga populaţie săsească. Alături de aceasta a fost antrenată şi populaţia din unele comune săseşti de pe valea Târnavei Mici şi din localitatea Caţa, aflată în apropiere de oraşul Rupea, toate situate la sud de frontiera trasată prin Dictatul de la Viena.

Locul unde s-a luat decizia evacuării saşilor din Ardealul de Nord a fost oraşul Bistriţa. La întâlnirea din 4 septembrie 1944 a generalului

bei flüchteten auch etwa 600 Sachsen aus Kronstadt, darunter viele Schüler aus den oberen Klassen des Honterusgymnasiums, sowie Angestellte der Volksgruppenführung der Sachsen. Aus diesen Evakuierten wurde eine Kampftruppe zusammengestellt, die später nach Neumarkt transferiert wurde. Ursprünglich sollte diese Truppe im Kampf um die Rückeroberung von Kronstadt eingesetzt werden, aber die Auswirkungen des bewaffneten Aufstandes der Rumänen vereitelten diesen Plan. Stattdessen sollten sie nun bei der Evakuierung einiger Ortschaften aus dem Süden Siebenbürgens, die sich entlang der am 30. August 1940 Rumänien aufgezwungenen Grenze befanden, mithelfen. Dieselbe Aufgabe hatte auch eine direkt von Andreas Schmidt angeführte andere Gruppe von Freiwilligen aus Mediasch und Schäßburg. Die Flucht aus Buşteni und Kronstadt war spontan geschehen, eng verbunden mit dem bewaffneten Aufstand vom 23. August 1944. Die Vorbereitungen für eine *systematische Evakuierung* wurden ab dem 2. September 1944 in Gang gebracht. An diesem Tag wurde die Reichsführung vom Start dieser komplexen Aktion informiert. Am Ausarbeiten des Evakuierungsplanes hatten sich neben General Phleps noch drei Persönlichkeiten aus der Führung der Deutschen Minderheit beteiligt: Andreas Schmidt, Willi Depner und Erich Müller. Im Großen und Ganzen waren die Fluchtrichtungen folgende:

- Hermannstadt und das umliegende Weinland in Richtung Neumarkt und Sovata, von dort über Klausenburg und Gilău nach Westen;

- die Kokelgebiete ebenfalls in Richtung Neumarkt;

- Broos in Richtung Klausenburg;

- die Banater Schwaben in Richtung Ungarn;

- die Gruppe Bistritz-Sächsisch Regen und die Sathmarer Schwaben aus dem Nord-Westen Siebenbürgens in Richtung Carei (Großkarol).

Am 3. September notierte Phleps in sein Tagebuch bezüglich dieses Plans: „7:30 Uhr. Müller arbeitet am Evakuierungsplan und was mir nicht gefällt, ist, dass er von seinen Ideen zu sehr eingenommen ist. Er läßt die Kronstädter abseits, in der Überzeugung, dort seien mit Sicherheit schon die Russen. Arme Brüder aus dem Burzenland! Gott ist mächtig. Ich bin so müde. Es ist eine unnatürliche Ruhe, nichts über die Russen. Sie werden sicher aus dem Süden durch die Pässe nach Siebenbürgen kommen. O, Gott, welches

Phleps cu Robert Gassner – liderul *Domeniului Est* al U.P.G.U., dr. Carl Molitoris – dechantul general al Bisericii Evanghelice din nordul Transilvaniei, și Viktor Langer – conducătorul Asociației Bărbaților Germani din cadrul organizației bistrițene a U.P.G.U., aceștia din urmă l-au informat despre piedicile pe care funcționarii maghiari de la conducerea comitatului căutau să le pună oricărei acțiuni de evacuare, poziție similară cu cea a Consiliului de Coroană convocat la Budapesta . "Însă pentru generalul Phleps, aceasta nu erau un obstacol" – avea să-și amintească mai târziu Robert Gassner[13].

Ziua în care s-a hotărât evacuarea a fost 5 septembrie 1944, generalul Phleps convocând la Bistrița pe toți reprezentanții sașilor din Ardealul de Nord. Același Robert Gassner își amintește despre ședința ce a avut loc atunci: "Nu avea nici o hartă în față și își deschide astfel cuvântarea în fața celor adunați: «Prieteni, în următoarele 4 ore trebuie să acționăm [atunci era ora 15:00]. Poziția frontului mă constrânge să dau ordin pentru evacuarea populației germane din Ardealul de Nord. În acest scop am eliberat un drum de evacuare. Pe acest drum trebuie să mergeți. În alte condiții nu mai există o cale care să vă ducă în siguranță. Apărarea mea v-o ofer până în ultima clipă»"[14]. Cu prilejul acestei întâlniri, generalul Phleps a subliniat că nu va mai fi vorba de nici o întoarcere după momentul

Schicksal hast du meinem Volk vorbehalten?"

Die oppositionelle Haltung der lokalen deutschen Gruppenführer, sowie die ungünstige Haltung vieler einflußreicher Personen aus den Reihen der Sachsen, haben eine Massenevakuierung der Deutschen aus Südsiebenbürgen sowie dem Banat unmöglich gemacht. In Nordsiebenbürgen jedoch, wo schon im April 1944 die Evakuierung zur Sprache kam, verlief die Evakuierung planmäßig und umfasste fast die gesamte sächsische Bevölkerung. Zu diesen wurden auch die sächsischen Gemeinden von der kleinen Kokel und aus Katzendorf nahe Reps herangezogen. All diese Dörfer befanden sich südlich der Grenze zu Rumänien.

Der Beschluss zur Evakuierung der Nordsiebenbürger Sachsen wurde in Bistritz gefaßt. An der Zusammenkunft vom 4. September 1944 hatten teilgenommen: General Phleps, Robert Gassner, der Leiter der Ost-VDU, Dr. Carl Molitoris, Generaldechant der ev. Kirche aus Nordsiebenbürgen und Viktor Langer, der Führer der Deutschen Männerschft im Rahmen der Bistritzer VDU. Sie informierten den General über die Hindernisse der Evakuierung. Staatliche ungarische Stellen aus dem Komitat lehnten eine Evakuierung genau so ab, wie der Kronrat aus Budapest. „Das war für General Phleps kein Hindernis", erinnert sich später Robert Gassner.

Der Tag, an dem die Evakuierung beschlossen wurde, war also der 5. September 1944. Gene-

Nordsiebenbürgische Amtswalter des Volksbundes der deutschen aus Ungarn (1944)
Funcționarii U.P.G.U din Ardealul de Nord (1944)

pornirii. Astfel, întrebat de dechantul-general Carl Molitoris dacă este absolut necesară plecarea şi dacă se va mai putea revenii în zonă, generalul Phleps a răspuns: "Domnule dechant-general, ţara nu se poate ţine. Oamenii noştri trebuie sa plece, trebuie sa iasa de aici, chiar daca nu au cu ei decit o traistuta cu puţină pâine şi slănină!"[15]. Am scos în evidenţă acest lucru deoarece atunci, în septembrie 1944, printre saşii ce se pregăteau de evacuare s-a răspândit zvonul că ar fi vorba doar de o plecare temporară, o strămutare pentru scurt timp în zona şvăbească din împrejurimile oraşului Satu Mare, în speranţa unei reveniri ulterioare, în funcţie de mersul evenimentelor de pe front, respectiv respingerea trupelor sovietice peste Carpaţi. Se pare că cel care a lansat o asemenea idee a fost Robert Gassner care, 40 de ani mai târziu, afirma: "Gândul nostru era regiunea Satu Mare, în speranţa unei reîntoarceri ulterioare"[16].

ral Phleps berief alle Repräsentanten der Sachsen aus Nordsiebenbürgen in Bistritz ein. Robert Gassner erinnert sich an die Sitzung, die damals stattgefunden hatte: „Er hatte keine Landkarte vor sich und begann seine Ansprache: «Freunde, in den nächsten vier Stunden müssen wir handeln. (Es war damals 15 Uhr.) Die Frontlage zwingt mich dazu, den Befehl zur Evakuierung der deutschen Bevölkerung aus Nordsiebenbürgen zu geben. Zu diesem Zweck habe ich einen Weg zur Evakuierung freigemacht. Auf diesem Weg müßt ihr schreiten. Es gibt keinen anderen Ausweg, der euch in Sicherheit bringt. Meinen Schutz biete ich euch bis zum letzten Augenblick an.»" In dieser Sitzung unterstrich der General, dass es nach dem Aufbruch kein Zurück mehr gäbe. Als Dechant Molitoris die Frage stellte, ob dieses Fortfahren absolut notwendig sei und ob man noch in dieses Gebiet zurückkommen könne, antwortete General Phleps: „Herr Generalde-

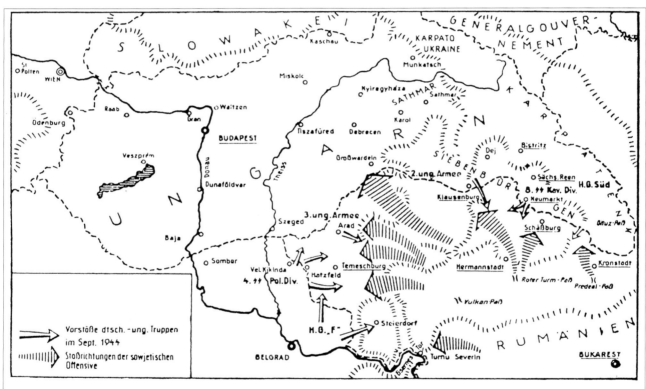

Die von Tiraspol und Jassy aus am 23.8.44 vorgetragene Großoffensive der Russen brachte die deutsch-rumänische Front zum Einsturz, da die demoralisierten Divisionen der Rumänen nicht mehr standhielten. Am selben Tag stürzte König Michael I. Marschall Antonescu und führte Rumänien auf die sowjetische Seite. Dadurch fiel die ganze Heeresgruppe Süd aus. Die zwischen den rumänischen Einheiten stehenden Truppen wurden eingekesselt und vernichtet. Die 8. Armee links und die 6. Armee rechts mit insgesamt 29 Divisionen waren untergegangen. 500 000 deutsche Soldaten waren gefallen oder in Gefangenschaft geraten. Nur vom linken Flügel der 8. Armee gelangten noch einige intakte Einheiten in die Karpaten, wo sie eine neue Front aufbauten. Diese Rumänienkatastrophe war schlimmer als Stalingrad und wurde damals der Öffentlichkeit verheimlicht.

Ofensiva sovietică în Transilvania şi Banat în septembrie 1944. Ea duce la distrugerea grupului de armate sud al Germaniei naziste.

Însă, cu certitudine, propagarea acestei idei avea rolul de a face mai ușor de suportat tragismul unei asemenea acțiuni. De altfel, Richard Engler – la acea dată rector la Batoș (Botsch), în apropierea Reghinului – era de părere că nu va mai exista nici o reîntoarcere deoarece va lipsi un conducător care să organizeze o asemenea acțiune; tot el afirma mai târziu: "Existența acestei ipoteze ușura numai plecarea din ținut. Mulți oameni nu erau pregătiți sufletește să-și părăsească țara unde strămoșii lor veniseră cu 800 de ani în urmă, pe care o iubiseră și o apărasеră împotriva turcilor și tătarilor"[17].

La 7 septembrie 1944, generalul Artur Phleps dădea semnalul evacuării etnicilor germani din Ardealul de Nord: "[...] Bătrânii, gravidele și mamele care alăptează, copiii și fetele să fie primii evacuați cu trenul, apoi să fie pregătite animalele pentru drum [...]" – suna ordinul trimis formațiunilor locale ale U.P.G.U.[18]

În aceeași zi, un detașament de militari din divizia "Florian Geyer" îi evacuează în grabă pe locuitorii sași din Filetelnic (Felldorf), Măgheruș (Maniersch), Zagăr (Rode), Senereuș (Zendersch) și Țigmandru (Zuckmantel), localități

General Arthur Phleps (1881-1944)

situate pe valea Târnavei Mici, nu departe de granița româno-maghiară trasată la 30 august 1940. Inițiatorul acțiunii de evacuare a comunei Cața (Katzendorf), din sudul Transilvaniei, dar aflată în apropierea localității săsești Drăușeni (Draas), cuprinsă în spațiul Ardealului de Nord, a fost Willi Depner, iar cei care au condus efectiv această operațiune au fost Richard Georg (24 ani), învățător în Drăușeni, și prietenul său, Edmund Schneider (26 ani). Aceștia, împreună cu un grup de militari pregătiți la Târgu Mureș de Willi Depner, forțează la 8 septembrie 1944 granița maghiaro-română și pătrund în localitatea Cața, după ce anterior, locuitorilor sași din Drăușeni le-a fost dat ordinul de împachetare a lucrurilor

chant, das Land ist nicht zu halten. Unsere Leute müssen davon, auch wenn jeder nur mit einem Brottäschchen mit wenig Brot und Speck in der Hand sich aufmachen sollte, unsere Leute müssen raus!". Ich betone diesen Aspekt, weil damals im September 1944 ein Gerücht verbreitet wurde, es wäre ja nur ein Weggehen für kurze Zeit und zwar nur in die Gegend von Sathmar und danach könne man zurückkommen, je nach Verlauf der Front; es könnten ja die sowjetischen Truppen über die Karpaten zurückgedrängt werden. Es scheint, dass Robert Gassner diese Idee verbreitet hatte. 40 Jahre danach meinte er:

„Unser Gedanke war die Region Sathmar in der Hoffnung einer späteren Rückkehr." Eigentlich und mit Sicherheit sollte diese Idee die Tragik dieser Handlung erträglicher machen. Andererseits, meinte Richard Engler - damals Schulrektor in Botsch, nahe bei Sächsisch Regen - es würde keine Rückkehr mehr geben, weil es auch keine Führer mehr geben würde, die eine ähnliche Aktion organisieren könnten. Später äußerte er: „Die Existenz dieser Hypothese erleichtert nur das Verlassen dieses Gebietes. Viele Menschen waren seelisch nicht vorbereitet das Land zu verlassen, in welches ihre Vorfahren vor 800 Jahren eingewandert waren, welches sie liebten und es gegen die Türken und Tataren verteidigten".

Am 7. September 1944 gab General Phleps das Zeichen zum Aufbruch der Deutschen aus Nordsiebenbürgen. „(.....) Greise, schwangere und stillende Mütter, Kinder und Mädchen sollten als erste mit der Bahn evakuiert werden, dann sollte man die Tiere für den Weg vorbereiten (....)", so lautete der Befehl an die lokalen Formationen der VDU.

Am selben Tag evakuiert eine Truppenabteilung der Division „Florian Geyer" eilig die sächsischen Bewohner aus Felldorf, Maniersch, Rode,

pentru evacuare. "Aici se vedea diferența. În Nord totul era organizat, erau pregătite căruțele cu coviltir și două animale, iar în Sud domnea haosul" – își amintește Richard Georg [19]. Încercarea de evacuare a comunei Homorod (Hamruden), situată tot în sudul Transilvaniei, eșuează din cauza reacției grănicerilor români. Cei aproximativ 1.500 de sași din Cața au format la Drăușeni, împreună cu locuitorii de aici, un singur convoi, condus de Richard Georg și Edmund Schneider, ce a pornit la 8 septembrie. Semnalul plecării a fost dat prin tragerea clopotelor, iar Richard Georg, aflat în turnul bisericii și urmărind deschiderea porților și ieșirea căruțelor trase de cai sau boi, își amintea că "[...] aceasta a fost cea mai mișcătoare priveliște a vieții mele"[20]. Convoiul format din evacuații celor cinci localități de pe valea Târnavei Mici a cunoscut momente deosebit de tragice în ziua de 9 septembrie 1944, la trecerea prin Târgu Mureș, ca urmare a bombardării orașului de către aviația română, drept răspuns la ofensiva declanșată la 5 septembrie de către Armata a II-a ungară. Generalul Phleps avea să-și noteze în jurnalul său la 9 septembrie: "Aproximativ 2.000 de germani din convoi au fost bombardați în Târgu Mureș. Mulți cai și boi au fost omorâți. Au fost 14 morți, 60 răniți – țărani, țărănci și copii. Brutalitate și josnicie."[21]

De acum, centrul de greutate al evacuării se va îndrepta spre Reghin și Bistrița, zone ce cuprindeau aproximativ 90% din populația germană din nordul Transilvaniei propriu-zise. Însă, din cauza unor piedici de ultim moment puse de către autoritățile maghiare, dar și pentru a se clarifica anumite detalii *tehnice*, începerea efectivă a evacuării acestor zone va mai întârzia trei zile.

Zendersch, Zuckmantel, alle im kleinen Kokeltal in der Nähe der rumänisch-ungarischen Grenze vom 30. August 1940 gelegen.

Der Initiator der Evakuierung von Katzendorf aus dem Süden Siebenbürgens, nahe bei Draas gelegen (Draas war das einzige südsiebenbürgische Dorf, seit 1940 dem nun ungarischen Nordsiebenbürgen zugehörig), war Willi Depner. Diese Evakuierung haben effektiv Richard Georg (24), Lehrer in Draas und sein Freund Edmund Schneider (26) geführt. Zusammen mit einer Militärgruppe, vorbereitet von Willi Depner in Neumarkt, überschritten sie am 8. September die rumänisch-ungarische Grenze und drangen nach Katzendorf ein. Vorher aber hatten die Sachsen aus Draas jedoch den Befehl erhalten, ihre Sachen für die Evakuierung zu packen. „Hier sah man die Differenz. Im Norden war alles organisiert, die Wagen mit Planen versehen und zwei Zugtiere - im Süden ein Chaos", erinnert sich Richard Georg. Der Versuch, die Bewohner aus dem südsiebenbürgischen Hamruden ebenfalls zu evakuieren, scheiterte wegen der Reaktion der rumänischen Grenzsoldaten. Die ca. 1500 Sachsen aus Katzendorf bildeten mit denen aus Draas einen einzigen Treck, geführt von Richard Georg und Edmund Schneider, die am 8. September 1944 loszogen. Das Zeichen zum Aufbruch gaben die Kirchenglocken. Richard Georg, der vom Turm das Öffnen der Tore, das Herausfahren der Wagen gezogen von Pferden oder Ochsen beobachtete, erinnert sich: „(....) es war der bewegendste Ausblick meines Lebens". Der Treck aus den fünf Ortschaften von der kleinen Kokel erlebte besonders tragische Momente am 9. September 1944 bei der Durchquerung von Neumarkt. An diesem Tag bombardierten

Sächsische Volksgenossen in Stadt und Land!

Mit Berufung auf den vom Präsidenten unserer Volksgemeinschaft Dr. Hans Otto Roth erlassenen Aufruf, dem wir uns vollinhaltlich anschliessen, fordern wir alle sächsischen Volksgenossen auf, der durch das Schicksal geschaffenen schweren Lage Rechnung zu tragen und alle gesetzlichen Bestimmungen sowie alle Verfügungen der militärischen und zivilen Behörden

loyal und streng zu befolgen,

insbesondere sich jeder unüberlegten Handlung zu enthalten und absolute Ruhe zu bewahren.

Jede unüberlegte Handlung des Einzelnen gefährdet nicht nur ihn selbst und seine Familie, sondern auch die ganze Volksgemeinschaft.

Eine Beratungsstelle für Volksgenossen ist in der Advokaturskanzlei Dr. Hans Balthes eingerichtet worden.

Sighișoara, 9. September 1944.

Dr. Wilhelm Wagner
ev. Stadtpfarrer

Dr. Julius Schaser   **M. A. Zikeli**   **Dr. Hans Balthes**

Julius Adleff

Aufruf an die Schäßburger zur Wahrung von Ruhe und Ordnung

Apel al conducerii Grupului Etnic German din Sighișoara din 9 sept. 1944

1.3.2 Evacuarea sașilor din zonele Reghin și Bistrița

Astfel, la 8 septembrie 1944, Arthur Phleps trimite o telegramă forurilor superioare SS și conducerii centrale a *Uniunii Populare a Germanilor din Ungaria*, cu sediul la Budapesta, anunțând evacuarea imediată a populației săsești din perimetrul nord-ardelean. Anunțarea oficială a începerii evacuării se va face la 9 septembrie 1944, după ce în dimineața acelei zile, la ora 7:30, printr-o discuție telefonică purtată cu șeful Statului Major al trupelor de Sud, generalul Grolmann, Arthur Phleps a lămurit unele detalii ale traseului ce putea fi urmat de cei evacuați. Plecarea imediată, însă, avea să fie zădărnicită de opoziția comitelui de Mureș; abia după intervenția energică a lui Phleps, acesta telefonează ministrului de Interne de la Budapesta, la 10 septembrie, obținând de aici permisiunea pentru convoaiele de sași din Ardealul de Nord să străbată teritoriul ungar în drumul lor spre Reich.

În aceste condiții, în seara zilei de 10 septembrie 1944, la ora 19:00, se dă ordinul *de plecare* pentru localitățile Ideciu de Sus (cu un procentaj de populație săsească de 90,2%), Ideciu de Jos (87,5%), Petelea (48,6%) și orașul Reghin – unde sașii reprezentau 17,7%. În dimineața următoare, la ora 4:00, pleacă sașii din Dedrad (ce reprezentau 93,1% din populație), Batoș (84,3%) și Uila (77,9%), urmați la 12 septembrie de cei din Loghig (13,8% sași), Viile Tecii (15,2%) și Teaca *, iar la 15 septembrie de cei din Posmuș (35,2%). În localitatea Teaca – un important centru agricol –, unde sașii reprezentau 25,4% din populație, în urma evacuării au rămas, procentual, cei mai mulți sași, respectiv 10,7% din câți erau în 1941.[22] Astfel, la mijlocul lunii septembrie 1944, aproape întreaga populație săsească din zona Reghinului era pornită în drumul spre Reich. Ultimul care a părăsit Reghinul a fost conducătorul local al U.P.G.U., Andreas Schell, care a primit din partea lui Arthur Phleps** însărcinarea de a conduce convoiul refugiaților reghineni.

Aproape simultan cu zona Reghinului, au început pregătirile de evacuare și în ținutul bistrițean. În această regiune sașii erau răspândiți în 33 de localități, procentajul lor depășind 75% în așezările situate în apropierea Bistriței. Evacuarea acestora începe la 12 septembrie 1944, cu satele aflate în apropierea graniței române (care aveau un drum mai lung de parcurs),

rumänische Flugzeuge Neumarkt als Antwort auf eine Offensive, die von der II. ungarischen Armee am 5. September ausgelöst worden war. Am 9. September notiert Phleps in sein Tagebuch: „Ca. 2000 Deutsche aus dem Treck wurden in Neumarkt bombardiert. Viele Pferde und Ochsen wurden getötet. Es gab 14 Tote und 60 Verwundete - Bauern, Bäuerinnen und Kinder. Rohheit und Gemeinheit." Ab nun verlagerte sich das Zentrum der Evakuierung in Richtung Regen und Bistritz, Gebiete die ca. 90% der deutschen Bevölkerung aus dem eigentlichen Nordsiebenbürgen ausmachten. Der Beginn der Evakuierung verzögerte sich jedoch um drei Tage, da die ungarischen staatlichen Behörden dieser Evakuierung Hindernisse in den Weg legten und noch einige technische Details geklärt werden mussten.

1.3.2 Die Evakuierung der Sachsen aus den Gebieten Sächsisch Regen und Bistritz

Am 8. September sandte General Phleps der obersten SS Führung und der zentralen Führung der VDU in Budapest ein Telegramm, in dem er ihnen offiziell den sofortigen Beginn der Evakuierung der sächsischen Bevölkerung aus Nordsiebenbürgen mitteilte.

Die öffentliche Bekanntgabe der Evakuierung geschieht am 9. September 1944, nachdem frühmorgens 7.30 Uhr in einem Telefongespräch von Arthur Phleps mit dem Chef des Generalstabs Süd, General Grolmann, einige Details der Marschroute, die die Flüchtlinge befahren sollten, geklärt waren. Jedoch war ein sofortiger Aufbruch unmöglich, weil sich der Komitatsvorsteher von Muresch weigerte, eine Evakuierung zu erlauben. Nur nach einer energischen Intervention von Phleps telefonierte dieser mit dem Budapester Innenministerium am 10. September und regelte so die Erlaubnis der sächsischenTrecks aus Nordsiebenbürgen für deren Durchfahrt durch Ungarn auf ihrem Weg in Richtung Reich. Unter diesen Bedingungen wurde am Abend des 10. September 1944, 19 Uhr, der Befehl für die Abfahrt aus den Orten Obereidisch (hier war der deutsche Bevölkerungsanteil 90,2%), Niedereidisch, (87,5%), Birk (84,6%) und die Stadt Sächsisch Regen (17,7%) gegeben. Am nächsten Morgen, 4:00 Uhr, verließen die Deutsch Zeplinger ihren Heimatort (93,1% Sachsen), Botsch (84,3%), und Weilau (77,9%). Am 12. September brachen die Deutschen aus Ludwigsdorf (13,8%), aus Groß-Eidau (15,2%) und

pentru ca la 20 septembrie 1944 aproape toată populaţia săsească să fie pe drum spre teritoriul Reichului. La acea dată (20 septembrie) sunt evacuate cele mai nordice aşezări: Tărpiu, Cepari şi Dumitra – aceasta din urmă fiind cea mai mare localitate săsească din zona Bistriţei (1227de saşi în 1941, reprezentând 78,8% din populaţie), al cărei convoi de căruţe s-a întins pe o distanţă de 3 km, până aproape de Cepari. Având pregătite din timp căruţele şi animalele de tracţiune, operaţiunea de îmbarcare şi pornire a convoaielor s-a desfăşurat în perfectă ordine, sub conducerea primăriilor, a liderilor locali ai U.P.G.U. şi cu sprijinul militarilor germani. Peste tot s-a urmat acelaşi ritual: o scurtă slujbă

aus Tekendorf (25,4%) auf, gefolgt am 15. September von den Sachsen aus Paßbusch (35,2%). In Tekendorf, ein wichtiges landwirtschaftliches Zentrum, wo 25,4% Deutsche lebten, blieben allerdings auch die meisten Sachsen, nämlich 10,7% von ihnen (verglichen mit 1941) im Dorf zurück.

Somit waren Mitte September 1944 fast die gesamte sächsische Bevölkerung aus dem Reener Gebiet unterwegs in Richtung Deutsches Reich. Als Letzter verließ Andreas Schell, der örtliche Führer der VDU, Sächsisch Regen. Er hatte von Arthur Phleps den Auftrag erhalten, den Reener Treck zu leiten.

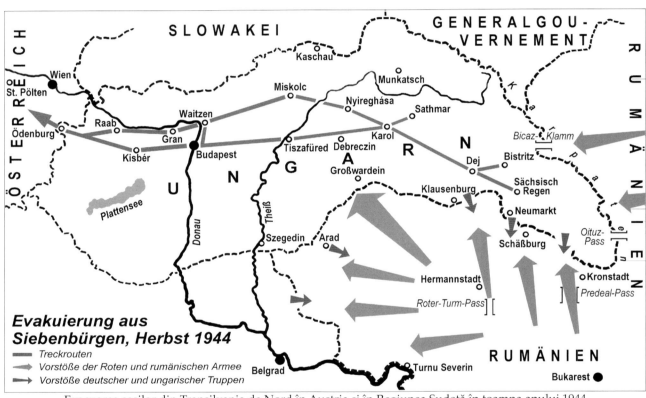

Evacuarea saşilor din Transilvania de Nord în Austria şi în Regiunea Sudetă în toamna anului 1944

religioasă, o rugă în comun, apoi pornirea la semnalul dat prin tragerea clopotelor. Aşa s-au petrecut lucrurile şi la Lechinţa, cea de-a doua mare localitate din ţinutul bistriţean (în momentul evacuării erau 1109 saşi); aici, în 17 septembrie 1944, zi de duminică, sunetul clopotelor trase la ora 10:00 nu mai chema credincioşii evanghelici la obişnuita liturghie duminicală, ci era semnalul pentru părăsirea pământului natal. Iată cum a surprins Gustav Zikeli plecarea saşilor din mediul rural, ce reprezentau peste trei sferturi din numărul total al refugiaţilor: "Populaţia satelor a plecat cu propriile sale căruţe. Le-au încărcat cu alimente, haine şi – dacă mai era loc – cu mobilier, plecând

Fast gleichzeitig mit dem Reener Gebiet begannen die Vorbereitungen der Evakuierung aus dem Nösnergau.

In diesem Gebiet lebten die Sachsen in 33 Ortschaften. Ihr Prozentsatz war in der näheren Umgebung von Bistritz z.T. mehr als 75%. Die Evakuierung beginnt am 12. September 1944 mit den Bewohnern der Dörfer, die nahe an der rumänischen Grenze lagen (die ja einen weiteren Weg vor sich hatten). Am 20. September 1944 ist fast die gesamte sächsische Bevölkerung aus dem nordsiebenbürgischen Gebiet unterwegs in Richtung Deutsches Reich (es gibt auch Angaben, es sei der 19. September gewesen, jedoch

în necunoscut. Întreaga gospodărie, recolta bogată în fructe și porumb au rămas pe loc. Din satele săsești situate mai sus de Bistrița, au fost mânate cirezi întregi de vite prin oraș. Probabil că toate au căzut în mâna rușilor"[23]. Plecarea convoaielor din satele săsești a rămas întipărită în memoria românilor din localitățile românești

Auszug des Trecks aus Billak
Plecarea din Domnești

aflate în partea de nord și de vest a județului, pe unde acestea au trecut; mulți dintre ei, aflați atunci la vârsta adolescenței sau a majoratului, își amintesc durerea și spaima pentru necunoscut ce se putea citi pe chipul celor ce plecau, iar pe lângă toate acestea, lacrimile din ochii femeilor, mai ales.

Solidaritatea extraordinară, specifică acestei minorități, a făcut ca fenomenul evacuării să cuprindă aproape întreaga comunitate săsească nord-ardeleană. În 12 localități, despre care există date precise, au rămas doar 2,1% dintre sași, în timp ce pe ansamblul regiunii Bistrița-Reghin, procentul celor ce au refuzat să plece este estimat ca fiind de 5% (excepție a făcut localitatea Teaca, amintită mai sus). De asemenea, foarte puțini au rămas și în localitățile săsești de pe valea Târnavei Mici, aflate în apropierea graniței ungaro-romane și evacuate în grabă la 7 septembrie 1944 – în Filetelnic (Felldorf) și Senereuș (Zendersch) au rămas 4,6% dintre sași.[24]

Referitor la numărul celor evacuați, majoritatea surselor avansează cifra de 30.000 de persoane. La aceștia trebuie adăugați aproximativ 600 de sași aflați atunci – în septembrie 1944 – la muncă în Germania, precum și circa 3600 de bărbați înrolați în armata germană, mai ales, și în cea ungară (în acea perioadă, circa 10,1% dintre sașii din Slătinița și Ghinda erau înrolați în trupele Waffen SS).[25]

erscheint der 20. September glaubwürdiger). An diesem Tag werden die nördlichsten Gemeinden (Treppen, Tschippendorf und Mettersdorf) evakuiert. Mettersdorf ist zu diesem Zeitpunkt die größte deutsche Siedlung in der Bistritzer Gegend (1941: 1227 Sachsen, das sind 78,8% der Bevölkerung). Ihr Treck breitete sich auf einer Strecke von ca. 3 km bis in die Nähe von Tschippendorf aus. Die Wagen und die Tiere waren so vorbereitet, dass die Trecks in perfekter Ordnung von den Grefen (Bürgermeistern) und den lokalen Führern der VDU, unterstützt von deutschen Soldaten, in Marsch gesetzt werden konnten. Überall folgte man demselben Ritual: es wurde ein kurzer Gottesdienst mit gemeinsamem Gebet gehalten. Das Zeichen zum Aufbruch gaben alle Kirchenglocken gleichzeitig. So vollzog sich am 17. September der Aufbruch auch in Lechnitz, der zweitgrößten deutschen Gemeinde im Nösner Raum (bei der Evakuierung: 1109 Sachsen). Als die Glocken an diesem Tag um 10:00 Uhr läuteten, riefen sie nicht wie sonst am Sonntag die Gemeinde zum gewohnten Gottesdienst sondern zum Verlassen des Heimatbodens. So hat Gustav Zikeli das Wegfahren der etwa drei Viertel der evakuierten

Lechnitzer Treck – Sașii din Lechința pe drum

Sachsen erlebt: „Die Dorfbevölkerung ist mit eigenen Wagen losgefahren. Sie hatten sie mit Lebensmitteln, mit Kleidung und, wenn noch Platz war, mit Möbeln beladen und fuhren in eine ungewisse Zukunft. Die ganze Wirtschaft mit der reichen Ernte, Früchte, Mais, alles blieb am Ort. Aus den sächsischen Dörfern oberhalb von Bistritz wurden durch die Stadt ganze Herden ge-

După cum am mai arătat, în zona Bistriței au fost reținuți caii refugiaților germani din Transnistria, pentru a asigura aici un număr suficient de animale de tracțiune în cazul unei evacuări. Cu toate acestea, multe familii se vor deplasa greu, având animale bătrâne, astfel că pe traseu (la Dej, Jibou, Carei) o parte dintre ele au fost îmbarcate în trenuri. Atât la plecare, cât de altfel şi pe întreg parcursul drumului, aceste convoaie au fost asistate de trupe germane, asigurându-li-se o deplasare lipsită de probleme deosebite până la intrarea pe teritoriul Reichului.

Locuitorii saşi ai Bistriței – la care li s-au adăugat cei de la sate care nu aveau mijloace proprii de deplasare sau erau suferinzi – au plecat în marea lor majoritate cu trenul chiar din gara oraşului, însă o parte au fost transportați cu camioanele armatei germane până la Dej, îmbarcarea lor urmând a avea loc aici. Primul tren a plecat din gara Bistrița la 12 septembrie 1944, ora 12:00, iar ultima garnitură a părăsit oraşul la 9 octombrie 1944[26]; în acest interval, aproximativ 3.500 de saşi bistrițeni şi-au părăsit oraşul natal. Dar iată atmosfera acelor zile, descrisă de unii dintre cei ce au trăit drama evacuării:

Erika Lang, atunci în vârstă de 15 ani: "Totul era foarte bine organizat la gară. Soldații germani se

Lechnitzer Treck – Saşii din Lechința pe drum

îngrijeau ca pe peron să fie linişte şi interveneau atunci când vreun sas crea o mică panică. Ei au fost preocupați ca familiile să rămână împreună, părinții să-şi poată îngriji copiii; astfel, împreună, puteam lupta împotriva lacrimilor"; ea a plecat la 17 septembrie şi îşi aminteşte că cele 22 de persoane care se aflau în vagonul de marfă cu

trieben. Wahrscheinlich sind sie alle in die Hände der Russen gefallen." Das Durchfahren der Trecks durch rumänische Ortschaften blieb den Rumänen aus Nordsiebenbürgen in der Seele eingeprägt. Viele von ihnen, die damals im heranwachsenden Alter oder bereits volljährig wa-

Lechnitzer Treck – Saşii din Lechința pe drum

ren, erinnern sich an die Angst und Wehmut, an die Ungewißheit, die den Flüchtenden vom Gesicht abzulesen war, besonders auch an die Tränen in den Augen der Frauen.

Der großartige Zusammenhalt, ein Kennzeichen dieser Minorität, hat dazu geführt, dass die Evakuierung fast die gesamte sächsische Gemeinschaft Nordsiebenbürgens umfasste. In 12 Orten, die über präzise Daten verfügen, sind lediglich 2,1% der Sachsen zurückgeblieben, wobei für die gesamte Gegion Bistritz-Sächsische Regen der Prozentsatz derer, die nicht fliehen wollten, auf 5% geschätzt wird (Tekendorf machte hier eine Ausnahme). Ebenso sind wenige Sachsen in den deutschen Orten aus dem Bereich der Kleinen Kokel in der Nähe der rumänisch-ungarischen Grenze geblieben, als sie völlig unvorbereitet am 7. September 1944 evakuiert wurden. In Felldorf und Zendersch blieben 4,6% der Sachsen zurück.

Bezüglich der Zahl der Evakuierten sprechen die meisten Quellen von 30.000 Personen. Dazugezählt werden müssen etwa 600 Sachsen, die damals – im September 1944 - im Deutschen Reich arbeiteten, sowie 3.600 Männer, die in den ungarischen und besonders in den deutschen Streitkräften Dienst taten (beispielsweise waren zu dem Zeitpunkt 10,1% sächsische Männer aus Windau und Pintak bei der Waffen-SS).

care au fost transportați se încurajau reciproc că drumul nu va fi foarte greu[27].

Gertrud Urban avea atunci 17 ani și a plecat tot la 17 septembrie: "De la începutul lui septembrie 1944, în Bistrița era o agitație permanentă. Mulțumeam lui Dumnezeu că nu aveam soarta refugiaților din sudul Transilvaniei care treceau zilnic prin oraș. Erau refugiații din Brașov și orașele din Carpați. Dar, nu peste mult timp, am auzit la școală ordinul că germanii trebuie să plece. Atunci au început soldații germani să agite o grabă mare în oraș. «Poate că în patru săptămâni vom fi iarăși înapoi» – spuneau cu nesiguranță mulți bistrițeni, însă momentul evacuării se apropia"[28].

Brigitte Landt își amintește că în aceea zi dureroasă a despărțirii de orașul natal, mama sa n-ar fi vrut să plece, însă, "după multe zbateri, mama a spus că va veni cu noi, că nu ne va lăsa singure [pe ea și sora ei]. După cină am împachetat lucrurile – 36 kg de persoană. Dimineața ne-am trezit la ora 5:00, iar în zori treceau vehiculele armatei pentru a lua bagajele. Ne-au dus până la Dej, pe peronul gării"[29]. Deoarece în gara din Bistrița era prea puțin loc pentru toate trenurile, mulți bistrițeni au fost transportați la Dej, aici îmbarcarea urmând după mai multe zile de așteptare.

În primul tren ce a plecat din Bistrița, la 12 septembrie 1944, era și Gustl Binder, de 17 ani, fiica unui maistru. Ea a plecat împreună cu familia mătușei sale, deoarece părinții s-au opus la început ideii de evacuare; dar, la 19 septembrie, când numărul celor care plecau era tot mai mare,

Wie schon erwähnt, waren im Bistritzer Gebiet Pferde der Deutschen aus Transnistrien zurückgehalten worden, um die nötige Zahl der Tiere für eine eventuelle Evakuierung sicherzustellen. Trotzdem kamen viele Familien nur langsam vorwärts, weil ihre Tiere alt waren. In Desch, Jibou und Groß Karol (Carei) wurden bereits etliche in die Eisenbahn verladen. Sowohl beim Aufbruch als auch beim Weiterfahren begleiteten deutsche Truppen die Trecks und sorgten für eine möglichst problemlose Fahrt bis auf Reichsgebiet.

Die Bewohner der Stadt Bistritz – zu denen sich diejenigen Dorfbewohner hinzugesellten, die keine eigenen Transportmittel einsetzen konnten oder krank waren - wurden größtenteils mit dem Zug vom städtischen Bahnhof, ein Teil von ihnen mit Lastwagen der deutschen Armee bis zum Bahnhof Desch befördert. In Desch wurden sie auch in Waggons verladen und weiter transportiert. Der erste Zug verließ Bistritz am 12. September 1944, 12 Uhr und der letzte am 9. Okt.1944. In dieser Zeit haben rund 3.500 Bistritzer Sachsen ihre Heimatstadt verlassen. Einige von ihnen haben die Atmosphäre derer, die das Drama der Evakuierung selber erlebt haben, beschrieben: Erika Lang, damals 15 jährig, erinnert sich: „Alles war am Bahnhof gut organisiert. Die deutschen Soldaten sorgten für Ordnung auf dem Bahnsteig und griffen ein, wenn ein Sachse eine kleine Panik auslöste. Sie achteten darauf, dass die Familien zusammen blieben, dass die Eltern ihre Kinder betreuen konnten. Nur so konnten wir gemeinsam gegen die Tränen ankämpfen". Sie fährt am 17. September ab und er-

Evakuierung mit der Eisenbahn im Herbst 1944
Evacuarea cu trenul în toamna anului 1944

Wermescher Treck bei einer Rast
Evacuații din Vermeș într-un moment de răgaz

părinții acesteia s-au hotărât să-și părăsească și ei orașul natal. Atât Gustl Binder, cât și familia mătușei sale au avut lucruri împachetate pentru necesarul a cel mult două săptămâni, crezând – la fel ca mulți alții – în promisiunea că se vor întoarce în scurt timp. "Însă călătoria a durat mult, iar pe drum ne-am dat seama cu toții că aceasta nu va mai avea nici o întoarcere" [30].

Toți cei plecați își amintesc faptul că, în acele zile, pe buzele tuturor era întrebarea: «Mergem sau rămânem?». După cum am mai arătat, ofițerii germani reveniți de pe frontul din Uniunea Sovietică afirmau mereu că rușii vor omorî până la ultimul german întâlnit în cale. Teama aceasta a fost des vehiculată atunci, în septembrie 1944, în paralel cu "asigurarea" că în patru săptămâni rușii vor fi respinși peste Carpați – deci posibilitatea revenirii în locurile natale.

Gustav Zikeli este de părere că semnalul pentru plecarea masivă a oamenilor de rând a fost dat de părăsirea în mare grabă a orașului de către înalții funcționari, în frunte cu Norbert Kuales. Tot el, în *memorii*, notează: "Retragerea nu ar fi fost atât de generală dacă liderii politici nu ar fi zvonit o atât de mare teroare. S-a spus, la început, că dacă vin rușii, nu va mai rămâne nici un german în viață. Apoi, a venit atât de folosita vorbă a trădării națiunii" [31]. În același timp, predicile ținute în biserica evanghelică

innert sich, dass die 22 Personen, die mit ihnen im Güterwaggon waren, sich gegenseitig ermutigten und dass der Weg nicht so schlimm werden würde. Gertrud Urban war damals 17jährig. Sie fuhr auch am 17. September1944 ab. „Seit Anfang September 1944 war in Bistritz ein ständiger Aufruhr. Wir dankten Gott, dass wir nicht das Schicksal der Südsiebenbürger hatten, die hier täglich durchfuhren. Es waren Flüchtlinge aus Kronstadt und der Städte aus den Südkarpaten. Jedoch bald danach erfuhren wir in der Schule vom Befehl, dass die Deutschen die Stadt verlassen müssten. Darauf begannen die deutschen Soldaten große Eile und Unruhe in der Stadt zu stiften. „*Vielleicht sind wir in vier Wochen wieder zurück*" meinten verunsichert viele Bistritzer, aber der Moment der Evakuierung rückte immer näher." Brigitte Landt erinnert sich, dass ihre Mutter an dem harten Tag der Trennung von der Heimatstadt nicht mehr weg wollte: „Erst nach endloser Qual hat sie uns versprochen, doch mit uns mitzukommen; sie würde uns nicht alleine lassen (sie mit ihrer Schwester). Nach dem Abendessen haben wir je 36 kg Sachen pro Person eingepackt. Als wir früh um 5 Uhr erwachten, kamen bereits die Militär-LKW, nahmen unser Gepäck und fuhren uns bis auf den Bahnsteig von Desch.In Bistritz war nämlich für die vielen Waggons kein Platz. Viele Bistritzer wurden so nach Desch gefahren und wurden nach mehreren Tagen des Wartens auf die Züge verladen. Im ersten Zug, der von Bistritz am 12. September abgefahren ist, war auch Gustl Binder, 17 Jahre alt, Tochter eines Meisters. Sie fuhr los mit der Familie ihrer Tante, weil sich ihre Eltern anfangs geweigert hatten zu flüchten. Als sie merkten, dass immer mehr Leute wegfuhren, entschlossen sie sich auch zur Flucht und fuhren am 19. September 1944 ab. Gustl Binder und die Familie ihrer Tante hatten das Nötigste für nur zwei Wochen eingepackt. Sie dachten, wie vie-

Wermescher Treck bei einer Rast
Evacuații din Vermeș într-un moment de răgaz

a orașului de către dechantul general dr. Carl Molitoris, cuprindeau frecvent îndemnul: «Vreți să vă păstrați ființa germană? Atunci trebuie să părăsiți ținutul natal! »[32].

Într-o asemenea atmosferă creată, nu mai pare deloc surprinzător caracterul cvasi-total pe care l-a avut evacuarea sașilor nord-ardeleni în toamna anului 1944. Ultimul tren ce cuprindea mai ales refugiați a plecat din gara Bistrița la 27 septembrie; garniturile plecate ulterior, până la

le andere auch, an das Versprechen, bald wieder zurückzukommen. „Unsere Reise hat jedoch lange gedauert und unterwegs wurde uns klar, dass es keine Rückkehr mehr geben würde".

Alle, die fortgefahren waren, erinnern sich an die entscheidende Frage: „Gehn wir oder bleiben wir?" Eine wichtige Rolle bei der Entscheidungsfindung spielten die von der sowjetischen Front zurückgekehrten deutschen Offiziere. Sie behaupteten, dass die Russen jeden Deutschen,

Treck der Deutsch-Zeplinger – Sașii din Dedrad pe drum

9 octombrie, au transportat – în primul rând – utilaje și instalații, atât cât se puteau demonta în grabă, animale ce au aparținut celor plecați de la sate, precum și militari, iar în unele cazuri și persoane ce s-au decis să plece în ultimul moment. „În afară de două-trei familii înstărite, au rămas în Bistrița numai oameni bătrâni și nevoiași" – își nota Gustav Zikeli [33]. De asemenea, au rămas și unii dintre cei proveniți din familii mixte româno-germane sau căsătoriți cu cetățeni de naționalitate romană, fapt care explică – alături de vârsta lor – numărul redus de deportați în lagărele din Uniunea Sovietică, în ianuarie 1945. La intrarea armatelor sovietice, în întreg județul Năsăud erau 867 de locuitori declarați sași, dintre care 416 în Bistrița [34].

O analiză a structurii profesionale a celor aproximativ 30.000 de sași nord-ardeleni evacuați

der ihnen begegnen würde, bis zum Letzten umbringen würden. Diese Angst wurde in diesen Tagen des September 1944 oft geschürt, gleichzeitig auch die „Zusicherung", dass die Russen in vier Wochen über die Karpaten zurückgedrängt werden würden. Also würde es die Möglichkeit einer Rückkehr auf heimatliches Gebiet geben.

Gustav Zikeli vertritt die Meinung, der Auslöser für die massive Flucht der einfachen Bürger sei die eilige Flucht der hohen Funktionäre an der Spitze mit Norbert Kuales gewesen. In seinen Memoiren notiert er: „Der Rückzug wäre nicht so umfassend gewesen, wenn die politischen Führer nicht einen so großen Terror in Umlauf gebracht hätten. Es wurde von Anfang an gesagt: Falls die Russen kämen, würde kein Deutscher mehr am Leben bleiben. Dann kam

în septembrie 1944, indică un procent de 76% ţărani, 11% meşteşugari, 6% comercianti (inclusiv industriaşi) şi 7% intelectuali. De asemenea, se estimează că valoarea proprietăţilor abandonate de către aceştia ar fi de aproximativ *500 milioane $ aur*, valoarea anului 1944 [35]. La o primă vedere, această sumă poate părea exagerată, însă luând în calcul valoarea locuinţelor abandonate (dintre care peste 6.000 doar în judeţul Năsăud), a celor peste 15.000 ha de teren agricol pline cu roade

das viel benutzte Wort vom Verrat der Nation." Gleichzeitig predigte Generaldechant Dr. Carl Molitoris in der evangelischen Kirche öfters den Aufruf. „Wollt ihr euer deutsches Wesen behalten, dann müßt ihr die Heimat verlassen!"

Nachdem eine solche Atmosphäre geschaffen war, erscheint der quasi totale Charakter der Evakuierung der Nordsiebenbürger Sachsen im Herbst 1944 keineswegs überraschend. Der letz-

Wallendorfer Treck – Saşii din Unirea pe drum

şi amenajate în mod deosebit, mai ales pentru viticultură, utilajele şi instalaţiile din fabrici (doar o mică parte din ele au fost demontate), această sumă se apropie de adevăr. În orice caz, plecarea etnicilor germani a dereglat profund şi pentru mult timp viaţa economică a nord-estului Transilvaniei, iar proprietăţile lor vor deveni obiect de dispută şi jaf pentru mulţi parveniţi ai acelor vremuri tulburi şi nesigure.

1.3.3 Drumul spre necunoscut

În general, traseul celor evacuaţi – fie cu căruţele, fie cu trenul – a coincis până la intrarea pe teritoriul Reichului. Astfel, cea mai mare parte a convoaielor de căruţe a trecut prin Dej, Târgu Lăpuş, Baia Mare, Satu Mare, Carei. Ultimele

te Zug, der hauptsächlich Flüchtlinge umfasste, fuhr am 27. September 1944 aus Bistritz ab. Die späteren Zuggarnituren, die bis zum 9. Oktober Bistritz verlassen haben, beförderten in erster Reihe Ausrüstungen und Installationen, so viele man in der Eile demontieren konnte. Sie beförderten auch Tiere von den Dörfern und Militär und in einigen Fällen auch Personen, die sich im letzten Moment entschlossen hatten, doch zu flüchten. „Außer 2-3 vermögenden Familien waren in Bistritz nur Alte und Arme geblieben," vermerkt Gustav Zikeli. Es blieben auch einige aus rumänisch-deutschen Mischehen stammende Personen oder solche, die mit Rumänen verheiratet waren. Diese Tatsache erklärt die geringe Zahl derer, die im Januar 1945 in die Sowjetunion deportiert wurden. Beim Einmarsch der Sowjettruppen waren im ganzen Kreis Nassod

Wermescher Treck bei Raab/Györ – Kochen
Evacuați din Vermeş la Györ – Prepararea mîncării

convoaie, din cauza aglomerării drumului spre Dej, au trebuit să folosească rute ocolitoare până să ajungă la Târgu Lăpuş. Intenția de a traversa Oradea este abandonată de teama unui atac sovietic asupra oraşului. După o zi de şedere la Carei, în 27 septembrie, timp în care li s-au alăturat aproximativ 3.000 de şvabi sătmăreni[36], refugiații s-au îndreptat spre traversarea Tisei prin localitatea Tisza-Polgár. De aici, într-o săptămână au atins Dunărea, în dreptul localității Vác (Weitzen), iar traversarea fluviului s-a făcut peste podul de la Párkány (azi Šturovo, în Slovacia), drumul continuându-l apoi spre Esztergom (Gran). Un moment de spaimă aveau să-l trăiască aceşti refugiați la 15 octombrie 1944, ca urmare a încercării lui Horthy de a semna armistițiul cu Aliații; la aceea dată, convoaiele se aflau în drum spre Sopron (Ödenburg), regiune unde au trebuit să mai aştepte câteva zile pentru a primi acceptul de a intra pe teritoriul Reichului.

Marea majoritate a acestor convoaie au trecut granița de atunci a Reichului (mai exact frontiera ungaro-austriacă), între 25 octombrie-10 noiembrie 1944, în timp ce ultimele aveau să ajungă între 15-20 noiembrie 1944, pe o vreme cu

867 deutsche Bewohner geblieben, davon in Bistritz 416 Personen.

Eine Analyse der Berufsstruktur der etwa 30.000 Nordsiebenbürger Sachsen, die im September 1944 evakuiert wurden, ergibt 76% Bauern, 11% Handwerker, 6% Geschäftsleute (inclusive Unternehmer) und 7% Intellektuelle. Ebenso wurde der Wert des von diesen aufgegebenen Eigentums auf ungefähr 500 Millionen Golddollar (zum Kurs von 1944) geschätzt. Auf den ersten Blick kann diese Summe übertrieben erscheinen, wenn man aber den Wert der verlassenen Häuser (allein über 6.000 im damaligen Kreis Nassod) schätzt, dazu den Wert der über 15.000 ha landwirtschaftlicher Flächen voller Erträge und meisterhaft hergerichtet, besondes für den Weinbau, die Ausrüstungen und Installationen aus den Fabriken (nur ein geringer Teil war demontiert worden), dann kann man annehmen, dass diese Summe sich der Realität nähert. Wie auch immer, das Weggehen der Sachsen hat das wirtschaftliche Leben Nordostsiebenbürgens für lange Zeit aus dem Gleichgewicht gebracht, und ihr Eigentum war ein Objekt des Streits und des Raubs vieler Emporkömmlinge dieser unruhigen und unsicheren Zeiten.

1.3.3 Der Weg ins Ungewisse

Im Allgemeinen war die Trasse der Evakuierten, ob mit Wagen oder der Bahn, bis zum Betreten deutschen Bodensin etwa übereinstimmend. So fuhr die Masse der Flüchtlinge mit den Wagen durch Desch, Tirgu Lăpuş, Baia Mare, Satu Mare,

Lechnitzer Treck unterwegs
Evacuați din Lechința pe drum

93

Evakuierung mit der Eisenbahn – Essenszubereitung
Evacuarea cu trenul – Prepararea mîncării

zăpadă groasă în acele meleaguri, după un drum de circa 1.000 de km, parcurs în 8-10 săptămâni.

După intrarea în Reich, refugiații din satele săsești nord-ardelene au fost repartizați în diferite regiuni de pe *teritoriul austriac* și *cehoslovac*, găsindu-și adăpost în localitățile de aici. Astfel, în ținuturile cehoslovace (respectiv în partea de sud a *Regiunii Sudete*, a *Boemiei* și *Moraviei*), au ajuns sașii din Posmuș, Șieu, Dorolea, Cușma, Slătinița, Ideciu de Sus, Viișoara, Crainimăt, Orheiul Bistriței, Satu Nou și o parte a sașilor din Sângeorzul Nou. În Austria Superioară au fost primiți cei din Dumitra, Dumitrița, Vermeș,

Carei (Großkarol). Die letzten Trecks mussten wegen des Staus auf der Straße nach Desch auf Umwegen in Richtung Tirgu Läpusch gelangen. Die Absicht durch Großwardein zu fahren wurde aus Angst vor einem sowjetischen Angriff aufgegeben. Nach einer Tagespause in Carei am 27. September schlossen sich ihnen noch ca. 3.000 Sathmarer Schwaben an. Die Flüchtlinge beabsichtigten, die Theiß bei Tisza-Polgar zu überqueren. Danach dauerte es noch eine Woche, bis sie zur Donau bei Vác (Weitzen) gelangten. Sie überquerten die Donau über die Brücke von Párkány, heute Šturovo in der Slowakei, und fuhren weiter in Richtung Esztergom (Gran).

Wermescher Treck – Rast bei Raab/Györ
Evacuații din Vermeș – Popas la Györ

Hornviehtreck – Rast in Nordwest-Ungarn 1944
Evacuarea cu căruțe cu boi – În Ungaria de vest Vermeș la Györ – Prepararea mîncării

Pferdetreck durch Ödenburg/Sopron – Winter 1944/45
Evacuaţii cu cai la Sopron în iarna 1944/45

Şieu-Măgheruş, Herina, Albeştii Bistriţei, Arcalia, Tonciu, Cepari, precum şi o parte dintre reghineni şi bistriţeni. În *Mühlviertel* au ajuns saşii din Tărpiu, Domneşti şi Livezile, în timp ce în Austria Inferioară – şi anume în regiunea din nordul Dunării – au fost primiţi cei din Budacul de Jos, Monari, Petriş, Ghinda, Unirea, Viile Tecii, Petelea, Ideciu de Jos, Lechinţa, Jelna şi Dedrad, iar în regiunea de la sud de Dunăre au ajuns cei din Drăuşeni, Sâniacob, Moruţ, Sigmir, Teaca, Dipşa, Loghig, Uila, Batoş, Chiraleş şi o parte a saşilor din Sângeorzul Nou.[37]

Datorită faptului că majoritatea bărbaţilor saşi erau înrolaţi în trupele germane, refugiaţii din satele nord-ardelene au fost relativ bine văzuţi de locuitorii aşezărilor unde au fost repartizaţi, mai ales de către cei din Regiunea Sudetă. În repartizarea pe localităţi s-a avut în vedere, pe cât a fost posibil, să nu fie dispersată prea tare nici o comunitate, astfel ca între refugiaţii provenind din acelaşi sat să se poată menţine o oarecare legătură.

În aceeaşi idee a grijii pentru refugiaţi se înscrie şi gestul dechantului general dr. Carl Molitoris, stabilit la Ried, în Austria Superioară, care la 11

16. Nov. 1944: Ankunft der Tschippendorfer in Vorchdorf
Sosirea evacuaţilor din Cepari la
Vorchdorf – Prepararea mîncării

Angst bereitete ihnen am 15. Oktober 1944 die Nachricht, dass Horthy versuchte, einen Waffenstillstand mit den Alliierten zu unterzeichnen. Zu dem Zeitpunkt befanden sich die Trecks in Richtung Sopron (Ödenburg), wo sie noch einige Tage auf die Genehmigung warten mussten, sich auf Reichsterritorium zu begeben. Die meisten Flüchtlinge aus diesen Trecks passierten die damalige Grenze zum Deutschen Reich (genauer gesagt: die ungarisch-österreichische Grenze) zwischen dem 25. Oktober und dem 10. November 1944, während die letzen erst zwischen dem 15. und 20. November, bei Schneetreiben in diesen Gegenden, nach der Bewältigung einer Strecke von etwa 1000 km in 8 bis 10 Wochen.

Nach der Ankunft im Reich wurden die Flüchtlinge aus den sächsischen Dörfern Nordsiebenbürgens in verschiedene österreichische und sudetendeutsche Regionen verteilt. Hier fanden sie in verschiedenen Ortschaften Unterkunft. So gelangten die Sachsen aus Passbusch, Groß Schogen, Kleinbistritz, Kuschma, Pintak, Ober Eidisch, Heidendorf, Baierdorf, Burghalle, Neudorf und ein Teil der Sachsen aus Sankt Georgen auf tschechoslowakisches Gebiet (damals der sudetendeutsche, der südliche Teil von Böhmen und Mähren). Nach Oberösterreich wurden diejenigen aus Mettersdorf, Waltersdorf, Wermesch, Ungersdorf, Mönchsdorf, Kallesdorf, Weißkirch, Tatsch, Tschippendorf sowie ein Teil der Sachsen aus Bistritz und Sächsisch Regen eingewiesen. In das oberösterreichische Mühlviertel gelangten die Sachsen aus Treppen, Billak und Jaad, während in Niederösterreich in dem Gebiet nördlich der Donau diejenigen aus Deutsch Budak, Minarken, Petersdorf, Windau, Wallendorf, Groß Eidau, Birk, Niedereidisch, Lechnitz, Senndorf und Deutsch-Zepling und südlich der Donau diejenigen aus Draas, Jakobsdorf, Moritzdorf, Schönbirk, Tekendorf, Dürrbach, Ludwigsdorf, Weilau, Botsch, Kyrieleis und ein Teil der Sachsen aus Sankt Georgen aufgenommen wurden.

Begründet durch die Tatsache, dass die meisten sächsischen Männer in den deutschen Streitkräften dienten, wurden die nordsiebenbürgischen Flüchtlinge von den Bewohnern der Orte, wohin sie eingewiesen worden waren, relativ gut angesehen – besonders diejenigen im Sudetengebiet. Bei der Verteilung auf die einzelnen Ortschaften wurde – sofern möglich - berücksichtigt, dass eine dörfliche Gemeinschaft möglichst nicht zu sehr auseinander gerissen und die Verbindung zwischen den Menschen aus dem gleichen Dorf aufrechterhalten werden sollte.

noiembrie 1944 a trimis preoţilor evanghelici din subordine o circulară în care le cerea să-l ţină la curent cu situaţia evacuaţilor, îndemnându-i, totodată, să acorde asistenţă spirituală tuturor saşilor aflaţi în localităţile din apropiere, nu numai propriilor enoriaşi. De altfel, preoţii evanghelici şi-au îndeplinit cu onoare misiunea de păstori ai sufletelor chiar şi în timpul deplasării spre Reich. Astfel, la 24 septembrie 1944, zi de duminică, preotul din Cepari avea să

Der gleiche Gedanke der Fürsorge gegenüber den Flüchtlingen geht auch aus dem Wirken des Generaldechanten Dr. Carl Molitoris, der sich in Ried in Oberösterreich befand, hervor. In einem Rundschreiben vom 11. November 1944 an alle evangelischen Pfarrer seines Dekanats bittet er, sie mögen ihn auf dem Laufenden halten bezüglich der Lage der Evakuierten und spornt sie zugleich an, geistlichen Beistand allen Sachsen aus ihrer Umgebung zuteil kommen zu lassen, nicht

Aici au găsit adăpost saşii evacuaţi în toamna anului 1944

celebreze o slujbă în câmp, în apropiere de Jibou, pentru toţi saşii din Cepari, Dumitra şi Tărpiu, ce formau împreună un singur convoi.

În ciuda acestui sprijin, mai mult moral, situaţia concretă a marii majorităţi a refugiaţilor nu a fost deloc uşoară, ci, dimpotrivă, marcată de lipsuri şi incertitudini. Penuria de furaje din iarna 1944/1945 i-a obligat pe mulţi să-şi vândă, adesea la preţuri foarte mici, animalele de tracţiune cu care au venit din Transilvania, limitându-şi, astfel, posibilităţile de deplasare în caz de pericol. Şi pericolele majore nu vor întârzia să apară.

După cum am mai arătat, aproape toţi orăşenii, precum şi locuitorii satelor care nu aveau mijloace proprii de deplasare, au fost evacuaţi cu trenul, iar o mică parte cu camioanele armatei germane.

Unii dintre cei care au trăit această experienţă îşi aduc aminte că drumul a fost, în general, lipsit de probleme majore, mai ales dacă se ia în calcul numărul mare al celor evacuaţi. Trenurile

nur ihrer eigenen Gemeinde. In diesem Zusammenhang sei erwähnt, dass die evangelischen Pfarrer ihren edlen seelsorgerischen Dienst insbesondere während der wochenlangen Flucht ins Reich bestens wahrgenommen haben. So hat z.B. der Tschippendorfer Pfarrer am Sonntag, 24. September, in der Nähe von Jibou einen Feldgottesdienst für den gemeinsamen Treck der Tschippendorfer, der Treppener und der Mettersdorfer zelebriert.

Trotz dieser – eher moralischen – Unterstützung war die konkrete Lage der größten Mehrheit der Flüchtlinge keineswegs einfach, sondern, wie zu erwarten, charakterisiert durch vielfache Schwierigkeiten und Ungewissheit. Das Fehlen von genügend Futtermittel im Winter 1944/45 zwang viele, ihre Zugtiere aus Siebenbürgen (oft zu niedrigen Preisen) zu verkaufen und damit ihren Aktionsradius im Gefahrenfall einzuengen. Und gravierende Gefahren standen noch bevor.

Wie schon erwähnt, sind fast alle Städter sowie auch einige Bewohner aus den Dörfern, die kei-

erau adesea oprite din cauza alarmelor de bombardament, refugiații săreau din vagoane, se ascundeau prin tufișuri; uneori, dorind să-și gătească mâncarea în timpul vreunei staționări, erau nevoiți să-o ia în tren doar pe jumătate fiartă, deoarece se primea ordin de plecare a garniturilor, urmând să continue prepararea ei la următoarea oprire.

Dacă pentru majoritatea refugiaților din aceste trenuri, primejdiile prin care au trecut nu au lăsat și victime, în schimb, trenul în care se afla familia Graffi din Bistrița a fost bombardat* imediat după trecerea Tisei. Trenul se afla în gara Beregszász când a fost declanșată alarma aeriană; la scurt timp după ce a fost scos din gară, iar cea mai mare parte a refugiaților a reușit să sară din el, asupra trenului cad trei bombe care fac 40 de răniți și 6 morți; dintre răniți, cei care erau netransportabili au fost internați în gimnaziul din localitate, ce era amenajat ca spital, iar restul refugiaților și-au continuat drumul spre Miskolc [38].

Deplasarea acestor trenuri cu refugiați nu se desfășura pe baza unei planificări stricte, deseori acestea poposind în diferite localități mai multe zile. Așa s-au petrecut lucrurile și cu refugiații din trenul bombardat la Beregszász, care au stat aproape două săptămâni într-un sat șvăbesc situat la vest de localitatea Visegrad. În acest sat, cei plecați cu mult timp în urmă din Bistrița au servit o mâncare pregătită în condiții normale, bărbații i-au ajutat pe țărani la muncile câmpului, iar femeile au dat o mână de ajutor la treburile gospodărești; "aici au trăit refugiații, pentru prima dată, ceva ce ține de normalitate"[39].

Spre deosebire de sașii ce au ajuns în Reich cu convoaiele de căruțe, doar o mică parte dintre cei evacuați cu trenurile au fost repartizați în Austria – mai precis în Austria Superioară, râvnită de toți refugiații datorită situării ei departe de frontul ce se apropia dinspre Răsărit; cei mai mulți aveau să ajungă în regiunile răsăritene ale Reichului, și anume în Regiunea Sudetă, în Boemia, Moravia, Warthegau, Silezia Superioară, Turingia, Saxonia, Pomerania, zona orașului Danzig și chiar în Prusia Orientală. Mai numeroși se găseau în împrejurimile orașelor Kulm pe Vistula, Gleiwitz, în Silezia Superioară, și Mährisch-Schönberg, în Regiunea Sudetă. Tot în această ultimă regiune, respectiv în orașul Reichenberg, au fost adunați majoritatea gimnaziștilor bistrițeni și reghineni, oferindu-li-se posibilitatea continuării studiilor sub îndrumarea acelorași profesori pe care i-au

ne Zugtiere und keine Transportmittel hatten, mit der Eisenbahn und eine kleine Gruppe mit Armeelastwägen evakuiert worden.

Einige, die damals diese Erfahrung miterlebt haben, erinnern sich, dass es unterwegs im Allgemeinen keine größere Probleme gegeben hatte, wenn man die große Zahl der Evakuierten in Betracht zieht. Die Züge mussten oft wegen Bombenalarm angehalten werden. In solchen Fällen sprangen die Menschen aus den Waggons, rannten und versteckten sich in ein Gebüsch, oder, es kam plötzlich der Befehl zum Weiterfahren, die Flüchtlinge kochten gerade ihr Essen auf einer improvisierten Feuerstelle, dann mußten sie es halb gekocht in die Waggons nehmen und es erst beim nächsten Halt weiterkochen.

Für die meisten Flüchtlinge aus den Zügen hatten die Gefahren keine Opfer hinterlassen. Ein Zug aber, in dem sich die Familie Graffi aus Bistritz befand, wurde, unmittelbar nachdem er die Theiß überquert hatte, bombardiert. Der Zug befand sich in Beregszasz, als der Fliegeralarm ausgelöst wurde. Kurz danach, als er den Bahnhof verlassen hatte und die meisten Menschen herausgesprungen waren, fielen die Bomben auf den Zug. Es gab 6 Tote und 40 Verletzte. Die nichttransportfähigen Verletzten wurden im örtlichen Gymnasium interniert, das als Krankenhaus eingerichtet war, die übrigen fuhren weiter in Richtung Miskolc.

Eine genaue planmäßige Fahrt der Züge mit den Flüchtlingen konnte nicht gewährleistet werden. Des Öfteren mußten die Züge in verschiedenen Orten tagelang auf Abstellgleisen warten. So geschah es auch mit dem bombardierten Zug aus Beregszasz, der zwei Wochen in einem schwäbischen Dorf westlich von Visegrad auf die Weiterfahrt warten mußte. In diesem Dorf konnten die Menschen, die schon lange von Bistritz unterwegs waren, eine unter normalen Bedingungen zubereitete Mahlzeit zu sich nehmen. Die Männer halfen den Bauern bei den Feldarbeiten und die Frauen in der Hauswirtschaft der Bewohner. „Hier erlebten die Flüchtlinge erstmals ein einigermaßen der Normalität entsprechendes Leben".

Zum Unterschied von denjenigen Sachsen, die mit dem Wagentreck ins Reich gelangten, wurde nur ein geringer Teil der mit der Bahn Evakuierten in Österreich, genauer in Oberösterreich, eingewiesen. Dieses Gebiet war von allen Flüchtlingen begehrt, weil es am weitesten von der Ostfront, die sich ständig näherte, entfernt war. Die meisten gelangten in östliche Gebiete des Deut-

avut în orașele natale[40]. Refugiații aflați în zona Dresda au cunoscut în mod direct tragedia bombardamentului nocturn *aliat* care a distrus Florența Elbei în februarie 1945, însă alții, mai puțini, au avut norocul de a ajunge de la început în Bavaria, o regiune puțin mai ferită de dramele de la sfârșitul războiului.

Pentru toți refugiații, dată fiind situația extremă în care se afla Reichul în acea perioadă, condițiile de trai au fost, cel mai adesea, dintre cele mai grele. În același timp, pentru cei aflați în regiunile răsăritene ale Germaniei, în ținuturile cehoslovace și în partea de nord-est a Austriei – teritorii ocupate de sovietici –, situația a devenit și mai complexă, toți cei care nu au reușit să fugă la timp către vest fiind trimiși obligatoriu spre România în primăvara și vara anului 1945.

schen Reiches, nämlich in das Sudetenland, nach Böhmen, Mähren, in den Warthegau, nach Oberschlesien, Thüringen, Sachsen, Pommern, in die Zone der Stadt Danzig und sogar nach Ostpreußen. Größere Gruppen befanden sich in der Umgebung der Städte Kulm an der Weichsel, Gleiwitz in Oberschlesien und Mährisch-Schönberg im Sudetenland. Ebenfalls in diese Region, in die Stadt Reichenberg, wurden die Gymnasiasten aus Bistritz und Sächsisch Regen zusammengeführt. Hier eröffnete man ihnen die Möglichkeit, den Unterricht unter Leitung ihrer Lehrer aus ihren Heimatorten fortzusetzen. Die Flüchtlinge im Raum Dresden erlebten direkt die Tragödie der nächtlichen Bombenangriffe der Alliierten im Februar 1945, die das „Elbflorenz" zerstörten. Andere wieder, jedoch wenige, hatten das Glück, von Anfang an nach Bayern zu gelangen, eine Region, die etwas geschützter die Dramen des Kriegsendes überstand.

Für alle Flüchtlinge waren in dieser Extremsituation des Deutschen Reiches die Lebensbedingungen grundsätzlich sehr schwer. Gleichzeitig wurde die Lage derer, die im östlichen Teil Deutschlands, im tschechoslowakischen Sudetenland und im Nordosten Österreichs untergebracht waren, dieser Teil war ja von den Sowjetrussen besetzt, immer komplexer. All diejenigen, die sich nicht mehr in den Westen retten konnten, wurden im Frühjahr und im Sommer 1945 gezwungen, sich in Richtung Rumänien in Bewegung zu setzen.

Note – Endnoten

1 O. Klöck, N. Wallet, Op. cit., p. 32.

2 Ibidem. p. 33.

* Născut la Biertan, în apropiere de Mediaș, în 1881, Arthur Phleps a fost ofițer în armata austro-ungară din 1903 până în 1918. Locotenent de Stat Major în 1918, șef al Gărzii Naționale din Cincu, ajunge șef de Stat Major al celei de a 16-a Divizii de Infanterie române în campania din Ungaria, din 1919. Profesor la Școala de Război din București, consilier al regelui Carol al II-lea, părăsește armata română în 1940 pentru a intra în trupele Waffen SS. În 1942 creează a 7-a Divizie Waffen SS "Prinz Eugen", formată din germani din Banat, apoi comandă al 5-lea Corp de armată SS în Iugoslavia și Transilvania.

Geboren in Birthälm in der Nähe von Mediasch 1881, war Arthur Phleps Offizier in der österreichisch-ungarischen Armee von 1903 bis 1918. 1918 war er Leutnant im Genralstab, wurde Kommandant der Nationalgarde in Cincu und Chef des Generalstabs der 16. Division während des rumänischen Ungarn-Feldzugs 1919. Er ist danach tätig als Professor an der Kriegsschule in

Bukarest und als Berater des Königs Karl II. 1940 verlässt er die rumänische Armee und tritt in die Waffen-SS ein. 1942 gründet er die 7. Waffen-SS-Division „Prinz Eugen", bestehend aus Deutschen aus dem Banat, dann kommandiert er das 5. Korps der SS-Truppen in Jugoslawien und Siebenbürgen.

3 Gheorghe Buzatu, Actul de la 23 august în context internațional, București, Edit. Științifică și Enciclopedică, 1984, p. 347.

4 Ernst Wagner, Op. cit., vol. III, p. 49.

5 Ibidem, p. 49-50.

6 Michael Kroner, Urkunden, Dokumente und Berichte zur Geschichte der Siebenbürger Sachsen, Nürnberg, 2002, p.54.

7 Gheorghe Buzatu, Op. cit., p. 347.

8 Ibidem, p.55.

9 Jacques Marseille, Le petit atlas de l'histoire mondiale, Paris, Albin Michel, 1984, p.136.

10 Karl M. Reinerth, Fritz Cloos, Zur Geschichte der Deutschen in Rumänien, 1935-1945, Beiträge und Berichte, Bad Tölz, 1988, p. 165.

11 O.Klöck, N. Wallet, Op. cit., p. 37.

12 Ibidem, p. 38-39.

13 Ibidem, p.42.

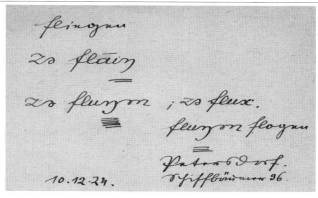

Der Bistritzer Pfarrer und Gymnasialprofessor Friedrich Krauss (1892-1978) hat während der Evakuierung mit der Eisenbahn besonders dafür gesorgt, statt Hausrat die 800.000 Zettel mit nordsiebenbürgischen Mundartproben mitzunehmen, die er in den 20er und 30er Jahren in den nordsiebenbürgischen Dörfern gesammelt hatte. Daraus entstand das einzigartige Nordsiebenbürgisch-Sächsische Wörterbuch im Siebenbürgen-Zentrum Gundelsheim.

Preotul și profesorul bistrițean Friedrich Krauss (1892-1978) s-a străduit în timpul evacuării cu trenul să ia în bgajul său în primul rînd cele 800.000 de foițe cu probe als graiului săsesc nordardelean, care le-a cules în decusul a mai mult de două decenii în satele din jurul Bistriței și Reghinului. În decursul ultimelor 60 de ani în centrul stiințific săsesc din Gundelsheim s-a editat be baza acestor fișe Dicționarul graiului săsesc nordardelean.

---

[14] Ibidem.

[15] Ibidem, p. 44.

[16] Ibidem, p. 43.

[17] Ibidem, p. 44

[18] Ernst Wagner, Op. cit., vol. III, p.50.

[19] O. Klöck, N. Wallet, Op. cit., p. 40

[20] Ibidem, p. 41.

[21] Ibidem, p. 42.

* În urma reformei administrativ-teritoriale din 1968, localitățile Posmuș, Teaca și Viile Tecii trec în componența județului Bistrița-Năsăud.

[22] Ilse Schliessleder-Fronius, Tekendorf in Nordsiebenbürgen. Ortsmonografie, 1989, p. 75.

** Ultima notiță din jurnalul lui Arthur Phleps este scrisă în 14 septembrie 1944. Din aceasta răzbate dorința ca trenurile cu refugiați să plece cât mai repede spre Reich. Moare în luptele de la Arad, la 21 sau 22 septembrie 1944.

[23] Gustav Zikeli, Op. cit., p. 74.

[24] Georg und Renate Weber, Zendersch – eine siebenbürgische Gemeinde im Wandel, München, 1985, p. 270.

[25] Ernst Wagner, Evakuierung, Flucht, Rückkehr..., p. 19.

[26] Ernst Wagner, Op. cit.,vol. III, p. 156.

[27] O. Klöck, N. Wallet, Op. cit., p. 47.

[28] Ibidem, p. 47-48.

[29] Ibidem, p. 49.

[30] Ibidem, p. 50.

[31] Gustav Zikeli, Op. cit., p. 74.

[32] O. Klöck, N. Wallet, Op. cit., p. 48.

[33] Gustav Zikeli, Op. cit., p. 75.

[34] Ibidem, p. 76.

[35] Heimat verloren, Heimat gefunden, München, Delna Werbedruck, 1994, p. 71.

[36] Viorel Cibotă, Sovietizarea nord-vestului României, 1944-1950, Satu Mare, Edit. Muzeului Sătmărean, 1996, p. 286.

[37] Ernst Wagner, Evakuierung, Flucht, Rückkehr..., p. 21.

* Cei care au cunoscut oroarea acestui atac n-au putut preciza cu siguranță dacă avioanele erau sovietice sau românești.

[38] O. Klöck, N. Wallet, Op. cit., p. 52.

[39] Ibidem.

[40] Ibidem, p. 53.

1.4 Capitolul IV: Reinstalarea administrației românești și situația sașilor până la 10 februarie 1947

Deși în perioada 1942-1944, în partea de est a județului Năsăud s-au făcut importante lucrări de fortificații, zona Bistriței nu a devenit teatru de confruntări violente în toamna anului 1944, așa cum au fost alte zone ale Ardealului de Nord. Doar un avion a lansat patru bombe în apropierea bisericii romano-catolice, la 19 septembrie 1944 – moment de vârf al evacuării sașilor spre Reich –, provocând mici pagube materiale, un mort și câțiva răniți[1].

După ce evacuarea populației germane se încheie, în linii mari, spre sfârșitul lui septembrie, în prima decadă a lunii octombrie 1944 au plecat funcționarii administrației maghiare și o parte a populației maghiare din Bistrița și din județ. În majoritatea cazurilor, odată cu retragerea administrației au fost luate și bunurile primăriilor (în unele comune chiar și registrele de stare civilă sau foile cadastrale), au fost distruse acte importante și arhive[2].

Ultimii soldați maghiari și germani se retrag în noaptea de 12 spre 13 septembrie 1944, când sunt aruncate în aer podurile *Budacului*, *Ruba*, cele de pe canalul *Morii*, rezervorul de apă din pădurea *Rubenthal*, este incendiat marele magazin *Saxonia*, după ce – cu două zile înainte – a fost distrusă și centrala electrică[3].

În dimineața zilei de 13 octombrie 1944 își fac apariția trupe din Armata a 40-a sovietică și ostași români din Regimentul 3 Vânători de Munte. Timp de o săptămână, până la 21 octombrie 1944, nu a existat nici o autoritate administrativă, judecătorească sau politică, zona fiind considerată teatru de operațiuni. Puterea supremă în regiune o exercita Comandamentul militar sovietic, condus din 14 octombrie de către locotenentul Serbocov[4].

1.4.1 Situația sașilor rămași și a proprietăților celor plecați

La 21 octombrie 1944, Comandamentul militar sovietic numește în funcția de prefect al județului Năsăud pe colonelul Theodor Sbârcea[5] – fost primar al Bistriței înainte de 1940. Tot la aceea dată se constituie Consiliul Județean, alcătuit din 30 de membri, ce reunea reprezentanți ai diferitelor sectoare de interes public, precum și

1.4 Kapitel IV: Der Wiederaufbau der rumänischen Verwaltung und die Lage der Siebenbürger Sachsen bis zum 10. Februar 1947

Die Gegend um Bistritz wurde im Herbst 1944 nicht wie andere Teile Nordsiebenbürgens zum Schauplatz heftiger Auseinandersetzungen, obwohl zwischen 1942 und 1944 im Osten des Kreises erhebliche Befestigungsarbeiten durchgeführt wurden. Lediglich ein Flugzeug hat am 19. September 1944 in der Nähe der römisch-katholischen Kirche am Höhepunkt der Evakuierung der Sachsen vier Bomben abgeworfen und damit einigen materiellen Schaden, einen Toten und einige Verletzte verursacht.

Als die Evakuierung der deutschen Bevölkerung Ende September 1944 im großen und ganzen abgeschlossen war, verließen im ersten Drittel des Oktober die ungarischen Verwaltungsangestellten und ein Teil der ungarischen Bevölkerung die Stadt und den Kreis. In der Mehrzahl der Fälle wurde dabei das Inventar der Bürgermeisterämter mitgenommen, in einigen Fällen sogar Personenstandsregister und Grundbücher; wichtige Akten und Archivunterlagen wurden vernichtet.

In der Nacht vom 9. zum 10. Oktober zerstören ungarische und deutsche Soldaten Bäckereien, verwüsten Läden und zünden sie anschließend an. Die letzten ungarischen und deutschen Soldaten zogen sich in der Nacht vom 12. auf den 13. Oktober 1944 zurück. Jetzt wurden die Brücken über den Budak, die Ruba und über den Mühlkanal beim Komitatshaus sowie die Wasserreservoire im Rubentaler Wald gesprengt und das große Warenlager Saxonia niedergebrannt. Am Morgen des 13. Oktober 1944 erschienen die ersten Truppen der 40. Sowjetischen Armee sowie rumänische Kräfte des 3. Gebirgsjägerregiments. Während ungefähr einer Woche, bis zum 21. Oktober 1944, gab es keinerlei Verwaltungs-, Justiz- oder politische Gewalt, da die Gegend als Kriegsschauplatz betrachtet wurde. Die höchste Gewalt wurde seit dem 14. Oktober durch den sowjetischen Militärbefehlshaber Leutnant Serbakow ausgeübt.

1.4.1 Die Lage der verbliebenen Sachsen und der Besitz der Evakuierten

Am 21. Oktober 1944 ernannte der sowjetische Militärbefehlshaber den Obersten Theodor

câte un delegat din partea maghiarilor, evreilor și sașilor rămași. În perioada imediat următoare, Comandamentul militar sovietic numește câte un reprezentant al armatei sovietice pe lângă

Sbârcea, vor 1940 Bürgermeister von Bistritz, zum Präfekten des Kreises Nassod. Am selben Tage konstituierte sich der Kreisrat. Er bestand aus 30 Mitgliedern der verschiedenen Bereiche

preturi, notariate și primării, cu rolul de a supraveghea strângerea rechizițiilor prevăzute în convenția de armistițiu.[6]

Modell der Ermächtigung für rumänische Bürger zur Übernahme deutschen Eigentums der Evakuierten

Referindu-ne la situația proprietăților abandonate de către sași în septembrie 1944, dată fiind situația de anarhie ce domnea în perioada cuprinsă între retragerea administrației maghiare și constituirea Consiliului Județean, acestea au fost devastate de numeroși locuitori, atât din localitățile de unde au plecat sașii, cât și cele învecinate. În Bistrița "au ieșit în evidență mai ales țiganii și locuitorii din cartierul Ruba. Dar și de la sate au venit țărani cu căruțele și au dus acasă mobila și tot ce au găsit"[7]. Aceste acte au continuat și după instalarea Consiliului Județean, însă cu o intensitate mai mică. Abia la 5 ianuarie 1945, prin hotărârea nr. 296/1945 a Consiliului Județean, se iau primele măsuri împotriva celor ce au furat bunuri ale absenteiștilor sași (sintagmă folosită adesea în documente, atunci când era vorba de sașii refugiați în 1944), stabilindu-se ziua de 1 februarie 1945 ca termen pentru predarea acestora către autorități, cei ce făceau acest gest fiind amnistiați de orice pedeapsă[8].

des öffentlichen Lebens sowie je einem Vertreter der verbliebenen Ungarn, Juden und Sachsen. Einige Tage später ernannte der sowjetische Militärbefehlshaber je einen Vertreter der sowjetischen Streitkräfte der Bezirke, Notariate und Bürgermeister mit der Aufgabe, die in der Waffenstillstandsübereinkunft festgelegten Beschlagnahmungen zu überwachen.

Da während der Zeit vom Abzug der ungarischen Behörden bis zur Schaffung des Kreisrates praktisch Anarchie herrschte, wurde das von den im September evakuierten Sachsen zurückgelassene Eigentum von vielen Bewohnern ihrer Herkunftsorte wie auch benachbarter Dörfer oft zerstört. In Bistritz zeichneten sich „Zigeuner und Bewohner der Ruba [...] besonders aus. Aber auch von den Dörfern kamen Bauern mit ihren Wagen und schafften sich Möbel nachhause." Das dauerte auch nach Einsetzung des Kreisrates an, wenn auch mit verminderter Intensität. Erst durch den Beschluß 296/1945 vom 5. Januar 1945 wurden die ersten Maßnahmen gegen diejenigen unternommen, die Eigentum der „abwesenden Sachsen" (abgereisten Sachsen – so wurden die 1944 Evakuierten meistens in den Dokumenten genannt) gestohlen hatten; der 1. Februar 1945 wurde als Frist für die Rückgabe der gestohlenen Güter an die Verwaltung gesetzt, um in den Genuß einer Amnestie zu kommen.

Der sowjetische Militärbefehlshaber nutzte die ihm übertragene Gewalt aus und beging eine Reihe von Übergriffen, da er das von den Sachsen zurückgelassene Eigentum als Kriegsbeute betrachtete und sie unter Art. 7 der Waffenstillstandsvereinbarung einordnete. Gustav Zikeli, Mitglied einer Kommission zur Überprüfung der Fälle der geflohenen Sachsen, erinnert sich: „Später wurden von russischer Seite alle Wohnungen der Geflüchteten noch einmal durchgegangen und bessere Möbel, besonders solche aus Hartholz, und Klaviere weggenommen, im sächsischen Gymnasialgebäude verpackt und nach Rußland geschickt. Die übriggebliebenen Möbel wurden von einer Kommission abgeschätzt und den neuen Bewohnern zu einem billigen Preis überlassen. Den Kaufpreis sollten sie auf ein russisches Bankkonto bei einer Bank hinterlegen." Auf Anordnung des sowjetischen Militärbefehlshabers teilt das Bürgermeisteramt der Stadt Bistritz am 30. Januar 1945 durch die Bekanntmachung 398 der Präfektur mit, dass die Bestandsaufnahme der zurückgelassenen Geschäfte, Werkstätten, Maschinen und anderer Güter der geflohenen Sachsen abgeschlossen sei.

Folosindu-se de larga autoritate pe care o deţinea, Comandamentul militar sovietic a comis numeroase abuzuri, printre care şi acela de a considera captură de război diferite bunuri de pe proprietăţile saşilor absenteişti, încadrându-le în prevederile articolului 7 din convenţia de armistiţiu. Gustav Zikeli – membru într-o comisie ce se ocupa de verificarea caselor absenteiştilor – îşi aminteşte: "Partea rusă a trecut prin locuinţele absenteiştilor luând mobila bună, piane, apoi le-a împachetat în clădirea gimnaziului şi le-a expediat în Rusia. Restul mobilei a fost evaluat de o comisie şi s-a vândut locuitorilor la un preţ inferior, suma fiind depusă la bancă într-un cont rusesc"[9]. Supusă ordinelor venite din partea Comandamentului militar sovietic, Primăria oraşului Bistriţa anunţă Prefectura, la 30 ianuarie 1945, prin nota nr. 398, că a terminat inventarierea magazinelor, atelierelor şi a altor bunuri rămase de la saşii absenteişti[10]. La 27 februarie 1945, Prefectura mobilizează din plasele judeţului bărbaţi între 18 şi 50 de ani – ce trebuiau să se prezinte la Bistriţa cu alimente pentru necesarul a şase zile – în vederea ridicării mobilierului rămas de la absenteişti şi expedierea lui în URSS, în caz de neprezentare amenda fiind stabilită la 100 pengö pe zi şi închisoare[11]. Captură de război a fost considerată şi recolta rămasă pe proprietăţile de la sate ale absenteiştilor: 86 vagoane cereale, 1/2 vagoane oleaginoase, 45 vagoane furaje, 7,5 vagoane zarzavaturi, 3 vagoane de vin, la care s-au adăugat 3570 vite – din care 2490 oi, 913 vaci, 41 porci, 126 cai –, toate expediate în Uniunea Sovietică[12].

Prin plecarea etnicilor germani în septembrie 1944, pe ansamblul judeţului Năsăud rămân peste 6.000 locuinţe libere şi aproximativ 57.000 iugăre de pământ. Într-un raport al Prefecturii din 2 noiembrie 1944 privind starea judeţului, se arată: "Din judeţ au plecat aproximativ 25.000 de persoane, astfel că au rămas unele comune complet nepopulate, din care cauză se înstrăinează avutul celor plecaţi şi se deteriorează clădirile; 10. O mulţime de cereri s-au depus pentru a primi locuinţe, le-am aprobat, dar numai în mod provizoriu; 11. Neavând poliţie, pentru că nici până astăzi nu a venit jandarmeria română să-şi ocupe posturile, bunurile sunt păzite de gărzi naţionale ce nu au arme"[13]. Luând act de această situaţie, prefectul Theodor Sbârcea, prin decizia nr. 120/6 noiembrie 1944, hotărăşte formarea unei comisii care să se ocupe *riguros* de distribuirea caselor absenteiştilor, deoarece "în multe ca-

Am 27. Februar 1945 wurde die Mobilisierung von Männern aus dem Kreis im Alter von 18 bis 50 Jahren – die sich in Bistritz mit Verpflegung für 6 Tage melden mussten - zum Sammeln aller dieser Güter und zu deren Versand in die UdSSR angeordnet; bei Nichterscheinen werde eine Strafe von 100 Pengö pro Tag erhoben oder eine Gefängnisstrafe verhängt. Als Kriegsbeute wurde auch die von den geflohenen Sachsen eingebrachte und in den Dörfern zurückgelassene reiche Ernte betrachtet. Es handelte sich insgesamt um 86 Güterwagen mit Getreide, ein halber mit Sonnenblumen, 45 mit Futter, 7,5 mit Gemüse, drei mit Wein sowie außerdem 3570 Stück Vieh, davon 2490 Schafe, 913 Kühe, 41 Schweine, 126 Pferde. Alles das wurde in die Sowjetunion geschickt. Durch die Evakuierung der deutschen Bevölkerung im September 1944 aus dem gesamten Kreis wurden auf dem Gebiet des Kreises Nassod mehr als 6000 Wohnungen und annähernd 57000 Joch Boden frei. In einem Bericht der Präfektur vom 2. November 1944 über die Lage im Kreis wird darauf hingewiesen „[dass] den Kreis ungefähr 25000 Personen verlassen haben, so dass einige Gemeinden vollständig entvölkert wurden, wodurch ihre Habe in andere Hände fiel und die Gebäude zerstört wurden. Es wurde eine Vielzahl von Anträgen auf Zuteilung von Wohnraum gestellt, die ich genehmigt habe, allerdings unter dem Vorbehalt der Vorläufigkeit. Es gibt keine Polizei, denn bis heute ist die rumänische Gendarmerie nicht eingetroffen, um ihren Dienst zu übernehmen. Der Besitz wird daher von Angehörigen der Nationalgarde bewacht, die keine Waffen haben." In Anbetracht dieser Lage beschloß der Präfekt Theodor Sbârcea mit Anordnung 120 vom 6. November 1944 die Bildung einer Kommission, die sich der genauen Verteilung der Häuser von geflohenen Sachsen widmen sollte, da „in vielen Fällen nichtberechtigte Bürger unter Ausnutzung der Zeit der Desorganisation eingezogen sind, indem sie eine Erlaubnis von den vorläufigen städtischen Behörden erhalten haben, ohne dass diese die Angelegenheit vorab geprüft hatten."

Bei der vorläufigen Zuteilung der Wohnungen wurden Kriegsinvaliden, Frontkämpfer, Kriegerwitwen, kinderreiche Familien ohne Wohneigentum und Einheimische bevorzugt berücksichtigt. Obwohl diese Bestimmung fast in allen früheren sächsischen Orten bestand, fand insoweit Mißbrauch statt, als viele Bürger in guten materiellen Verhältnissen einen sächsischen Hof zugesprochen erhielten. Über diese Situation, die vor allem für Anfang 1945 charakteris-

se s-au mutat, folosindu-se de perioada de dezorganizare, locuitori neautorizaţi, şi chiar dacă au primit vreo autorizaţie de la organele primăriei provizorii a oraşului, aceste autorizaţii s-au dat fără o prealabilă cercetare"[14].

În distribuirea provizorie a caselor aveau prioritate invalizii de război, luptătorii de pe front, văduvele de război, cei fără avere imobilă care aveau mulţi copii, localnicii[15]. Deşi exista această reglementare, aproape în toate localităţile foste săseşti s-au comis abuzuri, mulţi locuitori cu o situaţie materială bună luând şi câte o gospodărie săsească. Aceste situaţii au fost raportate de către posturile locale de jandarmerie Legiunii de Jandarmi a judeţului Năsăud, mai ales în prima parte a anului 1945. Situaţiile cele mai frecvente s-au înregistrat la Satu Nou, Tărpiu, Chiraleş şi Ghinda, unde unii locuitori băştinaşi stăteau câte 8-10 zile într-o casă a absenteiştilor, iar apoi se mutau întralta[16]. Un caz cu totul aparte a fost cel al primarului din Tărpiu, trimis în judecată în urma notei informative nr. 635/24 august 1945 a Legiunii de Jandarmi a judeţului Năsăud către Inspectoratul de Jandarmi Cluj, din cauza repetatelor sale abuzuri: însuşirea ilegală de unelte şi mobilier, jefuirea de îmbrăcăminte şi alimente a saşilor întorşi în localitate în august 1945, înstrăinarea către rude a şapte vagoane de grâu rămas de la absenteişti şi care trebuia predat statului[17].

În perioada de după octombrie 1944 şi până în toamna anului 1945, în localităţile părăsite de saşi au fost colonizate 2156 de familii româneşti, majoritatea din nordul Transilvaniei. Astfel, mai ales din partea muntoasă a judeţului Năsăud (zona Someşului Mare, Ilvelor şi zona Bârgaielor) au fost colonizate 1490 de familii, din judeţul Someş - 132 familii, judeţul Satu Mare - o familie, Maramureş - 34 familii, Turda - 237 familii, Cluj - 57 familii, Mureş - 15 familii, dar şi din Moldova: judeţul Câmpulung - 142 de familii, judeţul Neamţ - 5 familii, la acestea mai adăugându-se din diferite judeţe ale Transilvaniei 43 familii de moţi. Aceste familii au fost împroprietărite prin reforma agrară, aplicată în judeţul Năsăud prin ordinul Prefecturii nr. 49.874/19 aprilie 1945[18].

La 20 mai 1945, prin Jurnalul Consiliului de Miniştri nr. 238/1945, emis pentru executarea dispoziţiilor legii nr. 91/10 februarie 1945 privind bunurile inamice, ia fiinţă Casa de Administrare şi Supraveghere a Bunurilor Inamice (C.A.S.B.I.), unde însă au fost incluse, în mod arbitrar, şi proprietăţi ale persoanelor fizice absenteiste[19]. De altfel, Oficiul judeţean

tisch war, berichteten lokale Gendarmerieposten dem Gendarmeriekommando des Kreises Nassod. Die häufigsten Übergriffe wurden aus Oberneudorf, Treppen, Kyrieleis und Windau gemeldet, wo einige Einheimische acht bis zehn Tage in einem Haus geflohener Sachsen lebten und dann in ein anderes zogen. Ein Fall ganz eigener Art war der des Bürgermeisters von Treppen, der aufgrund der Mitteilung 635 vom 24. August 1945 durch die Gendarmerie des Kreises Nassod an das Gendarmerie-Inspektorat von Klausenburg vor Gericht kam. Bei diesem Gendarmerie-Inspektorat wurden viele seiner Übergriffe anhängig: gesetzeswidrige Aneignung von Gerät und Mobiliar, Plünderung von Kleidung und Lebensmitteln bei Sachsen, die im August 1945 zurückgekehrt waren, Lagerung von sieben Güterwagen mit Weizen bei Verwandten, die auf von Sachsen verlassenen Höfen gefunden worden waren und an den Staat hätten abgeliefert werden müssen etc.

In der Zeit ab September 1944 bis in den Herbst 1945 wurden in den von Sachsen verlassenen Orten 2156 rumänische Familien hauptsächlich aus Nordsiebenbürgen angesiedelt. Vor allem aus der Gebirgsgegend des Kreises Nassod (aus den Gebieten des Samosch, von Ilva, von Borgo) wurden 1490 Familien umgesiedelt, aus dem Kreis Somesch 132, aus dem Kreis Sathmar eine Familie, aus der Marmarosch 34 Familien, aus Thorenburg 237 Familien, aus Klausenburg 57 Familien, aus dem Kreis Mieresch 15 Familien, aber auch aus der Moldau: 142 Familien aus dem Kreis Câmpulung, 5 aus Neamţ. Dazu kamen 43 Motzenfamilien aus verschiedenen Kreisen Siebenbürgens. Diese Familien, fast alle Rumänen, wurden im Zuge der Agrarreform durch Anordnung des Präfekten 49874 vom 19. April 1945 in ihr neues Eigentum eingesetzt.

Am 20. Mai 1945 schuf der Ministerrat unter Nr. 238/1945 für die Durchsetzung der Bestimmungen des Gesetzes Nr. 91 vom 10. Februar 1945 bezüglich feindlichen Eigentums die *„Stelle zur Verwaltung und Überwachung feindlichen Eigentums"* (C.A.S.B. I.), wozu jedoch ungerechtfertigterweise auch der Besitz der Evakuierten gezählt wurde. In seinem Rechenschaftsbericht vom 29. Juni 1945 weist das Kreisbüro von C.A.S.B.I. darauf hin, dass „bis zur Rückkehr der rumänischen Verwaltung der Bevollmächtigte der [Sowjetischen] Alliierten Kontrollkommission zahlreichen Mißbrauch getrieben hat, indem er die Bestimmungen der Waffenstillstandsübereinkunft tendenziös ausgelegt" oder das Eigen-

C.A.S.B.I., într-o dare de seamă din 29 iunie 1945, arată că "până la revenirea administrației românești, Împuternicitul Comisiei Aliate de Control (Sovietice) a făcut numeroase abuzuri, interpretând tendențios articolele din convenția de armistițiu"[20]. Pe de altă parte, în patrimoniul statului aveau să intre școlile, casele pentru învățători, casele de cultură, sălile de sport, proprietățile bisericești ce au aparținut comunităților săsești nord-ardelene, fapt petrecut în urma extinderii legislației României asupra Ardealului de Nord, la 4 aprilie 1945, aplicându-se și aici decretul nr. 485/8 octombrie 1944 privind bunurile Grupului Etnic German, ca persoană juridică[21] (în cazul Ardealului de Nord, fosta Uniune Populară a Germanilor din Ungaria).

În ce privește conducerea județului, sub influența Comandamentului militar sovietic – care a împiedicat instalarea ca prefect a lui Dumitru Nacu, numit în această funcție la 18 octombrie 1944 de către guvernul de la București – sunt promovați oameni cu vederi de stânga. Astfel, la 13 decembrie 1944 este înlocuit din funcție col. Theodor Sbârcea, locul său fiind luat de Ștefan I. Pop[22], care a asigurat "organizarea radicală a conducerii autonome a județului în nota realităților organice"[23]. Expresia acestei „autonomii" a fost ordonanța Prefecturii nr. 39, aprobată de Consiliul Județean la 19 ianuarie 1945, prin care toate atributele ministerelor treceau în competența prefectului. Autoritatea Consiliului Județean se termină la 2 aprilie 1945, prin reinstalarea administrației românești în județul Năsăud, iar la 28 mai 1945 sunt abrogate toate ordonanțele date de Prefectură în perioada octombrie 1944-martie 1945[24]. Lui Ștefan I. Pop îi urmează Ioan Popu, numit în funcția de prefect prin ordinul telegrafic nr. 13.252/29 iunie 1945 al Ministerului Afacerilor Interne[25]. Depășindu-și predecesorul – care afirmase despre sași că au furat în urmă cu 800 de ani pământurile românilor și i-au alungat din case[26] –, Ioan Popu a manifestat față de aceștia o antipatie nemaiîntâlnită; pe lângă faptul că susținea cu tărie că «sunt pătrunși de idei hitleriste, că «nu sunt educați în sens democratic», avea să ceară guvernului în mod repetat deportarea lor într-o altă parte a țării[27] (avea în vedere pe sașii reveniți în vara anului 1945). Prin atitudinea și comportamentul său față de populația germană, acest prefect și-a câștigat în epocă „renumele" de «mâncătorul de sași». Succesorii săi – Mihai Mihăilaș, din 26 februarie 1946, și Anton Șirlincan, din 17 septembrie 1946 – au manifestat

tum der im September 1944 geflohenen Sachsen als „feindliches Eigentum" betrachtet habe. Andererseits sollten Schulen, Lehrerwohnungen, Kulturhäuser, Sporthallen, kirchlicher Besitz, die der Gemeinschaft der nordsiebenbürger Sachsen gehört hatten, in Staatseigentum übergeführt werden. Dies geschah, nachdem die Rechtssprechung Rumäniens am 4. April 1945 auch auf Nordsiebenbürgen ausgeweitet wurde. Dabei wurde auch das Dekret Nr. 485 vom 8. Oktober 1944 bezüglich des Eigentums der Deutschen Volksgruppe (für Nordsiebenbürgen die frühere Volksunion der Deutschen aus Ungarn) als juristische Person angewendet.

In der Kreisverwaltung wurden unter dem Einfluß des sowjetischen Militärkommandanten (der die Einsetzung des am 18. Oktober 1944 von der Regierung in Bukarest ernannten Dumitru Nacu als Präfekt verhindert hatte) Personen der extremen politischen Linken eingesetzt. So wurde am 13. Dezember 1944 Oberst Theodor Sbârcea, Bürgermeister der Stadt Bistritz bis 1940, der nicht antideutsch eingestellt war, seines Postens enthoben. Seinen Platz nahm Stefan I. Pop ein, der seiner eigenen Aussage zufolge mit „der radikalen Umorganisation der autonomen Kreisverwaltung unter Berücksichtigung der organischen Realitäten" begann. Ausdruck dieser vorgegebenen „Autonomie" war die Verordnung 39 der Präfektur, vom Kreisrat gebilligt am 19. Januar 1945, durch die alle Befugnisse der Ministerien auf den Präfekten übergingen. Die Machtbefugnis des Kreisrates (in dem auch die Minderheiten vertreten waren, die deutsche durch Gustav Zikeli) nahm am 2. April 1945 ein Ende, als die rumänische Verwaltung im Kreis Nassod wieder eingesetzt wurde. Doch im Mai 1945 wurden sämtliche Verordnungen der Präfektur aus der Zeit von Oktober 1944 bis März 1945 (als Nordsiebenbürgen unmittelbar durch die Rote Armee und nicht durch die Regierung in Bukarest verwaltet wurde) aufgehoben. Auf Stefan I. Pop folgte Ioan Popu, der durch Anordnung 13252 des Innenministeriums vom 29. Juni 1945 zum Präfekten ernannt wurde. Er übertraf seinen Vorgänger- der behauptet hatte, die Sachsen hätten die Rumänen 800 Jahre lang ihrer Scholle beraubt und sie aus ihren Häusern verjagt -; während seiner gesamten Amtszeit bewies er eine tiefe Antipathie gegen die Sachsen. Er behauptete, diese seien „von hitleristischem Gedankengut durchdrungen" und „sie seien nicht demokratisch erzogen". Er verlangte mehrfach von den Behörden in Bukarest die Deportation der Sachsen in eine andere Region

și ei o atitudine ostilă față de sași, intervenind uneori pentru eludarea unor măsuri ordonate de la București, cu privire la darea în custodia proprietarilor sași reîntorși a bunurilor trecute la C.A.S.B.I.[28].

În urma evacuării atât de masive din septembrie 1944, numărul sașilor rămași în județul Năsăud în momentul intrării trupelor sovietice era de 867 de persoane. Distribuția lor pe plase era următoarea:

- în reședința de județ,
  la Bistrița - 416 persoane;
- plasa Lechința - 155 persoane;
- plasa Bârgău - 150 persoane;
- plasa Centrală - 74 persoane;
- plasa Năsăud - 37 persoane;
- plasa Rodna - 19 persoane;
- plasa Șieu - 16 persoane[29].

În primele trei plase – dintre care Lechința și Centrală erau majoritar săsești înainte de septembrie 1944 – repartiția pe localități a sașilor rămași se prezenta astfel:

- plasa Lechința: Sângeorzu Nou - 6 persoane, Chiraleș - 16, Lechința - 27, Herina - 2, Dipșa - 7, Șieu Maghieruș - 4, Arcalia - 13, Moruț - 80[30];
- plasa Bârgău: Bistrița-Bârgăului - 4, Cușma - 68, Dorolea - 10, Livezile - 29, Petriș - 5, Prundu-Bârgăului - 10, Satu Nou - 13, Tiha Bârgăului - 11[31];
- plasa Centrală: Budacul de Jos - 4, Monariu - 11, Viișoara - 5, Cranimăt - 4, Sigmir - 4, Jelna - 4, Ghinda - 2, Orheiul Bistriței - 18, Unirea - 9, Slătinița - 8, Tărpiu - 5[32].

În plasa Năsăud, în cea mai mare localitate săsească din zona Bistriței, la Dumitra, au rămas 5 sași, iar la Cepari alți 4 sași[33].

La scurt timp după intrarea trupelor sovietice în Bistrița, la 13 octombrie 1944, sunt internați într-un lagăr 40 de maghiari și sași, dar toți au fost eliberați ulterior[34]. Așadar, teama unui masacru din partea rușilor – care a determinat plecarea în septembrie 1944 – nu s-a adeverit. Dimpotrivă, atât curatorul bisericii evanghelice din Bistrița, Rudolf Schuller, cât și Gustav Zikeli au apreciat atitudinea de echidistanță față de toate naționalitățile pe care a avut-o șeful Comandamentului militar sovietic, col. Serbacov. "Ura față de germani, existentă aici, îi era străină"[35].

Așa cum reiese din situația statistică cu privire la sașii rămași în județul Năsăud în urma evacuării, se poate observa că majoritatea lor erau în vârstă

des Landes (dabei dachte er an die im Sommer 1945 zurückgekehrten Sachsen). Mit seiner Haltung und seinem Verhalten der deutschen Bevölkerung gegenüber erwarb er sich seinerzeit den Ruf eines „Sachsenfressers". Seine Nachfolger - ab 26. Februar 1946 Mihai Mihăilaș und ab 17. September 1946 Anton Sirlincan - legten den Sachsen gegenüber gleichfalls eine feindselige Haltung an den Tag, indem sie oftmals Maßnahmen unterliefen, die von Bukarest bezüglich der Aufbewahrung von Eigentum zurückgekehrter Sachsen angeordnet waren, das seinerzeit der C.AS.B.I. übertragen worden war.

Infolge der umfangreichen Evakuierungsmaßnahmen im September 1944 betrug die Zahl der im Kreis Nassod zurückgebliebenen Sachsen zum Zeitpunkt des Einmarsches der sowjetischen Truppen nur 867 Personen. Ihre Verteilung auf die Bezirke sah wie folgt aus:

- Bistritz 416 Personen
- Lechnitz 155,
- Borgo 150,
- Mitte (Plasa centrală) 74,
- Nassod 37,
- Rodna 19,
- Großschogen (Șieu) 16.

In den ersten drei Bezirken – von denen Lechnitz und Mitte bis September 1944 mehrheitlich sächsisch waren - verteilte sich die zurückgebliebene sächsische Bevölkerung folgendermaßen auf die verschiedenen Orte:

- Lechnitz: Sankt-Georgen 6, Kyrieleis 16, Lechnitz 27, Mönchsdorf 2, Dürrbach 7, Ungersdorf 4, Kallesdorf 13, Moritzdorf 80;
- Borgo: Bistrița-Bârgăului 4, Kuschma 68, Klein-Bistritz 10, Jaad 29, Petersdorf 5, Borgo-Prund 10, Oberneudorf 13, Tiha Bârgăului 11;
- Mitte: Deutsch-Budak 4, Minarken 11, Heidendorf 5, Baiersdorf 4, Schönbirk 4, Senndorf 4, Windau 2, Burghalle 18, Wallendorf 9, Pintak 8, Treppen 5.

Im Bezirk Nassod waren in Mettersdorf, der größten deutschen Gemeinde im Raum Bistritz, 5 Sachsen geblieben, in Tschippendorf 4 Sachsen.

Kurze Zeit nach dem Einmarsch der sowjetischen Truppen nach Bistritz wurden am 13. Oktober 1944 in einem Lager 40 Ungarn und Sachsen festgesetzt, aber später wieder freigelassen. Demnach hatte sich die Furcht vor einem Massaker durch die Sowjets, die im September 1944 zur Flucht geführt hatte, als unbegründet erwiesen. Im Gegenteil: Sowohl der Kurator der evan-

sau căsătoriți cu cetățeni de origine română. Aceasta poate fi explicația pentru numărul redus de deportați în URSS din zona Bistriței în ianuarie 1945 – adevărată lună fatală pentru etnicii germani din sudul Transilvaniei și din Banat. Prin ordinul Comandamentului militar sovietic, inclus în ordonanța Prefecturii județului Năsăud nr. 5/13 ianuarie 1945, sunt ridicați 43 de sași – 38 din Bistrița și 5 din plasa Lechința –, care după o ședere în lagărul din oraș sunt trimiși la muncă în Uniunea Sovietică, la 22 ianuarie 1945[36].

Referitor la deportarea celor 43 de sași în ianuarie 1945, se cuvine a fi amintită o realitate care, totuși, trebuie înțeleasă în contextul nenorocirilor celui de-al doilea război mondial. Spre sfârșitul anului 1944 și începutul lui 1945, în Bistrița se întorc mulți evrei deportați de către autoritățile horthyste. Ulterior vin evrei din Basarabia și Bucovina de Nord, iar în mai 1945 Consiliul Politic Județean (structură de control și îndrumare a Prefecturii) hotărăște colonizarea în oraș a 500 dintre aceștia[37] (echipele care au efectuat curățenia caselor destinate adăpostirii lor au fost formate din sași reîntorși). "În timp ce aceștia [cei din Basarabia și Bucovina de Nord] s-au comportat pasiv față de sași, furia evreilor băștinași pentru tot ce era german a fost fără margini. Doreau să se răzbune. Ceea ce a făcut național-socialismul națiunii lor, ceea ce a făcut guvernul ungar prin deportarea condusă de acesta și exterminarea majorității familiilor lor, toate acestea trebuiau să le simtă sașii rămași. Când, la mijlocul lunii ianuarie 1945, tineretul sas a fost deportat în Rusia, se citea bucuria pe fața evreilor. Au jucat rolul principal în cercetarea celor ce urmau să fie deportați, la paza și transportul acestora. Câteva luni mai târziu, când au început să se întoarcă sașii refugiați și aceștia au fost închiși în lagăr, evreii asigurau paza, iar mai târziu au avut rolul conducător în toate acțiunile dușmănoase contra sașilor"[38]. Poate că acest lucru n-ar fi fost de amintit dacă nu s-ar fi petrecut și în alte orașe ardelene de unde au fost deportați sași, așa cum a fost cazul Sibiului[39] (cu toate că evreii de aici – ca de altfel cei din întreaga Românie – nu au fost deportați în lagărele de exterminare, așa cum s-a întâmplat cu evreii din Ardealul de Nord).

1.4.2 Întoarcerea în 1945 a unei părți dintre sașii refugiați

După cum am mai arătat, majoritatea celor plecați în septembrie 1944 și-au găsit adăpost

gelischen Kirche von Bistritz, Rudolf Schuller, als auch Gustav Zikeli haben die Gleichbehandlung aller Nationalitäten durch den Chef der sowjetischen Militärkommandantur, Oberst Serbacov, hervorgehoben. „Der damals hier bestehende Deutschenhaß war ihm fremd."

Wie aus den statistischen Unterlagen über die zurückgebliebenen Sachsen im Kreis Nassod hervorgeht, ist festzustellen, dass sie in ihrer großen Mehrheit in fortgeschrittenem Alter oder mit Personen rumänischer Herkunft verheiratet waren. Das ist auch die Erklärung für die geringe Zahl von Personen, die im Januar 1945 in die UdSSR deportiert wurden. Auf Anordnung der Sowjetischen Militärkommandantur, aufgenommen in die Verordnung 5 vom 13. Januar 1945 der Nassoder Präfektur, wurden 43 Sachsen ausgehoben, davon 38 aus Bistritz und 5 aus dem Bezirk Lechnitz. Nach einem Aufenthalt in einem Lager in der Stadt wurden sie am 22. Januar 1945 zur Arbeit in die Sowjetunion abtransportiert.

Im Zusammenhang mit der Deportation der 43 Sachsen im Januar 1945 muß an die damalige Situation erinnert werden, die nur im Kontext des im Zweiten Weltkrieg geschehenen Unheils zu verstehen ist. Gegen Ende 1944 und Anfang 1945 kehrten zahlreiche vom Horthy-Regime deportierte Juden nach Bistritz zurück, anschließend kamen aus Bessarabien und der Nordbukowina stammende Juden zurück. Im Mai 1945 beschloß der Politische Kreisrat (eine zur Kontrolle und Anleitung der Präfektur neugeschaffene Instanz) die Ansiedlung von 500 dieser Juden in der Stadt (die Arbeitsgruppen zur Instandsetzung der Häuser für sie wurden aus zurückgekehrten Sachsen gebildet). „Während [jüdische Familien aus der Bukowina und Bessarabien] sich dem Deutschtum gegenüber passiv verhielten, hatte die Wut der zurückgekehrten einheimischen Juden gegen alles, was deutsch war, keine Grenzen. Sie stellten sich auf den Standpunkt der Vergeltung. Was der Nationalsozialismus ihrem Volke angetan hatte, was die ungarische Regierung durch die von ihr vorgenommene Deportation und die Vernichtung der meisten jüdischen Familien verbrochen hatte, alles dies sollten die hier zurückgebliebenen Sachsen büßen. Als Mitte Januar 1945 die sächsische Jugend nach Rußland deportiert wurde, las man den Juden ihre Schadenfreude darüber vom Gesicht ab. Sie spielten beim Auskundschaften der zu Deportierenden und bei der Bewachung derselben und ihrem Abtransport die Hauptrol-

pe teritoriul austriac şi în ţinuturile cehoslovace. Apropierea trupelor sovietice de aceste regiuni i-a îndemnat pe unii refugiaţi din ţinuturile cehoslovace să se îndrepte în grabă mai spre vest, în Bavaria, iar pe cei din Austria Inferioară în cea Superioară. Însă nu toţi au reuşit să facă la timp acest lucru, ajungându-se astfel la divizarea unor comunităţi ce au avut până atunci acelaşi destin.

Prima comunitate săsească nord-ardeleană dislocată şi divizată în urma pătrunderii trupelor sovietice pe teritoriul Reichului a fost cea din Chiraleş, stabilită după refugiu în sudul Austriei Inferioare, în zona oraşului Wiener Neustadt, nu departe de frontiera austro-ungară. Aceştia – încartiruiţi câte două familii într-o comună –, chiar în Săptămâna Mare a anului 1945, respectiv la 31 martie, primesc din partea Armatei Roşii *ordin de întoarcere* în ţara de origine. În urma expulzării, 40 de familii au fost nevoite să revină în Transilvania (s-au întors cu căruţele, parcurgând câte 50-60 km pe zi), însă alte 42 de familii au reuşit să se „strecoare" în Austria Superioară, în zona Braunau/Inn, iar de acolo să fugă spre Bavaria. În faţa înaintării trupelor sovietice, saşii din Lechinţa, stabiliţi în zona Hollabrunn, în partea de nord a Austriei Inferioare, pornesc la 6 aprilie 1945 spre vest, urmaţi peste două zile de cei din Viişoara (stabiliţi în Regiunea Sudetă, aproape de fosta frontieră austriaco-cehoslovacă), precum şi de cea mai mare parte a saşilor din Jelna, Petelea, Ideciul de Jos şi Dedrad (aflaţi în nordul Austriei Inferioare). Aceştia, organizaţi în convoaie, au înaintat spre zonele controlate de aliaţii occidentali, trecând prin sudul vechii graniţe dintre Austria şi Cehoslovacia, iar din oraşul Freistadt, din Mühlviertel, s-au îndreptat spre Passau, ajungând în Bavaria de Sud. La timp au reuşit să fugă spre vest şi cea mai mare parte a saşilor originari din Batoş, aflaţi iniţial în partea de sud a Austriei Inferioare, care aveau să ajungă în landul Salzburg; la fel au procedat şi saşii din Sigmir, care însă s-au despărţit de aceştia în zona Vöcklabruck. Tot din partea de sud a Austriei Inferioare, din regiunile St. Pölten şi Amstetten, s-au deplasat în zonele controlate de americani majoritatea saşilor din Sângeorzu Nou, Teaca, Dipşa şi Drăuşeni[40].

Acestea au fost însă cazurile fericite, când saşii evacuaţi s-au mobilizat rapid pentru a pleca în al doilea refugiu spre vest, scăpând de samavolniciile Armatei Roşii. Nu acelaşi lucru s-a întâmplat cu *majoritatea* celor aşezaţi

le. Als einige Monate später die mit den deutschen Truppen geflüchteten Sachsen heimzukehren begannen und in Bistritz in Sammellager gesteckt wurden, stellten die Juden die Wachen und hatten auch später bei allen sachsenfeindlichen Kundgebungen die führende Rolle." Diese Verhaltensweisen der Juden waren keine Einzelhandlungen, sondern fanden auch in anderen siebenbürgischen Städten statt, aus denen Sachsen deportiert wurden. So ist es beispielsweise auch in Hermannstadt gewesen (obwohl die hier ansässigen Juden, wie übrigens alle Juden aus Rumänien, nicht in die Vernichtungslager transportiert wurden, wie dies mit denjenigen aus Nordsiebenbürgen geschehen war).

1.4.2 Die Rückkehr eines Teiles der geflüchteten Sachsen

Wie schon erwähnt, hatten die meisten Evakuierten auf österreichischem oder tschechoslowakischem Territorium Zuflucht gefunden. Nach dem Vordringen der sowjetischen Truppen auf deutsches Staatsgebiet wurden die geflohenen Sachsen, die sich im Kontrollbereich der Sowjetunion befanden, nach Siebenbürgen zurückgeschickt. Ein Teil (speziell aus dem Sudetengebiet und Niederösterreich) konnte sich noch vor der deutschen Kapitulation durch erneute Flucht in Richtung Westen retten (Bayern bzw. Oberösterreich). Dabei kam es in einigen Fällen zur Trennung von Dorfgemeinschaften. Die erste nordsiebenbürgische sächsische Gemeinde mit diesem Schicksal war Kyrieleis, die zunächst im Süden von Niederösterreich bei Wiener Neustadt in der Nähe der österreichisch-ungarischen Grenze war. Die Kyrieleiser, jeweils zwei Familien pro Ort einquartiert, erhielten in der Osterwoche 1945, am 31. März 1945, von der Roten Armee den Befehl zur Rückkehr in das Heimatland. Darauf mussten 40 Familien mit ihren Treckwägen zurück nach Siebenbürgen (etwa 50-60 km pro Tag), während es weiteren 42 Familen gelang, sich nach Oberösterreich in das Gebiet Braunau am Inn „durchzumogeln". Von hier flüchteten sie nach Bayern. Vor den heranrückenden sowjetischen Truppen, ergriffen die Sachsen aus Lechnitz aus dem Bereich Hollabrunn im nördlichen Teil Niederösterreichs ab dem 6. April 1945 die Flucht nach Westen, zwei Tage später die Heidendorfer (aus dem Grenzgebiet des Sudetenlandes) sowie der größte Teil der Sachsen aus Senndorf, Birk, Niedereidisch und Deutsch Zepling (alle im Norden Niederösterreichs). Im Treck organisiert, bewegten sich

Localităţile din Austria şi din regieunea sudetă unde au fost repartizaţi evacuaţii saşi

în ţinuturile cehoslovace, dar şi cu mulţi din cei stabiliţi în Austria Inferioară şi în Mühlviertel – regiuni ce au ajuns sub ocupaţie sovietică (iniţial, sudul Boemiei şi regiunea Mühlviertel au fost ocupate de către americani, însă în vara anului 1945 trec sub administraţia sovieticilor, americanii primind în schimb un sector în Viena; aceasta explică de ce unele comunităţi stabilite în Mühlviertel, precum cele din Livezile şi Tărpiu, sunt expulzate relativ târziu spre Transilvania). Printre cei stabiliţi în Regiunea Sudetă, a căror comunitate avea să fie dislocată şi divizată în primăvara anului 1945, s-au aflat saşii originari din Orheiu Bistriţei (Burghalle). Aceştia, din 7

diese in Richtung der von den Westalliierten besetzten Zonen im Süden der deutsch-österreichischen Grenze über Freistadt im Mühlviertel und Passau nach Niederbayern. Rechtzeitig gelang es noch dem größten Teil der aus Botsch stammenden Sachsen (die sich ursprünglich im südlichen Teil Niederösterreichs befanden) nach Westen zu flüchten und nach Salzburg zu gelangen; ebenso machten es die Sachsen aus Schönbirk, die sich jedoch von ihnen im Bereich Vöcklabruck trennten. Ebenfalls aus dem Süden Niederösterreichs, aus den Gebieten St. Pölten und Amstetten, haben sich in die von den Amerikanern konntrollierten Gebiete die meisten Sach-

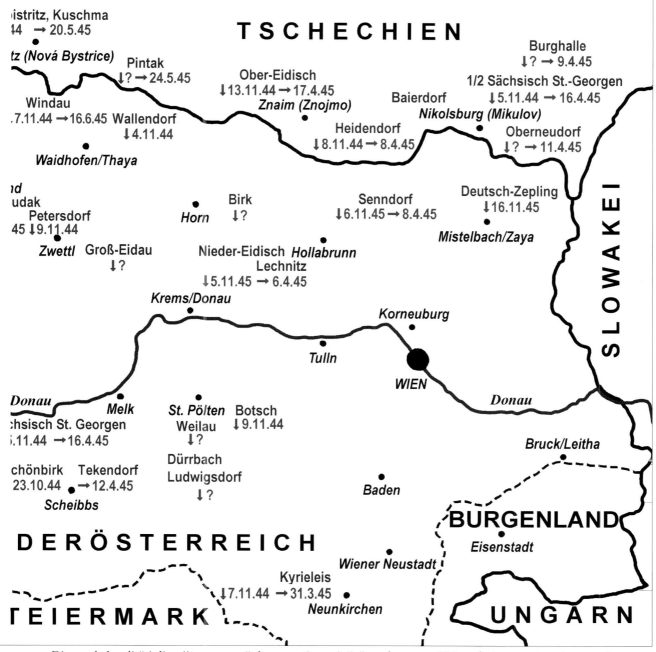

istritz, Kuschma
44 → 20.5.45

T S C H E C H I E N

Burghalle
↓? → 9.4.45

tz (Nová Bystrice) Pintak
↓? → 24.5.45

Ober-Eidisch
↓13.11.44 → 17.4.45
Znaim (Znojmo)

1/2 Sächsisch St.-Georgen
↓5.11.44 → 16.4.45

Baierdorf

Windau
.7.11.44 → 16.6.45 Wallendorf
↓4.11.44

Heidendorf
↓8.11.44 → 8.4.45

Nikolsburg (Mikulov)

Oberneudorf
↓? → 11.4.45

Waidhofen/Thaya

ld
udak
Petersdorf
45 ↓9.11.44

Birk
↓?

Horn

Senndorf
↓6.11.45 → 8.4.45

Deutsch-Zepling
↓16.11.45

Mistelbach/Zaya

Zwettl Groß-Eidau
↓?

Nieder-Eidisch Hollabrunn
Lechnitz
↓5.11.45 → 6.4.45

Krems/Donau

Korneuburg

Tulln

WIEN

S L O W A K E I

Donau

Donau Melk

St. Pölten Botsch
Weilau ↓9.11.44
↓?

Dürrbach
Ludwigsdorf
↓?

:hsisch St. Georgen
.11.44 → 16.4.45

Baden

Bruck/Leitha

chönbirk Tekendorf
23.10.44 ● → 12.4.45

Scheibbs

D E R   Ö S T E R R E I C H

Wiener Neustadt

BURGENLAND
Eisenstadt

Kyrieleis
↓7.11.44 → 31.3.45
Neunkirchen

T E I E R M A R K

U N G A R N

Din unele localități din viitoarea zonă de ocupație sovietică unele comunități au fost evacuate a doua oară

noiembrie 1944 până în aprilie 1945 au locuit în împrejurimile orașului Nikolsburg, fiind răspândiți în șase localități. Peste ani, Georg Poschner – fostul primar, cel care a condus convoiul de refugiați în timpul evacuării din septembrie 1944 – își amintea că sașii se simțeau acolo ca acasă, mai ales că peisajul era asemănător cu cel din ținutul natal, mulți gândindu-se să rămână definitiv în acea regiune. Însă în aprilie 1945, când frontul s-a apropiat la câțiva km de Nikolsburg, o mare parte dintre sași a plecat mai departe, ajungând în Bavaria de Sud. "Această regiune, după capitularea din 8 mai 1945, a însemnat și pentru sași, ca pentru

sen aus Sankt Georgen, Tekendorf, Dürrbach und Draas geflüchtet.

Dies waren jedoch die glücklichen Fälle, wenn die evakuierten Sachsen sich flott wieder auf den Weg machten, um sich im Westen vor der Willkür der Roten Armee zu schützen. Dieses Glück hatten die meisten Evakuierten in den tschechischen Gebieten aber auch viele in Niederösterreich und im oberösterreichischen Mühlviertel nicht. Diese Gebiete gelangten unter sowjetische Besatzung. (Ursprünglich war Südböhmen und das Mühlviertel von Amerikanern besetzt, jedoch wurden diese Gebiete im Sommer

toţi germanii, o zonă de siguranţă, pentru că acolo erau americanii"[41]. Cei care în timpul iernii au fost nevoiţi să-şi vîndă caii pentru că nu-i puteau intreţine, au fost nevoiţi să rămînă în zona Nikolsburg, de unde au fost trimişi înapoi.

Tot din zona oraşului Nikolsburg (azi Mikulov, în Republica Cehă), sunt expulzaţi saşii din Crainimăt, cei din Satu Nou (la 11 aprilie 1945 – 76 de familii, cuprinzând 324 de persoane, sunt nevoite să se întoarcă în Transilvania, în timp ce 41 de familii, respectiv 134 de persoane, reuşesc să ajungă în zonele controlate de americani), precum şi acei saşi din Sângeorzu Nou care erau stabiliţi aici (la 16 aprilie 1945; jumătate dintre saşii originari din Sângeorzu Nou au ajuns în urma evacuării în sudul Austriei Inferioare, reuşind să se refugieze în Austria Superioară, controlată de americani). Saşii stabiliţi în zona oraşului Neubistritz (Nová Bystrice), primesc la mijlocul lunii mai 1945 ordinul de a părăsi această regiune: „Fiecare trebuie să se întoarcă înapoi, acolo de unde a venit"[42]. Astfel, la 20 mai 1945 sunt obligaţi să se întoarcă saşii originari din Dorolea, peste patru zile cei din Slătiniţa, urmaţi apoi de cei din Şieu şi Posmuş, care erau stabiliţi în zona oraşelor Krummau (Cesky Krumlov) şi Kaplitz (Kaplice). Ca măsură de prevenţie în situaţia tot mai periculoasă ce se configura în Regiunea Sudetă, gimnaziştii bistriţeni şi reghineni aflaţi în oraşul Reichenberg, împreună cu profesorii lor, sunt evacuaţi în grabă la începutul lunii mai 1945, găsindu-li-se un adăpost sigur la sud de Salzburg, în Zell am See[43].

Aceeaşi soartă – expulzarea spre Transilvania – au avut-o şi mulţi saşi din Austria Inferioară (ocupată de sovietici), care nu au reuşit să plece în timp util spre Austria Superioară sau Bavaria. Printre ei s-au aflat şi cei din Ghinda, aşezaţi în nordul regiunii, aproape de vechea frontieră cu Cehoslovacia. La 1 mai 1945, primarul localităţii Heidenreichstein îl înştiinţează pe parohul Ghindei, pr. Wilhelm Litschel, că saşii trebuie să părăsească regiunea până la mijlocul lunii. Între timp, doi bărbaţi au mers la Viena, pentru a se interesa de la însărcinatul cu afaceri al României despre ceea ce-i poate aştepta dacă se întorc în ţară. Aici sunt înştiinţaţi că România este singura ţară din Est care primeşte înapoi etnici germani, dar că nici proprietăţile, nici casele nu le vor primi curând înapoi, în plus, nefiind exclus ca tinerii să fie trimişi la muncă în URSS. După multe frământări, unii propun să se încerce, totuşi, ajungerea pe teritoriul german. La 16

1945 den Sowjets übergeben, wofür die Amerikaner einen Sektor in Wien erhielten. Dies erklärt, warum einige sächsische Gemeinden im Mühlviertel, wie z.B. Jaad oder Treppen, erst relativ spät in Richtung Siebenbürgen in Marsch gesetzt wurden). Unter denjenigen, die im Sudetenland gelandet waren und deren Gemeinde im Frühjahr 1945 getrennt werden wird, waren die Sachsen aus Burghalle. Diese lebten vom 7. November 1944 bis April 1945 in der Gegend um Nikolsburg in 6 Orten. Jahre später erinnerte sich Georg Poschner, der frühere Bürgermeister, der auch den Treck der Evakuierten ab September 1944 geleitet hatte, erinnerte sich später, dass sich die Sachsen dort wie zu Hause fühlten und gerne dort geblieben wären, auch weil die Gegend der heimatlichen Gegend ähnelte. Als sich jedoch die Front im April 1945 bis auf einige Kilometer vor Nikolsburg näherte, rettete sich ein großer Teil seiner Landsleute durch die zweite Flucht nach Niederbayern. „Diese Gegend war auch für uns Sachsen, wie auch für alle anderen Deutschen nach der deutschen Kapitulation vom 8. Mai 1945 eine sichere Region, weil hier die Amerikaner waren." Diejenigen, die während des Winters ihre Pferde verkaufen mussten, weil sie für diese kein Futter hatten, mussten in der Region Nikolsburg bleiben und wurden am 9. April 1945 nach Siebenbürgen zurückgeschickt.

Ebenfalls im Bereich Nikolsburg (heute das tschechische Mikulov) wurden zurückgeschickt: die Sachsen aus Baierdorf, aus Ober-Neudorf (am 11. April 1945 – müssen 76 Familien mit 324 Personen nach Siebenbürgen zurückkehren, während 41 Familien mit 134 Personen in die amerikanische Zone gelangen), sowie diejenigen aus Sankt Georgen, die hier wohnten (am 16. April 1945; die andere Hälfte der aus Sankt Georgen stammenden Sachsen waren im Süden Niederösterreichs angekommen und von hier gelang ihnen die Flucht nach Oberösterreich in die amerikanische Zone). Die Sachsen aus der Zone Neu-Bistritz (Nová Bystrice) erhalten Mitte Mai 1945 den Befehl, dieses Gebiet zu verlassen: „Jeder muss dorthin zurückkehren, von wo er gekommen ist." So müssen am 20. Mai die Sachsen aus Kleinbistritz und vier Tage später die aus Pintak zurückkehren, gefolgt von denjenigen aus Schogen und Passbusch (aus dem Gebiet um Krumau (Cesky Krumlov) und Kaplitz (Kaplice). Als Vorsichtmaßnahme in der immer gefährlicheren Lage, die sich im Sudetengebiet abzeichnete, wurden in großer Eile die Bistrizer und Sächsisch Regener Gymnasiasten und

mai pornesc spre Mühlviertel (la acea vreme sub controlul americanilor), cu gândul de a se îndrepta apoi spre Bavaria. Însă în drum spre Freistadt, la trecerea dintre zona sovietică și cea americană sunt opriți, fiind apoi constrânși să se întoarcă în România[44].

După ce regiunea Mühlviertel ajunge în administrarea trupelor sovietice, sașii stabiliți aici sunt trimiși și ei spre Transilvania. Astfel, cei originari din Tărpiu, așezați în împrejurimile orașului Neufelden, primesc următoarea înștiințare din partea Armatei Roșii: „Sub mandatul Comandamentului militar sovietic, trebuie imediat să vă întoarceți în țara de origine. Locuința dumneavoastră actuală trebuie să o lăsați în bună stare. În cazul în care nu dispuneți de un vehicul propriu, trebuie să efectuați acest drum cu trenul, respectiv cu un alt vehicul, contra cost"[45].

În aceste condiții, la 15 august 1945 sunt trimiși cu trenul spre Transilvania 25 de familii, iar 105 familii (500 de persoane) pornesc în convoi cu propriile căruțe. Aceștia din urmă, după trei zile ajung la frontiera cu Ungaria. Însă un grup de bărbați ce a plecat pentru informare la Sopron (Ödenburg), avea să afle că persoanelor care se întoarseră mai demult li s-au luat în Ungaria toate bunurile. Aflând aceasta, s-a luat decizia de a mai aștepta în Burgenland. Spre norocul lor, până în octombrie 1945 toți și-au găsit de lucru și adăpost pe la gospodăriile țăranilor austrieci[46]. De asemenea, un grup de sași originari din Unirea, care a fost tâlhărit în Ungaria, s-a întors în Burgenland și s-a stabilit la Pressbaum, lângă Viena.

Expedierea spre Transilvania a sașilor din Regiunea Sudetă a fost efectuată atât de Armata Roșie, cât și de militarii și partizanii cehi, care au expulzat spre Germania, în aceeași perioadă, aproximativ 3 milioane de germani sudeți; astfel, foarte mulți sași din zona localităților Rottenschrachen, Znaim și Mährisch-Schönberg au fost trimiși de cehi spre Transilvania.

Dacă evacuarea în 1944 s-a desfășurat într-un mod extrem de bine organizat, revenirea în Transilvania s-a făcut în dezordine și nesiguranță, pericolele însoțindu-i la tot pasul pe cei ce se întorceau. Condițiile grele în care s-au întors au făcut ca numărul celor bolnavi și incapabili de muncă să fie extrem de mare, așa cum reiese din diferite rapoarte ale jandarmeriei, întocmite în vara și toamna anului 1945.

Este greu de stabilit motivația Armatei Roșii pentru expedierea spre Transilvania a sașilor

deren Lehrer Anfang Mai 1945 aus Reichenberg in ein sicheres Quartier südlich von Salzburg nach Zell am See evakuiert.

Das gleiche Schicksal – die Rückführung nach Siebenbürgen – hatten auch viele Sachsen aus dem sowjetisch besetzten Niederösterreich, denen es nicht gelungen war, sich rechtzeitig nach Oberösterreich oder nach Bayern abzusetzen. Unter ihnen waren auch diejenigen aus Windau, die im Norden Niederösterreichs in der Nähe der alten Grenze zur Tschechoslowakei waren. Am 1. Mai 1945 teilt der Bürgermeister von Heidenreichstein dem Windauer Pfarrer Wilhelm Litschel mit, die Sachsen müssten die Region bis Mitte des Monats verlassen. Unterdessen waren zwei Männer nach Wien gereist, um vom dortigen Gesandten Rumäniens in Erfahrung zu bringen, was sie bei einer eventuellen Rückkehr nach Rumänien erwarten würde. Hier werden sie darüber in Kenntnis gesetzt, dass Rumänien das einzige Land im Osten sei, das seine Deutschen wieder aufnimmt, jedoch deren Besitz (Grund und Häuser) nicht zurück erstatten würde und außerdem sei es nicht unwahrscheinlich, dass die Jungen zur Arbeit in die UdSSR geschickt würden. Nach mehreren quälenden Besprechungen schlagen einige vor, dennoch zu versuchen, nach Westen ins Mühlviertel (damals von den Amerikanern besetzt) zu fliehen, um von hier nach Bayern zu gelangen. Am 16. Mai geht es los, jedoch werden sie auf dem Weg nach Freistadt an der sowjetisch-amerikanischen Demarkationslinie aufgehalten und ihnen wird befohlen, nach Rumänien zurückzukehren.

Nachdem das Mühlviertel unter sowjetische Militärverwaltung gelangt, werden die hier lebenden Sachsen nach Siebenbürgen zurückgeschickt. So erhalten z.B. die aus Treppen stammenden Sachsen im Bereich Neufelden folgende Mitteilung von der Roten Armee: „Unter dem Mandat der sowjetischen Kommandantur müssen Sie sofort in ihr Heimatland zurückkehren. Ihre derzeitige Wohnung müssen Sie in bestem Zustand verlassen. Sofern Ihnen kein eigenes Fahrzeug zur Verfügung steht, müssen Sie die Fahrt mit der Eisenbahn oder einem anderen Verkehrsmittel gegen Bezahlung antreten."

Unter diesen Bedingungen wurden am 15. August 1945 25 Familien mit dem Zug während 105 Familien (mit ca. 500 Personen) im Treck mit den eigenen Pferdewagen in Richtung Siebenbürgen auf den Weg gebracht. Der Treck gelangt nach drei Tagen an die ungarische Grenze. Hier begibt sich eine Gruppe von Männern

găsiţi pe teritoriile ocupate de către ea, cu atât mai mult cu cât, în aceleaşi zone, a contribuit la expulzarea *în Germania* a etnicilor germani – cei din ţinuturile cehoslovace, din Prusia Orientală, Silezia şi celelalte teritorii germane atribuite Poloniei. Pentru gestul ei, Armata Roşie nu a oferit explicaţii saşilor, ci prin ofiţeri le-a înmânat adeverinţe în limbile rusă şi germană, prin care se atesta că revin în Transilvania[47]; acest ordin aveau să-l primească aproximativ un sfert dintre cei evacuaţi în septembrie 1944.

Pe de altă parte, nici autorităţile locale austriece – cel puţin cele din zona de ocupaţie sovietică – nu s-au arătat dispuse să intervină pentru rămânerea acestor refugiaţi din Transilvania, eschivându-se către reprezentanţii lor, care le-au cerut sprijinul, că pe teritoriul austriac se găsesc prea mulţi refugiaţi, majoritatea neavând dreptul – spre deosebire de saşi – de a reveni în ţara natală. Nu trebuie de neglijat nici un alt aspect – relevant şi în cazul saşilor ajunşi în Bavaria de Sud –, şi anume cel confesional, faptul că saşii erau evanghelici (protestanţi), iar Austria o ţară preponderent catolică. În acelaşi timp, în situaţia deosebit de dificilă sub aspect material în care se aflau în primăvara anului 1945 mulţi saşi evacuaţi, au fost unii dintre ei – în general persoane în vârstă – care au crezut că întoarcerea în Transilvania (şi, deci, posibilitatea de a-şi lucra propriul pământ) ar fi soluţia pentru rezolvarea problemei lor.

Pentru majoritatea celor reveniţi, intrarea în România a avut loc pe la Oradea, iar aici aveau să trăiască primul şoc al reîntoarcerii pe pământul ţării natale. Iată cum descrie Gertrud Urban momentul sosirii la Oradea: "În Oradea am fost opriţi. Tot ce mai aveam la noi a fost încărcat în nişte camioane, apoi am fost conduşi într-un lagăr [amenajat în vechea cetate a oraşului]. Eram aproximativ 300-400 de oameni. În curtea interioară era tot *un chi*u şi un vai. Sute de saşi ce se întorceau în Transilvania erau aduşi de la gară aici. Am fost obligaţi să despachetăm totul. Trebuia să păstram doar cât puteam duce în două mâini (lenjerie şi haine pentru un schimb). Restul ne-a fost luat. [...] Ni s-au împărţit camere şi dormeam pe jos, unul lângă altul. Trebuiau să fie opriţi acolo numai tinerii. Părinţii şi femeile cu copii puteau merge mai departe, însă nu au făcut asta, am stat toţi acolo. Suferinţa era mare. Mulţi copii mici au murit şi au fost îngropaţi acolo. Tinerii au fost duşi la curăţenia şi refacerea oraşului, la muncă pe terenurile agricole care aparţineau primăriei.

nach Ödenburg (Sopron), um Informationen einzuholen und erfährt, dass früheren zurückkehrenden Flüchtlingen in Ungarn das gesamte Hab und Gut weggenommen wurde. Daraufhin beschlossen sie, noch einige Zeit im Burgenland abzuwarten. Zu ihrem Glück fanden sie bis Oktober 1945 alle Arbeit und Unterkunft bei österreichischen Bauern. Ebenso kehrte eine Gruppe Wallendorfer Sachsen, die in Ungarn bestohlen wurden, ins Burgenland zurück und ließ sich in Pressbaum bei Wien nieder.

Die Rückführung der Sachsen aus dem Sudetenland nach Siebenbürgen wurde sowohl von der Roten Armee als auch von den tschechischen Soldaten und Partisanen, die während dieser Zeit rund 3 Millionen Sudetendeutsche vertrieben haben, durchgeführt. So sind sehr viele Sachsen im Raum Rottenschrachen Znaim und Mährisch-Schönberg von Tschechen nach Siebenbürgen in Marsch gesetzt worden.

Während sich die Evakuierung 1944 außerordentlich präzise organisiert vollzog, fand die Rückführung nach Siebenbürgen unter Bedingungen der Unordnung und Unsicherheit statt. Die Gefahren lauerten bei jedem Schritt der Rückkehrer. Die schwierigen Bedingungen der Rückkehr führten dazu, dass die Zahl der Kranken und Arbeitsunfähigen rapide stieg. Dies dokumentieren auch die Berichte der Gendarmerie vom Sommer und Herbst 1945.

Es bleibt ein Rätsel, warum die Rote Armee den Sachsen, die sie auf dem von ihr besetzten Gebiet antraf, die Rückkehr nach Siebenbürgen befahl, während sie die Vertreibung der Deutschen aus den gleichen und anderen Gebieten (aus dem Sudetenland, aus Böhmen und Mähren, aus Ostpreußen, aus Schlesien, aus den anderen den Polen überlassenen Gebieten) - nach Deutschland förderte. Erklärt hat die Rote Armee den Sachsen die Hintergründe nicht, sie hat durch ihre Offiziere den Betroffenen lediglich Bescheinigungen in deutscher und russischer Sprache ausgehändigt, die festhielten, dass diese nach Siebenbürgen zurückkehren würden. Diesen Befehl erhielten etwa ein Viertel der im Herbst 1944 Evakuierten.

Andererseits haben die österreichischen lokalen Behörden – zumindest in der sowjetischen Besatzungszone – keine Anstalten gemacht, für das Bleiben dieser aus Siebenbürgen Evakuierten zu intervenieren. Gegenüber den Vertretern der Flüchtlinge wurde argumentiert, es gäbe auf österreichischem Territorium zu viele Flüchtlin-

Cei ce munceau pe aceste terenuri ascundeau roșii și alte legume pe care le aduceau celorlalți. [...] Altfel am fi murit de foame"[48].

Și pentru Brigitte Landt, drumul spre Transilvania a fost o experiență extrem de dură și care nu se poate uita, aceasta cu atât mai mult cu cât el a fost făcut în condiții deosebit de grele, tocmai din orașul Thorn, aflat în apropierea Danzigului; la rândul ei, Oradea reprezintă o altă amintire dureroasă, deoarece tatăl său a fost trimis de acolo într-un detașament de muncă timp de doi ani, fără ca familia să fie înștiințată unde se află[49].

Asemenea traume au fost trăite de toți cei care au trecut prin lagărul de la Oradea, mulți având parte din plin și de abuzurile și batjocura jandarmilor: unora le-au fost „ceruți" banii pentru a fi preschimbați în lei, pe care însă nu i-au mai primit, adesea le-au fost distruse costumele naționale (jandarmii au folosit pe post de minge *Kompfschmuck*-ul fetelor = podoaba de pe cap), iar unii au fost duși de la gară până la lagăr în marș forțat, fiind obligați să intoneze cântece naționaliste românești, cei care nu îndeplineau acest ordin primind lovituri cu biciul din partea jandarmilor[50].

De la Oradea, unii au fost ridicați și trimiși în lagărele de prizonieri de la Târgu Jiu și Turnu Măgurele, alții – inclusiv femei – au fost repartizați în diferite detașamente de muncă, o parte revenind acasă abia după doi sau trei ani. De asemenea, zvonul despre deportarea tinerilor la muncă în URSS a constituit o teroare permanentă pentru cei din lagărul orădean, însă, din fericire, acest infern nu aveau să-l trăiască și sașii reveniți în țară în vara și toamna anului 1945.

Prin lagărul din Oradea au trecut și cei care s-au întors mai târziu, după 1945. Este cazul Erikăi Lang, expulzată de sovietici spre Transilvania în 1947, din orașul Schwanenstadt, situat în nordul Austriei; din Oradea a fost trimisă pentru trei luni în lagărul de muncă de la Cluj, abia apoi revenind la Bistrița[51].

Acestea au fost doar câteva crâmpeie din destinul unora dintre cei care au trăit atât evacuarea spre Reich, cât și întoarcerea în Transilvania. Situații la fel de dureroase, uneori poate chiar mai dure, au cunoscut toți cei aproximativ 6.000 de sași reveniți în vara și toamna anului 1945 pe meleagurile nord-ardelene. Pentru aceștia începea de acum cea mai dramatică perioadă a existenței lor.

ge, die mehrheitlich - abgesehen von den Sachsen – nicht zurück in ihre Heimatländer zurückreisen dürfen. Ebenso darf auch ein anderer Aspekt, nämlich der konfessionelle außer Acht gelassen werden. Wie in Niederbayern, wo er eine Rolle spielte, war auch hier klar, dass die Sachsen evangelische Christen waren, während Österreich ein mehrheitlich katholisches Land ist. Zugleich hatten einige unter den Sachsen – meistens die Älteren - in der sehr schwierigen Lage des Frühjahrs 1945 geglaubt, die Rückkehr nach Siebenbürgen (und damit die Möglichkeit, den eigenen Grund zu bearbeiten) sei die Lösung für ihre Probleme.

Die meisten Zurückgekehrten betraten erstmals wieder rumänischen Boden hauptsächlich in Großwardein und erlebten hier den ersten Schock der Rückkehr auf den Boden ihres Heimatlandes. Gertrud Urban beschreibt die Ankunft in Großwardein folgendermaßen: „In Großwardein wurden wir angehalten. Alles, was wir mitführten, wurde auf einige Lastwagen verladen und wir wurden anschließend in ein Lager geführt (eingerichtet in der alten Festung der Stadt). Wir waren etwa 300-400 Menschen. Im Innenhof war ein einziges Drunter und Drüber. Hunderte von Sachsen, die nach Siebenbürgen zurückkehrten, wurden vom Bahnhof hierher gebracht. Wir mussten alles auspacken. Wir durften nur das behalten, was wir mit zwei Händen tragen konnten (Unterwäsche und Kleidung zum Wechseln). Der Rest wurde uns weggenommen. [...] Es wurden uns Räume zugeteilt und wir schliefen auf dem Fußboden nebeneinander. Dort sollten nur die Jungen gehalten werden. Eltern und Frauen mit Kindern durften weitergehn, jedoch taten sie dies nicht; sie blieben alle zusammen. Das Leid war groß. Viele Kinder sind gestorben und wurden dort begraben. Die Jungen wurden zum Saubermachen, zum Wiederaufbau der Stadt und zu landwirtschaftlichen Arbeiten auf den Gütern der Stadtverwaltung eingesetzt. Diejenigen, die auf diesen Feldern arbeiteten, versteckten Tomaten und anderes Gemüse und brachten dieses den anderen. [...] Sonst wären wir verhungert."

Auch für Brigitte Landt war der Rückweg nach Siebenbürgen eine äußerst harte, unvergessliche Erfahrung, dies um so mehr, als dieser Weg unter schwierigsten Bedingungen von Thorn bei Danzig bis nach Siebenbürgen führte. In ihrem Fall ist Großwardein auch deswegen eine so enttäuschende Etappe, weil von hier aus ihr Vater in ein Arbeitslager verbracht wurde, wo er zwei

1.4.3 Măsurile discriminatorii aplicate saşilor reîntorşi după evacuare

Aşa cum am mai subliniat, o parte dintre cei evacuaţi au fost trimişi înapoi începând chiar din lunile martie-aprilie, înainte de capitularea Germaniei, astfel că primii saşi reîntorşi aveau să apară în nordul Transilvaniei încă din luna mai 1945.

În lagărul provizoriu organizat la Bistriţa, la 12 mai 1945 sunt internaţi primii opt saşi reîntorşi, în perioada 12 mai-12 iunie alţi 176, iar între 12 iunie-30 iunie sosesc 252 de saşi, numărul lor ridicându-se la 436 în data de 30 iunie 1945[52].

Internarea saşilor reîntorşi s-a făcut pe baza ordinului Direcţiunii Generale a Poliţiei nr. 7.499/26 mai 1945, trimis Poliţiei de Reşedinţă Bistriţa de către Inspectoratul Regional de Poliţie Cluj, prin ordinul nr. 3.095/30 mai 1945. Conform acestuia, "toţi germanii cetăţeni români plecaţi odată cu trupele germane şi care în prezent se întorc la domiciliu, să fie internaţi în lagăr"[53]. În lagărul din Bistriţa, până la 27 iulie 1945 au mai fost internaţi alţi 222 de saşi, numărul lor ridicându-se la 658 de persoane – dintre care 427 din comune, iar 231 din oraş[54].

Iată cum au reacţionat saşii rămaşi în Bistriţa: "La început, când erau puţini cei care s-au întors, noi, cei care am rămas aici, ne-am îngrijit, pe cât erau posibilităţile noastre, de alimentaţia lor. Adunam sau cumpăram alimente, iar o femeie pregătea pentru ei. Dar când s-au întors tot mai mulţi, acest lucru a fost imposibil. Bărbaţii şi femeile care puteau munci, mergeau la lucru ca zilieri şi se îngrijeau de mâncarea celorlalţi"[55].

Supraaglomerarea din lagărul de la Bistriţa, starea fizică precară a celor reîntorşi, precum şi problemele de ordin igienico-sanitar, l-au determinat pe şeful Poliţiei de Reşedinţă Bistriţa, col. Alexandru Gherman, să ceară Prefecturii judeţului Năsăud, încă de la 3 iulie, reglementarea situaţiei celor internaţi. Prin adresa nr. 4181S/3 iulie 1945, după ce arată că la aceea dată erau internaţi 439 de saşi (dintre care 143 de bărbaţi, 175 de femei şi 121 de copii sub 16 ani), prezintă situaţia acestora ca deosebit de dificilă, deoarece "sunt cazaţi într-un local impropriu, neîncăpător, insalubru – după avizul medicului oraşului, un focar de infecţie", iar "din partea autorităţilor nu s-a dat nici un sprijin de ordin material pentru hrana şi alimentaţia acestora, lăsându-se această sarcină în seama internaţilor", remarcând apoi că „70% din cei internaţi sunt improprii oricărei munci manuale"[56].

Jahre blieb, ohne dass seine Familie darüber informiert wurde, wo er festgehalten wird.

Ähnliche Traumata erlebten all diejenigen, die durch das Lager Großwardein hindurch mussten, wobei viele von den Gendarmen missbraucht und gepeinigt wurden. Manchen wurde das Geld „verlangt", um es angeblich in Lei zu wechseln. Oft wurden die Trachtenkleider der Sachsen zerstört (Gendarmen haben den Kopfschmuck der Mädchen als „Spielball"), wieder andere wurden im Marschschritt vom Bahnhof zum Lager geführt, mussten dabei rumänische nationalistische Lieder singen und wurden von den Gendarmen, sofern sie es nicht taten, mit Peitschenhieben traktiert.

Von Großwardein wurden einige Rückkehrer in Gewahrsam genommen und in Arbeitslager nach Târgu Jiu und Turnu Măgurele geführt, andere – inclusive Frauen – wurden in verschiedene Arbeitsbrigaden eingeordnet, wobei manche unter ihnen erst nach zwei bis drei Jahren heimkehren durften. Ebenso war das Gerücht über die Deportation der jungen Erwachsenen zur Arbeit in die UdSSR ein dauerndes Element der Terrorisierung der im Großwardeienr Lager Einsitzenden, jedoch entgingen glücklicherweise die im Sommer und Herbst 1945 zurückgekehrten Sachsen diesem Inferno.

Dem Lager Großwardein entgingen auch die später Zurückkehrenden nach 1945. Ein solcher Fall war derjenige von Erika Lang, die von den Sowjets erst 1947 nach Siebenbürgen aus Schwanenstadt in Österreich zurückbeordert wurde. Aus dem Lager Großwardein wurde sie zunächst für drei Monate ins Arbeitslager nach Klausenburg weitergeleitet und konnte erst nachher nach Bistritz gelangen.

Dies waren nur wenige Einzelfälle, die das Schicksal derjenigen beleuchten, die ins Deutsche Reich evakuiert wurden und nach Siebenbürgen zurückkehren mussten. Ähnliche schmerzliche Erfahrungen, manche wohl noch härter, durchlebten alle rund 6000 Sachsen, die im Sommer und im Herbst 1945 in ihre Heimatgebiete zurückkehrten. Für diese begann erst jetzt die dramatischste Periode ihrer bisherigen Existenz.

1.4.3 Die Diskriminierung der nach der Evakuierung zurückgekehrten Sachsen

Wie schon erwähnt, wurde ein Teil der Evakuierten schon im März-April 1945, also vor der

În urma acestei intervenții, Prefectura județului Năsăud emite ordinul nr. 7667/1945, prin care se dispune efectuarea unei trieri în lagărul din Bistrița, bătrânii și copiii fiind puși în libertate, iar prin ordinul circular nr. 390/20 iulie 1945, Legiunea de Jandarmi a județului Năsăud cere secțiilor din subordine să-i împiedice pe cei eliberați să se reinstaleze în vechile proprietăți[57]. În aceste condiții, spre sfârșitul lunii iulie sunt eliberați 529 de sași – mulți dintre ei trimiși ulterior în detașamentele de muncă de la Cluj –, astfel că la 31 iulie 1945 în lagărul din Bistrița mai erau 129 de sași[58]. Cei eliberați primeau o dovadă prin care se atesta că posesorul ei "este reîntors din refugiu și se pune în libertate din lagărul

deutschen Kapitulation, aus Österreich zurückgeschickt und erreichte teilweise Nordsiebenbürgen schon im Mai 1945.

In dem in Bistritz eingerichteten Übergangslager wurden am 12. Mai 1945 die ersten acht zurückgekehrten Sachsen interniert, vom 12. Mai bis 12. Juni 1945 insgesamt 176 Personen, und zwischen dem 12. und 30. Juni 1945 trafen weitere 252 Personen ein, so dass sich ihre Zahl bis zum 1. Juli 1945 auf 436 erhöht hatte.

Die Internierung der zurückgekehrten Sachsen wurde aufgrund der Anordnung der Generaldirektion der Polizei 7499 vom 26. Mai 1945 durchgeführt, die der Regionalen Polizeistelle in

Schwarzenberg-Kaserne in Bistritz – Lager für die zurückgekehrten Sachsen 1945
Fosta cazarmă Schwarzenberg – Clădirea lagărului din Bistrița pentru sașii reîntorși în 1945

provizoriu Bistrița" (vezi și anexele lucrării); aceștia nu puteau să părăsească localitatea și erau obligați să se prezinte în fiecare duminică pentru viză la Biroul Siguranței.

Trimiterea în detașamentele de muncă s-a făcut pe baza ordinului Inspectoratului General al Jandarmeriei nr. 859/2 iulie 1945, Ministerul Afacerilor Interne având încuviințarea Comisiei Aliate de Control (Sovietice) să-i întrebuințeze pe etnicii germani la muncă în interesul țării – bărbații între 17 și 45 de ani, respectiv femeile între 18 și 30 de ani[59]. În cursul lunii august 1945, din județul Năsăud sunt trimiși în detașamentele de muncă de la Cluj peste 450 de sași ce se încadrau în categoriile de vârstă amintite mai sus, iar prin nota nr. 1025/22 august 1945, Inspectoratul de Jandarmi Cluj, Biroul Poliției,

Bistritz mit Anordnung 3095 vom 30. Mai 1945 durch das Polizeiinspektorat in Klausenburg weitergegeben worden war. Dementsprechend waren „alle Deutschen rumänischer Staatsangehörigkeit, die zusammen mit den deutschen Truppen aufgebrochen und nunmehr an ihren Wohnsitz zurückgekehrt waren, in Lagern zu internieren." Im Lager Bistritz wurden bis zum 27. Juli 1945 weitere 222 Sachsen interniert, so dass ihre Gesamtzahl 658 betrug, von denen 427 aus den Landgemeinden und 231 aus der Stadt stammten.

Wie die wenigen in Bistritz zurückgebliebenen Sachsen auf die Lagerinsassen reagierten, zeigt folgende Aussage: „Anfangs, als nur wenige Rückkehrer in den Lagern waren, sorgten wir Hiergebliebenen, soweit es unsere Mittel erlaub-

cerea Legiunii de Jandarmi a județului Năsăud să respecte întocmai excepțiile prevăzute în ordinul Inspectoratului General al Jandarmeriei nr. 859/2 iulie 1945 (Legiunea de Jandarmi a județului Someș – cea care prelua de la Dej pe sașii aduși până aici pe jos de către jandarmii bistrițeni, deoarece podurile de pe linia de cale ferată Bistrița-Dej erau distruse – prin raportul nr. 4918/19 august 1945 anunța Inspectoratul de Jandarmi Cluj că a găsit într-un lot de sași trimis de jandarmii de la Bistrița un număr de trei persoane bolnave, pe care le-a eliberat)[60]. Cei trimiși în aceste detașamente au lucrat, în primul rând, la refacerea tunelurilor din zona Boju, distruse în urma războiului, iar condițiile de muncă și cele de trai au fost cât se poate de proaste (se lucra în trei schimburi a câte opt ore, iar hrana era constituită în principal din supă de legume și mămăligă)[61]. Spre aceeași destinație urmau să fie trimiși și sașii reveniți în toamna anului 1945, așa cum se arată în nota nr. 1131/26 septembrie 1945 a Inspectoratului de Jandarmi Cluj, înaintată Legiunii de Jandarmi a județului Năsăud: "Toți cetățenii români de origine germană ce îndeplinesc condițiile ordinului nr. 859/2 iulie 1945 și care vor fi identificați în viitor, vor fi trimiși Inspectoratului Regional de Poliție Cluj"[62] (unde se făcea repartizarea în detașamentele de muncă).

Situația deosebit de grea în care se aflau sașii reîntorși i-a îndemnat pe Rudolf Schüller și Gustav Zikeli, cele două mari personalități germane rămase în Bistrița, să trimită memorii și scrisori poliției, guvernului de la București, conducerii centrale și regionale a Partidului Social-Democrat (P.S.D.). În *scrisoarea din 1 iulie 1945* adresată șefului Poliției de Reședință Bistrița, curatorul Rudolf Schüller arăta că sașii reîntorși nu sunt o primejdie pentru statul român, au plecat de teama rușilor, iar întoarcerea lor a fost ordonată de către armata sovietică. Propunând ca soluție încartiruirea obligatorie a sașilor cu coloniștii împroprietăriți, el cerea insistent luarea tuturor măsurilor pentru ca "o mulțime de oameni să nu moară de foame din lipsa unei organizări corespunzătoare"[63]. Emoționantul *memoriu* trimis guvernului la 25 iulie 1945 este o pledoarie bine argumentată pentru contribuția atât de mare pe care sașii au adus-o la ridicarea culturală și materială a românilor ardeleni: "Ce deosebire între satele românești de lângă satele sau orașele săsești, și între cele ale foștilor iobagi și curțile magnaților [unguri]". Considerând discriminările și umilințele la care sunt supuși sașii drept "o rea răsplată a tuturor serviciilor

ten, für deren Nahrung. Wir sammelten und kauften Lebensmittel, eine sächsische Frau in der Oberen Vorstadt kochte für sie. Als aber immer mehr Flüchtlinge zurückkamen, wurde dieses unmöglich. Die arbeitsfähigen Männer und Frauen gingen deshalb zur Arbeit in Tagelohn und sorgten auch für die Arbeit der Übrigen."

Die Überbelegung des Lagers Bistritz, der gesundheitliche Zustand der Zurückgekehrten sowie Probleme der Hygiene veranlassten den Polizeichef von Bistritz, Oberst Alexandru Gherman, bei der Präfektur noch am 3. Juli 1945 eine Regelung der Lage der Internierten zu fordern. Mit Schreiben Nr. 4181S vom 3. Juli 1945 wies er darauf hin, dass zu dieser Zeit 439 Sachsen interniert waren - davon 143 Männer und 195 Frauen sowie 121 Kinder unter 16 Jahren-und schilderte ihre Lage als außerordentlich schwierig, weil „sie in unadäquaten, zu kleinen, unsauberen Räumen untergebracht sind, die vom städ-

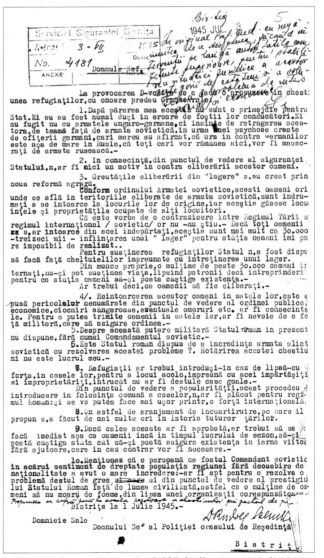

Der Brief von Kurator Rudolf Schüller vom 1. Juli 1945 an den Polizei-Chef von Bistritz

făcute culturii acestei țări în decursul a multe sute de ani", rugând guvernul român "să nu-și însușească exemplul altor țări, ci să rămână fidel tradițiunilor poporului și trecutului acestor meleaguri", Rudolf Schüller propune o soluție unică în felul ei: România să ceară Germaniei, în schimbul datoriei de război, *Domenii de Stat* în regiunile de origine ale sașilor ardeleni, iar aici să fie colonizați mai întâi cei ce se află pe teritoriul austriac și german, apoi cei din Transilvania, statul român primind de la aceștia o rentă anuală. "Statul român și față de istorie și față de viitor își va alcătui un *monument cultural* fericind oameni nevinovați, în loc să-i nimicească"[64]; acestea erau cuvintele și rugămințile *omului* care a înmânat personal regelui Ferdinand actul de adeziune al sașilor ardeleni la unirea Transilvaniei cu România.

Gustav Zikeli a înaintat și el două *memorii* forurilor de decizie ale Partidului Social-Democrat. Primul a fost redactat în noiembrie 1945, cerând conducerii centrale a P.S.D. "să lucreze pentru schimbarea acestui curs șovinist" care domnea în atmosfera politică de la Bistrița. Cel de-al doilea a fost trimis conducerii regionale de la Cluj a P.S.D., în februarie 1946, solicitând acesteia să

tischen Arzt als ein Infektionsherd angesehen werden." . Da „wir seitens der Behörden keinerlei materielle Hilfe bezüglich der Ernährung erhalten, bleibt die Sorge für die Ernährung den Internierten überlassen." Außerdem wird hinzugefügt, dass doch „70% von ihnen zu keiner körperlichen Arbeit fähig sind." Auf dieses Schreiben erlässt die Präfektur des Kreises Nassod den Befehl Nr. 7667/1945, der eine Auswahl der Lagerinsassen in Bistritz befahl: Alte, Kranke und Kinder sollten in Freiheit gesetzt werden. Durch die Anordnung Nr. 390 vom 20. Juli 1945 der Gendarmerieabteilung des Kreises Nassod verlangt von ihren untergeordneten Stellen, die Versuche der Rückkehrer, in ihren alten Besitz zurück zu kehren, zu unterbinden.

Auf diese Weise wurden bis Ende Juli 1945 529 Sachsen entlassen - viele von ihnen wurden später den Arbeitsbrigaden von Klausenburg überstellt -, so dass sich am 31. Juli 1945 nur noch 129 Sachsen im Lager Bistritz befanden. Die Entlassenen erhielten eine Bescheinigung, laut der der Inhaber „von der Flucht zurückgekehrt und aus dem Übergangslager Bistritz entlassen ist" (siehe auch den Anhang der Arbeit). Sie durften ihren Wohnort nicht verlassen und waren

Das bewegende Memorandum von Rudolf Schüller vom 25. Juli 1945 ist auf dünnem, sehr durchsichtigem Papier verfasst und konnte im Archiv nur unzulänglich kopiert werden – Copie a memoriul Dr. Schüller

anuleze hotărârea conducerii locale a aceluiași partid, care se opunea în comisia orășenească reacordării cetățeniei sașilor reîntorși[65].

În ceea ce privește localitățile rurale din județul Năsăud, primii reveniți în număr mai mare au fost sașii din Chiraleș toate cele 102 persoane fiind deja internate în lagăr la data de 19 iunie 1945, când s-a întocmit o primă statistică pe plase a celor reveniți[66]. Iată câteva exemple din principalele localități situate în zona Bistriței:

- între 7-14 iulie revin în Sângeorzu Nou un număr de 74 de familii (202 persoane)[67];
- între 8-15 iulie se întorc în Petriș 119 familii (380 persoane)[68], iar în Satu Nou 80 de familii (261 de persoane)[69];
- până la 18 iulie revin în Slătinița un număr de 208 sași[70];
- până la 24 iulie sosesc în Budacul de Jos 158 de sași[71], iar în Monariu 126[72];
- între 30 iulie-1 august ajung în Livezile 170 de sași[73].

Și în luna august se mențin cote ridicate ale celor reveniți:

- în Dorolea sosesc între 7-17 august un număr de 161 de sași[74], ce se alătură celor 97 reveniți la 3 august[75];
- la Unirea, până la 20 august se întorc 291 de sași[76];
- între 19-25 august revin în plasa Șieu 94 de sași, dintre care 84 în Șieu, 5 în Albeștii Bistriței și alți 5 în Dumitrița[77];
- în același interval ajung în Petriș și Satu Nou un număr de 105 sași plecați în septembrie 1944[78].

Din cauza plasării diferite pe teritoriul austriac și cehoslovac a celor evacuați în septembrie 1944, precum și în urma valului de refugieri spre vest din fața trupelor sovietice, numărul celor reveniți în vara și toamna anului 1945 a variat foarte mult de la o localitate la alta. Într-o analiză comparativă cu situația din 1944, cei mai puțini s-au întors în cele două mari așezări săsești din zona Bistriței, la Dumitra și Lechința (în această ultimă localitate sosesc în 27 august 1945 un număr de 15 sași[79], iar între 1-15 septembrie se întorc alți 5 sași[80]), precum și în localitățile Cepari, Sigmir, Șieu Măgheruș, Arcalia, Viișoara, Dumitrița, Șieu, Albeștii Bistriței, Dipșa, Vermeș, în timp ce în localitățile Slătinița, Unirea, Livezile, Dorolea, Ghinda, Petriș, Cușma, Monariu, Sâniacob și Moruț au revenit mai mult de jumătate dintre cei plecați în septembrie 1944[81].

verpflichtet, sich jeden Sonntag im Büro des Sicherheitsdienstes zu melden.

Die Einbeziehung in die Arbeitsgruppen wurde auf Grund der Anordnung des Generalinspektorats der Gendarmerie Nr. 859 vom 2. Juli 1945 durchgeführt, wobei das Außenministerium die Genehmigung der (sowjetischen) Alliierten Kontroll-Kommission hatte, die Deutschen (Männer zwischen 17 und 45, Frauen zwischen 18 und 30 Jahren) zur Arbeit im Interesse des Staates heranzuziehen. Während des Monats August 1945 wurden in die Arbeitsgruppen für Klausenburg mehr als 450 Sachsen, die den genannten Altersregelungen entsprachen, aufgenommen. Durch die Note Nr. 1025 vom 22. August 1945 verlangt das Polizei-Büro des Gendarmerie-Inspektorats Klausenburg von der Gendarmenlegion des Kreises Nassod, dass es gerade die Ausnahmen der in der Anordnung des Generalinspektorats der Gendarmerie Nr. 859 vom 2. Juli 1945 enthaltenen Bestimmungen einhalten sollte. (Die Gendarmenlegion des Kreises Samosch – diejenige, die in Desch die Sachsen, die bis hierher von Bistritzer Gendarmen zu Fuß transportiert wurden, weil die Brücken der Bahnlinie Bistritz-Desch damals zerstört waren – teilt dem Klausenburger Gendarmerieinspektorat mit, dass sie in einer Arbeitsgruppe von Sachsen, die von den Bistritzer Gendarmen begleitet wurden, drei kranke Personen angetroffen hätte, die sofort befreit wurden). Diejenigen, die hier zur Zwangsarbeit herangezogen wurden, wurden in erster Reihe bei der Wiederherstellung von im Krieg zerstörten Tunnels in der Zone Boju eingesetzt, wobei die Arbeits- und Lebensbedingungen besonders schwierig waren (gearbeitet wurde in drei Schichten zu je acht Stunden und die Nahrung bestand hauptsächlich aus Gemüsesuppe und Polenta). Zu ähnlichen Arbeiten sollten auch die im Herbst 1945 zurückgekehrten Sachsen herangezogen werden. Dies zeigt auch die Note Nr. 1131 vom 26. September 1945 des Gendarmerieinspektorats Klausenburg an die Gendarmerie-Legion des Kreises Nassod: „Alle rumänischen Staatsbürger deutscher Nationalität, welche die Bedingungen der Anordnung Nr. 859 vom 2. Juli 1945 erfüllen und die in Zukunft als solche identifiziert werden, werden dem Gendarmerie-Inspektorat Klausenburg zugeführt" (wo die Aufteilung in die Arbeitslager vorgenommen wurde).

Die außerordentlich schwierige Lage, in der sich die zurückgekehrten Sachsen befanden, veranlaßte die beiden in Bistritz verbliebenen wich-

Iată repartiţia pe plase a celor 3.683 de saşi reîntorşi în judeţul Năsăud până în toamna anului 1945:

- în Bistriţa - 743 (până la 10 noiembrie 1945)[82];
- în plasa Centrală - 1.065 (până la 22 august 1945)[83];
- în plasa Bârgău - 1.291 (până la 9 septembrie 1945)[84];
- în plasa Lechinţa - 447 (până la 14 septembrie 1945)[85];
- în plasa Şieu - 124 (până la 25 august 1945)[86];
- în plasa Rodna - în intervalul 1 iulie-15 decembrie 1945 nu a revenit nici un sas (anterior, saşii trăiau aici răspândiţi în număr foarte mic în diferite localităţi)[87];
- în plasa Năsăud - în acelaşi interval nu a revenit nici un sas (în această plasă erau cuprinse localităţile Dumitra şi Cepari)[88].

Tot în vara şi toamna anului 1945 s-au întors şi o parte dintre saşii originari din zona Reghinului; la rândul lor, şi ei aveau să fie supuşi aceleiaşi lungi serii de persecuţii şi discriminări din partea autorităţilor. Aici, în localităţile Loghig şi Posmuş au revenit mai mult de trei sferturi dintre saşii evacuaţi, în Uila – aproximativ o treime dintre ei, în timp ce în celelalte localităţi – Teaca, Batoş, Dedrad, Ideciu de Sus, Ideciu de Jos, Petelea şi Reghin – s-au întors mai puţin de un sfert dintre cei plecaţi în refugiu în septembrie 1944. Concret, situaţia din zona Reghinului se prezenta[89]:

Nr. crt.	Localitatea	Nr. saşi înainte de evacuare	Nr. saşi reîntorşi
1.	Reghin	2600	370
2.	Dedrad	1800	357
3.	Batoş	1400	333
4.	Petelea	1176	117
5.	Teaca	1100	267
6.	Ideciu de Jos	1007	80
7.	Ideciu de Sus	967	116
8.	Uila	756	271
9.	Posmuş	373	285
10.	Viile Tecii	203	67
11.	Logig	143	117

tigsten deutschen Persönlichkeiten, Rudolf Schüller und Gustav Zikeli, Memoranden und Schreiben an die Polizei, die Regierung in Bukarest sowie die zentrale und regionale Führung der Sozialdemokratischen Partei zu senden. In einem Schreiben vom 1. Juli 1945 an den Polizeichef von Bistritz wies der Kurator der evangelischen Kirchengemeinde Bistritz, Rudolf Schüller, darauf hin, dass die zurückgekehrten Sachsen für den rumänischen Staat keine Gefahr darstellten; sie seien aus Furcht vor den Russen geflohen, ihre Rückkehr sei von der sowjetischen Armee angeordnet worden. Er schlug die obligatorische Einquartierung der Sachsen bei den Umsiedlern vor und forderte nachdrücklich alle Maßnahmen, damit „die Masse der Personen nicht Hungers sterbe, nur weil es an entsprechenden organisatorischen Maßnahmen fehle".

Das der Regierung am 25. Juli 1945 übermittelte bewegende Memorandum war ein mit guten Argumenten versehenes Plädoyer über den großen Beitrag der Sachsen zur kulturellen und materiellen Entwicklung der Rumänen in Siebenbürgen: „Welch ein Unterschied zwischen den rumänischen und den sächsischen Dörfern oder Städten und den Dörfern der früheren Leibeigenen mit den Landsitzen der (ungarischen) Magnaten". Unter Berücksichtigung der Diskriminierungen und Demütigungen, denen die Sachsen „als bösen Lohn für ihre der Kultur dieses Landes durch viele Jahrhunderte erwiesenen Dienste" ausgesetzt waren, und mit der Bitte, die rumänische Regierung „solle nicht dem Beispiel anderer Länder folgen, sondern den Traditionen des Volkes und der Vergangenheit dieser Gegenden treu bleiben", schlug Rudolf Schuller eine in ihrer Art einmalige Lösung vor: Rumänien möge im Tausch gegen die Kriegsschulden die Staatsgüter in den Ursprungsregionen der Siebenbürger Sachsen von Deutschland fordern, und so könnten zunächst die in Österreich und Deutschland befindlichen Sachsen wieder angesiedelt werden, danach die aus Siebenbürgen, und der rumänische Staat solle von diesen eine jährliche Rentenzahlung verlangen. „Der rumänische Staat würde sich sowohl vor der Geschichte als auch vor der Zukunft ein Denkmal setzen, in dem er unschuldige Menschen glücklich macht anstatt sie zugrunde zu richten." Dies waren die Worte und Bitten des Mannes, der König Ferdinand persönlich den Beitrittsbeschluß der Siebenbürger Sachsen zur Vereinigung von 1918 überbracht hatte.

Auch der Journalist Gustav Zikeli sandte zwei Memoranden an die Führungsgremien der So-

Cât priveşte atitudinea Prefecturii judeţului Năsăud faţă de saşii reîntorşi, la scurt timp după numirea în funcţia de prefect, Ioan Popu trimite Ministerului Afacerilor Interne nota confidenţială nr.8.999/5 iulie 1945, în care – după ce prezintă numărul celor internaţi în lagăr la aceea dată, faptul că este posibil să mai revină încă mii de saşi, iar "starea lor de spirit fascisto-hitleristă nu s-a îndreptat" – cere deportarea saşilor într-o altă parte a ţării, "pentru a-şi lua gândul că vor mai ajunge la proprietăţile lor", şi luarea de măsuri la graniţa de vest pentru a interzice intrarea acestora în ţară, deoarece "nu au nimic comun cu ţara, nici cu suflul democratic al noii vieţi"[90].

La şedinţa din 11 iulie 1945 a conducerii judeţene a Frontului Naţional Democrat (F.N.D.), acelaşi prefect anunţă măsurile luate împotriva saşilor reveniţi; aceste măsuri vor fi cuprinse în ordinul secret nr. 330/11 iulie 1945 al Inspectoratului de Jandarmi Cluj, Biroul Siguranţei, trimis Legiunii de Jandarmi a judeţului Năsăud. Conform acestuia, saşii trebuiau să se întoarcă în comunele de origine numai pentru identificare de către secţiile de jandarmi, urmând apoi să fie ridicaţi şi distribuiţi pentru muncă în alte localităţi decât cele natale, jandarmii trebuind să liniştească populaţia colonizată, aducându-i la cunoştinţă faptul că în urma aplicării reformei agrare, saşii şi-au pierdut averile[91].

Mai ales pentru saşii reveniţi la sate, începe de acum o perioadă extrem de dificilă, fiind mutaţi dintr-o localitate într-alta, acest schimb făcându-se pe de o parte între localităţile săseşti, însă cei mai mulţi au fost trimişi în satele compact româneşti din nordul judeţului – zona Năsăudului, acolo de unde au venit majoritatea coloniştilor. "Puţini saşi au fost lăsaţi acasă, cei mai mulţi fiind împrăştiaţi în localităţile româneşti. Câte 5 până la 20 de familii au fost duse în localităţile de pe valea Someşului Mare, la Leşu Ilvei, Ilva Mică, Ilva Mare, Măgura Ilvei, Năsăud, dar şi la Şoimuş, Ragla, Budacul Românesc, Blăjenii de Jos, Blăjenii de Sus. Această acţiune avea scopul de a-i ţine cât mai departe pe saşi de fostele lor proprietăţi şi, pe cât posibil, să fie românizaţi"[92]. De asemenea, mulţi saşi au fost trimişi în partea de est a judeţului Someş (astăzi integrată judeţului Bistriţa-Năsăud), în localităţile Căianu Mic, Căianu Mare, Dobric.

Această acţiune de transferare a saşilor în alte localităţi decât cele de origine – ce a căpătat o intensitate şi mai mare după conferinţa

zialdemokratischen Partei (PSD). Das erste wurde im November 1945 abgefaßt. In ihm bat er die Landesführung der PSD, sie "möge bei der Regierung, in der sie eine bedeutende Rolle spiele, auf eine Änderung dieses chauvinistischen Kurses hinwirken", die die Bistritzer Atmosphäre prägte. Das zweite Schreiben richtete er im Februar 1946 an die regionale Spitze der PSD in Klausenburg. Darin forderte er, den Beschluß der örtlichen Parteiführung aufzuheben, mit dem sie sich in der Städtischen Kommission der Wiederzuerkennung der rumänischen Staatsbürgerschaft an die zurückgekehrten Sachsen widersetzt hatte.

Unter den Landgemeinden des Kreises Nassod kamen in einer größeren Gruppe zunächst die Sachsen nach Kyrieleis zurück. Alle 102 Personen wurden am 19. Juni 1945 in einem in der Gemeinde errichteten Lager interniert. Damals wurde eine erste Liste der im Bezirk zurückgekehrten Flüchtlinge erstellt. Hier noch einige Beispiele aus den in der Region Bistritz gelegenen Ortschaften:

- zwischen dem 7. und 14. Juli kamen nach Sankt Georgen 74 Familien (202 Seelen) zurück;
- zwischen dem 8. und 15. Juli kamen nach Petersdorf 119 Familien (380 Seelen) zurück;
- bis zum 18. Juli kehrten nach Pintak 208 Sachsen zurück;
- bis zum 24. Juli kehrten nach Deutsch-Budak 158 Sachsen, nach Minarken 126 Sachsen zurück;
- zwischen dem 30. Juli und 1. August kamen nach Jaad 117 Sachsen zurück.

Auch im August bleiben die Quoten der Zurückgekehrten recht hoch:

- nach Klein-Bistritz kamen am 3. August 97 und zwischen dem 7. und 17. August 1945 161 Sachsen zurück;
- nach Wallendorf kommen bis zum 20. August 291 Sachsen zurück;
- zwischen dem 19. und 25. August treffen im Bezirk Schogen 94 Sachsen ein (davon 84 in Groß-Schogen, 5 in Weißkirch und weitere 5 in Waltersdorf;
- während des gleichen Intervalls gelangen nach Petersdorf und Neudorf 105 Sachsen, die im September 1944 evakuiert wurden.

Da die sächsischen Flüchtlinge zur Zeit des Vormarsches der sowjetischen Truppen über ganz Deutschland und Österreich und auch durch die weitere Fluchtwelle nach Westen verstreut wurden, war die Zahl der zurückgekehrten Sachsen

administrativă de la Prefectură, din 20 august 1945 – avea să întâmpine multe greutăţi, aşa cum reiese din nota informativă nr. 5.871/1 septembrie 1945 a Legiunii de Jandarmi către Prefectura judeţului Năsăud. Astfel, sunt date câteva exemple: saşii ridicaţi din localitatea Sigmir de către jandarmii din Sărata, au fost repartizaţi comunei Blăjenii de Jos, însă primarul de aici nu le-a permis intrarea în comună, saşii revenind la Sigmir, unde "stau grămadă în şcoala primară şi sunt fără hrană"; în alt caz, saşii din Budacul de Jos, repartizaţi comunei Rodna, au fost transportaţi cu opt căruţe ale coloniştilor din Budacul de Jos, însă primarul din Rodna confiscă aceste căruţe, motivând că ele sunt ale saşilor. Concluzionând că "situaţia este similară în tot judeţul", prin notă se cerea Prefecturii ca autorităţile locale să acorde sprijin jandarmilor pentru ca aceştia să-şi poată îndeplinii ordinele[93].

În ceea ce-i priveşte pe saşi din Bistriţa, cei care nu au fost duşi în detaşamentele de muncă de la Cluj au fost utilizaţi la muncă pentru refacerea distrugerilor şi pentru curăţenia oraşului, conform deciziei Consiliului Politic al F.N.D., din 25 august 1945[94]. Pentru o zi de muncă în folosul primăriei se primea suma derizorie de 1800 lei, dintre care 800 lei se reţineau pentru

in den meisten Orten der Region Bistritz recht unterschiedlich. Im Vergleich zu 1944 sind die wenigsten Sachsen in die beiden stärksten Gemeinden der Bistritzer Zone, Mettersdorf und Lechnitz zurückgekehrt (nach Metterdorf kam keiner zurück - vor der Evakuierung betrug ihre Zahl annäherd 1200, also über 82 % der Gemeindeeinwohner; nach Lechnitz kamen am 27. August 15 und vom 1. bis 15. September weitere 5 Sachsen zurück - vor der Evakuierung betrug ihre Zahl 1134 oder 78,9 % der Bevölkerung), ebenso nach Tschippendorf, Schönbirk, Ungersdorf, Kallesdorf, Heidendorf, Waltersdorf, Großschogen, Weißkirch, Dürrbach, Wermesch, während in die Orte Pintak, Wallendorf, Jaad, Kleinbistritz, Windau, Petersdorf, Kuschma, Minarken, Jakobsdorf und Moritzdorf mehr als die Hälfte der 1944 Geflüchteten zurückkehrten.

Hier die Verteilung der 3683 bis Herbst 1945 zurückgekehrten Sachsen auf die verschiedenen Bezirke des Kreises Nassod:

- nach Bistritz kamen 743 zurück (bis 10. November 1945),
- nach Mitte 1065 (bis zum 22. August 1945),
- nach Borgo 1291 (bis zum 9. September 1945),
- nach Lechnitz 447 (bis zum 1. Oktober 1945), und

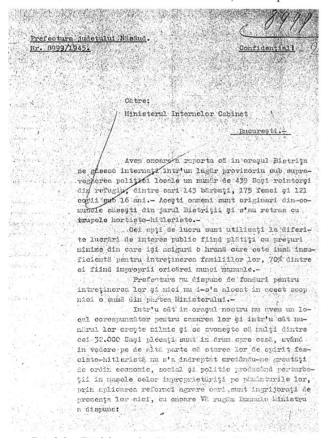
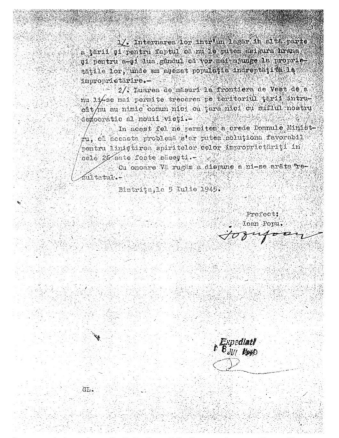

Brief des Präfekten des Kreises Nassod Ioan Popu, an das Innenministerium beinhaltend Informationen über die zurückgekehrten Sachsen im Kreis und Vorschläge zum weiteren Vorgehen (5. Juli 1945).

întreţinerea lagărului şi pentru asigurarea de sănătate, în condiţiile în care 1 litru de lapte costa 1500 lei, 1 kg de pâine - 3500 lei, 1 kg de brânză de oaie - 10.000 lei, 1 kg de carne de porc - 16.000 lei etc. Însă în cea mai dificilă situaţie se aflau persoanele în vârstă care trebuiau să întreţină copiii celor care au fost trimişi în detaşamentele de muncă de la Cluj. În ajutorul lor a căutat să vină Biserica Evanghelică, ce a cerut sprijin financiar din partea saşilor rămaşi, însă sumele strânse erau departe de a acoperi măcar strictul necesar[95].

Starea de spirit a saşilor reîntorşi a făcut obiectul mai multor note informative ale Legiunii de Jandarmi a judeţului Năsăud către Inspectoratul de Jandarmi Cluj. Într-una din ele (cea cu numărul 510/6 august 1945), comandantul acestei legiuni, col. Nicolae Dumitrescu, considera starea lor de spirit ca îngrijorătoare, deoarece "încep îmbolnăvirile din cauza foamei. Cei capabili de muncă – o parte – au fost trimişi în detaşamentul de muncă la Inspectoratul de Jandarmi Cluj, iar cei rămaşi nu pot ca prin munca lor să dea hrană celor neputincioşi". Arătând că saşii "nu sunt cu nimic pregătiţi pentru a învinge rigorile iernii ce se apropie", col. Dumitrescu propunea luarea de măsuri pentru asigurarea hranei în condiţii normale,"cunoscut fiind faptul că foamea este una din cele mai mari pasiuni omeneşti, ale cărei efecte pot fi la un moment dat foarte mari"; această notă informativă a fost trimisă şi Inspectoratului General al Jandarmeriei, precum şi Prefecturii judeţului Năsăud[96].

Situaţia saşilor reîntorşi a rămas în continuare deosebit de grea şi plină de pericole. Astfel, saşii reveniţi la Sâniacob (105 persoane) şi care erau internaţi într-un lagăr în aceea localitate, au fost jefuiţi în două nopţi la rând, în 28 şi 29 august 1945, de indivizi din aceeaşi localitate[97]; cei reîntorşi la Tărpiu sunt jefuiţi chiar de către primarul comunei, care le-a luat haine, pânzeturi, încălţăminte, lenjerie, alimente[98], iar cei din localitatea Şieu Măgheruş de către jandarmii de aici[99]. În ceea ce-i priveşte pe saşii rămaşi, aceştia au avut de suportat valul de discriminări impuse etnicilor germani din România în 1945, dintre care cea mai dureroasă a fost exproprierea totală a proprietăţilor funciare, în urma reformei agrare decretată la 23 martie 1945, foarte mulţi pierzându-şi chiar gospodăriile, respectiv casele de la oraş. În acest context vor fi cazuri de expropriere a celor rămaşi, de confiscare a locuinţelor, de trimitere la muncă în alte localităţi decât cele de origine - situaţii similare

- nach Großschogen 124 (bis zum 25. August 1945).
- In den Bezirk Rodna kamen im Intervall 1. Juli bis 15. Dezember 1945 keine Sachsen zurück (vorher lebten hier nur wenige Sachsen vereinzelt in verschiedenen Orten),
- in den Bezirk Nassod in der gleichen Zeitspanne nicht einer (hier waren sie in Mettersdorf und Tschippendorf zu Hause).

Ebenfalls im Sommer und im Herbst 1945 kehrten auch ein Teil der aus der Region Sächsisch Regen stammenden Siebenbürger Sachsen zurück. Auch sie mussten die lange Serie von Verfolgungen und Diskriminierungen von Seiten der Behörden erdulden. Hier, in den Orten Ludwigsdorf und Passbusch, sind mehr als ¾ der evakuierten Sachsen zurückgekehrt, in Weilau waren es ca. ein Drittel, in den anderen Orten – Tekendorf, Botsch, Deutsch Zepling, Obereidisch, Niedereidisch, Birk und Sächsisch Regen weniger als ein Viertel der 1944 Evakuierten. Im einzelnen sah die Lage im Gebiet Sächsisch Regen folgendermaßen aus:

Lfd. Zahl	Ort	Zahl der Sachsen vor der Evakuierung	Zahl der zurück-gekehr-ten Sachsen
1.	Sächsisch Regen	2600	370
2.	Deutsch-Zepling	1800	357
3.	Botsch	1400	333
4.	Birk	1176	117
5.	Tekendorf	1100	267
6.	Obereidisch	1007	80
7.	Niedereidisch	967	116
8.	Weilau	756	271
9.	Passbusch	373	285
10.	Groß-Eidau	203	67
11.	Ludwigsdorf	143	117

Zur Haltung der Präfektur des Kreises Nassod gegenüber den zurückgekehrten Sachsen ist festzustellen, dass der Präfekt Ioan Popu kurz nach seiner Ernennung unter der Nummer 8999 am 5. Juli 1945 eine vertrauliche Mitteilung an das Ministerium des Innern sandte, in der er die Zahl der zu dieser Zeit in Lagern inter-

cu cele trăite de saşii reîntorşi. Este de exemplu cazul lui Rauh Johann din Chiraleş, care deşi nu s-a refugiat şi nu a făcut parte nici măcar din Uniunea Populară a Germanilor din Ungaria (similară Grupului Etnic German din România) i se vor expropria fără nici o explicaţie 50 iugăre de pământ, în aceeaşi situaţie găsindu-se şi Gross Gheorghe din Bistriţa căruia i se va confisca locuinţa; cererile de restituire adresate de cei doi, vor primi aviz nefavorabil în cadrul şedinţei din 11 noiembrie 1945 a Consiliului Politic Judeţean[100]. La aceeaşi şedinţă, după multe insistenţe din partea celor implicaţi, se aprobă cererea a doi saşi din localitatea Cuşma de a reveni acasă din lagărul de muncă unde au fost trimişi, deşi ei nu au fost refugiaţi[101].

În calvarul saşilor reîntorşi, anul 1946 a marcat un moment aparte, acum petrecându-se – în urma agitaţiilor *comuniste* – primele acte de violenţă împotriva lor. Dar iată atmosfera politică ce domnea în acea perioadă: "Mersul evenimentelor la Bistriţa era dictat, pe atunci, aproape exclusiv de Partidul Comunist. Şedinţele consiliului orăşenesc nu se mai ţineau. În locul acestora, viaţa politică era dirijată de câte un reprezentant al diferitelor partide. Erau [reprezentanţi] din partea celui comunist, social-democrat, liberal, ţărănesc, al Frontului Plugarilor şi din partea grupărilor maghiare şi evreieşti. Reprezentanţii acestor partide erau persoane propuse de cel comunist şi se aflau sub influenţa acestuia, neexistând diferenţe din punct de vedere politic. Nici măcar nu ştiau ce vroia partidul pe care îl reprezentau. [...] Aşa se prezenta situaţia în 1946, când a explodat purtarea foarte încordată împotriva saşilor"[102].

În acest an s-a pus în discuţie acordarea cetăţeniei saşilor întorşi din refugiu. Pentru rezolvarea acestei probleme era răspunzător judecătorul de ocol. Acesta, la începutul lunii mai 1946 acordă cetăţenia câtorva saşi din Slătiniţa şi Unirea[103], fapt ce a generat vii reacţii la nivelul forurilor de conducere ale judeţului, Consiliul Politic Judeţean cerând guvernului să suspende această acţiune[104]. La scurt timp "s-au lipit pe zidurile oraşului afişe fără semnătură, al căror conţinut era plin de ameninţări la adresa acestui judecător şi a saşilor. Judecătorul şi toţi românii bine intenţionaţi cu saşii erau prezentaţi în text ca fiind trădători de neam, slugi ale saşilor. [...] Populaţia din judeţ a fost chemată pentru 14 mai 1946 la o adunare demonstrativă la Casa de Cultură, unde urma să se protesteze împotriva planurilor trădătorilor de neam şi de

nierten Sachsen angab und darauf hinwies, dass noch Tausende mehr zurückkommen könnten. Er verlangte deren Deportation in einen anderen Teil des Landes, „um ihnen den Gedanken zu nehmen, dass sie jemals wieder in ihren Besitz kommen könnten". Und er meinte, dass „ihr faschistisch-hitleristischer Geist sich nicht geändert habe". Er verlangte außerdem auch Maßnahmen an den westlichen Grenzen zu ergreifen, um die Einreise weiterer Sachsen zu verhindern, da „sie nichts mit dem Land gemein haben und auch nichts mit dem demokratischen Geist des neuen Lebens". Auf der Sitzung der Kreisleitung der Nationaldemokratischen Front am 11. Juli 1945 kündigte derselbe Präfekt Maßnahmen gegen die zurückgekehrten Sachsen an. Diese Maßnahmen waren in der Geheimanordnung des Sicherheitsbüros des Gendarmerieinspektorats Klausenburg an die Gendarmerie des Kreises Nassod Nr. 330 vom 11. Juli 1945 enthalten. Nach dieser Anordnung sollten die Sachsen nur zur Registrierung durch die Gendarmerieposten in ihre Ursprungsorte zurückkehren; anschließend sollten sie ausgehoben und zur Arbeit in andere Orte (keine Heimatorte!) , vor allem rumänischen Ortschaften verteilt werden; außerdem sollten die Gendarmen die kolonisierte Bevölkerung „beruhigen" (!) und ihnen beibringen, dass die Sachsen in Anwendung des Gesetzes zur Agrarreform ihr Eigentum verloren hätten.

Jetzt begann vor allem für die auf dem Lande lebenden Sachsen eine sehr schwierige, ja geradezu dramatische Periode: Sie wurden von einem Ort in einen anderen beordert, und das geschah sowohl zwischen einst sächsischen Ortschaften als auch auch in rein rumänische Gemeinden des Kreises Nassod, von wo die meisten Kolonisten kamen. „Bei Auflösung der Bistritzer Lager wurden wenige von den Sachsen nachhause gelassen, die meisten wurden zwangsweise auf rumänische Gemeinden verteilt. Sie kamen zu je fünf bis zwanzig Familien in die Gemeinden des Großen Someschtales, nach Dej, Klein- und Groß-Ilva, Măgura, Nassod und in andere Gemeinden, andere wieder nach Şoimuş, Ragla, Rumänisch-Budak, Ober- und Unterblasendorf und so weiter. Dieser Maßnahme lag wohl die Absicht zugrunde, die Sachsen von ihren Wohnstätten, also von ihrem ehemaligen Besitztum, fernzuhalten und sie wo möglich zu rumänisieren." Viele Sachsen sind auch in den Ostteil des Kreises Somesch (heute Teil des Kreises Bistritz-Nassod) nach Caianul Mic, Caianul Mare und Dobric geschickt worden.

patrie. «Duşmanii poporului vor tremura în faţa naţiunii» - se spunea la sfârşitul chemării "[105].

Adunarea va avea loc cu sala arhiplină. "Agitatori şi regizori ai întregii acţiuni au fost avocatul Brinberg şi comerciantul Glück. Secretarul organizaţiei judeţene a Partidului Comunist, Ioan Negrea, a adunat reprezentanţii partidelor politice la o şedinţă în care a prezentat programul adunării şi a stabilit vorbitorii. [...] La adunare au fost spuse cuvântări de aţâţare împotriva saşilor. Au fost prezentaţi ca trădători de patrie şi ca cei care au supt naţiunea română. [...] La Bistriţa nu s-a întâmplat nimic. Însă când ţăranii au ajuns în localităţile săseşti, au început actele de violenţă împotriva saşilor. Au fost înjuraţi, bătuţi, atât femeile cât şi copiii, în unele locuri au fost izgoniţi din sate. Deosebit de severe au fost actele de violenţă în localităţile Dorolea, Satu Nou, Petriş şi Slătiniţa"[106].

Aceste evenimente reprobabile au fost raportate Împuternicitului Comisiei Aliate de Control (Sovietice) Someş-Năsăud, ce-şi avea reşedinţa la Dej, prin nota informativă nr. 6.778/26 mai 1945 a Prefecturii judeţului Năsăud. La punctul 4 al acestei note respectiv la «Situaţia politică în judeţ», se arăta că: "Dispoziţiunile privitoare la înapoierea bunurilor saşilor au generat incidente în multe puncte din judeţ în urma manifestaţiunii din 14 mai a.c. de la Bistriţa"; măsurile propuse pentru calmarea spiritelor erau "oprirea populaţiunii săseşti să revină în comune şi la casele lor", dar şi "folosirea forţei pentru deferirea la parchet a capilor agresori"[107].

În urma intervenţiei conducerii secţiei regionale *Transilvania* a Partidului Social-Democrat, secretarul Partidului Comunist din Bistriţa trebuie să părăsească oraşul, iar judecătorul care a acordat cetăţenia unor saşi rămâne în funcţie[108].

Fără a condamna actele de violenţă din 14 mai 1946, Consiliul Politic Judeţean cere prefectului Mihai Mihăileş, la 18 mai 1946, să propună guvernului ca populaţia săsească "să fie ridicată în întregime de aici şi *utiliza*tă în altă parte a ţării"[109].

Printre saşii bătuţi şi izgoniţi din fostele lor localităţi în mai 1946 s-au aflat şi cei din Tărpiu, care au plecat în satele româneşti din împrejurimi. O parte dintre ei au mers la Blăjenii de Jos, Blăjenii de Sus, Mintiu, iar o parte s-au stabilit la Mocod, unde au lucrat cu precădere în agricultură. Copiii saşilor de aici frecventau şcoala românească, iar de câteva ori

Diese Verpflanzungsmaßnahme der Sachsen in andere Ortschaften erreichte nach der Verwaltungskonferenz der Präfektur vom 20. August 1945 ihre größte Intensität und stieß auf große Schwierigkeiten, wie aus der Mitteilung 5871 der Gendarmerie an die Präfektur vom 1. September 1945 hervorgeht. Hier einige Beispiele: Die von der Gendarmerie aus Schönbirk nach Unterblasendorf geschickten Sachsen erhielten vom Bürgermeister des Ortes keine Erlaubnis, die Gemeinde zu betreten, so dass sie nach Schönbirk zurückkehrten, wo „sie in der Grundschule ohne Nahrung zusammengepfercht wurden." In einem anderen Fall wurden die der Gemeinde Rodna zugeteilten Sachsen aus Deutsch-Budak in acht den rumänischen Siedlern von Deutsch-Budak gehörenden Pferdewagen dorthin gebracht, woraufhin der Bürgermeister von Rodna die Wagen mit der Begründung beschlagnahmte, sie gehörten den Sachsen. Die Mitteilung schlussfolgert, dass „die Lage im ganzen Kreis die gleiche ist" und fordert von der Präfektur, dass die lokalen Behörden die Gendarmerie unterstützen, damit diese den ihr erteilten Auftrag erfüllen kann.

Die Bistritzer Sachsen, die nicht den Arbeitsbrigaden in Klausenburg zugeteilt waren, wurden entsprechend dem Beschluss des Politischen Büros der National-Demokratischen Front vom 25. August 1945 zur Beseitigung der Schäden und zu Reinigungsarbeiten in Bistritz eingesetzt. Pro Arbeitstag im Dienste der Stadtverwaltung gab es ein lächerliches Entgelt von 1800 Lei, wovon 800 Lei für die Verwaltung des Lagers und für eine Krankenversicherung einbehalten wurden; das alles in einer Zeit als 1 Liter Milch 1500 Lei kostete, 1 kg Brot 3500 lei, 1 kg Schafskäse 10.000 lei, 1 kg Schweinefleisch 16.000 lei etc. Die schlimmste Lage erduldeten jedoch diejenigen älteren Erwachsenen, die zusätzlich auch die Kinder derjenigen versogen mussten, die im Arbeitslager in Klausenburg waren. Hilfe kam für sie von der Ev. Kirche, die finanzielle Hilfe von den zurückgebliebenen Sachsen organisierte, wobei die geringen Mittel kaum das Existenzminimum decken konnte.

Der Gemütszustand der zurückgekehrten Sachsen war Berichtsgegenstand mehrerer Mitteilungen der Gendarmerie des Bezirks Nassod an das Inspektorat Klausenburg. In der Mitteilung 510 vom 6. Augsut 1945 bezeichnet der Chef der Gendarmerie Bistritz, Oberst Nicolae Dumitrescu, die Stimmung bei den Sachsen als „außerordentlich besorgniserregend", denn es gebe

pe săptămână mergeau într-o localitate vecină, la Nimigea de Jos, unde era o învățătoare de origine germană care, pentru câteva felii de pâine, ouă sau o bucată de slănină, le ținea lecții de germană și de religie[110].

Seria manifestațiilor antisăsești puse la cale de către comuniști a continuat și în toamna anului 1946, o astfel de adunare având loc la Bistrița în data de 22 septembrie. "Din nou sașii erau prezentați ca hoți de secole ai românilor. Nici de data aceasta afișele de pe pereți nu erau semnate. Atunci însă nu s-a ajuns la acte de violență împotriva sașilor"[111].

Starea de teroare instituită împotriva lor, nesiguranța zilei de mâine și chiar insecuritatea vieții personale, au făcut ca mulți sași reveniți să ia hotărârea de a fugi din România, mai ales după violențele din luna mai 1946. Astfel de cazuri s-au înregistrat printre sașii reveniți la Monariu (în octombrie 1946, cinci femei și doi bărbați trec granița în speranța ajungerii pe teritoriul austriac controlat de aliații occidentali)[112], Budacul de Jos (în noiembrie 1946, trei femei și doi bărbați fug spre aceeași destinație)[113], Tărpiu (în cursul anului 1946, trei familii de aici reușesc să ajungă în vestul Austriei), Ghinda (sunt semnalate cazuri până în 1949, unele tentative fiind nereușite)[114], exemplele putând continua.

Aceasta era atmosfera în care, prin semnarea de către România a Tratatului de Pace de la Paris, din 10 februarie 1947, urma să fie recunoscută cetățenia română minoritarilor germani plecați în refugiu după 23 august 1944 și reveniți ulterior în țară. Era un act reparator ce venea după doi ani de umilințe și persecuții la care au fost supuși sașii reîntorși.

Însă calvarul acestor oamenii nu s-a oprit la 10 februarie 1947. De exemplu, pe *dovada* unei săsoaice eliberată în 1945 din lagărul provizoriu de la Bistrița, se poate constata o ștampilă a Biroului Populației cu data de 17 aprilie 1947 (ultima de altfel), ceea ce dovedește că până la acel moment sașii reîntorși – "*indivizii*" – trebuiau încă să se prezinte pentru viza săptămânală. Repunerea în drepturi a sașilor reîntorși – în special în ceea ce privește proprietatea asupra locuințelor – a fost un lucru extrem de lung și anevoios, căruia i s-au opus cu îndârjire unii factori de decizie ai puterii locale. Astfel, ca o consecință a semnării Tratatului de Pace din 10 februarie 1947, Oficiul central C.A.S.B.I. din București transmite oficiilor sale județene ordinul telegrafic nr. 48.636/14 martie 1947, prin

die „ersten Erkrankungen als Folge von Hunger. Die Arbeitsfähigen sind in großer Zahl an die Arbeitsbrigaden von Klausenburg geschickt worden und die Zurückgebliebenen können mit ihrer Arbeit die Schwachen und zur Arbeit nicht Tauglichen nicht mit durchbringen." Indem er darauf hinwies, dass „die Sachsen in keiner Weise auf die Härten des herannahenden Winters vorbereitet sind", schlug Oberst Dumitrescu Maßnahmen zur Sicherung der Ernährung unter normalen Bedingungen vor, „denn der Hunger ist eines der schlimmsten Leiden der Menschheit, deren Folgen unvorhersehbar sein können." Diese Mitteilung ist auch an das Generalinspektorat der Gendarmerie nach Bukarest und an die Präfektur des Kreises Nassod weitergeleitet worden, doch ohne irgendein positives Ergebnis für die zurückgekehrten Sachsen, die sich in einer verzweifelten Lage befanden.

Für die zurückgekehrten wie für die daheimgebliebenen Sachsen in der Region Bistritz herrschte also ein ständiger Zustand der Unsicherheit und Gefahr. So wurden beispielsweise die nach Jakobsdorf zurückgekehrten Sachsen (105 Personen), die in einem Lager im Ort untergebracht waren, während zweier Nächte (am 28. und 29. August 1945) von Individuen aus dem gleichen Ort ausgeplündert; die nach Treppen Zurückgekehrten wurden sogar vom Bürgermeister des Ortes ihrer Kleidung, ihres Schuhwerks, ihrer Wäsche und Lebensmittel beraubt. Und die Rückkehrer nach Ungersdorf, die sich in schlechtem gesundheitlichem Zustand befanden, wurden Opfer derselben „Behandlung" durch die Gendarmerie des Ortes selbst. Die Daheimgebliebenen mussten eine Welle von Diskriminierungen ertragen, die den Deutschen in Rumänien 1945 auferlegt wurden. Am schlimmsten empfand man die entschädigungslose Enteignung aller landwirtschaftlichen Güter durch die Agrarreform, die am 23. März 1945 dekretiert wurde, wobei viele ihre Höfe bzw. ihre Häuser in den Städten verloren. In diesem Kontext sind die Enteignungen der Zurückgebliebenen, die Beschlagnahme ihrer Wohnungen, die Zuteilung an andere Arbeitsplätze als die im eigenen Dorf zu nennen. All das war der Behandlung der Zurückgekehrten ähnlich. So wurden Johann Rauh aus Kyrieleis ohne jede Erklärung mehr als 50 Joch Boden enteignet, obwohl er im September 1944 nicht mitgeflohen war und ebensowenig Mitglied des Deutschen Volksbundes Ungarns gewesen war. In derselben Lage befand sich Georg Groß aus Bistritz, dessen Wohnung beschlagnahmt wurde. Den

care se prevedea că "bunurile urbane și rurale, proprietate a cetățenilor români absenteiști *care s-au întors*, indiferent de fișa politică, se vor da în custodia proprietarilor lor". Oficiul județean C.A.S.B.I. din Bistrița întocmește mai multe referate prin care arată că numeroase proprietăți confiscate nu se încadrează în prevederile legii nr. 91/1945 privind bunurile inamice. Luând act de aceste măsuri, Consiliul Politic Județean cere prefectului județului Năsăud să intervină la Ministerul Afacerilor Interne pentru a solicita ca darea în custodie să se facă numai acolo unde acesta găsește de cuviință; fără a aștepta răspunsul de la București, același *consiliu* oprește Oficiul județean C.A.S.B.I. din Bistrița să aplice ordinul nr. 48.636[115].

Urmărind în continuare evoluția evenimentelor, se poate observa că puțini sași și-au redobândit proprietățile încadrate la C.A.S.B.I.

Iată cum se prezenta, la 1 decembrie 1947, distribuția etnicilor germani la nivelul județului Năsăud:

- pe ansamblul județului ei reprezentau 3,04% din populația de 159.856 locuitori, respectiv 4.862 persoane (în ce privește confesiunile, numărul lutheranilor era de 5.215, incluzând și locuitori de alte naționalități);
- în Bistrița, din 15.464 locuitori, germanii reprezentau 8,77%, respectiv 1.357 persoane;
- în plasa Bârgău - 1.282,
  dintre care cei mai mulți la:
    Livezile - 501;
    Satu Nou - 279;
    Dorolea - 218;
- în plasa Centrală - 1.011,
  dintre care cei mai mulți la:
    Monariu - 156;
    Slătinița - 116;
    Unirea - 108;
- în plasa Lechința - 777,
  dintre care cei mai mulți la:
    Sângeorzu Nou - 199;
    Chiraleș - 136;
    Herina - 82;
- în plasa Șieu - 287,
  dintre care cei mai mulți la:
    Dumitrița - 77;
    Șieu - 65;
- în plasa Rodna - 94;
- în plasa Năsăud - 35,
  dintre care 20 la Dumitra și 12 la Cepari[116].

Trebuie subliniat faptul că această repartiție pe plase și localități era, în bună măsură, rezultatul deplasărilor obligatorii din perioada 1945-1946

Anträgen der beiden auf Rückerstattung wurde in der Sitzung des Politischen Kreisrates vom 11. November 1945 nicht stattgegeben. Dagegen wurden in derselben Sitzung nach zahlreichen Interventionen die Anträge zweier Sachsen aus Kuschma auf Rückkehr in ihr Dorf aus dem Arbeitslager gebilligt, wohin sie verbracht worden waren, obwohl sie im September 1944 nicht geflohen waren.

In der Leidensgeschichte der Sachsen war 1946 ein besonderes Jahr, da nun die ersten Übergriffe gegen sie als Folge kommunistischer Agitation einsetzten. Die politische Lage gestaltete sich wie folgt: „Den Gang der politischen Ereignisse bestimmte damals in Bistritz fast ausschließlich die Kommunistische Partei. Die Sitzungen des Stadtrates waren eingeschlafen. An dessen Stelle dirigierten je ein Vertreter der verschiedenen Parteien das öffentliche Leben. Es waren dies die Kommunistische, die Sozialdemokratische, die Liberale und die Konservative Partei, die Bauernfront, die ungarische und die jüdische Volksgruppe. Die Vertreter der politischen Parteien und der Bauernfront waren von der Kommunistischen Partei vorgeschlagene und unter ihrem Einfluß stehende junge Leute; politisch waren sie ganz meinungslos. Sie wußten nicht einmal, was die Partei, die sie vertreten sollten, wollte. [...] So standen die Verhältnisse, als im August 1946 das schon ohnehin gespannte Verhältnis gegenüber den Sachsen zur Explosion kam."

Im selben Jahr wurde die Frage erörtert, den zurückgekehrten Sachsen die rumänische Staatsangehörigkeit zurückzugeben. Dafür war der Richter des Wahlkreises zuständig. Er gab Anfang Mai 1946 einigen Sachsen aus Pintak und Wallendorf die rumänische Staatsangehörigkeit zurück. Das hatte scharfe Reaktionen auf Kreisebene zur Folge. Der Politische Kreisrat forderte die Regierung auf, diese Entscheidung aufzuheben. Kurze Zeit später „wurden Plakate ohne Unterschrift an die Mauern geklebt, deren Wortlaut voller Drohungen gegen den betreffenden Richter und gegen die Sachsen war. Der Richter und alle den Sachsen wohlgesinnten Rumänen wurden als ‚*Volksverräter*' und ‚*Sachsenknechte*' gebrandmarkt. Die Bevölkerung des Kreises wurde zu einer Protestversammlung am 14. Mai 1946 im Kulturhaus aufgerufen, wo gegen die ‚*Verräter von Volk und Vaterland*' Stellung bezogen werden sollte. Am Schluss des Aufrufs hieß es: ‚Die Volksfeinde sollten vor dem Volke erzittern'.

la care au fost supuşi saşii reîntorşi. Astfel, mulţi saşi au fost înregistraţi la acea dată în localităţi odinioară curat româneşti, precum Feldru - 46, Rodna - 19, Poiana Ilvei - 12, Rusu Bârgăului - 20, Şieuţ - 21[117], iar exemplele ar putea continua.

Rezultatele acelor mutări obligatorii sunt sesizabile până în ziua de azi, la recensământul din 1992 fiind înregistraţi etnici germani dispersaţi în diferite localităţi din nord - vestul actualului judeţ Bistriţa-Năsăud – aşa cum este cazul localităţii Căianu Mic, unde mai trăiau atunci 10 saşi[118].

În 1947 se încheia – în linii mari – un prim capitol, cel mai traumatizant, din viaţa celor aproximativ 6.000 de saşi reveniţi în nordul Transilvaniei după evacuarea din septembrie 1944. Însă până la intrarea într-o stare de relativă normalitate (cu îngrădirile inerente sistemului politic comunist), avea să mai treacă aproape un deceniu.

Der Saal war bei der Versammlung übervoll. „Anreger und Regisseure der ganzen Aktion waren der Rechtsanwalt Birnberg und der Kaufmann Glück." Der Sekretär der Kreisorganisation der Kommunistischen Partei, Ioan Negrea, „berief die Vertreter der politischen Parteien zu einer Sitzung zusammen, in der das Programm für den Ablauf der Sitzung festgesetzt und die Redner bestimmt wurden. [...] In der Versammlung wurden Hetzreden gegen die Sachsen gehalten. Sie wurden als Vaterlandsverräter und Aussauger des rumänischen Volkes hingestellt. [...] Als [...] die Bauern [von der Versammlung] in die sächsischen Gemeinden zurückkehrten, begannen die Ausschreitungen gegen die Sachsen. Sie wurden beschimpft, verprügelt, auch Frauen und Kinder, und an manchen Orten aus der Gemeinde verjagt. Besonders arg waren die Ausschreitungen in Klein-Bistritz und Oberneudorf, Petersdorf und Pintak." Über diese dramatischen Vorgänge wurde in der Mitteilung 6778 der Präfektur des Kreises Nassod vom 26. Mai 1946 an den Bevollmächtigten der Alliierten (sowjetischen) Kontrollkommission des Bezirkes Somesch-Nassod berichtet, der seinen Sitz in Desch hatte. Unter Ziffer 4 dieses Berichtes („Die politische Lage im Kreis") wird darauf hingewiesen, dass „die Bestimmungen über die Rückerstattung sächsischen Eigentums in vielen Ortschaften des Kreises als Folgeerscheinung der Kundgebung vom 14. Mai in Bistritz gewalttätige Reaktionen hervorgerufen haben". Die von der Präfektur zur Beruhigung der Lage vorgeschlagenen Maßnahmen bestanden darin, „der sächsischen Bevölkerung die Rückkehr in ihre Heimatdörfer und ihre Häuser zu verbieten", jedoch auch „Gewaltanwendung, um die Führer der Aggressoren vor Gericht zu bringen". Aufgrund der Intervention der Gebietsleitung der Sozialdemokratischen Partei in Klausenburg mußte der kommunistische Parteisekretär von Bistritz, Negrea, die Stadt verlassen, während der Richter, der einigen Sachsen die rumänische Staatsangehörigkeit zurückgegeben hatte, im Amt blieb.

Dagegen legte der Politische Kreisrat, ohne die Gewaltakte des 14. Mai 1946 mit einem Wort zu verurteilen, ein Zeugnis extremer Fremdenfeindlichkeit an den Tag und verlangte von dem Präfekten Mihai Mihăileş am 18. Mai 1946, er solle der Regierung vorschlagen, die sächsische Bevölkerung „vollständig aus der Region zu entfernen und in einen anderen Teil des Landes zu deportieren".

Note – Endnoten

[1] Gustav Zikeli, Op. cit., p. 75.

[2] Ioan Mureşan, Situaţia social-politică şi economică a judeţului Năsăud în timpul administraţiei militare sovietice (13.10.1944-12.04.1945), în "Revista Bistriţei", nr. VII/1993, p. 263.

[3] Gustav Zikeli, Op. cit., p. 76.

[4] Ioan Mureşan, Op. cit., p. 264.

[5] A.N.B-N., fond Prefectura judeţului Năsăud (în continuare Prefectura), dosar nr. 1/1944, f: 1. Notă: Distribuirea documentelor pe fonduri şi dosare este cea din perioada întocmirii acestei lucrări, februarie 1998.

[6] Ion Mureşan, Op. cit., p. 264.

[7] Gustav Zikeli, Op. cit., p. 79.

[8] Prefectura, dosar nr. 394/1944, f: 42.

[9] Gustav Zikeli, Op. cit., p. 81.

[10] Prefectura, dosar nr. 43/1945, f: 150.

[11] Ibidem, f: 172.

[12] Ioan Mureşan, Op. cit., p. 267.

[13] Prefectura, dosar nr. 77/1944, f: 2-3.

[14] Ibidem, dosar nr. 120/1944, f: 1.

[15] Ibidem, dosar nr. 43/1945, f: 196.

[16] Ibidem, dosar nr. 135/1945, f: 15.

[17] Ibidem, f: 120.

[18] Ibidem, dosar nr. 9041/1945, f: 40-41.

[19] Ibidem, dosar nr. 181/1945, f: 18.

[20] Ibidem.

[21] Ibidem, dosar nr. 266/1947, f: 26.

[22] Ioan Mureşan, Op. cit., p. 266.

[23] Ştefan I. Pop, O pagină de istorie, Bistriţa, Edit. Minerva, 1947, p. 16.

[24] Adrian Onofrei, Factori de influenţă politică în activitatea Prefecturii judeţului Năsăud, în "Revista Bistriţei", nr.XII-XIII/1999, p.407.

[25] Prefectura, dosar nr. 135/1945, f: 197.

[26] Ştefan I. Pop, Op. cit., p. 39.

[27] Prefectura, dosar nr. 135/1945, f:13.

[28] Ibidem, f: 332.

[29] Ibidem, dosar nr. 6713/1945, f: 203.

[30] Ibidem, f: 411-413

[31] Ibidem, f: 210-212.;

[32] Ibidem, f: 303.

[33] Ibidem, f: 296..

[34] Gustav Zikeli, Op. cit., p. 81.

[35] Ibidem, p. 84.

[36] Prefectura , dosar nr. 135/1945, f: 241. Informaţia este confirmată şi de nota Prefecturii judeţului Năsăud nr. 8447/1945 – dosar nr. 6713/1945, f: 203, din fondul Prefectura judeţului Năsăud.

[37] Ibidem, f: 181.

[38] Gustav Zikeli, Op. cit., p. 83.

[39] Hannelore Baier, Deportarea etnicilor germani din România în Uniunea Sovitică. 1945, Sibiu, 1994, doc. nr. 41 (p. 82).

[40] Ernst Wagner, Evakuierung, Flucht, Rückkehr…, p. 22.

[41] O. Klock, N. Wallet, Op. cit., p. 126.

[42] Johann und Michael Brandscher, Heimatbuch Kleinbistritz, 1991, p. 225.

[43] Ernst Wagner, Evakuierung, Flucht, Rückkehr…, p. 23.

[44] Michael Csellner, Es war einmal…, 1983, p. 204.

[45] Johann Gottschick, Gerhard Kelp, Treppen. Heimatbuch, 1978, p. 149.

[46] Ibidem, p. 149-155.

[47] Ibidem, p. 150.

[48] O. Klöck, N. Wallet, Op. cit., p. 127-128.

[49] Mărturia doamnei Brigitte Landt-Mureşan din Bistriţa (Aussage von Frau Landt-Mureşan aus Bistritz)

[50] Maria und Dr. Wilhelm Schmidt, Heimatbuch der Gemeinde Jakobsdorf in Nordsiebenbürgen, 1989, p. 93.

[51] O. Klöck, N. Wallet, Op. cit., p. 129.

[52] Prefectura, dosar nr. 181/1945, f: 13.

[53] Ibidem, f: 12.

[54] Ibidem, f: 15.

[55] Gustav Zikeli, Op. cit., p. 84.

[56] Prefectura, dosar nr. 8.999/1945, f: 1.

Unter den geschlagenen und aus ihren früheren Heimatorten im Mai 1946 verjagten Sachsen waren auch diejenigen aus Treppen, die in benachbarten rumänischen Orten Zuflucht fanden. Einige von ihnen gelangten nach Blăjenii de Jos, Blăjenii de Sus, Mintiu, und ein Teil nach Mocod, wo sie hauptsächlich in der Landwirtschaft tätig waren. Die Kinder der Sachsen besuchten hier die rumänische Schule und einige Male wöchentlich begaben sie sich in die Nachbargemeinde Nimigea de Jos, wo eine deutschstämmige Lehrerin ihnen für einige Brotschnitten, Eier oder ein Stückchen Speck Deutsch- und Religionsunterricht erteilte (wie sich Michael Anders-Kraus, derzeit in Wien zu Hause, erinnert).

Die Serie der von den kommunistischen Agitatoren in Gang gesetzten antisächsischen Kundgebungen setzte sich auch im Herbst 1946 fort. Eine solche Versammlung fand beispielsweise am 22. September 1946 in Bistritz statt. „Wieder strotzten die angeklebten Plakate von Verleumdungen gegen die Sachsen. Sie wurden wieder als jahrhundertelange Ausbeuter der Rumänen hingestellt. Das Plakat trug wieder keine Unterschrift. Zu Gewalttätigkeiten gegen die Sachsen kam es damals nicht."

Dieser gegen sie betriebene Terror, die Ungewißheit vor dem Morgen und auch die persönliche Unsicherheit haben viele der zurückgekehrten Sachsen zu dem Entschluss veranlasst, Rumänien nach den Gewalttätigkeiten des Jahres 1946 zu verlassen. So überschritten im Oktober 1946 fünf Frauen und zwei Männer aus Minarken die Grenze in der Hoffnung, in das von den westlichen Alliierten kontrollierte Österreich zu gelangen. Mit demselben Ziel brachen im November 1946 drei Frauen und drei Männer aus Deutsch Budak auf, eine weitere Gruppe von neun Sachsen aus Minarken Anfang des Jahres 1947, und die Beispiele könnten beliebig weitergeführt werden.

Das war die Atmosphäre, in der durch die Unterzeichnung des Friedensvertrages von Paris durch Rumänien am 10. Februar 1947 den Angehörigen der deutschen Minderheit, die nach dem 23. August 1944 geflohen und später zurückgekehrt waren, die rumänische Staatsangehörigkeit wieder zuerkannt werden sollte. Das war ein Akt der Wiedergutmachung nach zwei Jahren äußerster Erniedrigung und Verfolgung.

Doch der Leidensweg der Sachsen war am 10. Februar 1947 nicht zu Ende. Auf der Bescheinigung einer aus dem Bistritzer Übergangs-

[57] A.N. B-N, fond Legiunea de Jandarmi a județului Năsăud (în continuare Jandarmeria), dosar nr. 177/1945, f: 34.

[58] Prefectura, dosar nr. 181/1945, f: 11.

[59] Jandarmeria, dosar nr. 193/1944, f: 344.

[60] Ibidem, f: 362-363

[61] Korrespondenz aus Siebenbürgen, Gundelsheim B III 1 Bd. 6 13.

[62] Jandarmeria, dosar nr. 193/1944, f: 195.

[63] Prefectura, dosar nr. 8.999/1945, f: 5.

[64] Ibidem. f: 4.

[65] Gustav Zikeli, Op. cit., p. 86.

[66] Prefectura, dosar nr. 6.713/1945, f: 394-396.

[67] Ibidem, f: 505.

[68] Ibidem, f: 595-598.

[69] Ibidem, f: 603-605.

[70] Ibidem, f: 636-645.

[71] Ibidem, f: 651-654.

[72] Ibidem, f: 655-657.

[73] Ibidem, f: 589-592.

[74] Ibidem, f: 536.

[75] Ibidem, f: 587-588.

[76] Ibidem, f: 631-635.

[77] Ibidem, f: 519.

[78] Ibidem, f: 534.

[79] Ibidem, f: 532.

[80] Ibidem, f: 561.

[81] Ernst Wagner, Evakuierung, Flucht, Rückkehr…, p. 25.

[82] Prefectura, dosar nr. 6713/1945, f: 142-148.

[83] Ibidem, f: 153-163.

[84] Ibidem, f: 164-175.

[85] Ibidem, f: 177-180.

[86] Ibidem, f: 186-187.

[87] Ibidem, f: 182.

[88] Ibidem, f: 184. Totuși, această ultimă informație (raportată telefonic autorităților de la Bistrița) pare inexactă: după război au existat în Dumitra și Cepari câțiva sași originari din aceste localități, trimiși înapoi în 1945 (cărora li s-au alăturat sași din alte localități, care nu au reușit să-și primească niciodată înapoi fostele locuințe), iar prin nota Prefecturii județului Năsăud nr. 8447/1945, privind «nemții reîntorși la domiciliu după intrarea armatelor sovietice», se arată că în plasa Năsăud au revenit 23 de sași (Prefectura, dosar nr. 6713/1945, f: 203). – Diese letzte Information (die telefonisch den Behörden in Bistritz weitergeleitet wurde) scheint nicht der Realität zu entsprechen. Nach dem Krieg gab es in Tschippendorf und in Mettersdorf einige aus diesen Dörfern stammende Sachsen, die 1945 zurückgeschickt wurden. Ihnen gesellten sich auch Sachsen aus anderen Orten zu, die es nie geschafft haben, ihre Wohnungen und Häuser zurück zu erhalten). In der Note der Nassoder Präfektur Nr. 8447/1945 bezüglich der „zurückgekehrten Deutschen nach dem Einmarsch der sowjetischen Streitkräfte" wird von 23 in den Bezirk Nassod zurückgekehrten Sachsen gesprochen (Prefectura, dosar nr. 6713/1945, f: 203).

lager 1945 freigelassenen Sächsin habe ich einen Stempel des Volksbüros vom 17. April 1947 (übrigens der letzte) feststellen können, der belegt, dass sich bis zu diesem Zeitpunkt zurückgekehrte Sachsen - „Individuen" - jede Woche einfinden mußten, um die Aufenthaltserlaubnis für Bistritz zu erhalten. Die Wiedereinsetzung der Zurückgekehrten in ihre Rechte, vor allem hinsichtlich der Wohnungen, war für die Sachsen eine äußerst lange und mühsame Angelegenheit. Einige örtliche Entscheidungsträger hatten sich diesem mit Erbitterung widersetzt. So übermittelte das Zentralbüro der C.A.S.B.I. in Bukarest seinen Bezirksbüros die telegrafische Anordnung 48626 vom 14. März 1947, wonach „das städtische so wie das ländliche Eigentum *ausgereister rumänischer Staatsbürger, die zurückgekehrt sind*, unabhängig von ihrer politischen Haltung den Eigentümern zur Nutzung zurückzugeben ist". Das Kreisbüro Bistritz der C.A.S.B.I. arbeitete mehrere Berichte aus, in denen sächsisches Eigentum aufgelistet wurde, das (auf Anregung der Sowjets) mißbräuchlich beschlagnahmt worden war, indem man es als „feindliches Gut" betrachtete und so die gesetzlichen Regelungen 91/1945 extensiv auslegte. Doch der Politische Kreisrat (der mit seiner in allen diesen Jahren gezeigten Haltung als der eigentliche Urheber aller antisächsischen Maßnahmen betrachtet werden kann) forderte den Präfekten des Kreises Nassod auf, er solle sich beim Innenministerium dafür verwenden, dass die Übertragung von Eigentum zur Aufbewahrung (Nutzung) nur in den Fällen vorgenommen werde, in denen es der Rat für „angemessen hält". Ohne die Antwort abzuwarten, untersagte der Rat dem Bistritzer Kreisbüro der C.A.S.B.I., die Anordnung 48636 anzuwenden. Wenn man die weitere Entwicklung der Dinge verfolgt, kann man feststellen, dass nur wenige Sachsen ihr von der C.A.S.B.I. verwaltetes Eigentum zurückerhalten haben.

Wie sah die Verteilung der deutschen Bevölkerung im Kreis Nassod und den Bezirken nach dem Stand vom 1. Dezember 1947 aus?

Auf den gesamten Kreis bezogen stellten sie 3,04% der Bevölkerung von 159856 Personen, mit anderen Worten 4862 Personen (hinsichtlich der Glaubenszugehörigkeit betrug die Anzahl der Lutheraner 5215 einschließlich Personen anderer Nationalität).

Die Verteilung auf die Bezirke war folgende:
- In Bistritz stellten die Deutschen bei 15464 Einwohnern einen Anteil von 8,77% oder 1357

[89] Korrespondenz aus Siebenbürgen, Gundelsheim, B III 1 Bd. 69 1-5. Şi dintre saşii rămaşi în această regiune au fost deportaţi în URSS, în ianuarie 1945, bărbaţii între 17-45 ani şi femeile între 18-30 ani – de exemplu, din Teaca sunt ridicaţi la 12 ianuarie 1945 un număr de 20 de saşi (Ilse Schliessleder-Fronius, Op. cit., p. 137), iar din Loghig, la aceeaşi dată, sunt deportaţi tot 20 de saşi, dintre care doi bărbaţi nu s-au mai întors acasă niciodată (Jost Linkner, Ludwigsdorf in Nordsiebenbürgen, 1997, p. 54). – Auch aus den Reihen derjenigen Sachsen, die 1944 nicht geflüchtet waren und in dieser Region blieben, sind im Januar 1945 die Männer zwischen 17 und 45 Jahren und Frauen zwischen 18 und 30 Jahren zur Zwangsarbeit in die Sowjetunion deportiert worden. So z.B. sind von Tekendorf am 12. Januar 20 Sachsen ausgehoben worden (Ilse Schliessleder-Fronius, Op. cit., p. 137) und von Ludwigsdorf ebenfalls 20 Sachsen, von denen zwei Männer nie mehr zurückkamen (Jost Linkner, Ludwigsdorf in Nordsiebenbürgen, 1997, p. 54).

[90] Prefectura, dosar nr. 8.999/1945, f: 2-3.

[91] Jandarmeria, dosar nr. 177/1945, f: 12.

[92] Gustav Zikeli. Op. cit., p. 86.

[93] Prefectura, dosar nr. 135/1945, f: 123.

[94] Ibidem, f: 218.

[95] Korrespondenz aus Siebenbürgen, Gundels-heim, B III 1 Bd. 6 13.

[96] Prefectura, dosar nr. 135/1945, f: 127.

[97] Ibidem, dosar nr. 8.999/1945, f: 42.

[98] Ibidem, dosar nr. 135/1945, f: 120.

[99] Ibidem, f: 128.

[100] Jandarmeria, dosar nr. 135/1945, f: 240.

[101] Ibidem, f: 223.

[102] Gustav Zikeli, Op. cit., p. 86-87.

[103] Ibidem.

[104] Prefectura, dosar nr. 135/1945, f: 288.

[105] Gustav Zikeli, Op. cit., p. 87.

[106] Ibidem, p. 87-88.

[107] Prefectura, dosar nr. 931/1947, f: 25.

[108] Gustav Zikeli, Op. cit., p. 88.

[109] Prefectura, dosar nr. 135/1945, f: 285.

[110] Mărturia domnului Michael Anders-Kraus, actualmente stabilit în Viena

[111] Gustav Zikeli, Op. cit., p. 88.

[112] Jandarmeria, dosar nr. 132/1946, f: 28.

[113] Ibidem, f: 27.

[114] Michael Csellner, Op. cit., p. 213.

[115] Prefectura, dosar nr. 135/1945, f: 332.

[116] Prefectura, dosar nr. 11.549/1947, f: 4-5.

[117] Ibidem.

[118] Ioan Someşan, Anuarul demografic al judeţului Bistriţa-Năsăud, Bistriţa, 1997, p. 10.

Personen.

- Borgo: 1282 (davon die meisten in Jaad mit 501, Oberneudorf mit 279 und Klein-Bistritz mit 218 Personen),
- Mitte: 1011 (die meisten in Minarken mit 156, Pintak mit 116 und Wallendorf mit 108),
- Lechnitz: 777 (die meisten von ihnen in Sankt-Georgen mit 199, in Kyrieleis mit 136 und in Mönchsdorf mit 82 Personen) sowie
- Großschogen: 287 (die größte Anzahl in Waltersdorf mit 77, in Großschogen mit 65 Personen).
- In zwei traditionell rumänischen Bezirken gab es 129 Sachsen: in Rodna 94 und in Nassod 35 (von denen 12 in Mettersdorf und 10 in Tschippendorf lebten, also in Ortschaften, die vor 1944 fast ausschließlich sächsisch waren).

Es muß darauf hingewiesen werden, dass diese Verteilung auf die verschiedenen Bezirke und Ortschaften in beträchtlichem Umfang das Ergebnis der Zwangsumsiedlung aus der Zeit von 1945 und 1946 war, die den zurückgekehrten Sachsen auferlegt wurde. Infolgedessen wurden zahlreiche Sachsen bei dieser Volkszählung in einst rein rumänischen Ortschaften registriert, wie Birkenau (Feldru) mit 46, Poiana Ilvei mit 12, Rusu Bârgăului mit 20, Kleinschogen (Şieuţ) mit 21 Personen. Diese Aufzählung könnte beliebig fortgesetzt werden.

Die Folgen dieser Zwangsumsiedlungen sind bis heute zu spüren: Bei der Volkszählung 1992 wurden in verschiedenen Ortschaften im Norden des heutigen Kreises Bistritz-Nassod deutsche Volkszugehörige registriert, wie beispielsweise in Caianul Mic, wo damals noch 10 Sachsen lebten.

Im Jahre 1947 endete im großen und ganzen ein erstes, wohl das schmerzlichste Kapitel im Leben der annähernd 6000 Sachsen, die nach ihrer Evakuierung im Jahre 1944 in den Norden Siebenbürgens zurückgekehrt waren, davon mehr als 4000 in den Kreis Nassod. Jedoch bis zum Übergang in eine Phase relativer Normalität (mit den üblichen Bedrängnissen des kommunistischen politischen Systems) wird noch mindestens ein Jahrzehnt vergehen.

1.5 Postfață

Înainte de a urmări cadrul general de evoluție a comunității săsești nord-ardelene în timpul regimului comunist, s-ar cuveni să fie amintite câteva aspecte despre cei aproximativ 25.000 de sași nord-ardeleni rămași pe teritoriul Austriei și Germaniei de Vest în urma evacuării din septembrie 1944, reprezentând trei sferturi din numărul total al celor refugiați.

În urma expulzărilor spre Transilvania efectuate de către Armata Roșie din teritoriile pe care le-a ocupat, majoritatea covârșitoare a sașilor evacuați se aflau concentrați la sfârșitul războiului în părțile apusene ale Austriei. În sprijinul lor a căutat să vină "Biroul sașilor evacuați cu forța din Transilvania", constituită la Ried/Inn în Austria Superioară, având în frunte pe fostul dechant general dr. Carl Molitoris. Aceasta, prin însăși titulatura aleasă, menita a sensibiliza aliații occidentali asupra situației acestui grup de refugiați, a militat în primul rând pentru rămânerea lor pe teritoriul austriac. Încă înainte de Conferința de la Potsdam – care a pecetluit soarta a milioane de etnici germani, prin expulzarea lor din ținuturile natale –, dr. Carl Molitoris, împreună cu parohul Reghinului, Heinrich Nikolaus, și cu dr. Karl Kurt Klein, au ajuns în iulie 1945 la Frankfurt, la cartierul general al trupelor americane, de unde au obținut asigurarea că sașii aflați pe teritoriile controlate de către armata americană nu vor fi expulzați în România[1]. În acele vremuri atât de dramatice pentru etnicii germani din centrul și răsăritul Europei, posibilitatea de a rămâne sub "scutul" aliaților occidentali era o adevărată victorie, în ciuda marilor probleme de ordin material cu care se confruntau acești refugiați. Iată dispunerea pe regiuni a celor 21.800 de sași ce trăiau în 1951 pe teritoriul austriac:

- Austria Superioară - 14.000;
- Austria Inferioară, Burgenland, Viena - 2.500;
- Salzburg - 2.000;
- Tirol - 1.500;
- Voralberg - 1.000;
- Steiermark - 600;
- Kärnten - 200[2].

Puternicul spirit comunitar pe care sașii l-au avut întotdeauna, i-a ajutat pe cei de aici să înfrunte mai ușor greutățile exilului. "Sașii ardeleni erau buni meșteșugari, buni agricultori, dar munca de zilieri pe care o făceau aici, nu însemna nimic pentru ei"[3]. Această situație grea

1.5 Schlussfolgerungen

Bevor wir den Gesamtrahmen der Lage der sächsischen Gemeinschaft Nordsiebenbürgens in der Zeit des kommunistischen Regimes verfolgen, ist es angebracht, einige Angaben über die rund 25.000 Siebenbürger Sachsen, die in Österreich und der Bundesrepublik Deutschland nach der Flucht von 1944 verblieben sind, zu machen. Es sind immerhin ¾ derer, die 1944 insgesamt geflüchtet sind.

Als die Rote Armee die Sachsen aus den von ihr besetzten Gebieten gezwungen hat, nach Siebenbürgen zurückzukehren, befand sich die überwiegende Mehrheit der geflüchteten Sachsen im westlichen Teil Österreichs. Betreut wurden sie vom „Büro der gewaltsam evakuierten Siebenbürger Sachsen" in Ried im Innkreis in Oberösterreich, geleitet vom Generaldechanten Dr. Carl Molitoris. Dieses Büro hat in seinem Bestreben, für diese Gruppe der Flüchtlinge eine Bleibe in Österreich zu erwirken, schon durch seine Namensgebung versucht, die westlichen Alliierten dahingehend zu beeinflussen. Schon vor der Konferenz von Potsdam, die das Schicksal von Millionen Deutschen, die aus ihren Heimatgebieten vertrieben wurden, besiegelte, haben Dr. Carl Molitoris, gemeinsam mit dem Sächsisch-Regener Pfarrer Heinrich Nikolaus und mit Dr. Karl Kurt Klein am 25. Juli 1945 bei einem Besuch beim amerikanischen Generalstab in Frankfurt die Zusicherung erwirkt, dass die Siebenbürger Sachsen in den von der amerikanischen Armee kontrollierten Gebieten nicht nach Rumänien ausgewiesen werden. Während dieser dramatischen Zeiten für alle Deutschen aus dem zentralen und östlichen Teil Europas war das Bleiberecht unter der Schirmherrschaft der westlichen Alliierten ein richtiger Sieg trotz schwerwiegender materieller Probleme, die diese Flüchtlinge zu bewältigen hatten.

Wie war die Aufteilung der ca. 21.800 Siebenbürger Sachsen, die 1951 in Österreich lebten:

- Oberösterreich: 14.000,
- Niederösterreich, Burgenland und Wien: 2.500
- Salzburg: 2.000;
- Tirol: 1.500;
- Vorarlberg: 1.000;
- Steiermark: 600;
- Kärnten: 200.

Der starke Gemeinschaftsgeist, den die Sachsen schon immer hatten, hat ihnen geholfen, die Schwierigkeiten des Exils leichter zu über-

Erdhütten – Siebenbürger Sachsen im Flüchtlingslager Neukirchen bei Braunau Ende der 40er Jahre
Locuinţe rudimentare a saşilor refugiaţi în lagărul Neukirchen la Braunau la sfîrşitul anilor 40

winden. „Die Siebenbürger Sachsen waren gute Handwerker, gute Bauern, die Tagelöhnerarbeit, die sie hier erledigten, fiel ihnen nicht schwer." Diese schwierige Lage, in der sich die meisten der Evakuierten in Österreich befanden, rührte einerseits von den besonderen wirtschaftlichen Schwierigkeiten her, die dieser Staat am Ende des Weltkrieges und in den ersten Nachkriegsjahren durchlebte, andererseits, bis zur Annahme des Staatsvertrags zwischen Österreich und den Alliierten von 1955 davon, dass sie als staatenlose Fremde galten und somit auch vom rechtlichen Standpunkt benachteiligt waren. Auch aus diesem Grunde hat sich ein Teil der

Erdhütte – Flüchtlingslager Regau bei Vöcklabruck
Locuinţă de pămînt – Lagărul Regau la Vöcklabruck

Erdhüttenwohnraum – Flüchtlingslager Neukirchen
Locuinţă rudimentară – Lagărul Neukirchen la Braunau

Ankunft am Bahnhof Setterich 18. April 1953
Sosirea la gara Setterich la 18 aprilie 1953

Erster Arbeitstag in der Kohlengrube am 20. April 1953
Prima zi de muncă la mina Setterich la 20 aprilie 1953

în care se afla majoritatea celor evacuaţi din Austria se explică pe de o parte, dificultăţilor economice deosebite prin care a trecut acest stat la sfârşitul conflagraţiei mondiale şi în primii ani postbelici, iar pe de altă parte, până la semnarea tratatului dintre Austria şi puterile aliate, în 1955, aceştia au fost consideraţi străini fără cetăţenie, şi ca urmare au fost dezavantajaţi din punct de vedere juridic. Din această cauză, unii dintre ei – câteva mii de saşi – s-au hotărât după 1948 să traverseze Atlanticul, iar alţii au trecut ilegal graniţa în Germania de Vest.

Pentru cei rămaşi în Austria, prima ocazie de îmbunătăţire a situaţiei lor s-a ivit în primăvara anului 1953, când se declanşează Acţiunea Cărbunelui (Kohlenaktion), în vederea punerii în valoare a zăcămintelor de cărbune din apropierea oraşului Aachen, din vestul Germaniei Federale (în acea vreme, aceasta era singura cale legală de a emigra). Aici, la Setterich (în landul Renania de Nord-Westfalia), se va forma o însemnată comunitate de saşi nord-ardeleni emigraţi din Austria. "Era un început amar, cu condiţii de muncă şi de viaţă deosebite. Ţaranul bistriţean nu mai mergea la câmp, ci în adâncimea pământului pentru a căuta cărbune.

Siebenbürger Sachsen – es waren einige Tausend – nach 1948 entschlossen, den Atlantik zu überqueren bzw. illegal nach Westdeutschland auszuweichen.

Für die in Österreich zurückgebliebenen Sachsen bot sich eine erste Gelegenheit zur Verbesserung ihrer wirtschaftlichen Lage im Frühjahr 1953, als die „Kohlenaktion" in Gang gebracht wurde. In der Nähe der Stadt Aachen, im Westen Deutschlands, sollte Kohle gefördert werden. Sich dafür zu melden, war damals die einzige Möglichkeit, legal auszusiedeln. In diesem Gebiet, und zwar in der Stadt Setterich in Nordrhein-Westfalen, bildete sich eine wichtige Gemeinschaft von Nordsiebenbürger Sachsen, die aus Österreich ausgewandert waren. „Es war ein bitterer Anfang, mit besonderen Arbeits- und Lebensbedingungen. Der Bistritzer Bauer ging nicht mehr aufs Feld, sondern er fuhr in die Tiefe der Erde um Kohlen zu schürfen. Diese schwere Lebenserfahrung hat die Menschen noch mehr verbunden. „Das erklärt auch den Grund, weshalb die Menschen dort in der Gemeinschaft geblieben sind", behauptet Robert Gassner 1979, der von den sächsischen Flüchtlingen besonders geachtete Mensch, den sie bis zu seinem Ableben „Va-

Luftbildaufnahme der sächsischen Siedlung in Setterich
Vedere aeriană a coloniei Setterich la 18 aprilie 1953

November 1954: Sbg.-sächsischer Singkreis in Setterich
Noiembrie 1954: Corul săsesc din Setterich

135

Această experiență grea a întărit și mai mult legătura dintre oameni. Așa se explică de ce au rămas acolo, în comunitate, și nu au plecat" – afirma în 1979 Robert Gassner [4], omul atât de respectat de către sașii evacuați și care, până la trecerea sa în neființă, avea să fie numit simplu, dar cu atâtea semnificații, *Vater* (tată). Pe lângă Setterich, sașii s-au mai stabilit și la Herten-Langenbochum și Oberhausen-Osterfeld, numărul celor veniți apropiindu-se de 300 [5]. "Și-au constituit o asociație agricolă, iar în mai-iunie 1954 și-au ridicat primele locuințe personale, căci sașii ardeleni erau oameni harnici. Puterea

ter" nannten. Neben Setterich ließen sich Sachsen auch in Herten-Langenbochum und Oberhausen-Osterfeld nieder. Ihre Zahl betrug fast 300. „Sie hatten einen landwirtschaftlichen Verein gegründet und im Juni 1954 hatten sie bereits Eigentumswohnungen gebaut, denn die Siebenbürger Sachsen waren fleißige Menschen. Sie schöpften Kraft aus der Gemeinschaft und lebten so, wie auch in Bistritz, in Tschippendorf oder in anderen Orten." Setterich war eine katholische Gemeinde, die Neuankömmlinge jedoch waren evangelisch. 1958 bauten sie eine eigene ev. Kirche, deren moderne Architektur ein-

Die Siedlung Sachsenheim mit der neuerrichteten Kirche

Siedlung der Botscher in Elixhausen-Sachsenheim bei Salzburg
Colonia săsească a sașilor din Batoș la Elixhausen-Sachsenheim lîngă Salzburg

lor de muncă a constat în viața de comunitate așa cum au dus-o la Bistrița, la Cepari, sau în alte localități"[6]. Localitatea Setterich era o comună catolică, iar noii veniți, sașii, fiind evanghelici, și-au ridicat în 1958 o biserică proprie, impresionantă prin arhitectura sa modernă. Deși exista această deosebire de ordin confesional, sașii din Setterich nu s-au constituit într-o enclavă ruptă de comunitatea băștinașă, ci, prin reprezentanții lor, s-au implicat în conducerea treburilor localității, menținându-și totodată tradițiile și valorile comune.

După 1955, când Austria și-a redobândit suveranitatea, s-a produs un val de încetățeniri a celor refugiați în această țară, astfel că mulți sași nord-ardeleni aveau să-și întemeieze chiar așezări de foști consăteni. De asemenea, în acest mediu preponderent catolic, ei și-au construit treptat peste 20 de biserici evanghelice (de remarcat că fostul episcop evanghelic al Austriei, dr. Dieter Knall, a fost chiar sas ardelean)[7].

Așa cum am mai arătat, în urma celui de-al doilea refugiu spre vest, din aprilie 1945, cea mai mare parte a sașilor originari din Lechința, Viișoara, Jelna, Petelea, Ideciu de Jos și Dedrad au reușit să ajungă în Bavaria. Nefiind agreați de populația catolică a regiunii, aceștia au fost sprijiniți de "Comitetul de ajutorare al sașilor ardeleni și șvabilor bănățeni", precum și de Crucea Roșie bavareză, să se stabilească la sfârșitul anului 1946 în Franconia de Mijloc, majoritar evanghelică. În această regiune, respectiv în zona orașului Rothenburg, s-au format importante comunități de sași nord-ardeleni (de altfel, landurile sudice, Bavaria și Baden-Württemberg, precum și Renania de Nord-Westfalia, au fost preferate de majoritatea etnicilor germani emigrați ulterior din România). După constituirea Republicii Federale Germania, în 1949, acest prim comitet de ajutorare și-a continuat activitatea în două organizații, conduse la început de același președinte: "Asociația sașilor ardeleni din Germania" (care din 1950 editează la München cunoscutul "Siebenbürgische Zeitung" – *Ziarul ardelean*) și "Comitetul de ajutorare al sașilor ardeleni și șvabilor

druckvoll ist. Obwohl die Bewohner verschiedenen Konfessionen angehörten, haben sich die Sachsen von den Einheimischen nicht abgesondert. Durch ihre Vertreter nahmen sie an der lokalen Führung des Ortes im Gemeinderat teil und versuchten ihre Traditionen und gemeinsamen Werte aktiv zu leben. Sie hatten auch zwei lokale Stadträte.

Nach 1955, als Österreich seine Souveränität wiedererlangte, gab es eine richtige Welle von Einbürgerungen von Flüchtlingen und viele Nordsiebenbürger Sachsen errichteten sogar siebenbürgische Siedlungen. Ebenso haben sie in mehrheitlich katholischer Umgebung allmählich 20 evangelische Kirchen errichtet. (In diesem Zusammenhang ist erwähnenswert, dass der frühere evangelische Bischof in Österreich, Dr. Dieter Knall, Siebenbürger Sachse ist.)

Wie schon erwähnt, gelang es den meisten Flüchtlingen aus Lechnitz, Heidendorf, Senndorf, Birk, Niedereidisch und Deutsch-Zepling bei ihrer zweiten Flucht im April 1945 aus Niederösterreich nach Süd-Bayern zu gelangen. In der neuen, ihnen nicht gerade wohlgesonnenen katholischen Umgebung wurden sie vom "Hilfskomitee der Siebenbürger Sachsen und der evangelischen Banater Schwaben" und vom Roten Kreuz unterstützt, sich Ende 1946 im mehrheitlich evangelischen Mittelfranken niederzulassen. In dieser Region, genauer gesagt im Bereich der Stadt Rothenburg o. d. Tauber haben sich wichtige nordsiebenbürgische Gemeinschaften gebildet. (Es sei hinzugefügt, dass die südlichen Bundesländer Bayern und Baden-Württemberg sowie Nordrhein-Westfalen von der Mehrheit der später aus Rumänien ausgesiedelten Deutschen als Wohnsitz bevorzugt wurden). Nach der Gründung der Bundesrepublik Deutschland 1949 hat diese erste eigene Hilfsorganisation in zwei Vereinen weitergewirkt, die zunächst in Personalunion von einem Vorsitzenden geleitet wurden: die "Landsmannschaft der Siebenbürger Sachsen" (die seit 1950 die bekannte "Siebenbürgische Zeitung" herausgibt) und das "Hilfskomitee der Siebenbürger Sachsen und der evan-

Heimathaus Siebenbürgen, das Kulturzentrum der Siebenbürger Sachsen auf Schloss Horneck (Gundelsheim) Centrul cultural săsesc la Gundelsheim lîngă Heidelberg

bănățeni din cadrul Oficiului Diaconic al Bisericii Evanghelice din Germania"; scopul lor a fost, pe de o parte, să susțină interesele politice, juridice și sociale ale sașilor imigrați în această țară, iar pe de altă parte, prin intermediul Bisericii Evanghelice să țină legătura cu ce-i rămași în România. În 1957, landul Renania de Nord-Westfalia a preluat patronajul asupra sașilor ardeleni, dovedindu-se a fi protector grijuliu, care a sprijinit îndeosebi activitatea culturală și științifică prin intermediul "Consiliului cultural al sașilor ardeleni". În vederea conservării și promovării moștenirii culturale comune, în castelul Horneck din Gundelsheim/Neckar (landul Baden-Württemberg) s-a organizat un

gelischen Banater Schwaben im Rahmen des Diakonischen Werkes der Ev. Kirche in Deutschland". Ihr Ziel war es, einerseits die politischen, rechtlichen und sozialen Interessen der in dieses Land eingewanderten Siebenbürger Sachsen zu vertreten und andererseits über die Evangelische Kirche die Verbindung zu den in Rumänien Gebliebenen aufrecht zu erhalten. 1957 übernahm das Land Nordrhien-Westfalen die Patenschaft über die Siebenbürger Sachsen und zeigte sich als sorgender Beschützer, der insbesondere kulturelle und wissenschaftliche Aktivitäten im Rahmen der „Siebenbürgisch-Sächsischen Stiftung" förderte. Um das gemeinsame Kulturerbe zu bewahren und zu fördern wurde auf Schloss

Kultur- und Gesellschaftszentrum der Siebenbürger Sachsen in Kanada: Transylvania Club Kitchener/Ontario
Centrul cultural al sașilor din Canada: Transylvania Club Kitchener/Ontario

muzeu săsesc reprezentativ, o foarte bogată bibliotecă de specialitate și un institut de cercetare științifică, acest oraș devenind astfel centrul cultural al sașilor din Germania[8].

După 1948, grupuri importante de sași nord-ardeleni aflați în Austria au plecat spre Canada și SUA. Cei care au ajuns în Canada s-au stabilit cu precădere în provincia Ontario. Aici, în orașul Kitchner (care înainte de primul război mondial se numea Berlin), învățătorii sași au deschis o școală de sâmbătă și duminică,

Horneck in Gundelsheim am Neckar (in Baden-Württemberg) ein repräsentatives Siebenbürgisches Museum eingerichtet, das mit seiner sehr reichen Bibliothek und seinem wissenschaftlichen Forschungsinstitut das kulturelle Zentrum der Siebenbürger Sachsen in Deutschland wurde.

Nach 1948 sind gruppenweise Nordsiebenbürger Sachsen aus Österreich nach Kanada und USA ausgewandert. Diejenigen, die nach Kana-

însă care în prezent nu mai funcționează. În Kitchner există und mare centru cultural săsesc (Kitchener Transilvania Club). Și în SUA au ajuns numeroși sași, care s-au stabilit în primul rând în statul Ohio, în regiunea orașului Cleveland. În fiecare an comunitățile săsești din SUA și Canda se întîlnesc alternativ la *Heimattag* („Ziua meleagurilor natale"). De asemenea, unii dintre sașii refugiați din Ardealul de Nord au ajuns în Luxemburg și Olanda, iar unii chiar pe continentul sud-american, în Ecuador, Brazilia și Chile. Peste tot s-au dovedit aceeași oameni harnici și pricepuți, continuând – acolo unde condițiile au fost prielnice – ceea ce au trebuit să abandoneze în septembrie 1944. (Un exemplu în acest sens este dat de firma *Braedt*: până în 1944 a existat la Bistrița una dintre cele mai mari fabrici de mezeluri din Transilvania - Fr. Braedt și fiii; în 1947, la Lima, fiul lui Friedriech Braedt, Walter, a înființat o nouă firmă, care din 1971 se va numi *W. Braedt und Söhne* (W. Braedt și fiii), devenind un nume de primă mărime în industria alimentară din capitala ecuadoriană).

* * *

Cât privește pe sașii reîntorși în nordul Transilvaniei și care, în baza Conferinței de Pace de la Paris, urmau să fie recunoscuți ca cetățeni ai României (Consiliul Politic Județean anulează la 1 aprilie 1947 dreptul la cetățenia română unui număr de 462 de familii din Bistrița, evacuate în septembrie 1944 și care nu s-au mai întors[9]), primele semne de schimbare a situației lor se arată încă din 1948, când sunt eliberați majoritatea celor aflați în detașamentele de muncă.

Dacă în perioada imediat următoare întoarcerii din refugiu, aproape toți copiii sași au fost nevoiți să urmeze școlile de stat în limba română, treptat și acest domeniu intră pe un făgaș normal. La început, în anii 1945/1946, de învățământ în limba maternă au putut beneficia doar o parte a elevilor din zona Reghinului; prin grija pr. Hartmann, în casa parohială evanghelică din oraș s-a amenajat o școală cu internat pentru 77 de copii sași originari atât din Reghin, cât și din localitățile Petelea, Ideciu de Sus, Ideciu de Jos, Dedrag, Batoș și Uila. În toamna anului 1947 s-a deschis și la Bistrița o școală elementară, aflată tot sub patronajul Bisericii Evanghelice, în care au predat doi profesori reveniți din refugiu[10]. După 1950, aproape în toate localitățile unde exista un număr semnificativ de sași au fost înființate secții în limba germană pe lângă școlile generale, respectiv pentru clasele I-IV, ciclul

da gelangt sind, haben sich vorwiegend in der Provinz Ontario niedergelassen. Hier, in Kitchener (diese Stadt hieß vor dem Ersten Weltkrieg Berlin), eröffneten sächsische Lehrer eine Samstags- und Sonntagsschule, die derzeit nicht mehr existiert, statt dessen gibt es jedoch ein großes Kultur- und Freizeitzentrum im Kitchener Transilvania Club. Zahlreiche Sachsen sind auch in die USA gelangt, vorwiegend in den Staat Ohio in den Bereich von Cleveland. Jährliche Heimattage abwechselnd in Kanada und in den USA stärken den Zusammenhalt. Ebenso sind etliche Siebenbürger Sachsen nach Luxemburg oder Holland gelangt, ja sogar etliche auf den südamerikanischen Kontinent nach Ecuador, Brasilien, Chile.

Überall haben sie sich als fleißige und kundige Menschen herausgestellt, die überall dort, wo die Bedingungen günstig waren, weitermachten, wo sie im September 1944 aufhören mussten. (Ein Beispiel in dieser Hinsicht war die Firma Braedt: Bis 1944 existierte in Bistritz die Wurstwarenfabrik, eine der größten in Siebenbürgen: „Fr. Braedt und Söhne". Im Jahre 1947 gründete der Sohn von Friedrich Braedt, Walter, in Lima eine neue Firma, die ab 1971 „W. Braedt und Söhne" den Namen trägt, ein großer Name in der Lebensmittelindustrie der Hauptstadt Perus.)

* * *

Was diejenigen Sachsen anbelangt, die nach Nordsiebenbürgen zurückkehrten und die gemäß des Pariser Friedensvertrages als rumänische Staatsbürger anerkannt werden sollten (der Politische Rat des Kreises hat am 1. April 1947 das Recht auf die rumänische Staatsangehörigkeit 462 Familien aus Bistritz aberkannt, die im September 1944 evakuiert wurden und nicht zurückgekehrt waren), zeigen sich etwa ab 1948 kleine Änderungen ihrer Lage, als die meisten aus den Arbeitslagern entlassen werden.

Während in der Phase unmittelbar nach der Rückkehr von der Flucht fast alle sächsischen Kinder die Staatsschulen mit rumänischer Sprache besuchen mussten, hat sich schrittweise dieser Bereich normalisiert. Am Anfang, während der Jahre 1945/46 gab es nur für wenige Kinder im Raum Sächsisch Regen die Möglichkeit, in der Muttersprache unterrichtet zu werden: durch die Fürsorge des Pfarrers Hartmann wurde im städtischen Gemeindehaus der Kirche eine Schule mit Internat für 77 sächsische Kinder aus Sächsisch Regen, Birk, Obereidisch, Niederei-

gimnazial şi cel liceal putând fi urmat doar la Bistriţa sau la Reghin.

Prin rămânerea pe teritoriul austriac şi german a marii majorităţi a preoţilor evanghelici, comunităţile rurale săseşti aveau să fie lipsite pentru mult timp de asistenţă spirituală corespunzătoare (în perioada de reîntoarcere din refugiu, Consiliul Politic Judeţean a acceptat, numai după stăruitoare rugăminţi din partea curatorului Rudolf Schuller, ca preotul misionar Zoltán Arvai să efectueze servicii religioase pentru aceste grupuri de saşi[11]). Deşi în 1945 s-au întors, odată cu enoriaşii expulzaţi, un număr de şapte preoţi evanghelici, din cauza vârstei lor (în ianuarie 1948, în judeţul Năsăud era un singur preot evanghelic sub 60 de ani, Berendt Michael din Monariu[12]) nu s-a reuşit deservirea tuturor credincioşilor evanghelici, mai ales că ani la rândul unii au fost obligaţi să trăiască în localităţi situate la mare distanţă de fostele aşezări săseşti. Abia după deschiderea la Cluj, în 1948, în cadrul Institutului Teologic Protestant Unificat, a unei secţii în limba germană de teologie luterană (mutată din 1952 la Sibiu), s-a reuşit ca treptat toate parohiile evanghelice din nordul Transilvaniei să aibă preot.

Sub aspect politic, o relaxare tot mai accentuată s-a produs începând din 1949, iar după ce în 1950 etnicilor germani din România li s-au acordat o serie de drepturi constituţionale (printre care cel de vot), marea majoritate a saşilor dispersaţi cu forţa în 1945 revin în fostele lor localităţi. Următorul pas a fost retrocedarea către comunităţile săseşti a bisericilor, caselor parohiale şi cimitirelor, cele mai multe dintre acestea fiind folosite după 1944 de către populaţia românească. În acele localităţi unde nu existau lăcaşuri de cult româneşti, li s-a permis românilor să oficieze pe mai departe slujbele religioase în bisericile evanghelice, în paralel cu saşii, pentru aceasta trebuind să plătească o taxă, folosită de parohii pentru renovarea bisericilor. Însă actul reparator cel mai important a fost retrocedarea locuinţelor. Prin decretul nr. 81/1954 (nepublicat), completat cu hotărârea Consiliului de Miniştri nr. 968/1956, etnicilor germani din România li s-au înapoiat gospodăriile săteşti (locuinţa şi grădina, nu şi proprietăţile funciare) şi casele de la oraşe, iar prevederile constituţionale privitoare la naţionalităţile conlocuitoare au primit valabilitate şi pentru ei[13]. Izolat, astfel de restituiri ale gospodăriilor rurale s-au făcut şi înainte de publicarea acestor acte normative,

disch, Deutsch Zepling, Botsch und Weilau eingerichtet. Im Herbst 1947 wurde auch in Bistritz eine Grundschule eröffnet, ebenfalls unter dem Patronat der Evangelischen Kirche. Hier unterrichteten zwei zurückgekehrte Professoren. Nach 1950 wurden in allen Orten, wo noch eine bestimmte Anzahl von Sachsen lebten, deutsche Abteilungen der Generalschulen bzw. der Klassen I-IV eingerichtet, die gymnasiale Stufe lediglich in Bistritz und Sächsisch Regen.

Dadurch, dass auch zahlreiche Pfarrer in Deutschland bzw. in Österreich geblieben waren, gab es insbesondere in den sächsischen Dorfgemeinschaften längere Zeit keinen adäquaten geistlichen Beistand (in der unmittelbaren Zeit nach der Flucht hat die politische Führung des Kreises nur nach sehr eindringlichen Bitten seitens des Kurators Rudolf Schüller akzeptiert, dass der Missionspfarrer Zoltán Arvai religiöse Dienste für diese sächsischen Bevölkerung durchführte). Obwohl 1945 sieben evangelische Pfarrer mit ihren Gläubigen von der Flucht zurückkehrten, konnten diese auch wegen ihres Alters ihren Dienst nicht so durchführen, dass alle Gläubigen betreut worden wären (im Januar 1948 gab es einen einzigen evangelischen Pfarrer im Kreis Nassod, der jünger war als 60, nämlich Michael Berendt in Minarken). Dies lag auch daran, dass sie jahrelang weit entfernt von den sächsischen Gemeinden wohnen mussten. Erst nachdem in Klausenburg 1948 innerhalb des Protestantischen Theologischen Instituts eine Abteilung für Lutherische Theologie in deutscher Sprache eröffnet wurde (die 1952 nach Hermannstadt übersiedelte) und evangelische Pfarrer hier ausgebildet wurden, sind allmählich alle nordsiebenbürgischen Pfarrstellen besetzt worden.

Politisch gab es deutliche Verbesserungen ab 1949 und besonders ab 1950, als den Deutschen eine Reihe von Bürgerrechten wieder zuerkannt wurden. (unter anderem das Wahlrecht). Die meisten 1945 aus ihren Dörfern verjagten Sachsen kehrten größtenteils in ihre Heimatorte zurück. Der nächste Schritt war die Rückgabe der Kirchen, der Pfarrhäuser und der Friedhöfe an die sächsischen Gemeinden. Diese wurden ab 1944 größtenteils von der rumänischen Bevölkerung genutzt. In denjenigen Orten, wo es keine rumänischen Gotteshäuser gab, wurde den Rumänen erlaubt, auch weiterhin ihre Gottesdienste in evangelischen Kirchen abzuhalten. Dafür mussten sie eine Gebühr zahlen, die für Kirchenrenovierungen benützt wurde. Die wich-

ele fiind condiţionate însă de înscrierea acelor familii în Cooperativele Agricole de Producţie (C.A.P.), care în actualul judeţ Bistriţa-Năsăud au fost constituite mai întâi în localităţile săseşti, la fel ca şi Întreprinderile Agricole de Stat.

Abia de acum se poate vorbi de o normalizare a vieţii cotidiene atât pentru miile de saşi reveniţi din refugiu, cât şi pentru cei rămaşi în nordul Transilvaniei.

Preţul plătit însă pentru simpla apartenenţă la etnia germană a fost deosebit de mare. Pentru saşi, prin excelenţă «*oamenii liberi ai Transilvaniei*»,

tigste Wiedergutmachung jedoch war die Rückgabe der Wohnungen bzw. Häuser der Sachsen. Auf Grund des Dekrets Nr. 81/1954 (unveröffentlicht), vervollständigt durch einen Beschluss des Ministerrats Nr. 986/1956 wurde den Deutschen in Rumänien der landwirtschaftliche Besitz (Haus und Hof mit Garten, jedoch ohne weiteres Grundvermögen) und die Häuser in den Städten rückerstattet und gleichzeitig wurden die verfassungsmäßigen Bestimmungen für mitwohnende Nationalitäten auch auf sie ausgedehnt. Isoliert wurden Restitutionen von landwirtschaftlichem Besitz schon vor der Veröf-

Von Prof. Georg Dotz schon 1957 begründete Bistritzer Blaskapelle mit über 50 Instrumentisten
„Cine oare ar reuşi astăzi să refacă o fanfară ca aceea cu peste 50 de instrumentişti, cum a fost cea din 1957 sub conducerea profesorului Dotz?" (Oscar Scrabel în: Bistriţa – nostalgii citadine, Editura Răsunetul, Bistriţa 2001)

sentimentul de a fi la discreţia unui aparat de stat comunist atotputernic, după anii '60 tot mai naţionalist, a fost chiar mai frustrant decât cel provocat de exproprieri, respectiv de pierderea definitivă a terenurilor agricole (înainte de război, peste 70% dintre saşi erau ţărani); iar de abuzurile şi discriminările puterii comuniste, saşii reveniţi în nordul Transilvaniei – după cum am văzut – au avut parte din plin, mai mult decât cei aflaţi în sudul provinciei.

Cu toate acestea, nu trebuie trecute cu vederea sau puse în umbră actele de reală solidaritate umană faţă de saşi, care au avut loc în anii grei de după 1945. Aşa cum am mai arătat, au fost chiar funcţionari care au încercat să vină în ajutorul lor, riscând pentru aceasta să fie cataloga ţi de către agitatorii comunişti drept trădători de neam, slugoi ai saşilor. La fel, cu multă omenie s-au comportat şi majoritatea locuitorilor din satele româneşti unde au fost trimişi în mod

fentlichung dieser normativen Texte durchgeführt, allerdings waren sie an die Einschreibung in die Landwirtschaftlichen Produktionsgenossenschaften (LPG) gebunden. Diese LPGs wurden im heutigen Kreis Bistritz-Nassod ebenso wie die Staatlichen Landwirtschaftlichen Betriebe („Staats-Fermen") zuerst in sächsischen Orten begründet.

Erst ab diesem Zeitpunkt kann von einer Normalisierung des täglichen Lebens sowohl für die Tausenden Nordsiebenbürger Sachsen, die von der Flucht zurückgekehrt waren als auch für diejenigen, die hier geblieben waren, gesprochen werden.

Der Preis, der dafür zu zahlen war, dass man lediglich Deutscher war, ist außerordentlich hoch gewesen. Für die Sachsen, die sich jahrhundertelang als *„freie Menschen Siebenbürgens"* begriffen, war das Gefühl, einem allmächtigen, nach

obligatoriu sașii întorși din refugiu. În acest context merită a fi amintit un caz cu valoare de simbol: prin nota nr. 1608/18 septembrie 1945, notarul cercual din Dumitrița cerea postului de jandarmi din Șieu ca Böhm Maria, de 28 de ani, ce avea doi copii bolnavi la Dumitrița, să fie eliberată din lagărul de muncă de la Șieu și trimisă înapoi în localitatea natală, "unde își are copiii și unde ar putea câștiga existența pentru *acei mititei*"[14]; o astfel de formulare plină de umanism într-un act public (ce este de obicei redactat "rece" și concret), dovedește că cel care l-a scris a făcut acest gest din compasiune și solidaritate, folosindu-se de funcția ce o avea pentru a ajuta oameni aflați atunci în cele mai mari greutăți.

Din cauza divizării majorității comunităților săsești nord-ardelene în urma expulzărilor efectuate de către Armata Roșie în 1945 (au fost separate chiar familii), sașii din zona Bistrița-Reghin au fost printre primii etnici germani din România emigrați în Germania Federală după stabilirea relațiilor diplomatice dintre cele două țări. Reducerea prin emigrare a elementului german din actualul județ Bistrița-Năsăud este surprinsă în recensămintele oficiale, momentul de vârf înregistrându-se în anii '70:

- anul 1956 - 6.690 germani (=2,62% din populația județului);
- anul 1966 - 6.102 (2,26%);
- anul 1977 - 2.253 (0,79%);
- anul 1992 -   913 (0,28%)[15].

Din cauza faptului că dislocarea celei mai mari părți a elementului german din nordul Transilvaniei s-a produs în urmă cu 60 de ani, s-a ajuns ca în acest interval multe localități din zona Bistrița-Reghin să-și piardă din specificul arhitectonic săsesc. Un exemplu aparte îl reprezintă cea mai nordică așezare din regiune, Cepari, unde practic toate locuințele săsești au fost demolate, în locul lor apărând case cu

Der deutsche Chor in Bistritz 1955, geleitet von Frau Prof. Trinnes

den 60er Jahren auch nationalistischen kommunistischen Staatsapparat ohne Gegenwehr unterworfen zu sein, frustrierender als die Enteignung und der spätere dauerhafte Verlust des landwirschaftlichen Grundvermögens (vor dem Zweiten Weltkrieg waren mehr als 70% der Sachsen Landwirte). Außerdem waren die zurückgekehrten Sachsen im Norden Siebenbürgens im Vergleich zu ihren südsiebenbürgischen Landsleuten – wie schon erläutert - zusätzlich vom Mißbrauch und den Diskriminierungen der kommunistischen Macht betroffen.

Dennoch dürfen auch reale Solidaritätsbekundungen humaner Art gegenüber den Sachsen während der schweren Jahre nach 1945 nicht übersehen werden. Wie schon erwähnt, hat es sogar staatliche Bedienstete gegeben, die versucht haben, ihnen zu helfen und die dabei riskierten, von den kommunistischen Agitatoren als *Volksverräter* und *Dienstknechte der Sachsen* abgestempelt zu werden. Ebenso hat sich auch die Mehrheit der Bevölkerung der rumänischen Dörfer verhalten, wohin die 1945 zurückgekehrten Sachsen zwangsweise eingewiesen wurden. In diesem Kontext erscheint es lohnenswert, einen typischen und zugleich symbolischen Fall zu erwähnen: Durch die Note Nr. 1608 vom 18. September 1945 verlangte der Waltersdorfer Kreis-Notär vom Gendarmenposten aus Schogen, dass die 28jährige Maria Böhm, die zwei kranke Kinder in Waltersdorf hatte, von der Zwangsarbeit im Lager Schogen befreit werden sollte und in ihren Heimatort zurückkehren dürfe, „wo sie ihre Kinder hat und die Existenz der Kleinen sichern kann."

Eine derartige Formulierung mit viel menschlicher Anteilnahme in einem amtlichen Schreiben (das üblicherweise „kalt" und konkret ist) zeigt, dass der Schreiber diese Geste aus Mitgefühl und Solidarität heraus gewählt hat, bewusst seine Amtsautorität einsetzend, um Menschen zu helfen, die größte Schwierigkeiten zu bewältigen hatten.

Auch aus Gründen der Trennung zahlreicher nordsiebenbürgischer Gemeinschaften (und sogar Familien) nach der durch die Rote Armee 1945 befohlenen Rückkehr waren die Siebenbürger Sachsen aus dem Gebiet Bistritz – Sächsische-Regen unter den ersten Aussiedlern zu finden, die nach der Aufnahme der diplomatischen Beziehungen zwischen der Bundesrepublik Deutschland und Rumäniens 1967 Siebenbürgen verlassen haben.

specific românesc. Însă acest lucru poate fi sesizat, într-o măsură diferită, în majoritatea localităților locuite altădată de etnicii germani. În ce privește patrimoniul arhitectonic al Bistriței și Reghinului, se poate afirma că acesta este într-o stare acceptabilă datorită solidității construcțiilor, și nu preocupării oficialităților. Abia în ultimul timp s-au întreprins acțiuni de renovare și consolidare a monumentelor reprezentative – printre care marea biserică evanghelică și complexul medieval Sugălete din Bistrița, basilica din Herina –, precum și a bisericilor din mediul rural date în folosința comunităților locale ortodoxe.

Conform ultimelor recensăminte, în zona Bistrița-Reghin sunt rămași cei mai puțini sași[16]. În plus, ținând cont și de structura lor de vârstă, se poate aprecia că într-un viitor nu foarte îndepărtat, prezența elementului etnic german în aceste regiuni va ține doar de domeniul istoriei.

Însă nu vor dispărea, cu siguranță, și din memoria colectivă a celor care i-au cunoscut în mod direct, și pentru care sașii au reprezentat un model de civilizație sub toate aspectele. De altfel, este un fapt unanim recunoscut că în profilul cultural al românilor ardeleni, influențele rezultate din conviețuirea cu sașii reprezintă o componentă de bază.

Istoria acestei comunități relativ mici, dar care și-a adus un aport atât de semnificativ la dezvoltarea în plan economic și cultural a Transilvaniei, a stârnit întotdeauna sentimente de respect și admirație. Iar o dovadă în acest sens poate fi considerată și lucrarea de față, care și-a propus să ofere contemporanilor câteva elemente esențiale din trecutul plin de merite, dar și de suferințe al sașilor nord-ardeleni.

* * *

Acum, când s-au scurs aproape șase decenii de la cea mai mare conflagrație pe care a cunoscut-o omenirea, când rănile aduse de către aceasta s-au închis, în cea mai mare parte, pentru națiunile implicate, credem că se poate analiza în mod obiectiv actul evacuării sașilor din Ardealul de Nord.

A fost justificat sau nu refugiul din septembrie 1944? A fost un act benefic pentru cei implicați, sau a fost o decizie pripită și netemeinic fundamentată? Au avut de câștigat sau de pierdut sașii din nordul Transilvaniei prin abandonarea pământului natal?

Der zahlenmäßige Rückgang der Deutschen aus dem jetzigen Kreis Bistritz-Nassod durch die Auswanderung geht aus den Volkszählungen hervor, wobei der Höhepunkt in den 70er Jahren liegt:
- 1956: 6690 Deutsche (=2,62% der Bevölkerung des Kreises)
- 1966: 6102 (2,26%)
- 1977: 2253 (0,79%)
- 1992: 913 (0,28%)

Weil der größte Teil der Deutschen in Nordsiebenbürgen schon vor 60 Jahren in Bewegung geriet, kam es, dass viele Dörfer ihren typisch sächsischen Charakter auch im Aussehen verloren haben. Ein besonderes Beispiel dafür ist die nördlichste deutsche Gemeinde, Tschippendorf. Hierher kam kein Sachse zurück, die meisten Häuser wurden demoliert, an ihrer Stelle entstanden neue Häuser nach rumänischer Art. Diese Veränderung kann man in jeder Ortschaft, die ehemals von Deutschen bewohnt wurde, in unterschiedlichem Maße feststellen. Was das architektonische Kulturerbe der Stadt Bistritz und von Sächsisch Regen anbelangt, kann gesagt werden, dass es sich in einem annehmbaren Zustand befindet. Dies liegt an der gediegenen Bauart der Gebäude und nicht an der Fürsorge der Autoritäten. Erst in letzter Zeit wurden Renovierungs- und Konsolidierungsmaßnahmen bei repräsentativen Bauten – etwa bei der großen evangelischen Kirche und beim mittelalterlichen Kornmarkt-Komplex in Bistritz oder bei der Basilika in Mönchsdorf - sowie bei den sächsischen Dorfkirchen begonnen, die von den lokalen orthodoxen Kirchengemeinden genutzt werden.

Die letzten Volkszählungen im Bereich Bistritz – Sächsisch Regen zeigen auf, dass hier die wenigsten Sachsen geblieben sind. Außerdem, bedenkt man ihre Altersstruktur, kann man davon ausgehen, dass die Existenz des deutschen ethnischen Elements in dieser Region in absehbarer Zukunft der Geschichte angehört.

Jedoch werden sie sicherlich aus dem Gedächtnis derjenigen nicht verschwinden, die sie direkt gekannt haben und für die die Sachsen ein umfassendes Zivilisationsmodell darstellten. Es besteht Einigkeit darüber, dass im kulturellen Profil der siebenbürgischen Rumänen die Einflüsse des Zusammenlebens mit den Sachsen ein grundlegendes Element sind.

Die Geschichte dieser relativ kleinen Gemeinschaft, die jedoch einen bezeichnenden Beitrag

La aceste întrebări, răspunsul nu poate fi decât unul complex, rezultat obligatoriu din comparația cu soarta populației germane din sudul Transilvaniei şi Banat, sau cu a celei românești din Basarabia şi Bucovina de Nord, în situația concretă din perioada de sfârşit a celui de-al doilea război mondial.

Motivul fundamental care i-a determinat pe conducătorii politici ai saşilor din Ardealul de Nord să ia hotărârea evacuării a fost teama de o masacrare a întregii populații germane la intrarea în acest spațiu a trupelor sovietice. Această temere nu s-a dovedit a fi justificată: armatele sovietice au intrat în teritoriile locuite de etnicii germani, dar nu i-au masacrat nici pe puținii saşi rămaşi în zona Bistrița-Reghin, după cum nu au făcut asemenea acte nici în sudul Transilvaniei sau în Banat.

Până aici s-ar părea ca gestul evacuării nu şi-a avut rost.

Însă avea să vină tragica lună ianuarie 1945, când asupra minorității germane din România s-a abătut o catastrofă cu consecințe dintre cele mai grave: deportarea în URSS a peste 70.000 de femei şi bărbați aflați la vârsta maximei puteri de muncă. Fără a mai lua în calcul cumplitele tragedii umane ce s-au produs în acele zile, ci ținând cont doar de faptul că singurul criteriu al deportării l-a constituit apartenența la etnia germană, se poate afirma cu certitudine că alături de cei 70.000 de deportați, s-ar fi aflat şi câteva mii bune de saşi din Transilvania; printre cei aproape 20% ce au murit din cauza muncii silnice şi a lipsurilor cumplite îndurate, s-ar fi aflat şi câteva procente de saşi bistrițeni şi reghineni, la fel şi printre cei întorşi cu boli şi traume pentru tot restul vieții. Dar saşii din nordul Transilvaniei, cu excepția câtorva zeci de persoane, nu au cunoscut aceste grozăvii, datorită evacuării lor. Din aceste considerente, departe de a fi considerată o laşitate sau o trădare, părăsirea de către ei a locurilor natale a fost de un real *act de salvare*.

După cum am arătat, situația saşilor evacuați nu a fost deloc uşoară. Trei sferturi dintre cei plecați în septembrie 1944 aveau să-şi abandoneze *definitiv* munca de o viață, luându-şi cu ei bagaje în greutate de 36 kg, sau într-o căruță câteva lucruri, în ambele cazuri predominând alimentele pentru drum; cei reîntorşi au fost umiliți şi persecutați ani la rândul, negându-li-se dreptul de a locui în localitățile natale, fiind considerați adesea de către autorități drept un

für die wirtschaftliche und kulturelle Entwicklung Siebenbürgens lieferte, hat in allen Zeiten Gefühle der Bewunderung und des Respekts hervorgebracht. Als ein Beispiel in diesem Sinne kann auch diese Arbeit angesehen werden. Sie hat sich zum Ziel gesetzt, den gegenwärtig Lebenden einige wesentliche Elemente aus der Geschichte voller Erfolge, aber auch des großen Leidens der Nordsiebenbürger Sachsen vorzustellen.

*   *   *

Nun, nachdem sechs Jahrzehnte seit dem größten Weltbrand, den die Menschheit kennengelernt hat, vergangen sind, nachdem die Wunden dieses Krieges zum größten Teil bei den Völkern, die inbegriffen waren, vernarbt sind, glauben wir , dass man den Akt der Evakuierung der Sachsen aus Nordsiebenbürgen objektiver beurteilen kann.

War die Flucht vom September 1944 gerechtfertigt? War es ein vorteilhafter Akt für die Betroffenen oder war es ein voreiliger, unbegründeter Entschluss? Hatten die Sachsen aus Nordsiebenbürgen durch das Aufgeben des heimatlichen Bodens etwas zu gewinnen oder zu verlieren?

Auf diese Fragen kann nur eine komplexe Antwort gegeben werden und diese Antwort kann nur aus dem Vergleich mit dem Schicksal der Deutschen aus Südsiebenbürgen, aus dem Banat oder mit dem der Rumänen aus Bessarabien, der Nordbukowina aufgrund der konkreten Lage am Ende des Zweiten Weltkrieges versucht werden.

Der entscheidende Grund, der die politischen Führer der Sachsen aus Nordsiebenbürgen bewog, den Entschluss der Evakuierung zu fassen, war die große Angst eines Massakers der gesamten deutschen Bevölkerung durch die sowjetischen Truppen. Diese Angst hat sich als nicht begründet herausgestellt. Die Rote Armee ist in Gebiete, wo Deutsche noch lebten, eingedrungen und hat nicht einmal die wenigen zurückgebliebenen Sachsen in der Region Bistritz-Sächsisch Regen massakriert, so wie sie dies auch in Südsiebenbürgen oder im Banat auch nicht getan hat.

Somit sieht es so aus, als ob die Evakuierung ihren Zweck nicht erfüllt hätte. Aber es kam der tragische Januar 1945, der über die deutsche Minderheit eine Katastrophe mit den bedrohlichsten Folgen brachte: die Deportation in die UdSSR von mehr als 70.000 Frauen und Männer,

plus de populaţie [17]. Din această perspectivă este greu, dacă nu imposibil, de a încerca o comparaţie între traumele sufleteşti trăite de cei care şi-au abandonat gospodăriile şi întreaga avere, crezând că este singura soluţie de a-şi salva viaţa, şi cei care au primit ordin ca în două ore să se pregătească pentru un lung drum în Rusia, chiar dacă aceasta însemna, în multe cazuri, lăsarea pe drumuri a propriilor copii.

Printr-o bună organizare, pierderile umane în timpul evacuării spre teritoriul german au fost minime (din circa 30.000 de refugiaţi au murit şase persoane în timpul bombardării unui tren); în schimb, printre cei 70.000 de deportaţi în URSS s-au înregistrat aproape 14.000 de morţi.

Cred că nu ar fi lipsită de importanţă şi o scurtă comparaţie cu soarta românilor din Basarabia şi Bucovina de Nord. După cum este cunoscut, la pătrunderea în 1944 a trupelor sovietice în aceste teritorii, autorităţile române şi armata au organizat o evacuare spre România a celor ce doreau acest lucru; o bună parte dintre ei au fost obligaţi ulterior să revină în teritoriile natale, dar mulţi au rămas, unii ajungând mari personalităţi ale culturii şi ştiinţei româneşti. Pentru acei oameni care, rămânând în România, au fost feriţi de deportările în Siberia, actul de evacuare întreprins de către armată şi-a avut rolul său salvator.

Pentru a trage o concluzie, nu putem omite faptul că la sfârşitul celui de-al doilea război mondial, în întreaga Europă centrală şi răsăriteană minorităţile germane nu puteau avea o altă situaţie decât una *grea*. În tot acest imens spaţiu ocupat de către armatele sovietice, soarta etnicilor germani era pecetluită: trebuiau să plătească marelui învingător pentru unicul considerent că erau de aceeaşi etnie cu marea naţiune învinsă.

În faţa unor situaţii limită, omul trebuie să aleagă între răul cel mai mare şi răul cel mai mic.
În faţa unei astfel de situaţii limită ce se prefigura în anii 1944-1945, prin voia destinului, saşii din nordul Transilvaniei au ales varianta răului cel mai mic.

die im besten Alter und voll arbeitsfähig waren, ohne Rücksichtnahme auf menschliche Tragödien und Schicksale, die sich in den Tagen abgespielt haben. Da das einzige Kriterium der Deportation die Zugehörigkeit zum deutschen Volk war, kann man mit Gewissheit behaupten, dass neben diesen 70.000 Deportierten auch einige Tausend Sachsen aus Nordsiebenbürgen gewesen wären. Bei den fast 20% der Sachsen, die in Russland aufgrund der schweren Zwangsarbeit und den schrecklichen Mängeln, die die Menschen dort erdulden mussten, umgekommen sind, wären auch einige Prozente Nordsiebenbürger Sachsen gewesen. Jedoch haben außer etwa vierzig Nordsiebenbürger Sachsen besonders wegen der Evakuierung diese Leiden nicht ertragen müssen.

Aus dieser Erwägung heraus, ohne zu behaupten, es sei eine Feigheit oder ein Verrat, war das Verlassen ihrer Heimat ein wahrer *Rettungsakt*.

Die Lage der evakuierten Sachsen, wie schon erwähnt, war nicht leicht. Drei Viertel dieser im Herbst 1944 geflüchteten Menschen haben fast alles, was sie in ihrem Leben geschaffen hatten, liegen lassen; sie haben nur 36kg oder was sie auf einen Pferdewagen laden konnten, mitgenommen; in beiden Fällen waren es hauptsächlich Lebensmittel für unterwegs. Die zurückgekehrten Sachsen wurden Jahre hindurch gedemütigt und verfolgt; das Recht in ihren Heimatorten zu leben wurde ihnen verwehrt; oft wurden sie von den Autoritäten als eine Überzahl an Bevölkerung betrachtet. Aus dieser Perspektive heraus ist es schwierig, wenn nicht gar unmöglich, einen Vergleich anzustellen zwischen den Flüchtlingen, die ihr ganzes Hab und Gut stehen lassen mußten, die seelische Verletzungen in Kauf genommen haben, meinend, dies sei die einzige Lösung, um ihr Leben zu retten und zwischen denen, die Befehl bekommen haben, sich in zwei Stunden für einen langen Weg nach Rußland vorzubereiten, wobei dies in vielen Fällen bedeutete, ihre eigenen Kinder ohne Schutz und Betreuung zu hinterlassen.

Durch die gute Organisierung der Evakuierung waren die Verluste an Menschenleben während der Flucht minimal (von ca. 30.000 Evakuierten sind direkt 6 Personen während der Bombardierung eines Zuges umgekommen), während in der Sowjetunion von den rund 70.000 Deportierten fast 14.000 Opfer zu beklagen waren.
Ich denke, es ist wichtig, auch einen kleinen Vergleich mit dem Schicksal der Rumänen aus Bes-

sarabien und der Nordbukowina zu ziehen. Als die Sowjettruppen in diese Gebiete eindrangen, haben die rumänischen Behörden und die Armee eine Evakuierung vieler Menschen organisiert, die von dort weg wollten. Ein Großteil dieser Menschen wurde obligatorisch in ihre Heimatorte zurückgeschickt; es blieben auch viele; einige von ihnen wurden wichtige Persönlichkeiten der rumänischen Kultur und Wissenschaft. Diese Rumänen, die in Rumänien geblieben waren, wurden von einer Deportation nach Sibirien verschont. Folglich hat diese Evakuierung einen rettenden Zweck gehabt.

Um eine Schlussfolgerung zu ziehen, darf nicht vergessen werden, dass am Ende des Zweiten Weltkrieges alle deutschen Minderheiten überall in Ost- und Zentraleuropa nur einen schweren Stand haben konnten. In diesem immensen Großraum, den die Sowjetarmee besetzt hatte, war das Schicksal der Deutschen besiegelt: Sie mussten dem großen Sieger bezahlen und das nur deshalb, weil sie Deutsche waren, wie die große besiegte Nation.

In manchen Grenzsituationen muss der Mensch zwischen dem größeren und dem kleineren Übel entscheiden.

In einer solchen Grenzsituation, die sich in den Jahren 1944-1945 durch die Gunst des Schicksalsabzeichnete, haben die Sachsen aus Nordsiebenbürgen das kleinere Übel gewählt.

Note – Endnoten

[1] Ernst Wagner, Evakuierung, Flucht, Rückkehr…, p. 28.

[2] Albert Czell, Heimat verloren, Heimat gefunden, p. 81.

[3] O. Klöck, N. Wallet, Op. cit., p. 165.

[4] Ibidem, p. 164.

[5] Albert Czell, Op. cit. p. 112.

[6] O. Klöck, N. Wallet, Op. cit., p. 165.

[7] Ernst Wagner, Istoria saşilor ardeleni, Bucureşti, Edit. Meronia, 2000, p. 103.

[8] Ibidem, p. 102.

[9] Primăria, dosar nr. 9/1947, f: 23-50.

[10] Ernst Wagner, Evakuierung, Flucht, Rückkehr…, p. 26.

[11] Prefectura, dosar nr. 256/1945, f: 54.

[12] Prefectura, dosar nr. 12/1948, nenumerotat

[13] Ernst Wagner, Evakuierung, Flucht, Rückkehr…, p. 26.

[14] Jandarmeria, dosar nr. 177/1945, f: 50.

[15] Ioan Someşan, Op. cit., p. 13.

[16] În 1992, pe ansamblul acestei regiuni numărul etnicilor germani reprezenta numai circa 4% din câţi existau în 1941, mai numeroşi fiind în mediul urban (în Bistriţa erau 513, dintr-un total de 87.000 locuitori, iar în Reghin 334, din 39.000 locuitori). Tot în acelaş an, în cele şapte localităţi săseşti din partea centrală a Transilvaniei, situate în preajma fostei frontiere ungaro-române şi care au fost evacuate în grabă la începutul lunii septembrie 1944, numărul etnicilor germani reprezenta în jur de 3% din câţi existau în 1941 (în 1950, acest procent se ridica la 46%, cuprinzându-i atât pe saşii rămaşi cât şi pe cei reveniţi după refugiu). Datele provizorii ale recensământului din 2002 arată pentru judeţul Bistriţa-Năsăud o reducere cu aproape o treime a numărului etnicilor germani, comparativ cu situaţia din 1992: la nivelul judeţului mai erau 661 de germani, dintre care 370 în Bistriţa. – Die letzten Volkszählungen im Bereich Bistritz/Sächsisch Regen zeigen auf, dass hier die wenigsten Sachsen geblieben sind. 1992 waren, aufgeteilt in der gesamten Region, nur noch ca. 4% der 1941 hier Registrierten, wobei mehrere im urbanen Bereich zu finden waren (in Bistritz 535 von 87.000 Einwohnern, und in Sächsisch Regen 334 von 39.000). Im gleichen Jahr lebten in den sieben deutschen Gemeinden in der Nähe der damaligen ungarisch-rumänischen Grenze, die fluchtartig im Herbst 1944 evakuiert wurden, etwa 3% von 1941 (1950 waren es noch 46% Sachsen). Die provisorischen Daten der Volkszählung von 2002 dokumentieren für den Kreis Bistritz-Nassod eine weitere Verringerung der Zahl der Deutschen um ein Drittel im Vergleich zu 1992: insgesamt lebten im Kreis 661 Deutsche, davon 370 in Bistritz.

[17] Prefectura, dosar nr. 135/1945, f: 197.

1.6 Anexe

Anexa nr. 1

Ordinul *nr. 3095 al Inspectoratului Regional de Poliție Cluj către Poliția de Reşedinţă Bistriţa, privind internarea în lagăr a germanilor care se întorc la domiciliu (30 mai 1945).*

Inspectoratul de Poliţie Cluj
Nr. 3095 din 30 mai 1945

Către
Poliţia de Reşedinţă Bistriţa

În conformitate cu ordinul Direcţiunii Generale a Poliţiei nr. 7499/26 mai 1945 luaţi măsuri ca toţi germanii cetăţeni români plecaţi odată cu trupele germane şi care în prezent se întorc la domiciliu, să fie arestaţi şi internaţi în lagăr.

Subinspector de poliţie
(ss) Keletv Alexandru

Prefectura, dosar nr. 181/1945, f: 12.

Anexa nr. 2

Scrisoarea *lui Rudolf Schuller, curator al bisericii evanghelice din Bistriţa, adresată şefului Poliţiei oraşului Bistriţa, cuprinzând propuneri de rezolvare a situaţiei saşilor reîntorşi şi aflaţi în lagărul din oraş (1 iulie 1945).*

Domnule Şef,

La provocarea D-voastră de a face o propunere în chestiunea refugiaţilor, cu onoare pledau următoarele:

1. După părerea mea, aceştia nu sunt o primejdie pentru stat. Ei au fost numai duşi în eroare de foştii lor conducători. Ei au fugit nu cu armatele ungaro-germane, ci înainte de retragerea acestora, de teamă faţă de armata sovietică, în urma unei psihoze create de ofiţerii germani, care mereu au afirmat că ura în contra germanilor este aşa de mare în Rusia, că toţi care vor rămâne aici, vor fi masacraţi de armata rusească.

2. În consecinţă, din punctul de vedere al siguranţei statului, n-ar fi nici un motiv în contra eliberării acestor oameni.

3. Greutăţile eliberării din "lagăre" s-au creat prin noua reformă agrară.
Conform ordinului armatei sovietice, aceşti oameni oriunde se află în teritoriile eliberate de armata sovietică, sunt îndrumaţi a se întoarce la locurile lor de origine, iar aceştia

1.6 Anhang

Anlage Nr. 1

Befehl *Nr. 3095 des Regionalen Polizeiinspektorats Klausenburg an die Polizeileitung in Bistritz bezüglich der Internierung in Lager der Deutschen, die zu ihren Wohnorten zurückkehren (30. Mai 1945).*

Polizeiinspektorat Klausenburg
Nr. 3095 vom 30. Mai 1945

An die
Polizeileitung in Bistritz

In Übereinstimmung mit dem Befehl der Generaldirektion der Polizei Nr. 7499/26. Mai 1945 werden Sie angewiesen, Maßnahmen zu treffen, damit alle Deutschen mit rumänischer Staatsbürgerschaft, die mit den deutschen Truppen geflüchtet sind und nun in ihre Heimatorte zurückkehren, zu verhaften und in Lager zu internieren.

Unterpolizeiinspektor
(ss) Keltev Alexandru
Präfektur, Ordner nr. 181/1945, Blatt 12

Anlage Nr. 2

Brief *des Herren Rudolf Schüller, Kurator der ev. Kirche in Bistritz, an den Chef der städtischen Polizei Bistritz, beinhaltend Vorschläge zur Lösung der Lage der zurückgekehrten und im städtischen Lager befindlichen Sachsen (1. Juli 1945)*

Herr Polizeichef,

Auf Ihre Anregung hin, Ihnen einen Vorschlag in Bezug auf die Lage der Geflüchteten zu machen, habe ich die Ehre, Ihnen folgende Vorschläge zuzuleiten:

1. Nach meiner Meinung sind diese keine Gefahr für den Staat. Sie sind lediglich ihren früheren Führern irrtümlicherweise gefolgt. Sie sind nicht mit den ungarisch-deutschen Armeen geflohen, sondern vor deren Rückzug, aus Angst vor der sowjetischen Armee, nachdem deutsche Offiziere eine entsprechende Psychose entfacht und behauptet hatten, dass in Russland der Hass gegenüber den Deutschen so groß sei, dass alle, die hier bleiben würden, von der russischen Armee massakriert würden.

2. Somit gäbe es aus der Sicht der Staatssicherheit keinerlei Grund, diese Menschen nicht frei zu lassen.

3. Die Schwierigkeiten der Befreiung aus den „Lagern" sind durch die Agrarreform hervorgerufen worden.

găsesc locuințele și proprietățile ocupate de alți locuitori.

Că este vorba de o contrazicere între regimul țării și regimul internațional/sovietic/ or nu, eu nu știu. Dacă toți oamenii s-ar întoarce dintre acei îndepărtați, aceștia sunt mai mult ca 30.000, înființarea unui "lagăr" pentru atâția oameni îmi pare imposibil de realizat.

Pentru susținerea refugiaților, statul n-a fost dispus să facă față cheltuielilor împreunate cu întreținerea unui lagăr.

Din muncă proprie, o mulțime de peste 30.000 de oameni internați nu-și pot susține viața, lipsind patronii și întreprinderile, prin care atâția oameni să-și poată câștiga existența.

Ar trebui deci, ca oamenii să fie eliberați.

4. Reîntoarcerea acestor oameni în satele lor este supusă pericolelor nenumărate din punct de vedere al ordinii publice economice. Ciocniri sângeroase, eventuale omoruri etc., ar fi consecințele. Pentru a trimite oamenii în satele lor, ar fi nevoie de o forță militară care să asigure ordinea.

5. Despre această putere militară, statul român în prezent nu dispune, numai Comandamentul sovietic.

6. Este statul român dispus de a încredința armata aliată sovietică cu rezolvarea acestei probleme? Hotărârea acestei chestiuni nu este lucrul meu.

7. Refugiații ar trebui introduși – în caz de lipsă – cu forța în casele lor, pentru a locui acolo, împreună cu acei împărtășiți și împroprietăriți, întrucât nu ar fi destule case goale.

Din punctul de vedere al popularității, acest procedeu de introducere în folosință comună a caselor n-ar fi plăcut pentru regimul român: și se va putea face mai ușor printr-o forță internațională.

8. Un astfel de procedeu de încartiruire, pe care îl propun, s-a făcut de mai multe ori în istoria tuturor țărilor.

9. Dacă această cale ar fi aprobată, ar trebui să se facă imediat, așa ca oamenii încă din timpul lucrului de sezon să-și poată câștiga atât cât să-și poată asigura existența în iarna viitoare, fără ajutoare, care în caz contrar vor fi necesare.

10. Menționez că o persoană ca fostul comandant sovietic, în a cărui sentiment de dreptate populația regiunii fără deosebire de naționalitate a avut o mare încredere, ar fi aptă pentru a rezolva o problemă destul de grea, iar din punctul de vedere al prestigiului statului român față de lumea civilizată, o mulțime de

Aufgrund des Befehls der sowjetischen Armee sind diese Menschen überall dort, wo sie sich auf von der sowjetischen Armee befreitem Territorium befinden, angehalten, sich zu ihren Heimatorten zu begeben und nun finden sie hier ihre Wohnungen und ihren Besitz besetzt von anderen Bewohnern.

Ob es einen Gegensatz gibt zwischen dem Staatsregime und dem internationalen/sowjetischen Regime, ist mir nicht bekannt. Wenn alle Evakuierten zurückkämen – und es sind ja mehr als 30.000 – würde die Einrichtung eines „Lagers" für eine so große Anzahl von Menschen unmöglich sein.

Der Kostenaufwand des Staates für die Geflüchteten wäre auf jeden Fall geringer als der Aufwand für die Einrichtung eines Lagers. Aus eigener Arbeit könnten 30.000 Internierte ihr Leben nicht erhalten, weil die Arbeitgeber und die Unternehmungen (wirtschaftlichen Betriebe) fehlen würden, wo so viele Menschen ihre Existenz verdienen könnten. Somit müssten auch deswegen die Menschen frei gelassen werden.

4. Die Rückkehr dieser Menschen in ihre Dörfer ist ungezählten Gefahren aus Sicht der öffentlichen (ökonomischen) Ordnung unterworfen. Blutige Zusammenstöße, mögliche Morde usw. könnten das Ergebnis sein. Um also die Menschen in ihre Dörfer zu bringen, wäre der Einsatz von Militärkräften erforderlich, um die Ordnung zu sichern.

5. Über diese militärische Streitmacht verfügt der rumänische Staat derzeit nicht, nur die sowjetische Kommandantur.

6. Ist der rumänische Staat bereit, die alliierte sowjetische Armee mit der Lösung dieses Problems zu betrauen? Darüber zu befinden, ist nicht meine Aufgabe.

7. Die Geflüchteten müssten – in entsprechenden Fällen – mit Gewalt in ihre Häuser gebracht werden, um dort zu wohnen, zusammen mit den dorthin Eingeteilten und mit neuem Eigentum Ausgestatteten, denn es gäbe nicht genügend leere Häuser.

Aus Gründen der öffentlichen Wirkung würde dieses Prozedere der Einführung in ein gemeinsames Wohnen in den Häusern für den rumänischen Staat sicher nicht angenehm und würde einfacher gemacht werden können durch den Einsatz von internationalen Kräften.

8. Ein von mir vorgeschlagenes Prozedere der Einquartierung wurde schon oft in der Geschichte aller Länder durchgeführt.

9. Wenn mein Vorschlag akzeptiert wird, muss

oameni să nu moară de foame din lipsa unei organizări corespunzătoare.

Bistrița, la 1 iulie 1945

(ss) Rudolf Schüller

Domniei Sale,
Domnului Şef al Poliției oraşului de Reşedinţă

Serviciul Siguranţei Bistriţa confirmă intrarea scrisorii la 3 iulie 1945 sub nr. 4181
Prefectura, dosar nr. 8999/1945, f: 5.

er sofort umgesetzt werden, damit die einzelnen Menschen schon aus der Saisonarbeit sich so viel verdienen könnten, um sich ihre Existenz für den kommenden Winter zu sichern, ohne irgendwelche öffentliche Hilfen, ansonsten sind diese unumgänglich.

10. Ich füge hinzu, dass eine Person wie der gewesene sowjetische Befehlshaber, dessen Gerechtigkeitssinn den Bewohnern der Region ohne Unterschied der Nationalität bekannt ist, geeignet wäre, dieses sehr schwierige Problem zu lösen. Dies auch im Hinblick auf das Prestige des rumänischen Staates gegenüber der zivilisierten Welt, der nicht interessiert sein kann, dass eine große Anzahl von Menschen verhungern, weil eine entsprechende Organisation fehlen würde.

Bistritz, 1. Juli 1945

(ss) Rudolf Schüller

An den Sehr geehrten Herrn Chef der Polizei der Residenzstadt

Quelle: Präfektur, Dossier Nr. 8999/1945, f. 5

Anexa nr. 3

Scrisoarea *adresată de către prefectul judeţului Năsăud, Ioan Popu, Ministerului Afacerilor Interne, cuprinzând informaţii despre saşii reîntorşi în judeţ (5 iulie 1945).*

Prefectura judeţului Năsăud
Nr. 8999/1945   Confidenţial!

Către Ministerul Internelor, Cabinet,
- Bucureşti -

Avem onoarea a Vă informa că în oraşul Bistriţa se găsesc internaţi într-un lagăr provizoriu sub supravegherea poliţiei locale un număr de 439 saşi reîntorşi din refugiu, dintre care 143 bărbaţi, 175 femei şi 121 copii sub 16 ani. Aceşti oameni sunt originari din comunele săseşti din judeţul Năsăud şi care s-au retras cu trupele horthysto-hitleriste.
Cei apţi de muncă sunt utilizaţi la diferite lucrări de interes public, fiind plătiţi cu preţuri minime din care îşi asigură o hrană care este însă insuficientă pentru întreţinerea familiilor lor, 70% dintre ei fiind improprii oricărei munci manuale.
Prefectura nu dispune de fonduri pentru întreţinerea lor şi nici nu s-a alocat în acest scop sume din partea Ministerului.
Întrucât în oraşul nostru nu avem un local

Anlage Nr. 3

Brief *des Präfekten des Kreises Nassod, Herr Ioan Popu, an das Innenministerium beinhaltend Informationen über die zurückgekehrten Sachsen im Kreis (5. Juli 1945).*

Präfektur des Kreises Nassod
Nr. 8999/1945   Vertraulich!

An das Innenministerium, Ministerrat,
- Bukarest -

Wir haben die Ehre zu informieren, dass sich in der Stadt Bistritz in einem provisorischen Lager unter der Bewachung der örtlichen Polizei 439 von der Flucht zurückgekehrte Siebenbürger Sachsen befinden, davon 143 Männer, 175 Frauen und 121 Kinder unter 16 Jahren. Diese Menschen stammen aus den sächsischen Dörfern aus dem Kreis Nassod und hatten sich mit den horthystisch-hitleristischen Truppen zurückgezogen.
Die Arbeitsfähigen werden verwendet für verschiedene öffentliche Arbeiten und werden entlohnt mit einem Minimalpreis, der ihnen ein Essen ermöglicht, was jedoch nicht ausreichend ist zum Erhalt ihrer Familien. 70% von ihnen sind für jedwelche (Hand-) Arbeit nicht fähig.
Die Präfektur besitzt keinerlei Mittel für deren Unterhalt und es sind auch keinerlei Mittel von

corespunzător pentru cazarea lor şi întrucât numărul lor creşte zilnic şi se zvoneşte ca mulţi dintre cei 32.000 saşi plecaţi sunt în drum spre casă, având în vedere pe de altă parte că starea lor de spirit fascisto-hitleristă nu s-a îndreptat, creându-ne greutăţi de ordin economic, social şi politic, producând perturbaţii în masele celor împroprietăriţi pe pământul lor, prin aplicarea reformei agrare, şi care sunt îngrijoraţi de prezenţa lor aici, cu onoare Vă rugăm Domnule Ministru a dispune:

1. Internarea lor într-un lagăr în altă parte a ţării şi pentru faptul că nu le putem asigura hrana şi pentru a-şi lua gândul că vor mai ajunge la proprietăţile lor, unde am aşezat populaţia ndreptăţită la împroprietărire.

2. Luarea de măsuri la frontiera de vest de a nu li se mai permite trecerea pe teritoriul ţării întrucât nu au nimic comun nici cu ţara, nici cu suflul nostru democratic al nouii vieţi.

În acest fel ne permitem a crede, Domnule Ministru, că această problemă s-ar putea soluţiona favorabil pentru liniştirea spiritelor celor împroprietăriţi în cele 26 sate foste săseşti. Cu onoare Vă rugăm a dispune a ni se arăta rezultatul.

Bistriţa, la 5 iulie 1945

Prefect:
(ss) Ioan Popu

Prefectura, dosar nr. 8999/1945, f: 2-3.

Seiten des Ministeriums vorgesehen.

Da wir in unserer Stadt keine entsprechende Unterkunft für sie haben und ihre Zahl täglich steigt (es geht das Gerücht um, viele der 32.000 geflüchteten Sachsen seien auf dem Weg nach Hause); da außerdem zu berücksichtigen ist, dass sich ihre faschistisch-hitleristische Gesinnung nicht geändert hat und sie uns damit schwere wirtschaftliche, soziale und politische Probleme schaffen indem sie Störungen bei den Massen derjenigen bereiten, die durch die Agrarreform die neuen Eigentümer ihres Besitzes geworden sind und die durch ihre Präsenz beunruhigt sind, bitte ich ehrerbietig Sie, Herr Minister, folgendes zu disponieren:

1. Deren Internierung in einem Lager in einem anderen Landesteil auch weil wir ihre Ernährung nicht garantieren können und auch weil wir dadurch hoffen, dass sie von dem Gedanken lassen, wieder in den Besitz ihres Eigentums zu gelangen, das nun den berechtigten Bewohnern aufgeteilt wurde.

2. Es mögen Anstalten getroffen werden, sie an der Westgrenze (des Landes) nicht mehr auf das Territorium des Landes einreisen zu lassen, denn sie haben nichts mehr gemein weder mit diesem Land noch mit dem demokratischen Aufbruch unseres neuen Lebens.

In diesem Sinne geben wir unserer Hoffnung Ausdruck, Herr Minister, dass dieses Problem zugunsten der Beruhigung der aufgebrachten Gemüter der neuen Besitzer in den ehemaligen 26 sächsischen Dörfern gelöst wird.

Ehrerbietig bitten wir Sie, entsprechend zu handeln und uns davon in Kenntnis zu setzen.

Bistritz, am 5. Juli 1945

Präfekt:
(ss) Ioan Popu

Präfektur, Ordner Nr. 8999/1945, S. 2-3.

Anexa nr. 4

Ordinul secret *nr. 330 al Inspectoratului de Jandarmi Cluj, Biroul Siguranţei, către Legiunea de Jandarmi a judeţului Năsăud, privind împiedicarea saşilor reîntorşi de a-şi ocupa fostele proprietăţi (11 iulie 1945).*

Inspectoratul de Jandarmi Cluj,
Biroul Siguranţei
Nr. 330 S din 11 iulie 1945

    Către
    Legiunea de Jandarmi a judeţului
    Năsăud

Anlage Nr. 4

Geheimer Befehl *Nr. 330 des Gendarmerie-Inspektorats Klausenburg, Sicherheits-Büro, an die Gendarmen-Legion des Kreises Nassod bezüglich der Hinderung der zurückgekehrten Sachsen ihr früheres Eigentum wieder zu erhalten (11. Juli 1945).*

Gendarmerie-Inspektorat Klausenburg,
Sicherheits-Büro
Nr. 330 S vom 11. Juli 1945

    An die Gendarmen-Legion
    des Kreises Nassod

Deoarece se semnalează că se întorc grupuri răzlețe de sași în regiune, veți lua măsuri și veți comunica populației următoarele:

1. Sașii se întorc în comunele de origine numai pentru identificare de către secțiile de jandarmi, care le vor face acte necesare prin care se va stabili că au plecat cu trupele inamice.

2. Îndată după identificare sașii vor fi ridicați și împărțiți pentru muncă în alte comune decât cele de origine până la dispozițiuni de transferare a lor din județ.

3. În comunele în care vor fi repartizați pentru muncă îi veți adăposti într-un edificiu liber (șură) și vor fi păziți de gărzile cetățenești sub supravegherea jandarmeriei. Sașii se vor utiliza pentru muncă agricolă și obștească, asigurându-li-se hrana în bani sau în natură din partea celor ce-i utilizează. Libera lor circulație pe raza comunei este admisă numai sub escortă de gărzile cetățenești sau jandarmi.

4. Veți liniști populația colonizată, aducându-i la cunoștință că în conformitate cu legea agrară, sașii și-au pierdut definitiv averile.

Subinspector de Poliție
(ss) Keletv Alexandru

Jandarmeria, dosar nr. 177/1945, f: 12.

Anexa nr. 5

Ordinul circular *nr. 390 al Legiunii de Jandarmi a județului Năsăud către secțiile de jandarmi, privind împiedicarea sașilor reîntorși de a-și ocupa fostele fostele proprietăți (20 iulie 1945)*

Inspectoratul de Jandarmi Cluj
Legiunea de Jandarmi a județului Năsăud
Nr. 390 din 20 iulie 1945

Ordin circular

Prin ord. nr. 765/1945 al Prefecturii județului Năsăud s-a efectuat o triere în lagărul Bistrița, fiind lăsați liberi bătrânii, bolnavii și copiii, până la noi dispozițiuni.
La plecare li s-a pus în vedere să nu plece la proprietățile lor, căci sunt considerate bunuri inamice și nu au drept asupra lor.

Weil mitgeteilt wird, dass sich einzelne Gruppen von Sachsen in die Region zurückbegeben, werden Sie beauftragt, folgendes zu unternehmen und der Bevölkerung mitzuteilen:

1. Die Sachsen kehren in ihre Heimatorte nur zurück, um dort von den örtlichen Gendarmerie-Stellen als Personen erfasst zu werden, die mit den feindlichen Streitkräften mitgegangen waren.

2. Sofort nach ihrer Identifizierung werden die Sachsen verhaftet und zur Arbeit in anderen Orten als den Heimatorten zugeteilt, bis zu neuen Befehlen bezüglich ihres Transfers aus dem Landkreis.

3. In denjenigen Orten, in denen sie zur Arbeit eingeteilt werden, sind sie in einem freien Gebäude unterzubringen (Scheune) und werden bewacht von Bürgergarden unter der Aufsicht der Gendarmerie. Die Sachsen werden in der Landwirtschaft oder bei öffentlichen Arbeiten eingesetzt, wobei ihnen Lebensmittel in Form von Geld oder in Natura von denjenigen gesichert wird, die sie beschäftigen. Ihre Bewegungsfreiheit am jeweiligen Ort ist nur unter Aufsicht der Bürgergarden oder der Gendarmerie gestattet.

4. Sie sind verpflichtet, die kolonisierte Bevölkerung zu beruhigen und ihr die Mitteilung zu machen, dass die Sachsen gemäß gesetzlicher Bestimmungen ihren Besitz definitiv verloren haben.

Unterinspektor der Polizei
(ss) Keletv Alexandru

Gendarmerie, Ordner Nr. 177/1945, S. 12

Anlage Nr. 5

Befehl *Nr. 390 (Rundschreiben) der Gendarmen-Legion des Kreises Nassod an die Gendarmen Stellen bezüglich der Verhinderung der zurückgekehrten Sachsen ihr früheres Eigentum zu besetzen (20. Juli 1945)*

Gendarmerie-Inspektorat Klausenburg
Gendarmen-Legion des Kreises Nassod
Nr. 390 vom 20. Juli 1945

Befehl (Rundschreiben)

Aufgrund des Befehls 765/945 der Präfektur Nassod wurde im Lager Bistritz eine Auslese durchgeführt, wodurch Alte, Kranke und Kinder frei gelassen werden bis zu neuen Verfügungen.
Bei ihrer Freilassung wurde ihnen klar aufgetragen, nicht zu ihrem früheren Besitz zurückzu-

Unii din cei eliberaţi nu ţin seama de acest ordin şi se reinstalează în vechile proprietăţi.

Pentru a evita acest conflict de fapt şi de drept, să se ia măsuri de preîntâmpinare a întoarcerii lor, să li se permită numai închirierea caselor complet libere sau care nu sunt în perspectivă susceptibile de a fi ocupate de alţi chiriaşi.

Comandantul Legiunii de Jandarmi
a judeţului Năsăud
Col. Nic. Dumitrescu

Jandarmeria, dosar nr. 177/1945, f: 34.

kehren, denn diese Besitztümer sind als feindliches Gut angesehen und sie haben keinerlei Rechte darauf.

Manche der Freigelassenen befolgen diese Weisung nicht und begeben sich wieder in ihr früheres Eigentum.

Um jedwelchen Rechts- und sonstigen Konflikt zu vermeiden, sollen Maßnahmen getroffen werden, um sie daran zu hindern bzw. ihnen lediglich zu erlauben, vollständig leere Häuser zu mieten oder solche, die in der Vorausschau wohl nicht von anderen Mietern zu belegen sind.

Der Kommandeur
der Gendarmen-Legion
des Kreises Nassod

Gendarmerie, Ordner Nr. 117/1945, S. 34.

Anexa nr. 6

Memoriul *adresat Consiliului de Miniştri de către Rudolf Schuller, curator al bisericii evanghelice din Bistriţa, cuprinzând propuneri pentru rezolvarea situaţiei saşilor din Transilvania (25 iulie 1945).*

Înalt Consiliu de Miniştri,

Subsemnatul, în anul 1930, pentru purtarea mea loială faţă de ideile românismului, am fost decorat cu ordinul «Steaua României» în grad de "ofiţer". În anul 1919, la 8 ianuarie, împreună cu colegul meu Rudolf Brandsch – ulterior în guvernul Iorga ministru subsecretar de stat – am putut conduce poporul săsesc la hotărârea de la Mediaş, prin care acest popor s-a alipit în mod benevol, conform ideilor de atunci ale preşedintelui Wilson, la România Mare.

Pentru această purtare, numele colegului Brandsch şi al meu au fost răspândite în toată presa maghiară, cu cruce neagră, ameninţându-ne cu moartea, aşa că ani de zile n-am putut călători prin Budapesta.

Consecinţa acestei purtări a fost că regimul ungar restabilit prin hotărârea de la Viena, nu mi-a permis să fac practica avocăţească.

În anul 1919, într-un moment istoric, m-am decis pentru drepturile istorice şi naturale ale poporului român de a crea statul său pe aceste teritorii. Am rămas fidel convingerii mele, nefăcând nici un pas pentru a schimba hotărârea ministrului ungar de justiţie şi a baroului avocaţilor, cu toate că mi s-a făcut aluzia în acest sens şi cu toate că am ştiut că sunt şi conducători ai populaţiei române care au aranjat situaţia lor pentru înscrierea în barouri.

Anlage Nr. 6

Denkschrift *von Rudolf Schüller, Kurator der Ev. Kirche Bistritz, an den Ministerrat beinhaltend Vorschläge zur Lösung der Lage der Sachsen in Siebenbürgen (25. Juli 1945).*

Hochgeehrter Ministerrat,

Unterzeichneter, wurde im Jahre 1930 für meine loyale Haltung gegenüber den Ideen des Rumänismus mit dem Orden „Stern Rumäniens" im „Grade eines Offiziers" geehrt und konnte am 8. Januar 1919 zusammen mit meinem Kollegen Rudolf Brandsch – später im Kabinett Iorga Unterstaatssekretär – das sächsische Volk zur Erklärung von Mediasch führen, wodurch sich dieses Volk freimütig gemäß den damaligen Ideen von Präsident Wilson Groß-Rumänien angeschlossen hat.

Für diese Haltung wurde mein Name und derjenige meines Kollegen Brandsch in der gesamten ungarischen Presse verbreitet und mit einem schwarzen Kreuz versehen und wir wurden mit dem Tode bedroht, so dass wir jahrelang nicht nach Budapest reisen durften.

Die Folge dieser Tätigkeit war, dass die ungarische Regierung mir nach dem Wiener Schiedsspruch verboten hat, meinen Beruf als Rechtsanwalt auszuüben.

1919, in einem historischen Augenblick, habe ich mich für die historischen und natürlichen Rechte des rumänischen Volkes entschieden, seinen Staat auf diesen Territorien zu begründen. Ich bin meiner Überzeugung treu geblieben, ohne einen Schritt zu unternehmen, um den Beschluss des ungarischen Justizministers und der An-

În anul 1919, lupta diplomatică pentru înfăptuirea României Mari încă n-a fost terminată, iar guvernul a primit hotărârea noastră benevolă cu mare satisfacţie. Deputăţia noastră a fost primită la gara din Bucureşti de cinci miniştri, iar eu am avut cinstea de a preda personal Majestăţii Sale Regele Ferdinand I hotărârea poporului săsesc luată prin reprezentanţa sa generală.

Faptul acestei alipiri a fost folosit de guvern în mod propagandistic şi diplomatic pentru uşurarea înfăptuirii României Mari.

Cu ideile hitleriste prin care se trecea la conducerea autocratică şi nedemocratică a poporului / Führerprinzip /, n-am consimţit şi m-am distanţat de această mişcare. Când saşii rămaşi în Bistriţa s-au alipit la Frontul Naţional Democrat sub conducerea mea încă de la 11 februarie 1945, am constatat – în adunarea avută – că sistemul autocratic a distrus toate de la strămoşii noştri ce au construit în mai mult de 800 de ani sub conducerea lor proprie democratică, obţinând prin această constatare consimţământul viu al tuturor participanţilor.

Având acest trecut, simţesc nimicirea morală şi materială a poporului săsesc, ce ar fi programată, cu mare durere. Este general ştiut şi dl. prof. Iorga constata însuşi în *Istoria Românilor*, că cultura românească / sătească / nu este nicăieri aşa dezvoltată, ca acolo unde românii locuiesc în vecinătate cu saşii. Ce deosebire între satele româneşti de lângă satele sau oraşele săseşti, şi între cele ale foştilor iobagi de lângă curţile magnaţilor unguri.

Agricultura, meseria poporului român din Ardeal, s-a învăţat de la saşi. Faptul acesta îl dovedeşte terminologia încă acum folosită în limba română referitoare la meserii.

Fără învăţăturile de la saşi, poporul român azi n-ar avea *Frontul Plugarilor / plug - Pflug /* şi mulţimea meseriaşilor români învăţaţi de la meşterii saşi. Pe teren cultural şi de literatură e destul să amintesc faptul că prima tipăritură românească pe teritoriul Transilvaniei, *Cathechismul,* s-a făcut în anul 1542 la Sibiu, prin îndrumarea consiliului orăşenesc.

Istoricul Iorga a constat că poporul român are o inimă bună şi cu toate că a fost sărac în trecutul său, este un popor cu o gândire nobilă.

Recunosc faptul că purtarea poporului săsesc a fost în ultimii 5 ani provocatoare şi de tot greşită, contra purtării noastre din trecut şi contra ţinutei pe care un popor conlocuitor trebuie să o poarte faţă de celelalte popoare ale statului.

Totuşi, simţim ca o rea răsplată a tuturor serviciilor pe care le-am făcut culturii acestei ţări,

waltskammer zu ändern, obwohl mir in dieser Hinsicht Hinweise gegeben wurden und auch wissend, dass es auch rumänische Führungspersönlichkeiten gab, die bei den Anwaltskammern interveniert hatten, um aufgenommen zu werden.

Im Jahre 1919 war der diplomatische Kampf zur Begründung Groß-Rumäniens noch nicht beendet, während die (Bukarester) Regierung unsere freimütige Entscheidung mit viel Zufriedenheit zur Kenntnis nahm. Unsere Abordnung wurde in Bukarest am Bahnhof von fünf Ministern empfangen, ich selber hatte die große Ehre, persönlich seiner Majestät dem König Ferdinand I. den Beschluss des deutschen Volkes durch seine Generalvertreter zu überreichen.

Diese Fakten im Zusammenhang mit der Zustimmung (*der Sachsen zum Anschluss Siebenbürgens = Erl. des Übersetzers*) wurden von der (rumänischen) Regierung propagandistisch und diplomatisch voll ausgenützt um die Entstehung Groß-Rumäniens zu erleichtern.

Mit den hitleristischen Ideen, durch die der Übergang zur autokratischen und nichtdemokratischen Führung des Volkes vollzogen wurde (Führerprinzip) habe ich mich nie einverstanden erklärt und mich von dieser Bewegung distanziert. Als sich die zurückgebliebenen Deutschen unter meiner Führung schon am 11. Februar 1945 der National-Demokratischen Front angeschlossen haben, habe ich festgestellt, dass das autokratische System alles, was von unseren Ahnen während der mehr als 800 Jahre unter ihrer eigenen demokratischen Herrschaft aufgebaut wurde, zerstört hat, und erhielt von allen Anwesenden volle Zustimmung.

Mit meiner Vergangenheit und Position betrachte ich die moralische und materielle Zerstörung des sächsischen Volkes sofern sie beabsichtigt ist als einen großen Schmerz. Es ist im allgemeinen bekannt und von Herrn Prof. Iorga in seiner *Geschichte der Rumänen* festgehalten, dass die rumänische /dörfliche /ländliche Kultur nirgends so weit entwickelt ist, als dort, wo Rumänen als Nachbarn der Sachsen leben. Welch Unterschied zwischen den rumänischen Dörfern aus der Nähe der sächsischen Dörfer und Städte und den Dörfern der ehemaligen Leibeigenen aus der Nähe der Höfe der ungarischen Magnaten ...

Die Landwirtschaft, Hauptbeschäftigung des rumänischen Volkes in Siebenbürgen, haben diese von den Sachsen erlernt. Dies bezeuget auch die Terminologie, die nach wie vor in der rumänischen Sprache bezüglich von Berufen verwendet wird.

în decursul a multor sute de ani, dispoziţiunile programate. Ardealul a fost totdeauna şi în credinţa poporului român o ţară de libertate / *Land der Duldung* / cum zice cântarea noastră naţională.

Apelez la gândirea nobilă a poporului român, reprezentată în acest moment istoric pentru noi prin Înaltul Guvern, când îl rog să nu-şi însuşească exemplul altor ţări, ci să rămână fidel tradiţiunilor poporului şi a trecutului pe acest teritoriu.

Rog să nu nimicească un popor care a putut fi adus pe o cale greşită prin conducătorii săi vinovaţi, care popor însă, în masele sale, este un popor de lucru, de hărnicie, de folos şi nu de pagubă pentru ţară.

În caz dacă părerea şi tendinţele guvernului nu s-ar schimba în privinţa măsurilor ce se intenţionează faţă de poporul săsesc, fac propunerea următoare:

România are faţă de Germania, fără îndoială, pretenţiuni de despăgubire. Noi saşii am venit din Luxemburg şi din împrejurimile Mosel-Franken ale acestei ţări. Ne putem înţelege şi acuma în dialectele noastre cu populaţiunea din această regiune. Reîntoarcerea noastră acolo de unde am venit cu veacuri înainte, ar fi o soluţie naturală a sorţii noastre.

Rog Înaltul Guvern să facă tot posibilul pentru reîntoarcerea noastră, prin aceea ca să ceară ca despăgubiri de la Germania *Domenii de Stat* în aceste regiuni, pentru a le preda nouă în scopul colonizării. Statul român ar putea da aceste domenii coloniştilor cu amortizarea pe timp îndelungat, ori cu o rentă perpetuă, ori cu alte modalităţi, primind prin aceasta ca răsplată o sumă anuală, din străinătate, care ar fi de folos pentru valuta ţării.

Pe noi statul prin soluţiunea aceasta ne-ar feri să devenim oameni pauperizaţi şi ne va da posibilitatea să trăim şi mai departe ca un popor stabil şi de cultură. Dacă acei saşi, care sunt încă în Austria sau în Germania, capătă îndrumare să meargă pe domeniile propuse colonizării, dacă ei fac începutul şi baza pentru colonizarea noastră, cred că statul român şi faţă de trecut şi faţă de viitor, îşi va alcătui un *monument cultural* fericind oameni nevinovaţi, în loc să-i nimicească.

Creştinătatea, ideile şi poruncile sale, să aibă loc şi în viaţa publică şi istorică.

Ohne das von den Sachsen Gelernte hätte das rumänische Volk keinen *Frontul Plugarilor / plug = Pflug /* und die große Anzahl von rumänischen Handwerkern, die von sächsischen Meistern lernten. Auf dem Gebiete der Kultur und der Literatur reicht es, wenn ich daran erinnere, dass der erste rumänische Buchdruck, der *Katechismus*, 1542 in Siebenbürgen, nämlich in Hermannstadt, nach einem Beschluss des Stadtrats erfolgte.

Der Historiker Iorga hat festgestellt, das rumänische Volk habe ein gutes Herz und trotz seiner Armut in der Vergangenheit sei es ein Volk mit edlem Denken.

Ich erkenne an, dass das Benehmen des sächsischen Volkes während der letzten 5 Jahre provozierend war und völlig fehlerhaft, auch im Vergleich zu unserem Benehmen in der Vergangenheit und auch im Vergleich zur Art und Weise, wie sich ein mitwohnendes Volk gegenüber den anderen Völker des Staates zu verhalten hat.

Dennoch betrachten wir die geplanten Bestimmungen als eine schlechte Belohnung für all die Dienste, die wir der Kultur dieses Landes während vieler hundert Jahre geleistet haben. Siebenbürgen war immer, auch im Glauben des rumänischen Volkes, ein *Land der Freiheit / ein Land der Duldung*, wie es in unserer Nationalhymne heißt.

Ich appelliere an das edle Denken des rumänischen Volkes, repräsentiert in diesem historischen Augenblick für uns durch die hohe Regierung, wenn ich sie bitte, sich nicht am Beispiel anderer Länder zu orientieren, sondern den Traditionen des Volkes und der Vergangenheit dieses Territoriums treu zu bleiben.

Ich bitte, ein Volk nicht zu vernichten, das zwar durch seine schuldigen Führer auf die falsche Bahn geleitet wurde, jedoch in seinem Kern ein Volk der Arbeit, des Fleißes, des Nutzens und nicht des Schadens für dieses Land ist.

Sofern sich die Ansichten und Tendenzen der Regierung in Bezug auf die geplanten Maßnahmen gegen das sächsische Volk nicht ändern würden, unterbreite ich folgenden Vorschlag:

Rumänien hat, ohne Zweifel, sicherlich Entschädigungsforderungen gegenüber Deutschland. Wir stammen aus Luxemburg und aus der moselfränkischen Gegend dieses Landes. Wir können uns auch heute noch in unseren Dialekten mit den Menschen aus dieser Region verständigen. Unsere Rückkehr dorthin, woher wir gekommen sind vor Jahrhunderten, wäre eine natürliche Lösung unseres Schicksals.

Bistrița, la 25 iulie 1945

Cu deosebită stimă:
(ss) Dr. Rudolf Schüller,

fost deputat, fost membru al Consiliului Superior pentru reforma agrară, al Comitetului Agrar pentru Ardeal etc.

Prefectura, dosar nr. 8999/1945 f: 4.

Ich bitte die Hohe Regierung, alles Mögliche zu unternehmen für unsere Rückkehr, dadurch dass sie als Entschädigung von Deutschland *Staatsdomänen* in diesen Regionen fordert, um sie uns zwecks Kolonisierung zu überlassen. Der rumänische Staat könnte diese Domänen den Kolonisten überlassen mit einer langfristigen Amortisation oder mit einer dauerhaften Rente, oder mit anderen Modalitäten, dadurch als Belohnung jährlich eine bestimmte Summe aus dem Ausland einnehmend, was auch für die Geldstabilität des Landes positiv wäre.

Uns würde diese Lösung davor bewahren verarmte Menschen zu werden und uns die Möglichkeit bieten, auch weiterhin als ein stabiles Kulturvolk zu leben. Sofern diejenigen Sachsen, die sich noch in Österreich oder in Deutschland aufhalten, die Aufforderung erhalten, sich auf die für die Kolonisation vorgesehenen Domänen zu begeben, wenn diese den Anfang machen und die Basis darstellen für unsere Kolonisation, so würde der rumänische Staat gegenüber der Vergangenheit und der Zukunft sich selber ein Kulturdenkmal errichten, dadurch dass es unschuldige Menschen glücklich macht, anstatt sie zu vernichten.

Das Christentum, dessen Ideen und Gebote mögen sich auch im öffentlichen und historischen Leben durchsetzen.

Bistritz, am 25. Juli 1945

Mit besonderer Hochachtung,
(ss) Dr. Rudolf Schüller,

früherer Abgeordneter, Mitglied des Obersten Rates für die Agrarreform, des Agrar-Kommitees für Siebenbürgen usw.

Präfektur, Ordner Nr. 8999/1945 S. 4.

Anexa nr. 7

Nota informativă *nr. 510 a Legiunii de Jandarmi a județului Năsăud către Inspectoratul de Jandarmi Cluj, privind starea de spirit a sașilor reîntorși din refugiu (6 august 1945).*

Legiunea de Jandarmi a județului Năsăud
Nr. 510 din 6 august 1945

Către
Inspectoratul de Jandarmi Cluj

Binevoiți a cunoaște următoarele:

Anlage Nr. 7

Informationsnote *Nr. 510 der Gendarmen-Legion des Kreises Nassod an das Gendarmen-Inspektorat Klausenburg bezüglich des geistlichen Zustands der von der Flucht zurückgekehrten Sachsen (6. August 1945)*

Gendarmen-Legion des Kreises Nassod
Nr. 510 vom 6. August 1945

An das
Gendarmen-Inspektorat Klausenburg

Seien Sie geneigt, Folgendes zur Kenntnis zu nehmen:

Starea de spirit este îngrijorătoare printre saşii reveniţi, mai ales bătrâni şi copii necapabili de muncă, deoarece nu au din ce trăi.

Încep îmbolnăvirile din cauza foamei.

Cei capabili de muncă – o parte – au fost trimişi în detaşamentul de muncă la Inspectoratul de Jandarmi Cluj, iar cei rămaşi nu pot ca prin munca lor să poată da hrană celor neputincioşi.

Îngrijorările sunt cu atât mai mari cu cât se apropie iarna şi se mai adaugă şi starea de îmbrăcăminte de care au absolută nevoie.

Nu sunt cu nimic pregătiţi pentru a învinge rigorile iernii ce se apropie, nu au nici case de locuit cel puţin.

Informaţii sigure.

Propunem:
A se lua măsuri pentru asigurarea hranei în condiţii normale, cunoscut fiind faptul că foamea este una din cele mai mari pasiuni omeneşti, ale cărei efecte pot fi la un moment dat foarte mari.

A se lua măsuri din punct de vedere sanitar şi măsuri din timp pentru hrană şi cazarea acestei populaţii pentru iarnă.

Comandantul
Legiunii de Jandarmi
a judeţului Năsăud
Col. Nic. Dumitrescu

Prefectura, dosar nr. 135/1945, f: 127.

Der Gemütszustand unter den zurückgekehrten Sachsen, besonders der Alten und der arbeitsunfähigen Kinder, ist besorgniserregend, weil sie nicht haben, wovon sie leben sollen.

Es beginnen Erkrankungen wegen des Hungers.

Von den Arbeitsfähigen wurde ein Teil in die Arbeitskolonne zum Gendarmen-Inspektorat Klausenburg in Marsch gesetzt, während die hier Gebliebenen durch ihre Arbeit nicht auch die Unfähigen ernähren können.

Die Befürchtungen sind um so größer je mehr sich der Winter nähert und somit sich auch das Problem der Kleidung stellt, die sie unbedingt benötigen.

Sie sind völlig unvorbereitet, um den sich nähernden harten winterlichen Verhältnissen zu begegnen, sie haben nicht einmal Häuser, in denen sie wohnen können.

Die Informationen sind gesichert.

Wir schlagen vor:
Es mögen Maßnahmen getroffen werden, um die Ernährung unter normalen Bedingungen zu sichern, wissend, dass der Hunger eine der problematischsten menschlichen „Passionen" ist, deren Folgen zu einem bestimmten Zeitpunkt unberechenbar sein können.

Ebenso sollten frühzeitig Maßnahmen ergriffen werden bezüglich der Ernährung und der Behausug dieser Bewohner im Winter.

Kommandeur
der Gendarmen-Legion
des Kreises Nassod

Oberst Nic. Dumitrescu

Präfektur, Ordner Nr. 135/1945, S. 127.

Anexa nr. 8

Modelul *autorizaţiei pentru cetăţenii de origine etnică română de luare în folosinţă a imobilelor refugiaţilor saşi.*

Prefectura judeţului Năsăud
Pretura plasei
Nr. 121 – 1944

AUTORIZAŢIE

Noi, primpretorul plasei, autorizăm pe dl. _____ de origine etnică român, de ocupaţiune _____ domiciliat în comuna _____ să ia în administraţie şi folosinţă imobilul refugiatului _____ din comuna _____ Nr. _____ .

Aceasta până la legiferarea (reglementarea) dreptului de proprietate al acestor averi, din partea Statului roman.

De preluare se va dresa inventar amă-nunţit în dublu exemplar, unul pentru notariat şi al doilea pentru susnumitul primitor care este obligat a se îngriji de perfecta întreţinere a imobilului, a tuturor dependinţelor economice şi a întregului inventar agricol şi industrial. De la data prezentei autorizaţii şi până la revocare, numitul este obligat a suporta şi achita la termen toate impozitele şi taxele către Stat, judeţ şi comună, precum şi eventuala chirie ce se va fixa ulterior de către organele competente ale Statului.

Cerealele, furajele, lemnele de foc şi de lucru, precum şi orice alte produse agricole, casnice şi industriale aflătoare în imobilul sus-menţionat, formând proprietatea Statului roman, se va aşeza, depozita şi înmagazina la locul fixat de primăria comunală, pentru a servi la aprovizionarea publică, conform măsurilor ce se vor lua din timp.

Prezenta autorizaţie s-a eliberat la propunerea administraţiei comunale, trecută în tablou la poziţia _____ .

> Bistriţa, _____194___ .
> Prefectura judeţului Năsăud
> Primpretor: _____

Ştefan I. Pop, Op. cit., p. 172 (anexe).

Anlage Nr. 8

Modell *der Ermächtigung für die Bürger rumänischer Abstammung der Übernahme zur Nutzung von Immobilien von sächsischen Flüchtlingen.*

Präfektur des Kreises Nassod
Die Prätur des Bezirks
Nr. 121 – 1944

ERMÄCHTIGUNG

Wir, der Erste Prätor des Bezirks ermächtigen Herrn _____, Bürger rumänischer Abstammung, mit dem Beruf _____**, wohnhaft in der Ortschaft _____, die Verwaltung und Nutzung der Immobilie des Flüchtlings _____ aus dem Ort _____, Nr. _____ zu übernehmen.

Dies gilt bis zur Annahme des Gesetzes (Reglementierung) über die Übertragung des Eigentumsrechts über diese Güter durch den rumänischen Staat.

Bei der Übergabe wird ein ausführliches Protokoll in zwei Ausführungen erstellt, eine für das Notariat und eine zweite für den obengenannten Empfänger, der verpflichtet ist, die Immobilie und alle zugehörigen Wirtschaftsgebäude und das gesamte landwirtschaftliche und industrielle Inventar perfekt instandzuhalten. Ab dem Datum dieser Ermächtigung und bis zu ihrer Rücknahme ist der Genannte verpflichtet, pünktlich alle Steuern und Taxen gegenüber dem Staat, dem Kreis und der Gemeinde, sowie die eventulle Miete, die später durch die kompetenten Staatsorgane errechnet werden wird, abzuführen.

Das Getreide, die Futtermittel, das Brennholz und das Arbeitsholz, sowie jede Art von landwirtschaftlichen, häuslichen oder industriellen Produkten, die sich in der oben genannten Immobilie befinden, sind Eigentum des Rumänischen Staates und werden zusammengeführt an der vom Gemeindeamt fixierten Stelle, um der öffentlichen Versorgung zu dienen, entsprechend den rechtzeitig zu treffenden Maßnahmen.

Vorliegende Ermächtigung wurde ausgefertigt auf der Grundlage des Vorschlags der Gemeindeverwaltung, eingetragen in das Register an der Position __.

> Bistritz, _____ 194___
> Präfektur des Kreises Nassod
> Erster Praetor: _____

Quelle: Ştefan I. Pop, Op. cit., S. 172 (Anlage)

Anexa nr. 9

Modelul *dovezii de eliberare din lagărul provizoriu Bistrița a sașilor reîntorși din refugiu.*

Poliția de Reședință Bistrița
No _____ S, din _____.
Biroul Siguranței

DOVADĂ

Individ _____ de _____ ani, de profesiune _____, domiciliat în Bistrița, str. _____ No _____ este reîntors din refugiu și se pune în libertate din lagărul provizoriu Bistrița.

Sus-numitul nu va putea părăsi localitatea și se va prezenta duminica la Biroul Siguranței pentru viză.

Prezenta îi va servi ca act de identificare provizorie, purtând viza Biroului Populației.

Șeful Poliției

A. Gherman

Nota: Modelul original – datat 24 iulie 1945 – a fost oferit de către doamna Brigitte Landt-Mureșan din Bistrița. Pe această dovadă, ultima viză a Biroului Populației era aplicată la 17 aprilie 1947.

Anhang Nr. 9

Modell *einer Bestätigung der Freilassung aus dem provisorischen Lager Bistritz der von der Flucht zurückgekehrten Sachsen.*

Ortspolizei der Residenz Bistritz
Nr _____ S, vom _____
Büro der Staatssicherheit

BESTÄTIGUNG

Das Individuum _____ im Alter von _____ Jahren, von Beruf _____ , wohnhaft in Bistritz, Str. _____ No _____ ist ein von der Flucht Zurückgekehrter und wird aus dem provisorischen Lager Bistritz freigelassen.

Obengenannter darf den Ort nicht verlassen und wird sich sonntags beim Büro der Staatssicherheit einfinden wegen des Visums.

Diese Bestätigung wird ihm als provisorisches Identitätsdokument dienen und enthält das Visum des Bevölkerungs-Büros.

Chef der Polizei

A. Gherman

Anmerkung: Dieses Muster – im Original datiert vom 24. Juli 1945 – wurde mir vorgelegt von Frau Brigitte Landt-Mureșan aus Bistritz. Darauf findet sich das letzte Visum des Bürger-Büros vom 17. April 1947.

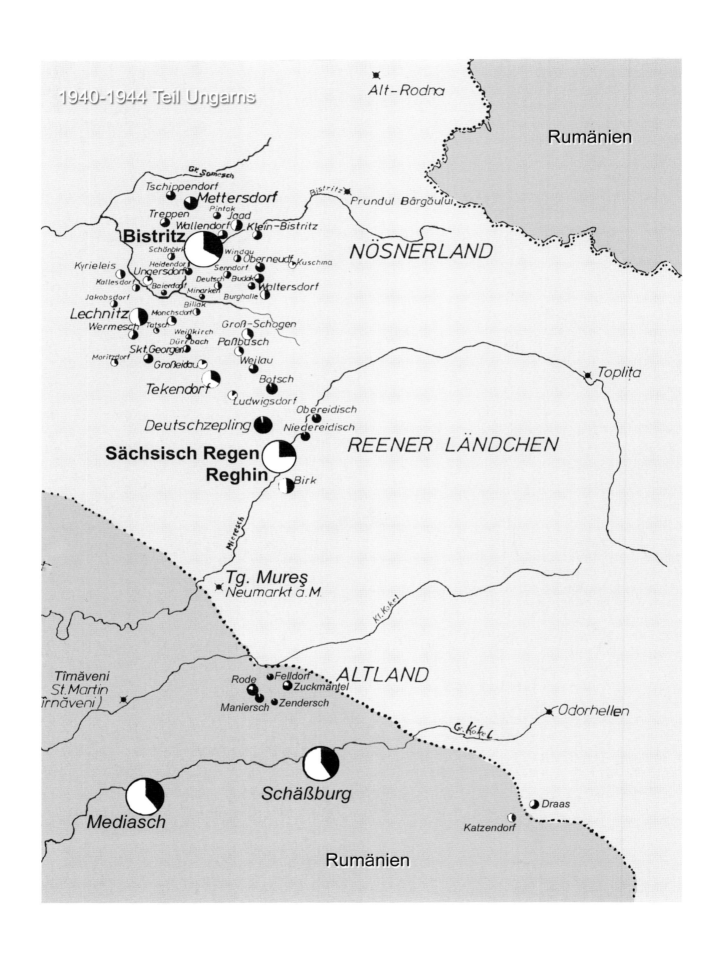

1940-1944 Teil Ungarns

Rumänien

Alt-Rodna

Gr. Somesch

Tschippendorf
Mettersdorf
Treppen
Pintak
Jaad
Wallendorf
Klein-Bistritz
Bistritz
Schönbirk
Windau
Oberneudf
Kuschma
Kyrieleis
Heidendorf
Serndorf
Ungersdorf
Deutsch Budak
Kallesdorf
Baierdorf
Minarken
Waltersdorf
Jakobsdorf
Billak
Burghalle
Lechnitz
Monchsdorf
Wermesch
Tatsch
Groß-Schogen
Weißkirch
Dürrbach
Paßbusch
Skt.Georgen
Moritzdorf
Großeidau
Wejlau
Tekendorf
Botsch
Ludwigsdorf
Obereidisch
Deutschzepling
Niedereidisch
Sächsisch Regen
Reghin
Birk

Bistritz
Prundul Bârgăului

NÖSNERLAND

REENER LÄNDCHEN

Toplița

Mieresch

Tg. Mureş
Neumarkt a. M.

Kl. Kokel

Tîrnăveni
St.Martin
(Tîrnăveni)

Rode
Felldorf
Zuckmäntel
Maniersch
Zendersch

ALTLAND

Odorhellen

Gr. Kokel

Schäßburg

Draas
Katzendorf

Mediasch

Rumänien

2. Horst Göbbel:

So war es, so ist es
Die Orte

So war es.

Damit ist die deutsche Geschichte von 52 Orten aus Nord- und Mittelsiebenbürgen gemeint, die im Herbst 1944 an der Evakuierung der Siebenbürger Sachsen beteiligt waren. Es waren die 34 Orte aus dem Nösnerland (Bistritzer Gegend), die 11 Orte aus dem Reener Ländchen und die 7 Orte aus dem Altland in Süd- bzw. Mittelsiebenbürgen, deren Bewohner sich im September 1944 auch auf die große „Flucht" begeben mussten.

Diese kurzgefasste deutsche Geschichte kann auf den folgenden Seiten in äußerst knapper Form deutsch und rumänisch nachgelesen werden. Die Texte beruhen im Wesentlichen auf den entsprechenden Beiträgen aus dem LEXIKON DER SIEBENBÜRGER SACHSEN, herausgegeben von Prof. Dr. Walter Myß, erschienen im Wort und Welt Verlag, Thaur bei Innsbruck 1993. Diese wurden von Horst Göbbel übersetzt, bearbeitet, ergänzt, z.T. aktualisiert.

So ist es.

Damit sind im Foto festgehaltene Ansichten aus den oben genannten 52 Orten aus den letzten Jahren bzw. Jahrzehnten gemeint. Die Fotos stammen bis auf wenige Ausnahmen von Dr. Georg Gerster, Zürich, Dr. Hermann Fabini, Hermannstadt, Martin Eichler, Dresden, Mihaela Someşan, Bistritz, Horst Göbbel, Nürnberg. Allen wird gedankt für die Überlassung der Reproduktionsrechte. Im Kapitel Bibliografie und Bildernachweis kann für jedes Foto die genaue Quelle festgestellt werden.

* * *

Der im Titel des Buches genannte Wendepunkt in Nordsiebenbürgen ist sowohl in den folgenden Texten als auch in den folgenden Bildern deutlich wahrnehmbar.

Die hier summarisch dargestellte Welt möge auch unter den Nachfogern der jahrhundertelang hier prägend agierenden Siebenbürger Sachsen Wohlstand, Frieden, Zusammenhalt und zivilisatorischen Fortschritt in einem geeinten Europa generieren, denn eines ist klar: Auch die Zukunft Nordsiebenbürgens hat eine lange, bemerkenswerte Vergangenheit.

2. Horst Göbbel:

Aşa a fost, aşa este
Localităţile

Aşa a fost.

Aici este vorba de istoria germană a celor 52 localităţi din nordul şi centrul Transilvaniei, de unde au fost evacuaţi în toamna anului 1944. Sunt 34 de localităţi din zona Bistriţei, 11 din zona Reghinului şi 7 din zona Tîrnavelor, de unde locuitorii lor saşi au trebuit să plece în "refugiu" în septembrie 1944.

Acest scurt istoric al fazei germane a acestor localităţi poate fi urmărit într-o formă foarte restrînsă pe paginile următoare în limba germană şi în limba romînă. Textele se întemeiază, în esenţă, pe articole din LEXIKON DER SIEBENBÜRGER SACHSEN, editat de către prof. dr. Walter Myß, apărut la editura Wort und Welt Verlag, Thaur bei Innsbruck 1993. Ele au fost traduse, prelucrate, completate şi actualizate de către Horst Göbbel.

Aşa este.

Aici este vorba de ilustraţii/fotografii din aceste 52 de localităţi, realizate în ultimii ani sau în deceniile după război. În afară de cîteva excepţii, autorii fotografiilor sunt: Dr. Georg Gerster, Zürich, Dr. Hermann Fabini, Sibiu, Martin Eichler, Dresda, Mihaela Someşan, Bistriţa, Horst Göbbel, Nürnberg. Mulţumim tuturor autorilor pentru aceste fotografii şi pentru acordarea dreptului de reproducere. În capitolul Bibliografie şi izvoare se poate afla amănunţit provenienţa fiecărei imagini şi fotografii din această carte.

* * *

Punctul crucial în Ardealul de Nord - evacuarea populaţiei săseşti în septembrie 1944, precum şi evenimentele ulterioare - se poate percepe atît din textele scurte despre istoria germană a localităţilor, cât şi din fotografiile care urmează acestei pagini.

Celor care trăiesc astăzi în aşezările locuite odinioară de saşi - care timp de secole au fost elementul civilizator de prim rang în Transilvania - le dorim prosperitate, coeziune şi dezvoltare paşnică pe drumul comun european.

Pentru noi toţi rămîne clar: Transilvania va avea un viitor pe măsura trecutului său remarcabil.

Nösnerland

Baierdorf

Baierdorf, rum. *Crainimăt*, ung. *Királynémeti.* 1941: 519 Einwohner, davon 375 Deutsche (72,3%), 1.1.1992: 0 Deutsche. Der rum. Ortsname ist vom ung. abgeleitet. Baierdorf liegt 12 km südwestlich der Stadt Bistritz an der Landstraße, die von Klausenburg über Desch nach Bistritz führt. Auf der kleinen Gemarkung von Baierdorf betreiben die Bewohner Acker- und Weinbau. Die Kirche, die von einer Ringmauer umgeben ist, hat einen gotischen Chor und wurde Mitte des 16. Jh. erbaut. Baierdorf gehörte zum Bistritzer Distrikt und zum Bistritzer Kirchen-Kapitel. Heute gehört es zum Kreis Bistritz-Nassod. Urkundlich wird Baierdorf erstmals 1264 unter dem Namen *Querali* erwähnt, zusammen mit Bistritz, Rodna und Senndorf. In

einer am 30. Juli 1414 in Speyer verfassten lat. Urkunde erscheint Baierdorf unter dem ung. Namen *Nemety* und dem dt. *Beyerdorff*. Von den *Nemeti*-Orten, die als die ältesten dt. Siedlungen in ganz Sb. gelten, blieb nur Baierdorf eine Gemeinde mit dt. Bevölkerung. Vor der Flucht, im Sept. 1944, waren 75% der Bevölkerung Deutsche. Wenige Deutsche werden 1945 zurückgeführt, in der Heimat folgen Enteignung, Lager und Zwangsarbeit, Entrechtung, kommunistische Unterdrückung. Allmählicher Wiederaufbau einer deutschen Gemeinschaft, ca. ab 1969/ 70 Auswanderung besonders nach Deutschland. 1981 verstarb die letzte noch in Baierdorf lebende Deutsche.

Crainimăt

Crainimăt, germ. *Baierdorf*, magh. *Királynémeti.* 1941: 519 locuitori, dintre aceştia 375 germani (72,3%), 1.1.1992: nici un german. Denumirea românească vine din limba maghiară. Satul Crainimăt se află la 12 km sud-vest de oraşul Bistriţa, pe şoseaua Cluj-Dej-Bistriţa. Pe hotarul mic al Crainimătului locuitorii se ocupau cu agricultura şi viticultura. Biserica, înconjurată de un zid circular, are un cor gotic şi a fost construită la mijlocul sec. al 16-lea. Crainimătul făcea parte din districtul şi capitlul bisericesc Bistriţa; astăzi se află în judeţul Bistriţa-Năsăud. Prima menţiune documentară este din 1264, sub numele latin *Querali*, împreună cu Bistriţa, Rodna şi Jelna. Într-un document latin scris la Speyer în 30 iulie 1414, Crainimătul este mentionat sub numele maghiar *Némety* şi numele german *Beyerdorff*. Între localităţile cu numele *Németi*, care sunt cele mai vechi aşezări germane din Transilvania, numai Crainimătul a rămas o comună cu populaţie germană. Înaintea refugiului din sept. 1944 75% din populaţie era de origine germană. În 1944 are loc evacuarea saşilor în Austria, iar în 1945 în Germania; unii se reîntorc în 1945, unde urmează exproprierea lor, muncă silnică în lagăre de concentrare, sustragerea drepturilor civile (până în 1950), asuprirea comunistă. Comunitatea germană revenită a fost mică. După 1970 are loc emigrarea lor mai ales în Germania. În 1981 a murit ultima săsoaică ce mai locuia în Crainimăt.

Billak

Billak, rum. *Domneşti* (vor 1930: *Bileagu*), ung. *Bilak*. 1941: 715 Einwohner, davon 328 Deutsche (45,9%), 1.1.1992: 1 Deutsche. Die noch gebräuchlichen Ortsnamen *Adelsdorf* und *Attelsdorf* stammen vom luxemburgischen *Ettelsbrück*, mundartlich *Ättelsbräck* ab. Der am Schogen-Fluß liegende Ort, 1246 erstmals urkundlich erwähnt, befindet sich zuerst im Besitz des siebenbürgischen Bischofs, wird dann Eigentum des ungarischen Königs (14. Jh.) und später ungarischer Grafenfamilien (Ende 14. Jh. bis

1848). Das gräfliche Anwesen – Kastell und Nebengebäude – wurde auf den Grundmauern des röm. Heerlagers Neridon errichtet, das sich unter dem höchsten Berggipfel (596m) dieser Umgebung befand. Im Sept. 1944 Evakuierung der deutschen Bevölkerung nach Österreich. Auf ihrem enteigneten Besitz wurden rumänische Gebirgsbauern aus 26 Ortschaften angesiedelt.

Domneşti

Domneşti, germ. *Billak*, (până in 1930: *Bileagu*), magh. *Bilak*. 1941: 715 locuitori, dintre care 328 germani (45,9%), 1.1.1992: 1 german. Denumirile vechi *Adelsdorf* şi *Attelsdorf* vin de la denumirea luxemburgheză *Ettelsbrück*. Localitatea se află pe valea Şieulu, la circa 7 km la sud-est de Sărăţel. Prima menţiune documentară este din 1246. Localitatea se afla la început în posesiunea episcopului Transilvaniei, în sec. al 14-lea ajunge în cea a regelui Ungariei, iar de la sfârşitul sec. al 14-lea până în 1848 a fost în posesiunea unor familii de nobili maghiari, ultima fiind Csáki.

Clădirile nobiliare – un castel cu dependinţe – au fost construite pe terenul taberei militare romane Neridon, care se afla sub cel mai înalt deal din această zonă (596m). În sept. 1944 întreaga populaţie germană a fost evacuată în Austria; în 1945 revin circa o treime, urmează exproprierea lor, muncă silnică în lagăre de concentrare, sustragerea drepturilor civile (până în 1950), asuprirea comunistă. Pe posesiunile saşilor au fost colonizaţi români din 26 de sate, mai ales din zona de munte.

Bistritz

Bistritz (früher auch **Nösen**), rum. *Bistriţa*, ung. *Beszterce*. Hauptstadt des Kreises Bistritz-Nassod. 87.000 Einwohner (1992), 360m ü. M. Außerhalb der ab 1855 abgetragenen Stadtmauern lagen die sbg.-sächs. Vorstädte Niederwallendorf, Kreweld mit Neustift und die rum. Ruba, jenseits der Budaker Brücke. Die Zigeunerviertel am Bahnhof und östlich der Promenade wurden 1936/1978 abgerissen. Seit 1950 sind eingemeindet: Heidendorf, Pintak, Schönbirk, Wallendorf und Windau. „Hausberge": Burgberg (682m) mit Ruinen einer Flieh- oder Königsburg und Aussichtsturm und Schieferberg (473m).

Einwohner. Gesamteinwohnerzahl: 1786: 4.637, 1857: 5.788, 1900: 10.874, 1941: 16.313, 1966: 25.559, 1975: 35.689, 1985: 73.429. Anteil der Deutschen 1857: 73%, 1900: 49%, 1941: 25,5%, 1956: 13%; 1977 waren 85% der Einwohner rumänischer Volkszugehörigkeit, 1985: 0,5%, 1.1.1992: 255 Deutsche.

Verkehr, Wirtschaft, Bankwesen. Im Mittelalter war Bistritz Fernhandelsstadt am Rodnaer und dem (später erschlossenen) Borgoer Paß, deren Bedeutung nach Verfall des Orienthandels zurückging. Später Anschluß an das Eisenbahnnetz. Die Mitglieder der 1361 erstmals erwähnten Zünfte schlossen sich nach deren Aufhebung zu Genossenschaften („Einigungen") zusammen, von denen die der Riemer, Tischler und Bürstenbinder bis 1944 fort-

bestanden. Vor der Jahrhundertwende Gründung von Gerbereien, Leder-, Holzverarbeitungs- und Keramikfabriken, einer Molkerei, Bierbrauerei, Ziegeleien u. a. Es überwogen aber Handwerksbetriebe. 1851 Gründung der ersten sbg. Kreditgenossenschaft als Spar- und Aushilfsverein.

Baudenkmäler. Ostdeutsch geprägte Stadtanlage mit Marktplatz (Großem Ring) und Kleinem Ring. Im Zentrum des Marktplatzes liegt die evang.-luth. Stadtpfarrkirche: Wahrzeichen der Stadt, Hallenkirche, Vorgängerkirche dem Hl. Nikolaus geweiht, 1559 bis 1563 Neubau der heutigen gotischen Kirche mit Renaissanceeinfluss (ital. Baumeister Petrus Italus, kommt aus Lemberg), hoher Kirchturm (75m). Die N-Seite des Marktplatzes bildet der Kornmarkt mit Laubengängen und Patrizierhäusern im gotischen oder Renaissancestil. Das Beuchelhaus (Ecke Marktplatz/Postgäßchen) sowie das „Goldschmiedehaus" in der Beutlergasse (Renaissance) sind heute restauriert. 1893 erwarb die grch.-kath. Gemeinde (heute orth.) die Minoritenkirche (14. Jh.). Faßbinderturm mit Stadtmauerteil sowie ehemaliges Dominikanerkloster, nach der Reformation „Arme-Bürger-Spital" (Altenheim). Das bereits 1295 genannte Hospital mit der Elisabethkirche (Spitalgasse) wich nach dem Brand (1758) einer neuen röm.-kath. Kirche. Jüngere Kirchen der reform. Orthodoxen; Synagoge.

Bistrița

Bistrița, germ. *Bistritz* (odinioară și *Nösen)*, magh. *Beszterce*. Capitala județului Bistrița-Năsăud, 87.000 locuitori (1992), 360m altitudine; în afară de zidurile orașului (care au fost dărâmate după anul 1855) se situau cartierele săsești Niederwallendorf, Kreweld cu Neustift și cartierul românesc Ruba, dincolo de podul Budacului. Cartierele țigănești de la gară și de la est de Promenadă au fost demolate în 1936 și în 1978. Din 1978 sunt alipite localitățile Viișoara, Slătinița, Sigmir, Unirea și Ghinda. Bistrița are și câteva dealuri importante: Dealul Târgului (Burich, Burgberg, 682 m), cu ruinele unui vechi castru, Dumbrava și Codrișor (Schieferberg, 473 m).

Locuitori. 1786: 4.637, 1857: 5.788, 1900: 10.874, 1941: 16.282, 1966: 25.519, 1975: 35.689, 1985: 73.429, 1992: 87.000. Germani: 1857: 73%, 1900: 49%, 1956: 13%, 1985: 0,5 %, 1.1.1992: 535 germani. În 1977 85% dintre locuitorii orașului erau români.

Evoluția vieții economice. În evul mediu Bistrița a fost un centru comercial la pasul Rodnei și la pasul Bârgăului, a cărui importanță a scăzut după decăderea negoțului oriental. Conectarea târzie la calea ferată a fost un dezavantaj. Membrii breslelor (care au fost menționate pentru prima oară în 1361) s-au constituit în „uniuni" după desființarea lor; dintre aceste uniuni, cele ale curelarilor, tâmplarilor și măturarilor au existat până în 1944. Încă înainte de anul 1900 au luat ființă tăbăcării,

fabrici de prelucrare a pieii, a lemnului, de ceramică, o lăptărie, o fabrică de bere, cărămidării și altele. În 1851 s-a întemeiat la Bistrița prima asociație de credit din Transilvania, sub forma unei case de economii și ajutor reciproc.

Edificii urbane, monumente. Din punct de vedere arhitectonic, Bistrița este un oraș cu o structură urbană tipic est-germană, cu o piață centrală și una mică. În centrul pieței centrale se află biserica evanghelică ce domină peisajul orașului. Este o biserică sală mare, construită între 1559 și 1563 pe locul unei vechi biserici închinată Sf. Nicolae, în stil gotic, cu elemente al Renașterii, de către meșterul italian Petrus Italus (venit din Lwow); turnul cu clopote are o înălțime de 75m. Partea de nord a pieței centrale este formată dintr-un pridvor cu arcade (Sugălete – unde se vindeau cerealele cu găleata, fiind un loc ferit de intemperii), cu casele patricienilor sași construite în stilul gotic și al Renașterii.

Câteva clădiri vechi valoroase au fost restaurate („Beuchelhaus" și „Goldschmiedehaus"). În 1893 comunitatea greco-catolică a cumpărat biserica Minoriților (din sec. al 14-lea). Mai există Turnul dogarilor, cu o parte a zidului medieval, și fosta mănăstire a Dominicanilor, după Renaștere devenită spitalul pentru săraci. Biserica romano-catolică a fost construită după incendiul din 1758, pe locul spitalului din 1295 cu biserica Sf. Elisabeta.

Bistritz

Kultur und Erziehung. Nach Schleifung der Stadt-mauern und Errichtung der „Promenade" (Stadtgarten, um 1862) erbaute der Sb.-s. Gewer-beverein dort 1896 ein Vereinshaus mit Leihbibli-othek, heute Kulturhaus. Vor 1944 gab es 24 sb.-s. Vereine mit kulturellen, gesellschaftlichen oder sportlichen Aktivitäten. 1388 wird eine Latein-schule erwähnt. Seit der Reformation hat Bistritz ein Gymnasium mit zeitweise angeschlossenem Volksschullehrerseminar. Zu seinen Absolven-ten gehörten über Jahrhunderte hinaus auch vie-le nichtdeutsche Schüler. An kirchlichen oder städ-tischen Schulen mit deutscher Unterrichtssprache hatte Bistritz bis 1944 eine Volksschule für Mäd-chen und Knaben, eine Mädchenbürgerschule, ab 1870 eine Ackerbauschule und ab 1874 eine Ge-werbeschule.

Stadtgeschichte. Im Kreismuseum Funde, die dau-ernde Besiedlung seit der Jüngeren Steinzeit be-zeugen. Um 1150 Ortsgründung durch westliche Siedler. Am Osterdienstag 1241 zerstörten die Tata-ren den Markt Nosa (Nösen), 1285 erneut. 1308 Er-wähnung der Bistritzer Mark als Zahlungsmittel, 1353 Verleihung des Ofner Marktrechtes, 1366 Aus-weitung des Andreanums auf Stadt und Distrikt. 1452 bis 1464 widerrechtliche Vergabe des Ortes an Johannes Hunyadi und Erben. Stadtmauern mit zwei Basteien, drei Toren und elf durch Zünfte verteidigten Türmen. 1602 Belagerung durch den kaiserlichen General Basta; Verheerungen, gefolgt von Hungersnot und Pest dezimierten die Bevöl-kerung Nordsiebenbürgens; 1717 letzter Tataren-einfall. 1940 wurde Nordsb. mit dem sog. Szekler-zipfel Ungarn zugesprochen. 1944 Evakuierung der Siebenbürger Sachsen Nord- und einiger Dör-fer Mittelsiebenbürgens. Wenige Deutsche wer-den 1945 zurückgeführt; in der Heimat folgen Ent-eignung, Lager und Zwangsarbeit, Entrechtung, kommunistische Unterdrückung. Allmählicher Wiederaufbau einer starken deutschen Gemein-schaft auch durch Zuzug von Deutschen aus den Nachbardörfern, ca. ab 1969/70 Auswanderung be-sonders nach Deutschland.

Bistrița

Există şi biserici mai noi ale ortodocşilor, greco-catolicilor, reformaţilor, precum şi o sinagogă.

Cultura şi educaţia. După dărâmarea zidurilor oraşului şi construirea „Promenadei" (grădina oraşului), în 1862 Asociaţia meseriaşilor saşi a construit acolo Casa asociaţiei, dotată cu o bibliotecă, astăzi Casa de Cultură. Înainte de 1944 existau 24 de asociaţii săseşti cu activităţi culturale, sociale şi sportive. În 1388 este menţionată o şcoală latină. Din timpul Renaşterii, Bistriţa are un liceu (gimnaziu) cu un seminar de învăţători pentru şcoala primară. De-a lungul secolelor, mulţi dintre absolvenţii liceului nu au fost germani. Bistriţa a avut şi alte şcoli germane orăşeneşti sau bisericeşti: până în 1944 o şcoală populară pentru fete şi băieţi, o şcoală civică pentru fete, din 1870 o şcoală de agricultură, iar din 1874 o şcoală de meserii.

Istoria oraşului. În muzeul judeţean există obiecte care atestă locuirea zonei încă din epoca neoliticului. Oraşul a fost întemeiat pe la anul 1150 de către colonizatori germani. În marţea Paştilor din 1241 tătarii au distrus târgul „Nosa" (Nösen), apoi din nou în 1285. În 1308 marca de la Bistriţa se folosea ca mijloc de plată. În 1353 Bistriţa primeşte dreptul de a ţine târg, iar în 1366 privilegiile acordate de către regele Andrei al II-lea (Privilegium Andreanum) saşilor sibieni se extind şi asupra saşilor din oraşul şi districtul Bistriţa. Din 1452 până în 1464 Bistriţa aparţine pe nedrept lui Iancu de Hunedoara şi urmaşilor săi. Sunt construite fortificaţii cu ziduri, două bastioane, trei porţi şi 11 turnuri apărate de către bresle. În 1602 are loc asedierea oraşului de către generalul Basta; urmează distrugeri, apoi foamete şi ciumă, care decimează populaţia din nordul Transilvaniei; în 1717 se produce ultimul atac al tătarilor. În 1940 Transilvania de Nord este anexată Ungariei prin dictatul de la Viena. În toamna anului 1944 are loc evacuarea saşilor din nordul Transilvaniei. După revenirea unora dintre ei în 1945, germanii au reprezentat în Bistriţa o comunitate relativ însemnată. Aici urmează exproprierea lor, muncă silnică în lagăre de concentrare, sustragerea drepturilor civile (până în 1950), asuprirea comunistă. După 1970 are loc emigrarea lor mai ales în Germania.

Burghalle

Burghalle, rum. *Orheiul Bistriței*, ung. *Várhely*, röm. *Arcobadara* (Reste eines Kastells im Ortsbereich), nordsb.-s. *Burichan.* 1941: 584 Einwohner, davon 403 Deutsche (69,0%), 1.1.1992: 4 Deutsche. Dorf im Nösnergau, 11 km südöstl. von Bistritz am Budakbach gelegen. Erste urkundliche Erwähnung 1319 als *Varhel.* Da hist. auf Adelsboden gelegen, existieren keine mittelalterlichen Nachweise über die frühesten Pfarrer. Der erste nachgewiesene Pfarrer, Thomas Laurentzi, wird um 1750 erwähnt. Die Eva-

kuierung der Deutschen von Burghalle nach Österreich erfolgt am 18. September 1944 unter ihrem letzten Pfarrer Michael Rehbogen. Nur wenige Burghaller Familien treten im Juni 1945 die Heimfahrt an. In der Heimat folgen Enteignung, Lager sowie Zwangsarbeit an Bahnlinien, Entrechtung und kommunistische Unterdrückung. Nachdem in den Jahren 1977/78 die letzten Deutschen Burghalle verlassen hatten, wurde die evang. Kirche an die griechisch-orthodoxe Kirchengemeinde verkauft.

Orheiul Bistriței

Orheiul Bistriței, germ. *Burghalle*, magh. *Várhely*, așezarea romană: *Arcobadara* (resturi ale unui castel roman pe teritoriul comunei), săsește: *Burichan.* 1941: 584 locuitori, dintre care 403 sași (69,0%), 1.1.1992: 4 sași. Sat în zona Bistriței, la 11 km sud-est de oraș, pe valea Budacului. Prima mențiune documentară este din 1319, sub numele de *Varhel*. Deoarece satul se afla pe domeniu nobiliar maghiar, nu există dovezi medievale despre primii preoți; primul preot cunoscut este Thomas Laurentzi, menționat pe la 1750. Evacuarea sașilor din Orheiul Bistriței s-a desfășurat sub conducerea preotului Michael Rehbogen, la 18 sept. 1944. O parte dintre ei au fost trimiși înapoi în 1945, unde urmează exproprierea lor, muncă silnică în lagăre și la calea ferată, apoi asuprirea comunistă. După plecarea ultimilor sași în 1977/78, biserica evanghelică a fost vândută comunității ortodoxe.

Deutsch-Budak

Deutsch-Budak, rum. *Budacul de Jos,* ung. *Szász-budak.* 1941: 577 Einwohner, davon 283 Deutsche (49,0%), 1.1.1992: 0 Deutsche. Deutsch-Budak liegt im Budaktal, 8 km von der Kreisstadt Bistritz entfernt. Der Name Budak kann zweierlei Ursprung haben: das slawische Wort *Buda(k)=* Hütte (Hüttendorf) oder den türk. Bachnamen des Ortes (=Zweig). Deutsch-Budak wird 1228 erstmals urkundlich erwähnt. Der Ort gehörte zum Bistritzer Kirchenbezirk und bildete mit den Dörfern Buduş, Simioneşti und Minar-

ken eine Verwaltungseinheit. Deutsch-Budak war bis 1944 ein reines Bauerndorf und ein typischer deutscher Ort. Sept. 1944 Evakuierung der Deutschen nach Österreich, einige werden 1945 zurückgeführt, in der Heimat folgen Enteignung, Lager und Zwangsarbeit, Entrechtung, kommunistische Unterdrückung. Allmählicher Wiederaufbau einer deutschen Gemeinschaft, ca. ab 1969/70 Auswanderung besonders nach Deutschland.

Budacul de Jos

Budacul de Jos, germ. *Deutsch-Budak,* magh. *Szászbudak.* 1941: 577 locuitori, dintre care 283 sași (49,0%). 1.1.1992: nici un german. *Budacul de Jos* se află pe valea Budacului, la cca. 8 km sud de Bistrița. Denumirea de *Budak* poate să aibă două origini: cuvântul slav *buda(k)*= colibă/casă, sau numele turcesc al râului, care înseamnă creangă. Prima mențiune documentară este din 1228. Satul *Budacul de Jos* aparținea districtului bisericesc Bistrița și a constituit împreună cu Buduș, Simionești și Monariu o uniune administrativă. Până în 1944 *Budacul de Jos* a fost un sat săsesc tipic. În sept. 1944 are loc evacuarea sașilor în Austria; o parte au fost readuși în 1945, unde urmează exproprierea lor, muncă silnică în lagăre de concentrare, sustragerea drepturilor civile (până în 1950), asuprirea comunistă. Apoi se reface o comunitate germană. După 1970 are loc emigrarea lor mai ales în Germania. Biserica aparține acum comunității ortodoxe.

Dürrbach

Dürrbach, rum. *Dipşa*, ung. *Dipse*, Nordsieben-
bürgen, Kirchenburg mit 1482 erbauter evange-
lischer (heute orthodoxer) spätgotischer Saal-
kirche, Kirchenmauer abgetragen. 1930: 719
Einwohner, davon 385 Deutsche (53,5%), 1941:
803 Einwohner, davon 395 Deutsche (49,2%),
1.1.1992: 0 Deutsche. Aktives deutsches Leben
bis zur Evakuierung im Sept. 1944, Rückkehr
vieler 1945, in der Heimat folgen Enteignung,
Lager und Zwangsarbeit, Entrechtung, kommu-
nistische Unterdrückung. Allmählicher Wieder-
aufbau einer starken deutschen Gemeinschaft.
Nach 1969/70 Aussiedlung vorwiegend nach
Deutschland.

Dipşa

Dipşa, germ. *Dürrbach*, magh. *Dipse*. 1930: 719 locuitori, dintre care 385 saşi (53,5%). 1941: 803 locuitori, dintre care 395 saşi (49,2%). 1.1.1992: nici un german. Prima menţiune documentară este din 1332. Biserică fortificată reconstruită în 1482 (azi ortodoxă); este o biserică sală în stil gotic târziu; zidurile fortificaţiei au fost distruse. În sept. 1944 are loc evacuarea saşilor în Austria; o parte mică au fost readuşi în 1945, unde urmează exproprierea lor, muncă silnică în lagăre de concentrare, sustragerea drepturilor civile (până în 1950), asuprirea comunistă. Se reconstituie o comunitate germană. După 1970 are loc emigrarea lor mai ales în Germania.

Großschogen

Großschogen, rum. *Șieu*, ung. *Nagysajó (Alsó-sajó)*. 1941: 1549 Einwohner, davon 529 Deutsche (34,2%), 1.1.1992: 4 Deutsche. Marktgem. im Schogener Tal zwischen Bistritz (20 km) und Sächsisch Regen (30 km). Der Name soll sich aus dem ung. *so* (= Salz) entwickelt haben, da etwa 14 km unterhalb von G. Salz vorkommt. G. war bis 1848 eine Jobagengem. und hatte viele Kleinbauern. Ein Großteil davon wanderte Anfang des 20. Jh.s nach Amerika aus, so daß sich zu Beginn des Ersten Weltkrieges etwa 30 der Großschogener in Amerika befanden. 1944 Evakuierung nach Österreich, nur wenige werden 1945 zurückkehren.

Șieu

Șieu, germ. *Großschogen*, magh. *Nagysajó* *(Alsósajó)*. 1941: 1549 locuitori, dintre care 529 sași (34,2%), 1.1.1992: 4 germani. Târgușor pe valea Șieului, între Bistrița (20 km) și Reghin (30 km). Numele se pare că vine de la cuvântul maghiar *so* (= sare), deoarece la 14 km sud de Șieu sunt zăcăminte de sare. Până în 1848 Șieul a fost o comună de iobagi cu mulți țărani săraci. Mulți dintre aceștia au emigrat la începutul sec. al 20-lea în America, așa că la începutul primului război mondial cca. 30 de sași din Șieu locuiau în Statele Unite ale Americii. În 1944 are loc evacuarea sașilor în Austria. Foarte puțini se reîntorc în 1945.

Heidendorf

Heidendorf, rum. *Viişoara* (bis 1945 *Beşineu*), ung. *Bessenyö*, sb.-s. *Häindraf*, 4 km südwestlich von Bistritz im Nösnergau (Nordsb.), historisch auf Königsboden gelegen. 1941: 715 Einwohner, davon 583 Deutsche (81,5%), 1.1.1992: 1 Deutscher. Erste urkundliche Nennung 1332 als *Villa Paganica*, im selben Jahr Erwähnung des ersten bekannten „plebanus de Villa Paganica, Vincentius". Um 1400 Bau der Kirche. 1532 auf der Siebenbürgenkarte des Johannes Honterus *Heidendorf* genannt. Um 1700 Gemarkungsprozeß mit der Nachbargemeinde Schönbirk, wobei diese ca. 15% ihrer Gemarkung an Heidendorf verlor. Während eines Tatareneinfalls in Nordsieben-

bürgen (1717) Großbrand; am 7. Mai 1788 Großbrand mit Zerstörung des ganzen Dorfes, außer Haus Nr. 86, Verbrennung sämtlicher Urkunden und Kirchenbücher. 1784 bis 1807 Gemarkungsprozeß mit der Stadt Bistritz wegen des Prädiums „Csiger" mit Verlust desselben. 1863 Großbrand, 88 Häuser verbrannt. 19.9.1944 Evakuierung aller Deutschen unter Pfarrer Anton Elsholz zunächst in das Sudetenland, im April 1945 nach Bayern. Wenige Deutsche werden 1945 zurückgeführt, in der Heimat folgen Enteignung, Lager und Zwangsarbeit, Entrechtung, kommunistische Unterdrückung. Etwa ab 1969/70 Auswanderung besonders nach Deutschland.

Viişoara

Viişoara (până în 1945 **Beşineu**), germ. *Heidendorf* (lat. *Villa Paganica*), magh. *Bessenyö*, săseşte: *Häindraf*, sat german pe teritoriul regal, situat la 4 km sud-vest de Bistrița. 1941: 715 locuitori, dintre care: 583 saşi (81,5%). 1.1.1992: un german. Prima mențiune documentară este din 1332, sub denumirea de *Villa Paganica* (= Satul păgânilor); în acelaşi an este menționat primul „plebanus de Villa Paganica, Vincentius". Pe la 1400 are loc ridicarea bisericii. În 1532, pe harta Transilvaniei întocmită de Johannes Honterus apare denumirea *Heidendorf*. Pe la 1700 - proces cu satul învecinat Sigmir, care pierde în favoarea Viişoarei cca. 15% din hotar. În cursul unui atac al tătarilor în nordul Transilvaniei, în 1717, are loc un incendiu mare, la fel şi în 7 mai 1788, când

este distrusă întreaga localitate, cu excepția casei cu nr. 86; de asemenea, ard toate documentele şi cărțile biserceşti. Din 1784 până în 1807 se desfăşoară un alt proces, cu oraşul Bistrița, pentru hotarul „Csiger", însă Viişoara pierde procesul. În 1863 izbucneşte iarăşi un mare incendiu (ard 88 de case). Viață germană activă până în 1944. La 19.9.1944 are loc evacuarea saşilor sub conducerea preotului Anton Elsholz, la început în Regiunea Sudetă (în actuala Republica Cehă), iar în aprilie 1945 în Bavaria. Unii au fost readuşi în 1945, unde urmează exproprierea lor, muncă silnică în lagăre de concentrare, sustragerea drepturilor civile (până în 1950), asuprirea comunistă. După 1970 are loc emigrarea lor mai ales în Germania.

Jaad

Jaad, rum. *Livezile* (bis 1968 *Iad*), ung. *Jád*, sbg.-sächs. *Good* (bei Nichtjaadern *Jood)*, im Bistritztal, 406m ü. M., 8 km östlich von Bistritz gelegen. 1941: 1675 Einwohner, davon 894 Deutsche (53,4%); 1.1.1992: 21. Grenzgemeinde auf dem Königsboden, ca. 8200 ha Gesamtfläche. Erstmals 1311 urkundlich erwähnt. Evang. Kirche: ältester Teil vor der Reformation, neuer Chor 1831, Glockenturm 45m hoch, große Glocke 1803, mittlere und kleine Glocke für die im Ersten Weltkrieg requirierten Glocken 1925 in Cugir gegossen; mechanische Orgel mit Pedal und 18 Registern (Karl Schneider, 1865), Turmuhr (Georg Rammensee/ Gräfenberg bei Nürnberg, 1911), Altarbild „Jesus und der Engel in Gethsemane" von J. Kövari (1875), wertvoller Kelch aus vergoldetem Silber (um 1500, nach 1944/45 verschollen). Neue orth. rum. Kirche 1939, restauriert 1996/97. Deutsche evang. Schule ab 1856, neue Schule seit 1980. Früher Salzbrunnen, Flachmühle 1850, Kunstmühle 1875, Sägemühle 1890, erstes Elektrizitätswerk im Nösnerland 1900, Spar- und Darlehenskasse, Molkerei 1927. Haupterwerbszweige: Ackerbau, Viehzucht, Obstbau, Forstwirtschaft. Reges deutsches Leben bis 1944. Am 17. Sept. 1944 Evakuierung der Deutschen nach Österreich, der Großteil 1945 von Sowjets zurückgeführt, in der Heimat folgen Enteignung, Lager und Zwangsarbeit, Entrechtung, kommunistische Unterdrückung. Erst ab ca. 1955 allmählicher Wiederaufbau einer starken deutschen Gemeinschaft. Etwa ab 1970 Auswanderung der Sachsen besonders nach Deutschland.

Livezile

Livezile, (până în 1968 **Iad**), lb. germ. *Jaad*, lb. magh. *Jád*, săs. *Good*. Comuna se află la o altitudine de 406m, pe valea Bistriței, la 8 km est de orașul Bistrița. 1941: 1675 locuitori, dintre care: 894 germani (53,4%); 1.1.1992: 21. Sat german de graniță, pe teritoriul regal, suprafață totală aproximativ 8200 ha. Prima mențiune documentară este din 1311. Biserica evanghelică: cele mai vechi părți datează din timpul Renașterii, corul nou din 1831; turnul (clopotnița) are o înălțime de 45 m; clopotul mare este din 1803, clopotul mijlociu și cel mic au fost turnate la Cugir, în 1925, pentru clopotele rechiziționate în primul război mondial; orgă mecanică cu pedale și 18 registre (construită de Karl Schneider în 1865); ceasul din turn a fost construit de Georg Rammensee din Gräfenberg, la Nürnberg, în 1911. Autorul picturii de pe altar, „Isus și îngerul în grădina Getsemane", este J. Kövari (1875). Biserica a avut un potir valoros din argint aurit (probabil de

la 1500), pierdut fără urmă în 1944/45. În Livezile există o biserică ortodoxă din 1939, restaurată în 1996/97, clădirea școlii evanghelice germane din 1856, o școală nouă din 1980. Localitatea a avut o fântână de slatină, două mori (cea de jos din 1850, cea din centru din 1875), un joagăr din 1890, prima uzină electrică din județ, construită în 1900, o lăptărie din 1927, o casă de economii și consemnațiuni până în 1944. Ramurile economice principale au fost până în 1944 agricultura, creșterea animalelor, pomicultura, viticultura, silvicultura. Viață germană activă până în 1944. La 17 sept. 1944 are loc evacuarea sașilor în Austria; majoritatea au fost trimiși înapoi în 1945 de către armata sovietică, unde urmează exproprierea lor, muncă silnică în lagăre de concentrare, ridicarea drepturilor civile (până în 1950), asuprirea comunistă. Totuși, au reconstituit după 1955 o comunitate germană puternică. După 1970 are loc emigrarea lor mai ales în Germania.

Jakobsdorf bei Bistritz

Jakobsdorf bei Bistritz, rum. *Sâniacob,* ung. *Szászszentjakab,* lat. *villa Jacobi.* 1941: 578 Einwohner, davon 329 Deutsche (56,9 %); 1.1.1992: 5 Deutsche. Der Ortsname leitet sich wahrscheinlich von der ersten, dem hl. Jakobus geweihten Kirche ab. Die Ortschaft wurde vermutlich von Sachsen gegründet. Erste urkundliche Erwähnung 1332. Die Bewohner waren bis 1848 Grundhörige und lebten fast ausschließlich von der Landwirtschaft (Ackerbau, Viehzucht – insbesondere Rinder- und Schweinezucht – sowie Wein- und Obstbau). Das Handwerk spielte keine wesentliche Rolle. Am 17.9.1944 Evakuierung der sächsischen Bevölkerung. Im Juli 1945 kehrte ein großer Teil der Sachsen wieder zurück, konnte aber in der Gemeinde nur teilweise wieder sesshaft werden. In der Heimat folgen Enteignung, Lager und Zwangsarbeit, Entrechtung, kommunistische Unterdrückung; ca. ab 1969/70 Auswanderung besonders nach Deutschland. Die evang. Kirche wurde an die Rumänen verkauft.

Sâniacob

Sâniacob, lb. germ. *Jakobsdorf*, lb. magh. *Szászszentjakab*, lat. *villa Jacobi*. 1941: 578 locuitori, dintre care: 329 germani (56,9%); 1.1.1992: 5 germani. Vechi sat german pe domeniu nobiliar, la vest de Bistrița. Numele provine, se pare, de la prima biserică ridicată aici și care a fost consacrată Sfântului Iacob. Prima mențiune documentară este din 1332. Locuitorii au fost iobagi până în 1848 și se ocupau aproape numai cu agricultura (cereale, creșterea animalelor, mai ales vite și porci, pomicultura, viticultura). Viață germană activă până în 1944; la 17. sept. 1944 are loc evacuarea sașilor în Austria; majoritatea lor au fost readuși în iulie 1945, unde urmează exproprierea lor, muncă silnică în lagăre de concentrare, sustragerea drepturilor civile (până în 1950), asuprirea comunistă. Au reconstituit o comunitate germană semnificativă. După 1970 are loc emigrarea lor mai ales în Germania. Biserica evanghelică a fost vândută comunității ortodoxe.

Kallesdorf

Kallesdorf, rum. *Arcalia*, ung. *Árokalja*, Nord-siebenbürgen. 1941: 770 Einwohner, davon 403 Deutsche (52,3%); 1.1.1992: 3 Deutsche. Erste urkundliche Erwähnung: 1300 *(Kelemenes)*, Früh-gotische Saalkirche, Ausbau 1524, 18. Jh. (Turm); Schloß. Das von der Sb. Vereinsbank angekaufte Adelsgut wurde durch die Agrarreform enteignet. Bis 1944 aktives deutsches Leben, 1944

Evakuierung, z.T. Rückkehr 1945, in der Heimat folgen Enteignung, Lager und Zwangsarbeit, Entrechtung, kommunistische Unterdrückung. Allmählicher Wiederaufbau einer deutschen Gemeinschaft, 1953: 40 evangelische Seelen, nach 1969 Aussiedlung der Sachsen vorwiegend nach Deutschland.

Arcalia

Arcalia, lb. germ. *Kallesdorf*, lb. magh. *Árokalja*, lat. *Kelemenes*. 1941: 770 locuitori, dintre care 403 germani (52,5%); 1.1.1992: 3 germani. Vechi sat german pe domeniu nobiliar, prima mențiune documentară din 1300. Biserică în stil gotic, lărgită în 1524; turnul și castelul nobiliar sunt din sec. al 18-lea. În 1863 un incendiu puternic distruge satul. Viață germană activă până în sept. 1944, când are loc evacuarea sașilor în Austria; o mică parte au fost readuși în 1945, unde urmează exproprierea lor, muncă silnică în lagăre de concentrare, sustragerea drepturilor civile (până în 1950), asuprirea comunistă. În 1953 erau 40 de germani. După 1970 are loc emigrarea lor mai ales în Germania. Biserica aparține acum comunității ortodoxe.

Klein-Bistritz

Klein-Bistritz, rum. *Dorolea*, ung. *Aszubeszterce*, sb.-s. *Bästerz*. 1941: 947 Einwohner, davon 514 Deutsche (54,3 %); 1.1.1992: 21 Deutsche; liegt ca. 14 km östl. der Kreisstadt Bistritz. Selbständige Gemeinde mit evang. Pfarrer und Schule. Ersterwähnung 1332 mit 80 bis 100 Einwohner. Die bäuerliche Bevölkerung bildete die Mehrheit der Einwohner. Eine Besonderheit von K.-B. ist seine Mundart, die nur von den Klein-Bistritzern gesprochen und verstanden wird, wie auch sein reicher Sagenschatz (Gespenster- und

Hexengeschichten). Aktives deutsches Leben bis zur Evakuierung im Sept. 1944 nach Österreich, Rückkehr vieler 1945, in der Heimat folgen Enteignung, Lager und Zwangsarbeit, Entrechtung, kommunistische Unterdrückung. Allmählicher Wiederaufbau einer starken deutschen Gemeinschaft. Nach 1969/70 Aussiedlung vorwiegend nach Deutschland. Die ev. Kirche (wiederaufgebaut 1858-1861) wurde der orth. Gemeinde verkauft und renoviert mit Geldmitteln der sächsischen Kleinbistritzer aus Deutschland.

Dorolea

Dorolea, lb. germ. *Klein-Bistritz*, lb. magh. *Aszubeszterce,* lat. *Arida Bystricia.* 1941: 974 locuitori, dintre care: 514 germani (54,3%); 1.1.1992: 21 germani. Vechi sat german la 14 km est de Bistrița, cu școală și cu preot propriu. Prima mențiune documentară este din 1332, când erau 80-100 de locuitori. Majoritatea sașilor au fost agricultori. O particularitate este graiul săsesc dorolean și o mitologie bogată. Viață germană activă până la evacuarea sașilor în Austria, în sept. 1944; majoritatea lor au fost readuși în 1945, unde urmează exproprierea lor, muncă silnică în lagăre de concentrare, sustragerea drepturilor civile (până în 1950), asuprirea comunistă. Au reconstituit o comunitate germană puternică. După 1970 are loc emigrarea lor mai ales în Germania. Biserica evanghelică (reconstruită între 1858-1861) a fost vândută comunității ortodoxe, fiind renovată și cu sprijin financiar de la sașii doroleni din Germania.

Kuschma (Auen)

Kuschma (auch **Auen**), rum. *Cuşma*, ung. *Kusma*. 1930: 605 Einwohner, davon 92 Deutsche (15,2%); 1941: 608 Einwohner, davon: 75 Deutsche (12,3%); 1.1.1992: 6 Deutsche. 1786 erstmals urkundlich erwähnt, 1787 siedelt der Grundherr Schaller von Löwenthal einige sächsische Familien aus Weilau, Niederneudorf und Deutsch-Zepling, später auch aus Paßbusch, Großeidau und Oberneudorf in ein eben gegründetes Gebirgsdorf an. Ab 1810 kleine evang. Gemeinde, ab 1848 keine Grundhörigkeit mehr, ab 1860 Kuschma Tochtergemeinde von Klein-Bistritz, 1911 Bistritzer Wasserleitung mit dem Quellenhaus in den Kuschmaer Bergen wird in Betrieb genommen, 1944 Evakuierung der Deutschen, den Befehl zur Evakuierung befolgen wie in Moritzdorf auf Anraten der rumänischen Mitbürger nur wenige Deutsche, 1945 werden sie ausnahmslos von den Sowjets zurückgeführt, in der Heimat folgen Enteignung, Lager und Zwangsarbeit, Entrechtung, kommunistische Unterdrückung. 1988 22 Evangelische. Kuschma war und ist noch wichtiges Jagdrevier (besonders Bären); Nicolae Ceauşescu war öfters auf der Jagd in Kuschma.

Cuşma

Cuşma, lb. germ. *Kuschma (Auen)*, lb. magh. *Kusma*. 1930: 605 locuitori, dintre care: 92 germani (15,2%); 1941: 608 locuitori, dintre care 75 germani (12,3%); 1.1.1992: 6 germani. Sat de munte întemeiat în 1787 de către nobilul Schaller Freiherr v. Löwenthal, care a colonizat aici saşi din Uila, Satu Nou, Dedrad, Posmuş, Viile Tecii. Deja din 1810 exista o comunitate evanghelică germană. După 1848 este desfiinţată iobăgia. Din 1860 Cuşma este un sat al comunei Dorolea. În 1911 este inaugurată conducta de apă pentru alimentarea Bistriţei, având rezervorul la Cuşma. În 1944 are loc evacuarea saşilor în Austria; mulţi nu acceptă ordinul de evacuare (rugaţi de concetăţenii lor români); în 1945 aproape toţi cei evacuaţi sunt trimişi înapoi de către autorităţile militare sovietice; aici urmează exproprierea lor, muncă silnică în lagăre de concentrare, sustragerea drepturilor civile (până în 1950), asuprirea comunistă. În 1988 mai erau 22 de credincioşi evanghelici. Puţinii germani de aici s-au stabilit după 1970 mai ales în Germania. Cuşma a fost (şi mai este încă) un important district de vânătoare, mai ales pentru urşi (Ceauşescu a fost adesea la vânătoare la Cuşma).

Kyrieleis

Kyrieleis, rum. *Chiraleş*, ung. *Kerles*. 1941: 988 Einwohner, davon 443 Deutsche (44,8%); 1.1. 1992: 8 Deutsche. Es ist eine der ältesten Siedlungen Nordsiebenbürgens. Zur Geschichte des Ortes finden sich interessante Angaben in der ung. Chronik des Komitates Szolnok-Doboka, wo der Chronist Hodor schreibt: Die älteste Kirche dieser Niederlassung datiert aus dem Jahr 1070. 1553 waren in Kyrieleis 31 Häuser, 18 Leibeigene (Hörige), 13 Taglöhner. 1750 waren 64 Häuser, fünf Zigeunerhütten, und 1857 hatte Kyrieleis 805 Einwohner, davon 412 gr.-kath., 369 evang., acht reform., neun röm.-kath., sieben Juden. Die ung. Chronik bezeichnete Kyrieleis als einen der bedeutendsten Orte im Komitat Szolnok-Doboka. Am 17. Sept. 1944, dem Tag der Evakuierung, lebten 468 Deutsche in Kyrieleis. Nach Kriegsende kehrten 40 Familien aus Österreich (damals russisches Besatzungsgebiet) 1945 nach Kyrieleis zurück. In der Heimat folgen Enteignung, Lager und Zwangsarbeit, Entrechtung, kommunistische Unterdrückung, die meisten Deutschen verließen ihren Heimatort, jedoch hauptsächlich nach 1970 durch Aussiedlung nach Deutschland.

Chirales

Chiraleş, lb. germ. *Kyrieleis*, lb. magh. *Kerles.*
1941: 988 locuitori, dintre care: 443 germani
(44,8%); 1.1.1992: 8 germani. Unul dintre
cele mai vechi sate germane din nordul
Transilvaniei. Conform cronicarului Hodor, cea
mai veche biserică pe aceste meleaguri datează
din 1070, iar prima atestare documentară a
localității este din 1332. În 1553 Chiraleşul avea
31 de case, 18 iobagi, 13 zilieri; în 1750: 64 de
case şi 5 colibe țigăneşti, iar în 1857 locuiau în
Chiraleş 805 locuitori, dintre care 412 greco-
catolici, 369 evanghelici, 8 reformați, 9 romano-
catolici, 7 mozaici. Chronica maghiară prezintă

Chiraleşul ca una dintre localitățile importante
ale comitatului Solnoc-Dăbâca. Viață germană
activă până la evacuarea în Austria, în 17. sept.
1944, când în Chiraleş trăiau 468 de saşi; 40 de
familii au fost readuse în 1945, unde urmează
exproprierea lor, muncă silnică în lagăre de
concentrare, sustragerea drepturilor civile
(până în 1950), asuprirea comunistă. Totuşi, au
reconstituit o comunitate germană. După 1970
are loc emigrarea lor mai ales în Germania.

Lechnitz

Lechnitz, rum. *Lechinţa*, ung. *Szászlekencze,* berühmte deutsche Weinbaugemeinde. 1941: 2474 Einwohner, davon 1076 Deutsche (43,5 %); 1.1.1992: 19 Deutsche. Marktgemeinde im südwestl. Nösnergau, 6 km westl. der Straße Sächsisch-Regen-Bistritz. Der Ort liegt eingebettet in ein von Weinbergen umgebenes Tal. Der Weinbau hatte für Lechnitz eine besondere wirtschaftliche Bedeutung. Der Name wird von *lech* (= dürr, trocken) und *Nitz* (= Bach), abgeleitet. Erstmals wird der Ort 1335 in einer päpstlichen Urkunde erwähnt. Marktrecht seit 1453, Jus gladii (Blutgerichtsbarkeit) seit 1474. Schon in vofreformatorischer Zeit ist eine mehrklassige Schule nachgewiesen. 1602 wurde der Ort durch die Söldner von General Basta verwüstet und die Bevölkerung fast vollständig ausgelöscht. Später Zuzug aus Nachbarorten, worauf die Familien-

namen hinweisen (1634: 8 Familien, 1695: 22 Familien). 1800 drei Jahrmärkte, 1882 Großbrand. Im Sept. 1944 flüchteten fast alle deutschen Einwohner nach Westen. Nur wenige Sachsen blieben in Lechnitz, wo der Weinbau weiter florierte und neuerdings eine Zuckerfabrik und Häuserblocks das Ortsbild bestimmen. 1945 folgten für sie Enteignung, Lager und Zwangsarbeit, Entrechtung, kommunistische Unterdrückung. Ca. ab 1969/70 Auswanderung besonders nach Deutschland. Die an Stelle einer romanischen Kirche im 14. Jh. erbaute gotische Kirche mit Kirchenmauer ist inzwischen der reformierten ungarischen Gemeinde verkauft und mit Mitteln der Lechnitzer HOG, die vorwiegend in und um Rothenburg nach 1945 Fuß gefasst hat, restauriert worden.

Lechința

Lechința, lb. germ. *Lechnitz*, lb. magh. *Szászlekencze*, localitate viticolă germană însemnată. 1941: 2474 locuitori, dintre care: 1076 germani (43,5%); 1.1.1992: 19 germani. Aşezare veche, cu târg important; este situată la sud-vest de Bistrița, respectiv la cca. 6 km vest de şoseaua Bistrița-Reghin. Localitatea este înconjurată de dealuri cu vii multe, astfel că viticultura a avut o importanță economică deosebită pentru Lechința. Numele provine de la *lech* (= secat) şi *nitz* (= pârâu). Prima mențiune documentară este într-un document papal din 1335. Drept de târg din 1453, drept de jurisdicție capitală (ius gladii – dreptul de a condamna la moarte) din 1474. Deja înainte de Reformă exista o şcoală cu mai multe clase. În 1602 localitatea a fost distrusă de către mercenarii generalului Basta, iar populația aproape complet exterminată. După 1602 imigrează aici saşi din satele învecinate, fapt dovedit şi prin numele de familie din Lechința (în 1634 Lechința are 8 familii, în 1695 – 22 de familii). Din 1800 se țineau trei târguri anuale. În 1882 are loc un mare incendiu. Biserică fortificată, construită pe locul unei vechi biserici romanice din sec. al 14-lea. Viață germană activă până la evacuarea saşilor în Austria, în sept. 1944; numai puțini au revenit în Lechința, unde viticultura s-a dezvoltat din nou şi unde acum există o fabrică de zahăr, precum şi blocuri construite în timpul comunismului. Majoritatea saşilor s-au stabilit după evacuare în Bavaria, la Rothenburg. După 1970 are loc emigrarea celor rămaşi, mai ales în Germania. Biserica evanghelică a fost vândută comunității reformate maghiare, fiind renovată şi cu sprijin matrial de la saşii din Germania.

Mettersdorf

Mettersdorf, rum. *Dumitra*, ung. *Nagydemeter*, berühmte deutsche Weinbaugemeinde. 1941: 1557 Einwohner, davon 1227 Deutsche (78,8%). Heute leben in Mettersdorf keine Deutschen mehr. 12 km nördl. von Bistritz gelegen, an der Straße, die über den Stubenberg (Bacheln), über Tschippendorf nach Nußdorf (Năsăud) führt. Erste urkundliche Erwähnung 1317 als *villa Demetrii*, nach dem Namen des Führers der Ansiedler, Metter (Demeter). 1557 Großbrand, 1695 ist Mettersdorf die größte Gemeinde des Kirchendistrikts Bistritz, 1773 Kaiser Joseph II. besucht auch Mettersdorf, 1856 neuer Großbrand. In der Mitte des Dorfes stehen auf einem Berg die Kirche (1895-1899 neu gebaut) und ein vierstöckiger Wehrturm (1488). Der ganze Hattert umfasste 10.972 Katastraljoch. Davon waren

5.400 Joch bewirtschafteter Boden (Äcker, Wiesen, Wein- und Obstgärten, Gemüseland) und 5.572 Joch Hutweide und Wald. Aktives deutsches Leben bis zur Evakuierung im Sept. 1944, die meisten Mettersdorfer bleiben in Österreich bzw. Deutschland, USA und Kanada, Rückkehr einiger 1945. In der Heimat folgen Enteignung, Lager und Zwangsarbeit, Entrechtung, kommunistische Unterdrückung. Allmählicher Wiederaufbau einer deutschen Gemeinschaft, zu der auch Deutsche aus anderen Dörfern gehörten, nach 1969/70 Aussiedlung nach Deutschland. Die ev. Kirche wurde der orthodoxen Gemeinde verkauft und renoviert mit Geldmitteln der sächsischen Mettersdorfer aus aller Welt.

Dumitra

Dumitra, lb. germ. *Mettersdorf,* lb. magh. *Nagydemeter,* localitate viticolă germană importantă. 1941: 1557 locuitori, dintre care 1227 germani (78,8%). Astăzi în Dumitra nu mai locuiesc germani. Vechi sat german, la 12 km nord de Bistrița, pe șoseaua de la Bistrița la Năsăud. Prima mențiune documentară este din 1317, sub numele de *villa Demetri,* după numele conducătorului coloniștilor germani – Metter (Demeter). În mijlocul localității, pe o colină, se află biserica (reconstruită între 1895-1899), având un turn fortificat cu patru etaje (din 1488). În 1557 are loc un incendiu de proporții. Din 1695 Dumitra este cea mai mare localitate din districtul Bistriței. În 1773 împăratul Iosif al II-lea vizitează Dumitra. În anul 1856 izbucnește un nou mare incendiu. Hotarul comunei era de 10.972 iugăre, dintre care 5.400 iugăre reprezentau suprafețe agricole (mai ales pentru viticultură, cu un vin valoros), iar 5.572 iugăre pășuni și păduri. Viață germană activă până la evacuarea sașilor în Austria, în sept. 1944; majoritatea au rămas în Austria, puțini au fost reduși în 1945, unde urmează exproprierea lor, muncă silnică în lagăre de concentrare, sustragerea drepturilor civile (până în 1950), asuprirea comunistă. Au reconstituit o comunitate germană, însă mică, din care au făcut parte și sași originari din alte localități. După 1970 are loc emigrarea acestora mai ales în Germania. Biserica evanghelică a fost vândută comunității ortodoxe, fiind renovată și cu sprijin financiar din partea sașilor dumitreni din toată lumea.

Minarken

Minarken, rum. *Monariu*, ung. *Malomárka*, nordsb.-sächsisch: *Minuärkn*. 1941: 398 Einwohner, davon 256 Deutsche (64,3%), 1.1.1992: 0 Deutsche. Deutsches Dorf im Nösnergau/Nordsiebenbürgen, 10 km südl. von Bistritz. Historisch auf dem Königsboden gelegen. Erste urkundliche Nennung 1243 als *Molunark*, 1332 erster bekannter Pfarrer: Vintus de Monelarth, 14. Juli 1751 große Überschwemmung durch den Budakbach und fast vollständige Vernichtung des Dorfes. Danach Verlegung des Dorfes auf eine Anhöhe. 1755 Beginn des Baues der im sächs. Nordsiebenbürgen einzigen Rundkirche, 1776 Bau des Turmes. Am 18. Sept. 1944 Evakuierung der Deutschen unter Pfarrlehrer Micha-

el Berendt. Juli 1945 Rückführung eines großen Teils der Deutschen aus dem sowjetisch besetzten Niederösterreich. In der Heimat folgen Enteignung, Lager und Zwangsarbeit, Entrechtung kommunistische Unterdrückung. Wiederaufbau einer deutschen Gemeinschaft. 1978 wird die evangelische Kirche vom rumänischen Staat übernommen und unter Denkmalschutz gestellt. Die große Glocke wird nach Großau und die kleine nach Galt, beide in Südsiebenbärgen, gebracht. Nach 1969/70 Aussiedlung der Sachsen nach Deutschland.

Monariu

Monariu, lb. germ. *Minarken,* lb. magh. *Malomárka.* 1941: 398 locuitori, dintre care: 256 germani (64,3%). Astăzi în Monariu nu mai locuiesc germani. Vechi sat german, pe teritoriul regal, situat la 10 km sud de Bistrița. Prima mențiune documentară este din 1243, sub numele de *Molunark,* iar în 1332 este menționat primul preot: Vintus de Monelarth. În 1562 au loc mari incendii, iar între 1602-1612 distrugeri de război (mercenarii generalului Basta). La 14 iulie 1751 se produce o inundație de proporții a râului Budac, fiind distrusă întreaga localitate; după această nenorocire, așezarea este refăcută pe deal. În 1755 începe construcția singurei biserici rotunde săsești din nordul Transilvaniei,

iar în 1776 ridicarea turnului. Viață germană activă până la evacuarea germanilor în Austria, în 18 sept. 1944, sub conducerea preotului (care era și învățător) Michael Berendt. În iulie 1945 majoritatea lor au fost readuși din Austria. Aici urmează exproprierea lor, muncă silnică în lagăre de concentrare, sustragerea drepturilor civile (până în 1950), asuprirea comunistă. Au reconstituit o comunitate germană. În 1978 statul român a preluat biserica din Monariu ca monument național. Clopotul mare a fost transportat la Cristian, iar cel mic la Ungra, în sudul Transilvaniei. După 1970 are loc emigrarea sașilor mai ales în Germania.

Mönchsdorf

Mönchsdorf, rum. *Herina,* ung. *Herina,* eine der ältesten deutschen Ortschaften Siebenbürgens, liegt an der Straße von Bistritz nach Sächsisch Reen, ca. 4,5 km südlich von Reußen (Sărăţel). 1930: 870 Einwohner, davon: 280 Deutsche (32,2%); 1941: 904 Einwohner, davon 297 Deutsche (32,9%); 1.1.1992: 3 Deutsche. Erste urkundliche Erwähnung 1246 als Besitz des Weißenburger Bischofs. Karl Kurt Klein nimmt an, der Ort sei um 1200 gegründet, um 1215 wird die kunstgeschichtlich bedeutsame dreischiffige romanische Kirche mit zwei Westtürmen (Pfeilerbasilika, auf einer Anhöhe im Osten des Dorfes, älteste romanische Kirche Nordsiebenbürgens) gebaut. Sie wurde nach der Reformation von der sächsischen Dorfgemeinschaft übernommen, oft renoviert, zuletzt knapp vor 2000 mit Mitteln der Siebenbürgisch-Sächsischen Stiftung, der früheren deutschen Mönchsdorfer und des rumänischen Staates. 1380 gelangt Mönchsdorf in königlichen Besitz, 1395 geht es in adligen Besitz über, 1872 gelangt die Gemeinde in den Bistritzer Kirchenbezirk. Der nichtdeutsche Ortsname (*Halina* = Salz) weist auf keltische Vorbesiedlung hin. 1944 Evakuierung der Deutschen nach Österreich, wenige werden 1945 zurückgeführt, in der Heimat folgen Enteignung, Lager und Zwangsarbeit, Entrechtung, kommunistische Unterdrückung. Ca. ab 1969/70 Auswanderung besonders nach Deutschland.

Herina

Herina, lb. germ. *Mönchsdorf*, lb. magh. *Herina*, una dintre cele mai vechi localități germane din Transilvania; se află la 4,5 km sud de Sărățel, pe traseul Bistrița-Reghin. 1930: 870 locuitori, dintre care 280 germani (= 32,2%). 1941: 904 locuitori, dintre care 297 germani (32,9%). 1992: 3 germani. Prima mențiune documentară a localității este din 1246, ca posesiune a episcopului de Alba Iulia. Karl Kurt Klein presupune întemeierea localității în jurul anului 1200; pe la 1215 se construiește la est de localitate, pe o colină, o biserică în stil romanic, deosebită din punct de vedere artistic (o basilică pe pilari), având trei nave și două turnuri; aceasta reprezintă cel mai vechi edificiu romanic din nordul Transilvaniei.

După Reformă a fost preluată de către comunitatea săsească, fiind renovată de multe ori, ultima dată cu fonduri ale Fundației Săsești din Gundelsheim, ale foștilor locuitori sași și ale statului român. În 1380 Herina este pentru scurt timp posesiune regală, din 1395 posesiune nobiliară, iar din 1872 ajunge posesiune a districtului bisericesc Bistrița. Numele *Halina* este un indiciu pentru o precolonizare celtică. Viață germană activă până la evacuarea sașilor în Austria, în sept. 1944; puțini au revenit în 1945, unde urmează exproprierea lor, muncă silnică, sustragerea drepturilor civile, asuprirea comunistă. După 1970 are loc emigrarea lor mai ales în Germania.

Moritzdorf

Moritzdorf, rum. *Moruţ*, ung. *Aranyosmöric*, *Szászmöric*, Nordsiebenbürgen. 1930: 591 Einwohner, davon: 198 Deutsche (33,5%); 1941: 545 Einwohner, davon 187 Deutsche (32,7%); 1.1.1992: 35 Deutsche. 1291 erwähnter, grundhöriger Ort, adliger Grundbesitz, 1721: 15 Familien, bis 1944 sächsisches Dorf, Ruine einer Kirchenburg mit Wehrturm aus dem 15. Jh., geweiht dem Hl. Mauritius. 1944 Evakuierung der Deutschen nach Österreich, viele wehren sich dagegen und bleiben, einige werden 1945 zurückgeführt, in der Heimat folgen Enteignung, Lager und Zwangsarbeit, Entrechtung, kommunistische Unterdrückung. Ca. ab 1969/70 Auswanderung besonders nach Deutschland.

Moruţ

Moruţ, lb. germ. *Moritzdorf*, lb. magh. *Aranyos-möric, Szászmöric*, vechi sat german pe domeniu nobiliar. 1930: 591 locuitori, dintre care 198 germani (33,5%). 1941: 545 locuitori, dintre care 187 germani (32,7%). 1.1.1992: 35 de germani. Primele atestări documentare: 1291 – „terra Mauruch", iar în 1334 - „Villa Marci"; în 1721 erau 15 familii; există aici o ruină a unei biserici fortificate din sec. al 15-lea, dedicată Sf. Mauriţiu. Viaţă germană activă până la evacuarea saşilor în Austria, în sept. 1944; unii nu vor să plece şi rămân în Moruţ; o parte au revenit în 1945, unde urmează exproprierea lor, muncă silnică, sustragerea drepturilor civile, asuprirea comunistă. După 1970 are loc emigrarea lor mai ales în Germania.

Oberneudorf

Oberneudorf, rum. *Satu Nou* (din 1968: *Cetate*), ung. *Felsöszász-Ujfalu*, lat. *villa nova*. Deutsches Dorf, ca. 15 km ostsüdöstlich von Bistritz. 1930: 775 Einwohner, davon: 618 Deutsche (79,7%); 1941: 746 Einwohner, davon 584 Deutsche (78,3%); 1.1.1992: 6 Deutsche. Erstmals erwähnt 1332, 1521 großer Brand. Bei Errichtung der siebenbürgischen Militärgrenze (1762) wurden Rumänen aus dem Bistritzer sächs. Distrikt ins Rodnaer Tal, die dort lebenden Siebenbürger Sachsen, Deutsche und Ungarn nach Oberneudorf umgesiedelt. 1764 neuer großer Brand (auch Kirche zerstört), Neubau der jetzigen Kir-che 1854 bis 1857, öfters renoviert. Aktives deutsches Leben bis zur Evakuierung im Sept. 1944, Rückkehr vieler 1945, in der Heimat folgen Enteignung, Lager und Zwangsarbeit, Entrechtung, kommunistische Unterdrückung. Allmählicher Wiederaufbau einer starken deutschen Gemeinschaft. Nach 1969/70 Aussiedlung vorwiegend nach Deutschland. Die ev. Kirche (wiederaufgebaut 1858-1861) wurde der orth. Gemeinde verkauft und renoviert mit Geldmitteln der Neudorfer aus Deutschland.

Satu Nou

Satu Nou (din 1968 **Cetate),** lb. germ.
Oberneudorf, lb. magh. *Felsöszász-Ujfalu,* lat.
villa nova, sat german la 15 km est-sud-est de
Bistriţa. 1930: 775 locuitori, dintre care 618
germani (79,7%); 1941: 746 locuitori, dintre care
584 germani (78,3%); 1.1.1992: 6 germani. Prima
menţiune documentară este din 1332. În 1521 are
loc un incendiu mare. La întemeierea graniţei
militare de pe valea Rodnei, în 1762, românii
din districtul săsesc bistriţean au fost transferaţi
pe valea Rodnei, iar saşii şi maghiarii de pe
valea Rodnei la Satu Nou. În 1764 izbucneşte
un nou incendiu de proporţii. Biserica actuală
a fost construită între 1854-1857, fiind restaurată
de mai multe ori. Viaţă germană activă până
la evacuarea saşilor în Austria, în sept. 1944;
majoritatea lor au fost readuşi în 1945, unde
urmează exproprierea lor, muncă silnică în
lagăre de concentrare, sustragerea drepturilor
civile (până în 1950), asuprirea comunistă. Au
reconstituit o comunitate germană puternică.
După 1970 are loc emigrarea lor mai ales în
Germania. Biserica evanghelică a fost vândută
comunităţii ortodoxe, fiind renovată şi cu sprijin
financiar de la saşii din Germania.

Petersdorf

Petersdorf bei Bistritz, rum. *Petriş*, ung. *Petres*. 1941: 1149 Einwohner, davon 729 Deutsche (63,4%); 1.1.1992: 3 Deutsche. Bauerngemeinde im Budaktal, westl. der Ostkarpaten, ca. 16 km ostsüdöstlich von Bistritz. Der Ortsname Petersdorf, mundartlich *Paterschdorf*, bedeutet nach Meinung der Mundartforscher „Dorf der Patres", der Mönche. Der Ort wird erstmals 1311 in einer Urkunde als *villa*, also Dorf bezeichnet. 1521 großer Brand, 1602 der Ort durch Truppen Bastas zerstört. Gotische Saalkirche im 15. Jh., der Glockenturm wird etwa 20 m südöstlich der Kirche 1820-1822 gebaut. Kunstgeschichtli-

che Bedeutung kommt dem gotischen Steinrelief im Tympanon des West-Portals der evang. Kirche zu, das die Himmelskönigin mit dem nackten Jesuskind darstellt. Reges deutsches Leben bis 1944. 1944 Evakuierung der Deutschen nach Österreich, der Großteil wird 1945 zurückgeführt, in der Heimat folgen Enteignung, Lager und Zwangsarbeit, Entrechtung, kommunistische Unterdrückung. Allmählicher Wiederaufbau einer starken deutschen Dorfgemeinschaft, ca. ab 1969/70 Auswanderung besonders nach Deutschland.

Petriş

Petriş, lb. germ. *Petersdorf bei Bistritz*, lb. magh. *Petres sau Peterfalva*, sat german pe valea Budacului, la 16 km est-sud-est de Bistriţa. 1941: 1149 locuitori, dintre care 729 germani (63,4%); 1.1.1992: 3 germani. Unii lingvişti susţin că numele vine de la „Villa Patres" = Satul călugărilor. Prima menţiune documentară este din 1311. În 1521 are loc un mare incendiu, iar în 1602 localitatea este distrusă de către mercenarii generalului Basta. Biserică gotică din sec. al 15-lea; turnul cu clopote este ridicat la cca. 20 m sud-est de biserică, între 1820-1822. O deosebită valoare artistică are relieful din piatră în timpanonul portalului de vest, care reprezintă pe Regina Cerurilor cu Isus Christos. Viaţă germană activă până la evacuarea în Austria, în sept. 1944, majoritatea lor au revenit în 1945, unde urmează exproprierea lor, muncă silnică în lagăre de concentrare, sustragerea drepturilor civile (până în 1950), asuprirea comunistă. Au reconstituit o comunitate germană puternică. După 1970 are loc emigrarea lor mai ales în Germania. Biserica evanghelică a fost vândută comunităţii ortodoxe, fiind renovată şi cu sprijin financiar de la saşii din Germania.

Pintak

Pintak, rum. *Slătinița*, ung. *Pinták, Szász-Péntek*, deutsche Gemeinde 5 km nördlich von Wallendorf bei Bistritz, mit zwei Sandsteinbrüchen und heute zerstörtem Salzbad. 1930: 699 Einwohner, davon: 454 Deutsche (64,9%); 1941: 672 Einwohner, davon 438 Deutsche (65,2%); 1.1.1992: 0 Deutsche. 1332-1334 erste urkundliche Erwähnung, 1521 großer Brand. Die evang. (nun orth.) Kirche wurde im 15. Jh. erbaut, 1585 bis 1590 erweitert, Glockenturm 1824-1826. Reges deutsches Leben bis zur Evakuierung der Deutschen 1944 nach Österreich, viele werden 1945 zurückgeführt, in der Heimat folgen Enteignung, Lager und Zwangsarbeit, Entrechtung, kommunistische Unterdrückung. Allmählicher Wiederaufbau einer deutschen Gemeinschaft, ca. ab 1969/70 Auswanderung besonders nach Deutschland.

Slătinița

Slătinița, lb. germ. *Pintak*, lb. magh. *Pinták, Szász-Péntek,* sat german situat la 5 km nord de Unirea, la est de Bistrița. A avut o baie de apă sărată și două cariere de piatră. 1930: 699 locuitori, dintre care: 454 germani (64,9%); 1941: 672 locuitori, dintre care 438 germani (65,2%); 1.1.1992: nici un german. Prima mențiune documentară este din 1332-1334. În 1521 are loc un mare incendiu. Biserica evanghelică a fost construită în sec. al 15-lea, lărgită între 1585 și 1590; turnul cu clopote a fost ridicat între 1824-1826. Viață germană activă până la evacuarea sașilor în Austria, în sept. 1944; majoritatea lor au revenit în 1945, unde urmează exproprierea lor, muncă silnică în lagăre de concentrare, sustragerea drepturilor civile (până în 1950), asuprirea comunistă. Au reconstituit o comunitate germană puternică. După 1970 are loc emigrarea lor mai ales în Germania. Biserica evanghelică a fost vândută comunității ortodoxe și este renovată.

Sankt-Georgen

Sankt-Georgen, rum. *Sângeorzu Nou,* ung. *Szász-szentgyörgy,* lat. *Sanctus Georgius,* deutsche Gemeinde auf Königsboden 8 km südlich von Lechnitz. 1930: 1062 Einwohner, davon: 753 Deutsche (70,9%); 1941: 1131 Einwohner, davon 775 Deutsche (68,5%); 1.1.1992: 0 Deutsche. 1317-1320 erste urkundliche Erwähnung, 1523 großer Brand, 1602 durch Truppen von General Basta zum Teil zerstört, 1781 neuer Großbrand, 1911: 1063 ev. Sachsen. Die evang. Saalkirche wurde im 15. Jh. erbaut, nach 1602 wiederaufgebaut, 1740-1750 und 1780 umgebaut (barockisiert), 1923 Repara-turarbeiten, heute - nach der Übernahme durch die orthodoxe Gemeinschaft - eine blühende gut instandgehaltene orthodoxe Kirche. Reges deutsches Leben bis zur Evakuierung der Deutschen im Sept. 1944 nach Österreich, fast die Hälfte wird 1945 zurückgeführt, in der Heimat folgen Enteignung, Lager und Zwangsarbeit, Entrechtung, kommunistische Unterdrückung. Allmählicher Wiederaufbau einer deutschen Gemeinschaft, ca. ab 1969/70 Auswanderung besonders nach Deutschland.

Sângeorzu Nou

Sângeorzu Nou, lb. germ. *Sankt-Georgen,* lb. magh. *Szászszentgyörgy,* lat. *Sanctus Georgius,* sat german pe teritoriu regal, la 8 km sud de Lechința. 1930: 1062 locuitori, dintre care 753 germani (70,9%); 1941: 1131 locuitori, dintre care 775 germani (68,5%); 1.1.1992: nici un german. Prima atestare documentară este din 1317-1320. În 1523 se produce un mare incendiu, iar în 1602 este distrusă biserica și 60 de case de către mercenarii generalului Basta. Un nou incendiu devastator se produce în 1781. În 1911 existau 1063 sași evanghelici. Biserică sală construită în sec. al 15-lea; după 1602 reconstruită, lărgită între 1740-1750, iar în 1780 a fost împodobită cu elemente baroce; în 1923 au loc mari lucrări de reparație. Viață germană activă până la evacuarea în Austria, în sept. 1944; aproape jumătate au fost readuși în 1945, unde urmează exproprierea lor, muncă silnică în lagăre de concentrare, sustragerea drepturilor civile (până în 1950), asuprirea comunistă. Totuși, au reconstituit o comunitate germană însemnată. După 1970 are loc emigrarea lor mai ales în Germania. Biserica evanghelică a fost vândută comunității ortodoxe, este renovată și bine îngrijită.

Schönbirk

Schönbirk, Zippendorf, rum. *Sigmir*, ung. *Szépnyir*, nordsb.-s. *Zaipm*, Dorf im Nösnergau, 4 km westlich von Bistritz. 1941: 607 Einwohner, davon 329 Deutsche (54,2 %); 1.1.1992: 0 Deutsche. Erste urkundliche Nennung 1332 als Szepnir, bis 1337 auch als *Chichmar*, *Stipur*, *Stepnir* und *Zynir*. Durch Fehlschreibung und Volksetymologie entstanden bis 1940 60 verschiedene Namensformen von Schönbirk, darunter auch *Betullia*. Der deutsche Name ist eine Übersetzung des ung. *Szepnyir*; er erscheint erst ab 1842. 1737 erstmals Weinbau erwähnt, 1765 werden 24 rumänische Familien an die neue Grenze im Samoschtal um-

gesiedelt. 1332 erste Erwähnung eines Geistlichen, Seyfridus. Letzter evang. Pfarrer Albert Zehner, unter dem während des Zweiten Weltkriegs am 19. Sept. 1944 die Evakuierung aller deutschen Einwohner nach Oberösterreich erfolgt. Einige werden 1945 zurückgeführt, in der Heimat folgen Enteignung, Lager und Zwangsarbeit, Entrechtung, kommunistische Unterdrückung. Allmählicher Wiederaufbau einer kleinen deutschen Gemeinschaft, 1966 Verkauf der evang. Kirche an die gr.-orth. Kirchengemeinde (Renovierungsarbeiten 2004), ca. ab 1969/70 Auswanderung besonders nach Deutschland.

Sigmir

Sigmir, lb. germ. *Schönbirk,* lb. magh. *Szépnyir,* sat german pe teritoriu regal, la 4 km vest de Bistrița. 1941: 607 locuitori, dintre care 329 germani (54,2%); 1.1.1992: nu mai locuia nici un german. Prima mențiune documentară este din 1332, sub numele de *Szepnir,* apoi, după 1337 și *Chichmar, Stipur, Stepnir* și *Zynir.* Până în 1940 există 60 de denumiri scrise în mod diferit printre care și *Betullia.* Denumirea germană vine de la traducerea numelui maghiar *Szépnyir* (mesteacăn frumos), folosit prima dată în 1842. În 1332 se menționează primul preot, Seyfridus; ultimul preot a fost Albert Zehner, care a condus evacuarea sașilor în 19 sept. 1944 pînă în Austria Superioară. Până atunci viață germană activă. Din Austria o mică parte au fost readuși în 1945, unde urmează exproprierea lor, muncă silnică în lagăre de concentrare, sustragerea drepturilor civile (până în 1950), asuprirea comunistă. Au reconstituit o comunitate germană redusă. În 1966 biserica evanghelică este vândută parohiei ortodoxe (renovare mare în anul 2004 - cum se poate vedea și în fotografia pe acastă pagină). Sașii au emigrat după 1969/70 mai ales în Germania.

Senndorf

Senndorf, rum. *Jelna*, ung. *Zsolna*. 1941: 590 Einwohner, davon 367 Deutsche (62,2%); 1.1.1992: 3 Deutsche. Senndorf wird schon 1264 als „Zolosim" von Papst erwähnt und ist eine der ältesten Siedlungen des Budaktales. Der Ort gehörte seit der Ansiedlung der Sachsen zum Königsboden. Die erste Siedlung wird von den Tataren niedergebrannt, die neue an einem anderen Standort, in der Nähe des Budakflusses, errichtet. Die Einwohner beschäftigten sich vor allem mit Wein- und Obstbau. Auch eine Mühle mit Sägewerk ist erwähnt. Die erste Kirche wird 1483 erbaut (Inschrift an einem Stein der Ringmauer), aber im Krieg Bathoris gegen Basta 1602 bis auf die Ringmauer zerstört. An der gleichen Stelle wird dann 1617 im Barockstil die zweite Kirche gebaut. Heute ist sie verfallen, den Turm kauften die Rumänen, um hier eine orthodoxe Kirche zu bauen. Aktives deutsches Leben bis zur Evakuierung 1944 der Deutschen nach Österreich, einige werden 1945 zurückgeführt, in der Heimat folgen Enteignung, Lager und Zwangsarbeit, Entrechtung, kommunistische Unterdrückung. Allmählicher Wiederaufbau einer deutschen Gemeinschaft, ca. ab 1969/70 Auswanderung besonders nach Deutschland.

Jelna

Jelna, lb. germ. *Senndorf,* lb. magh. *Zsolna,* sat german pe teritoriu regal, la 7 km sud-est de Bistrița. 1941: 590 locuitori, dintre care 367 germani (62,2%); 1.1.1992: 3 germani. Prima atestare documentară este din 1264 (papa Urban al IV-lea numește localitatea Zolosim); este una dintre cele mai vechi localități de pe valea Budacului. Prima așezare a fost distrusă de tătari în 1241, noua vatră a satului construindu-se în apropiere. Locutorii se ocupau mai ales cu viticultura și pomicultura. Este menționat și un joagăr și o moară. Biserica gotică din 1483 a fost distrusă complet în timpul războiului dintre Bathori și Basta, în 1602. Pe același loc se construiește în 1617 o biserică în stil baroc. Între timp biserica s-a dărâmat, turnul fiind vândut comunității ortodoxe. Viață germană activă până la evacuarea sașilor în Austria, în sept. 1944; unii au fost readuși în 1945, unde urmează exproprierea lor, muncă silnică în lagăre de concentrare, sustragerea drepturilor civile (până în 1950), asuprirea comunistă. Au reconstituit o comunitate germană. După 1970 are loc emigrarea lor mai ales în Germania. Biserica evanghelică a fost vândută comunității ortodoxe.

Tatsch

Tatsch, rum. *Tonciu*, ung. *Tács*, sb.-s. *Totsch*, deutsches Dorf auf Königsboden, südöstlich von Lechnitz gelegen. 1941: 494 Einwohner, davon 132 Deutsche (26,7%); 1.1.1992: 0 Deutsche. 1396 wird Tatsch erstmals als *Tocs* urkundlich erwähnt. Tatsch liegt auf ehemaligem Königsboden, seine Zugehörigkeit zum Bistritz-Kiralyer Kapitel ist seit 1488 bezeugt. Zu Beginn des 17. Jh., während der Gegenreformation, wird Tatsch verwüstet und bleibt deshalb über zwei Jahrzehnte unbewohnt. 1623 gestattete der Bistritzer Magistrat den Magyaren die Ansiedlung in Tatsch. Den reformierten Ungarn folgten später auch Sachsen, die vermutlich aus umliegenden Gemeinden zuzogen. Dafür sprechen die Namen der in Tatsch ansässigen Familien: Bertleff *(>Lechnitz)*, Reschner *(>Heidendorf)*, Waretzi *(>Wermesch)* u.a. Die alte baufällige Kirche wird 1912 abgetragen, Neubau 1923-1930, 1988 ist die Kirche dem Verfall preisgegeben, 2004 jedoch von den Ungarn neu aufgebaut. Tatsch liegt eingebettet zwischen drei Bergen. Da der Boden nicht sehr fruchtbar war, verdiente sich ein Teil der Bevölkerung den Lebensunterhalt durch Flechten von Körben (Zecker). Aktives deutsches Leben bis zur Evakuierung 1944 von Deutschen nach Österreich, die Mehrheit blieb im Westen oder wurde in Tatsch maghiarisiert.

Tonciu

Tonciu, lb. germ. *Tatsch*, lb. magh. *Tács*, sat german pe teritoriu regal, la 5 km sud-est de Lechința. 1941: 494 locuitori, dintre care 132 germani (26,7%); 1.1.1992: nici un german. Prima atestare documentară este din 1396; din 1488 aparține capitlului Bistrița-Kiraly. În 1602 localitatea este devastată de mercenarii generalului Basta și rămâne pustie două decenii. Magistratul Bistriței permite maghiarilor în 1623 să se stabilească în Tonciu. Lor le urmează sași din localitățile învecinate; aceast fapt se dovedește și prin numele de familie noi: Bertleff *(>Lechința)*, Reschner *(>Viișoara)*, Waretzi *(>Vermeș)*. Biserica veche a fost dărâmată în 1912, fiind reconstruită una nouă între 1923-1930, dar care pînă deunăzi a fost într-un stadiu avansat de degradare. În anul 2004 comunitatea maghiară din Tonciu reconstruiește fosta biserică evanghelică cu mari eforturi. Tonciu se află între trei dealuri, iar terenurile nu sunt atât de fertile, motiv pentru care populația se ocupă și cu producerea de coșuri. Viață germană activă până la evacuarea sașilor în Austria, în sept. 1944; majoritatea lor au rămas în vest, cei care nu au plecat sau au fost reîntorși fiind treptat maghiarizați în Tonciu.

Treppen

Treppen, rum. *Tărpiu*, ung. *Szásztörpény*. 1941: 1074 Einwohner, davon 690 Deutsche (64,2%); 1.1.1992: 0 Deutsche. Nordsb. Bauerngemeinde, 12 km nördlich von Bistritz entfernt, bis 1870 nur von sächsischer Bevölkerung bewohnt. Vor der Ansiedlung der Siebenbürger Sachsen – sie könnte bereits vor Regierungsantritt König Geisas II. (1141) erfolgt sein – war Treppen ungarisch. Das sb.-s. *Trappn* geht auf das magy. *Törpeny* zurück und heißt „bei den Zwergen". Erstmals urkundlich erwähnt 1332. Ab 1504 wird die Kirche in gotischem Spitzbogenstil gebaut. Bis zur Reformation ist Treppen ein berühmter Wallfahrtsort. Der Hattert des in einer Mulde gelegenen Längsdorfes grenzt an acht Ortschaften. Nach dem Mongoleneinfall 1241 bleibt Treppen jenseits des Bistritzer Berges das einzige deutsche Dorf im nördlichen Randgebiet Siebenbürgens. Im Herbst 1944 wird die deutsche Bevölkerung von Treppen evakuiert; ab 1948 fanden 73 Familien aus Treppen in der Wiener Nordrandsiedlung wieder zueinander. Die wenigen Rückkehrer 1945 erlebten in der Heimat Enteignung, Lager und Zwangsarbeit, Entrechtung, kommunistische Unterdrückung. Etwa ab 1969/70 Auswanderung besonders nach Deutschland. Heute wohnen keine Deutschen mehr in Treppen. Die von akutem Verfall bedrohte Kirche wurde orthodox und vom rumänischen Staat zwischen 1991 und 2000 vorbildlich restauriert. Sie ist heute ein Kleinod gotischer Baukunst in Nordsiebenbürgen.

Tărpiu

Tărpiu, lb. germ. *Treppen,* lb. magh. *Szásztörpény,* sat german pe teritoriu regal, la 12 km nord-est de Bistrița; până în 1870 numai locuitori germani; 1941: 1074 locuitori, dintre care 690 germani (64,2%); 1.1.1992: nici un german. Înaintea colonizării săsești – ar putea să fie înaintea începutului domniei regelui Geza al II-lea (1141) – Tărpiul a fost o localitate maghiară. Numele german *Treppen* vine de la numele maghiar *Törpeny* și înseamnă „la pitici". Prima mențiune documentară este din 1332. După 1504 se construiește biserica gotică. Până la Reformă Tărpiul a fost un loc important de pelerinaj. Hotarul comunei se învecinează cu alte opt localități. După atacul tătarilor din 1241, Tărpiul rămâne singura localitate săsească în afara dealului Bistriței, spre nord-est. Viață germană activă până la evacuarea sașilor în Austria, în sept. 1944. Dintre ei, 73 de familii reușesc să se stabilească în 1947 într-o suburbie a Vienei. O mică parte a sașilor au fost readuși în 1945, unde urmează exproprierea lor, muncă silnică în lagăre de concentrare, sustragerea drepturilor civile (până în 1950), asuprirea comunistă. După 1970 are loc emigrarea lor mai ales în Germania. Biserica evanghelică a fost vândută comunității ortodoxe și renovată de către statul roman între 1991 și 2000 în mod exemplar. Astăzi ea este edificiul gotic cel mai bine reconstruit și probabil cel mai valoros din toată Transilvania de nord.

Tschippendorf

Tschippendorf, rum. *Cepari,* ung. *Csépân,* Nordsiebenbürgen. 1941: 875 Einwohner, davon: 682 Deutsche (77,9%); 1.1.1992: 0 Deutsche. Erste urkundliche Erwähnung 1380, 1392 Besitzung der Adligenfamilie „von Somkerek", 1647 gehört Tschippendorf zum Bistritzer Kapitel. Nach der Bauernbefreiung 1848 Aufkauf der drei Güter mit Darlehen der Raiffeisenkasse, 1869 Kommassation. Evang. Kirche ursprünglich gotische Saalkirche aus dem 14. Jh., 1407: „ecclesia sanguinis Christi de Chepan", 1894-1895 Erweiterung nach Westen, Turmerhöhung (auf 40 m), eine kleine Mauer umgibt die Kirche, 1936 neue Innenkolorierung, etwa ab 1960 orthodoxe Kirche. Grabsteine aus dem ev. Friedhof wurden in die Ähe der Kirchenmauer aufgestellt. Reges deutsches Leben bis zur Evakuierung 1944 nach Österreich. Die von Tschippendorf ausgewanderten Siebenbürger Sachsen leben überwiegend in Vorchdorf/Oberösterreich und Setterich/Aachen, einige werden 1945 zurückgeführt, in der Heimat folgen Enteignung, Lager und Zwangsarbeit, Entrechtung, kommunistische Unterdrückung. Allmählicher Wiederaufbau einer deutschen Gemeinschaft, ca. ab 1969/70 Auswanderung besonders nach Deutschland.

Cepari

Cepari, lb. germ. *Tschippendorf,* lb. magh. *Csépán,* sat german pe teritoriu regal, la 16 km nord-nord-est de Bistrița. 1930: 840 locuitori, dintre care 656 germani (78,1%); 1.1.1992: nu mai locuia nici un german.   Prima atestare documentară este din 1380; în 1392 ajunge posesiune a nobilului de "Somkerek", iar din 1647 aparține de capitlul Bistriței; în 1869 are loc comasarea hotarului. În sec. al 14-lea este construită o biserică sală din piatră, numită în 1407: "ecclesia sanguinis Christi de Chepan". Biserica actuală are elemente din faza gotică, între 1894-1895 fiind lărgită spre vest; turnul este înălțat la 40 m, iar un zid mic înconjură biserica, azi cu pietre din cimitirul evanghelic; în 1936 interiorul primește o coloratură nouă; din 1960 este folosită de creștinii ortodocși. Viață germană activă până la evacuarea sașilor în Austria, în sept. 1944. Majoritatea lor rămân în vest (mai ales în localitatea Vorchdorf, în Austria Superioară, și la Setterich, în Germania Federală), alții ajung în SUA și în Canada. Puțini revin în 1945, unde urmează exproprierea lor, muncă silnică în lagăre de concentrare, sustragerea drepturilor civile (până în 1950), asuprirea comunistă. După 1970 are loc emigrarea lor mai ales în Germania.

Ungersdorf

Ungersdorf, rum. *Şieu-Măgheruş*, ung. *Sajóma-gyaros*, deutsches Dorf 14 km westlich von Bistritz im Sajo-Tal Richtung Desch. 1911 leben in Ungersdorf 851 Rumänen, 237 Deutsche, 40 Zigeuner und 110 Juden; 1930: 905 Einwohner, davon 119 Sbg. Sachsen (13,1%); 1941: 999 Einwohner, davon 187 Deutsche (18,7%); 1.1.1992: 0 Deutsche. Erstmals urkundlich erwähnt zwischen 1235 und 1270 als „possessio Monyoros", die alte berühmte Kirche aus der zweiten Hälfte des 13. Jh. wird in einer zweiten Etappe im

15. Jh. gotisch erweitert, 1863 brennt es in der Kirche, heute scheint sie dem Verfall preisgegeben. Aktives deutsches Leben bis zur Evakuierung 1944 der Deutschen nach Österreich, einige wenige werden 1945 zurückgeführt, in der Heimat folgen Enteignung, Lager und Zwangsarbeit, Entrechtung, kommunistische Unterdrückung, ca. ab 1969/70 Auswanderung besonders nach Deutschland. Die meisten Ungersdorfer leben zerstreut in Österreich, Deutschland, USA und Kanada.

Şieu-Măgheruş

Şieu-Măgheruş, germ. *Ungersdorf*, magh. *Sajó-magyaros*, sat german la 18 km vest de Bistriţa. În 1911 trăiau în Şieu-Măgheruş 851 români, 237 germani, 40 ţigani şi 110 evrei; 1930: 905 locuitori, dintre care 119 germani (13,1%). 1941: 999 locuitori, dintre care 187 germani (18,7%); 1.1.1992: nu mai locuia nici un german. Primele menţiuni documentare sunt consemnate între 1235 şi 1270: „possessio Monyoros". Biserica veche datează din a doua jumătate a sec. al 13-lea; într-o a doua etapă, în sec. al 15-lea, se reconstruieşte în stil gotic; în 1863 are loc un incendiu în biserică. Viaţă germană activă până la evacuarea saşilor în Austria, în sept. 1944. Majoritatea lor rămân în Austria, ulterior ajung în Germania, SUA şi Canada. Puţini revin în 1945, unde urmează exproprierea lor, muncă silnică în lagăre de concentrare, sustragerea drepturilor civile (până în 1950), asuprirea comunistă. În 1966 trăiau în sat 20 de germani. După 1970 are loc emigrarea lor mai ales în Germania.

Wallendorf

Wallendorf, rum. *Unirea,* ung. *Aldorf;* lat. *villa latina.* Das deutsche Dorf auf Königsboden liegt 4 km östlich von Bistritz. Deutsche und lat. Ortsnamen weisen auf wallonische Erstsiedler hin. 1930: 859 Einwohner, davon: 594 Deutsche (69,2%); 1941: 901 Einwohner, davon 617 Deutsche (68,5%); 1.1.1992: 0 Deutsche. Erste urkundliche Erwähnung in einer päpstlichen Steuerliste 1332, 1602 Hauptquartier von General Basta mit seinen 4.000 Söldnern, 1909 Kommassation. Evangelische (nun orth.) Saalkirche aus 1488, umgebaut 1873, der Glockenturm 1923 mit Blech gedeckt. Ab 1900 Zuzug von Zipser-Deutschen aus der Bukowina. Aktives deutsches Leben bis zur Evakuierung 1944 nach Österreich, viele werden 1945 zurückgeführt, in der Heimat folgen Enteignung, Lager und Zwangsarbeit, Entrechtung, kommunistische Unterdrückung. Allmählicher Wiederaufbau einer deutschen Gemeinschaft, ca. ab 1969/70 Auswanderung besonders nach Deutschland.

Unirea

Unirea, lb. germ. *Wallendorf,* lb. magh. *Aldorf,* lat. *villa latina*; sat german pe teritoriu regal, la 4 km est de Bistrița. 1930: 859 locuitori, dintre care 594 germani (69,2%); 1941: 901 locuitori, dintre care 617 germani (68,4%); 1.1.1992: nici un german. Numele german și latin arată proveniența vallonă a primilor locuitori. Prima mențiune documentară este într-o listă papală de impozite din 1332. Unirea a fost în 1602 locul cartierului general al generalului Basta cu cei 4.000 de mercenari. În 1909 este comasat hotarul. Biserică sală gotică din 1488, reconstruită în 1873; turnul cu clopote este acoperit cu tablă în 1923. În 1900 are loc colonizarea țipțerilor din Bucovina. Viață germană activă până la evacuarea sașilor în Austria, în sept. 1944; majoritatea lor au fost readuși în 1945, unde urmează exproprierea lor, muncă silnică în lagăre de concentrare, sustragerea drepturilor civile (până în 1950), asuprirea comunistă. Au reconstituit o comunitate germană însemnată. După 1970 are loc emigrarea lor mai ales în Germania. Biserica evanghelică a fost vândută comunității ortodoxe și este renovată.

Waltersdorf

Waltersdorf, rum. *Dumitrița*, ung. *Kisdemeter*. 1941: 773 Einwohner, davon 384 Deutsche (49,7%); 1.1.1992: 0 Deutsche. Waltersdorf liegt etwa 14 km südöstlich der Kreisstadt Bistritz, am Oberlauf des Budakbaches, 464 m ü. M., am Fuße der Karpaten. Es gehörte politisch zum Bistritzer Distrikt und kirchlich zum Kiralyer Kapitel, später zum Bistritzer Kirchenbezirk bis zu dessen Auflösung 1878. Über die Gründung von Waltersdorf gibt es keine schriftlichen Quellen. Sie dürfte jedoch zwischen 1150 und 1190 erfolgt sein. Der Name des Ortes erscheint 1334 in einer Steuerliste. 1602 wird der Ort von Sol-

daten Bastas abgebrannt, 1828 Großbrand, 1913 Hochwasser. 13. Jh. romanische Kirche, 15. Jh. gotische Saalkirche, 1791 renoviert, neuer Glockenturm von 1870, Turmuhr von 1904. Zur Zeit der Evakuierung 1944 lebten in Waltersdorf ca. 380 Deutsche, die meisten bleiben in Oberösterreich, einige werden 1945 zurückgeführt, in der Heimat folgen Enteignung, Lager und Zwangsarbeit, Entrechtung, kommunistische Unterdrückung. Allmählicher Wiederaufbau einer deutschen Gemeinschaft, ca. ab 1969/70 Auswanderung besonders nach Deutschland.

Dumitrița

Dumitrița, lb. germ. *Waltersdorf*, lb. magh. *Kisdemeter*, sat german situat la 14 km sud-est de Bistrița, pe valea superioară a Budacului. 1941: 773 locuitori, dintre care 384 germani (49,7%); 1.1.1992: nici un german. Politic și administrativ a aparținut districtului Bistrița, iar bisericește capitlului Kiraly, până la desființarea acestuia în 1878. Despre întemeierea localității nu există documente scrise; se pare că a avut loc între 1150 și 1190. Numele localității apare în 1334 într-o listă papală de impozit. În 1602 este distrusă prin foc (trupele generalului Basta), în 1828 are loc un incendiu mare, iar în 1913 se produce o gravă inundație. Biserică romanică din sec. al 13-lea, mărită în stil gotic în sec. al 15-lea, renovată în 1791; în 1870 este ridicat noul turn, unde se montează un ceas în 1904. Înainte de evacuarea din 1944 trăiau în Dumitrița 380 de germani marea lor majoritate rămân în Austria Superioară; unii au fost readuși în 1945, unde urmează exproprierea lor, muncă silnică în lagăre de concentrare, sustragerea drepturilor civile (până în 1950), asuprirea comunistă. După 1970 are loc emigrarea lor mai ales în Germania. Biserica evanghelică a fost vândută comunității ortodoxe și este renovată.

Weißkirch/Bistritz

Weißkirch/Bistritz, rum. *Albeştii Bistriţei*, magy. *Kisfehéregyháza.* Der Ort liegt 4 km nördlich von Dürrbach an der Straße Bistritz-Sächsisch Regen. 1941: 486 Einwohner, davon 299 Deutsche (61,5 %); 1.1.1992: 0 Deutsche. Im 18. Jh. aufgelassene Salzgrube, die dem Grafen der Deescher Salzkammer unterstand. 1332 ertmals urkund-lich erwähnt, verödet durch Kriegszerstörungen nach 1602, 1953 noch 28 ev. Sachsen. Die 1877 bis 1879 neu erbaute evangelische Kirche mit West-Turm verfällt. Sie wird seit 1953 mit den ortho-doxen Christen gemeinsam genutzt, heute orthodox. 1944 Evakuierung der Deutschen nach Österreich, wenige werden 1945 zurückgeführt.

Albeştii Bistriţei

Albeştii Bistriţei, lb. germ. *Weißkirch/Bistritz*, lb. magh. *Kisfehéregyháza*, sat german situat la 4 km nord de Dipşa, pe şoseaua Bistriţa-Reghin. 1941: 486 locuitori, dintre care 299 germani (61,5%); 1.1.1992: nu mai locuia nici un german. În salina de aici, care aparţinea de Dej, nu s-a mai extras sare din sec. al 18-lea. Prima atestare documentară este din 1332. După războiul din 1602 (mercenarii generalului Basta), localitatea este pustiită. Biserica nouă a fost construită între 1877-1879, având un turn în partea de vest, care în prezent se ruinează. În 1944 are loc evacuarea saşilor în Austria, doar puţini întorcându-se în 1945. Din 1953 biserica a fost folosită împreună cu creştinii ortodocşi (atunci trăiau în localitate doar 28 de saşi), astăzi aparţinând acestei comunităţi. După 1970 are loc emigrarea saşilor mai ales în Germania.

Wermesch

Wermesch, rum. *Vermeş*, ung. *Vermes*, 317 m ü.
M. 1941: 921 Einwohner, davon 511 Deutsche
(55,5%), 1.1.1992: 0 Deutsche. Wermesch liegt auf
ehemaligem Königsboden an der Bahnlinie Bis-
tritz-Ludusch und an der Straße zwischen Lech-
nitz (2 km) und Sächsisch-Sanktgeorgen (6 km).
Einer Legende nach ist der Ortsname auf den Na-
men des Anführers der Siedlergruppe, Johannes
Wermescher, zurückzuführen. Wermesch war
die drittgrößte Gemeinde im Kyralier Kapitel.
Erste Erwähnung 1332 in einer päpstlichen Steu-
erliste. 1557 durch Brand zerstört, 1602 verödet
durch Kriegswirren (General Basta), 1854 Groß-
brand. 15. Jh. Bau der spätgotischen Saalkirche,
urkundlich belegt sind die Aufstellung der aus
einem Stein gehauenen Kirchenkanzel (1497)
und der Bau des Turmes (1579). 1602 wird der

Ort durch die Truppen General Bastas verwüs-
tet und durch die Pest entvölkert. Die Wiederbe-
siedlung erfolgt erst 1641. Am 17.9.1944 Flucht
der deutschen Bevölkerung mit Treck nach Ös-
terreich wegen der sich nähernden Ostfront. Der
Großteil der Flüchtlinge wird in Traun (bei Linz)
sesshaft, ein Teil in Drabenderhöhe in Deutsch-
land. Einige Familien wanderten 1951 bis 1954
nach Kanada und in die USA aus. Wenige kehr-
ten 1945 zurück, in der Heimat folgen Enteig-
nung, Lager- und Zwangsarbeit, Entrechtung,
kommunistische Unterdrückung. Allmählicher
Wiederaufbau einer kleinen deutschen Gemein-
schaft, ca. ab 1969/70 Auswanderung besonders
nach Deutschland. In Wermesch leben seit 1970
keine Deutschen mehr. Der Kirchenbau zerfällt
zuhehends.

Vermeş

Vermeş, lb. germ. *Wermesch*, lb. magh. *Vermes*, sat german pe teritoriu regal, la 2 km est de Lechinţa, spre Sângeorzu Nou. 1941: 921 locuitori, dintre care 511 germani (55,5%). 1.1.1992: nu mai locuia nici un german. Vermeşul a fost o localitate importantă în capitlul Kiraly. Prima menţiune documentară este din 1332, într-o listă papală de impozit. În 1557 se produce un mare incendiu, iar în 1602 localitatea este pustiită în urma luptelor cu trupele generalului Basta şi a ciumei. Recolonizarea aşezării are loc după anul 1641. În 1854 izbucneşte un nou incendiu mare. Biserică sală gotică din sec. al 15-lea; menţiuni documentare există despre instalarea unui amvon din piatră (1497) şi construirea turnului cu clopote (1579). Viaţă germană activă până la evacuarea saşilor în Austria, în sept. 1944. Majoritatea refugiaţilor locuiesc astăzi la Traun (lângă Linz), în Austria, iar o parte la Drabenderhöhe, în Germania. Unele familii au emigrat în SUA şi în Canada. Puţini au fost readuşi în 1945, unde urmează exproprierea lor, muncă silnică în lagăre de concentrare, sustragerea drepturilor civile (până în 1950), asuprirea comunistă. Au reconstituit o comunitate germană, însă redusă. După 1970 are loc emigrarea lor mai ales în Germania. Biserica evanghelică este în prag de prăbuşire.

Windau

Windau, rum. *Ghinda,* ung. *Vinda*, 1941: 597 Einwohner, davon 334 Deutsche (55,9 %); 1.1.1992: 6 Deutsche. Kleines deutsches Dorf, etwa 5 km östlich von Bistritz gelegen. Nachweislich belegte Namen für Windau sind: *Vinda, Vindavia, Wende*. Auf drei Seiten von Bergen umgeben, kann Windau nur über Bistritz auf einem befahrbaren Weg erreicht werden. Erste urkundliche Erwähnung des Ortes 1332. 1661 und 1732 Großbrände, lange Hattertsreitigkeiten mit Oberneudorf. Um 1500 Bau einer gotischen Saalkirche, Glockenturm später, 1853 Umbau des Chors, 1885 Umbau des Glockenturms, 1967 Risse im Gewölbe, nach 1980 ist die Kirche vollständig abgetragen worden (Einsturz 1986/87). Reges deutsches Leben. 1944 Evakuierung der Deutschen nach Österreich, die Mehrheit wurde 1945 zurückgeführt, in der Heimat folgen Enteignung, Lager und Zwangsarbeit, Entrechtung, kommunistische Unterdrückung. Allmählicher Wiederaufbau einer deutschen Gemeinschaft, ca. ab 1969/ 70 Auswanderung besonders nach Deutschland.

Ghinda

Ghinda, lb. germ. *Windau,* lb. magh. *Vinda,* sat german pe teritoriu regal, la 5 km est de Bistrița; este înconjurată de trei dealuri, iar accesul rutier se poate face numai de la Bistrița. 1941: 597 locuitori, dintre care 334 germani (55,9%). 1.1.1992: 6 germani. Ghinda apare sub diferite nume: *Vinda, Vindavia, Wende.* Prima mențiune documentară este din 1332. În 1661 și în 1732 se produc mari incendii. De asemenea, se înregistrează multe conflicte de hotar cu Satu Nou. Biserică sală gotică ridicată în jurul anului 1500; construcția turnului cu clopote are loc mai târziu. În 1853 este renovat corul, iar în 1885 este reconstruit turnul. În 1967 apar fisuri în boltă, iar în anii '80 se produce dărâmarea completă a bisericii. Viață germană activă până la evacuarea sașilor în Austria, în sept. 1944; majoritatea au fost readuși în 1945, unde urmează exproprierea lor, muncă silnică în lagăre de concentrare, sustragerea drepturilor civile (până în 1950), asuprirea comunistă. Au reconstituit o comunitate germană. După 1970 are loc emigrarea lor mai ales în Germania.

Reener Ländchen

Birk

Birk, rum. *Petelea*, ung. *Petele*. Der 1332 erstmals erwähnte Ort liegt 12 km südlich von Sächsisch-Regen. 1941: 1908 Einwohner, davon 927 Deutsche (48,6%); 1.1.1992: 0 Deutsche. 1606 Jahrmarkt am Nikolaustag, und wurde 1848 von Szeklern wie Sächsisch-Regen zerstört. Nach Erliegen der Miersch-Flößerei Auswanderungen nach Übersee. Die alte mittelalterliche Kirche gibt es längst nicht mehr, 1860 neue Saal-Kir-che mit hohem Glockenturm. Reges deutsches Leben. 1944 Evakuierung der Deutschen nach Österreich, einige werden 1945 zurückgeführt, in der Heimat folgen Enteignung, Lager und Zwangsarbeit, Entrechtung, kommunistische Unterdrückung. Allmählicher Wiederaufbau einer deutschen Gemeinschaft, ca. ab 1969/70 Auswanderung besonders nach Deutschland.

Petelea

Petelea, lb. germ. *Birk*, lb. magh. *Petele*. Sat german situat la 12 km sud de Reghin. 1941: 1908 locuitori, dintre care 927 germani (48,1%); 1.1.1992: nici un german. Prima mențiune documentară este din 1332. De la 1606 se ținea târg de ziua patronului Nicolae. Satul a fost distrus în 1848 de către secui, la fel ca și orașul Reghin. După decăderea plutăritului pe râul Mureș, mulți locuitori emigrează în America. Vechea biserică gotică nu mai există de mult timp; actuala biserică a fost construită în 1860, cu un turn înalt. Viață germană activă până la evacuarea sașilor în Austria, în sept. 1944. Unii au fost readuși în 1945, unde urmează exproprierea lor, muncă silnică în lagăre de concentrare, sustragerea drepturilor civile (până în 1950), asuprirea comunistă. Totuși, au reconstituit o comunitate germană. După 1970 are loc emigrarea lor mai ales în Germania.

Botsch

Botsch, rum. *Batoş*, ung. *Bátos*. 15 km NNO von Sächsisch-Reen entfernt, erstmals erwähnt 1228, 18. Jh. Dragoner-Division hier stationiert, 1733 Hexenverbrennung in Botsch, 1775: viele Einwohner ziehen wegen Übervölkerung nach Oberneudorf. Marktort, der sich von Grundhörigkeit freikaufte. Wegen ungünstiger Verkehrslage Rückentwicklung zum Bauerndorf (1786: 2113 Einwohner; 1941: 1543 Einwohner, davon 1301 Deutsche (84,3%); 1966: 1567 Einwohner; 1.1.1992: 50 Deutsche). Frühe gotische Kirche,

1728 vollständig ausgebrannt, Kirchenneubau und Glockenturm aus dem 18. Jh. Reges deutsches Leben. 1944 Evakuierung der Deutschen nach Österreich, Botscher gründeten nach 1945 die Siedlung Sachsenheim bei Salzburg, einige werden 1945 zurückgeführt, in der Heimat folgen Enteignung, Lager und Zwangsarbeit, Entrechtung, kommunistische Unterdrückung, ca. ab 1969/70 Auswanderung besonders nach Deutschland.

Batoş

Batoş, lb. germ. *Botsch*, lb. magh. *Bátos*. Sat german situat la 15 km nord-nord-est de Reghin. Prima mențiune documentară este din 1228. În sec. al 18-lea aici a fost încartiruit un regiment de dragoni austrieci. În 1733 este consemnată uciderea unei vrăjitoare la Batoş. Din cauza suprapopulării, mulți locuitori se stabilesc în 1775 în localitatea Satu Nou. Batoşul a reușit să-şi cumpere libertatea de la nobilul său şi să dobândească statutul de târg, însă din cauza comerțului slab a redevenit sat. 1786: 2113 locuitori; 1941: 1543 locuitori, dintre care 1301 germani (84,3%); 1966: 1567 locuitori; 1.1.1992:

50 de germani. Biserică veche gotică, în 1728 complet distrusă după un incendiu, ulterior reconstruită, având un turn cu clopote. Viață germană activă până la evacuarea saşilor în Austria, în septembrie 1944. Locuitorii din Batoş au întemeiat lângă Salzburg o localitate săsească numită Sachsenheim (=„Căminul saşilor"). Puțini au fost readuşi în 1945, unde urmează exproprierea lor, muncă silnică în lagăre de concentrare, sustragerea drepturilor civile (până în 1950), asuprirea comunistă. După 1970 are loc emigrarea lor mai ales în Germania.

Deutsch-Zepling

Deutsch-Zepling, rum. *Dedrad,* ung. *Dedrád,* 7 km NW von Sächsisch-Regen im Lutzbachtal gelegen. 1941: 2128 Einwohner, davon 1982 Deutsche (93,1 %); 1.1.1992: 80 Deutsche. Deutsch-Zepling war eine der wenigen fast ausschließlich sächsischen bzw. evangelischen Gemeinden. Bis auf einige Handwerker, Kaufleute und Beamte waren alle arbeitsfähigen Bewohner in der Landwirtschaft tätig. Da die Gemarkung der Gemeinde für die Einwohnerzahl zu klein war, wurden große Hattertteile der Nachbarorte, insbesondere der Stadt Sächsisch-Regen, bearbeitet. Angebaut wurden vornehmlich Getreide, Futterpflanzen und Gemüse (insb. Zwie-

beln). Erste urkundliche Erwähnung 1319 („possessio Dedraad"), 1785 Bauernunruhen, 1924-1929: 320 Zeplinger übersiedeln nach Hermannstadt, Heltau und Agnetheln; Ev. Kirche 1665, 1864 ein Sturm zerstört das Kirchendach, 1876-1886 Neubau der Kirche, öfters renoviert. Reges deutsches Leben. 1944 Evakuierung der Deutschen nach Österreich, einige werden 1945 zurückgeführt, in der Heimat folgen Enteignung, Lager und Zwangsarbeit, Entrechtung, kommunistische Unterdrückung. Allmählicher Wiederaufbau einer deutschen Gemeinschaft, ca. ab 1969/70 Auswanderung besonders nach Deutschland.

Dedrad

Dedrad, lb. germ. *Deutsch-Zepling*, lb. magh. *Dedrád.* Sat german situat la 7 km la nord-vest de Reghin. 1941: 2128 locuitori, dintre care 1982 germani (93,1%); 1.1.1992: 80 de germani. Dedradul a fost una dintre puținele localități cu populație aproape numai germană. Majoritatea locuitorilor aveau ca ocupație agricultura. Hotarul comunei fiind mic, aceștia au fost nevoiți să lucreze și o parte a hotarului localităților învecinate, mai ales a orașului Reghin. Produsele principale au fost cerealele, plantele furajere și legumele (mai ales ceapa). Prima mențiune documentară este din 1319 („possessio Dedraad"). În 1785 au loc răscoale țărănești. Între 1924-1929, 320 de locuitori din Dedrad se stabilesc la Sibiu, Cisnădie și Agnita. Biserica evanghelică este din 1665; în 1864 o furtună îi distruge acoperișul. Între 1876-1886 biserica este reconstruită, fiind renovată de mai multe ori. Viață germană activă până la evacuarea sașilor în Austria, în sept. 1944. O parte au fost readuși în 1945, unde urmează exproprierea lor, muncă silnică în lagăre de concentrare, sustragerea drepturilor civile (până în 1950), asuprirea comunistă. După 1970 are loc emigrarea lor mai ales în Germania.

Großeidau

Großeidau, rum. *Viile Tecii*, ung. *Kolozsnagyida*, 8 km NW von Tekendorf. 1941: 1234 Einwohner, davon 188 Deutsche (15,2%); 1953: 60 Deutsche; 1.1.1992: 6 Deutsche. Erste urkundliche Erwähnung 1228. Die evangelische Kirchengemeinde kaufte 1850 das Gut samt Schloss von Graf Gabriel Kornis und siedelte 30 Bauern an. 1920: 192 Deutsche, 738 Rumänen, 76 Ungarn, 30 Juden, 74 Zigeuner. Das durch neue Zukäufe erweiterte Kirchengut wurde 1919/1921 aufgrund

der rumänischen Agrarreform enteignet. Reges deutsches Leben bis 1944. 1944 Evakuierung der Deutschen nach Österreich, etwa ein Drittel werden 1945 zurückgeführt, in der Heimat folgen Enteignung, Lager und Zwangsarbeit, Entrechtung, kommunistische Unterdrückung. Allmählicher Wiederaufbau einer deutschen Gemeinschaft, ca. ab 1969/70 Auswanderung besonders nach Deutschland.

Viile Tecii

Viile Tecii, lb. germ. *Großeidau*, lb. magh. *Kolozsnagyida*. Sat german situat la 8 km nord-vest de Teaca. 1941: 1234 locuitori, dintre care 188 germani (15,2%); 1953: erau 60 de germani; 1.1.1992: 6 germani. Prima mențiune documentară este din 1228. Comunitatea evanghelică a cumpărat în 1850 posesiunea contelui Gabriel Kornis, împreună cu castelul acestuia, și a colonizat aici 30 de familii. 1920: 192 germani, 738 români, 76 maghiari, 30 evrei, 74 țigani. Proprietatea funciară a bisericii evanghelice, mărită prin cumpărarea de noi terenuri, a fost expropriată prin reforma agrară din 1921. Viață germană activă până la evacuarea sașilor în Austria, în sept. 1944. Circa o treime au fost readuși în 1945, unde urmează exproprierea lor, muncă silnică în lagăre de concentrare, sustragerea drepturilor civile (până în 1950), asuprirea comunistă. Totuși, au reconstituit o comunitate germană. După 1970 are loc emigrarea lor mai ales în Germania.

Ludwigsdorf

Ludwigsdorf, rum. *Logig,* ung. *Szász-Ludvég*, 22 km NW von Sächsisch-Reen. 1930: 905 Einwohner, davon 119 Siebenbürger Sachsen (13,1%); 1941: 914 Einwohner, davon 126 Deutsche (13,8%); 1.1.1992: 0 Deutsche. Erste urkundliche Erwähnung 1228, befindet sich im Besitz verschiedener Adelsgeschlechter, Alte Kirche längst untergegangen, neue Kirche 1912-1913 neuromanisch, deutsches Leben bis 1944 Evakuierung der Deutschen nach Österreich. Fast alle wurden 1945 zurückgeführt. Die deuschen Bewohner leben heute zerstreut in der Welt (Deutschland, Österreich, USA, Kanada).

Logig

Logig, lb. germ. *Ludwigsdorf*, lb. magh. *Szász-Ludvég*. Sat german situat la 22 km nord-vest de Reghin. 1930: 905 locuitori, dintre care 119 saşi (13,1%); 1941: 914 locuitori, dintre care 126 germani (13,8%); 1.1.1992: nici un german. Prima menţiune documentară este din 1228. Localitatea s-a aflat în posesiunea diferitelor familii nobiliare. Biserica veche a fost distrusă de mult timp, cea nouă fiind construită între 1912-1913 în stil neoromanic. Viaţă germană activă până la evacuarea saşilor în Austria, în sept. 1944. Aproape toţi au fost trimişi înapoi în 1945. Astăzi trăiesc împrăştiaţi în întreaga lume (Germania, Austria, SUA, Canada).

Nieder-Eidisch

Nieder-Eidisch, rum. *Ideciu de Jos*, ung. *Alsó-idecs*, deutscher Ort am linken Mireschufer, 7 km NO von Sächsisch Reen. 1941: 1180 Einwohner, davon 1033 Deutsche (87,5%); 1.1.1992: 45 Deutsche. Nieder-Eidisch war durch Gemüseanbau (vor allem Zwiebel) bekannt. Ebenso bekannt war auch das Eidischer Salzbad. Wahrzeichen sind die weithin sichtbaren Berge. Es ist nicht erwiesen, ob die Burg Eidisch, Castrum Ydech, die 1325 eingeäschert wurde, auf der Spitzburg stand, wo Mauerreste auf einen frühen Bau hinweisen. 1319 erstmals erwähnt („Olydeech"), im Besitz verschiedener Adelsfamilien, 1866 kauft die evangelische Kirchengemeinde den Adels-

hof von Baron Josinsky, 1902 Bauernaufstand im Dorf, Alte Kirche 1868 bei Großbrand zerstört (auch Glockenturm, Pfarrhaus, Schule), Neubau ab 1870, Einsturz des Neubaus 1875 (zu schwer), Wiederaufbau, 1967 wird die Kirche von ev. Deutschen, reformierten Ungarn und orthodoxen Rumänen genutzt. Reges deutsches Leben bis zur Evakuierung der Deutschen nach Österreich 1944, einige werden 1945 zurückgeführt, in der Heimat folgen Enteignung, Lager und Zwangsarbeit, Entrechtung, kommunistische Unterdrückung. Allmählicher Wiederaufbau einer deutschen Gemeinschaft, ca. ab 1969/70 Auswanderung besonders nach Deutschland.

Ideciu de Jos

Ideciu de Jos, lb. germ. *Nieder-Eidisch*, lb. magh. *Alsóidecs.* Sat german situat pe valea Mureşului, la 7 km nord-est de Reghin. 1941: 1180 locuitori, dintre care 1033 germani (87,5%); 1.1.1992: 45 germani. Ideciu de Jos a fost una dintre localităţile cunoscute pentru legumele sale, mai ales pentru ceapă. La fel de cunoscută era şi baia salină. De departe se văd două dealuri: Spitzburg (624 m) şi Sattelburg (765 m). Nu este sigur că cetatea Ideciu, Castrum Ydech, care a fost distrusă în 1325, era pe dealul Spitzburg, unde s-au găsit resturi ale unor fortificaţii. Prima menţiune documentară este din 1319 („Olydeech"); s-a aflat în posesiunea mai multor familii nobiliare. În 1866 comunitatea bisericii evanghelice cumpără posesiunea baronului Josinsky. În 1902 are loc o răscoală a ţăranilor din sat. Biserica veche, distrusă în urma unui incendiu din 1868 (împreună cu turnul, casa parohială şi şcoala), este reconstruită în 1870; însă, în 1875 turnul se prăbuşeşte, fiind ulterior refăcut. În 1967 biserica era folosită de către germanii evanghelici, maghiarii reformaţi şi românii ortodocşi. Viaţă germană activă până la evacuarea saşilor în Austria, în sept. 1944. O mică parte au fost readuşi în 1945, unde urmează exproprierea lor, muncă silnică în lagăre de concentrare, sustragerea drepturilor civile (până în 1950), asuprirea comunistă. Încet renaşte o comunitate germană restrânsă. După 1970 are loc emigrarea lor mai ales în Germania.

Ober-Eidisch

Ober-Eidisch, rum. *Ideciu de Sus,* ung. *Felsöidecs,* deutscher Ort am linken Mireschufer 11 km NO von Sächsisch Reen. 1941: 1132 Einwohner, davon 1021 Deutsche (90,2%); 1.1.1992: 88 Deutsche. 1319 urkundlich erstmals erwähnt, im Besitz verschiedener Adelsfamilien, kleine gotische Saal-Kirche seit 15. Jh., heutiges Aussehen seit 1861, Glockenturm seit 1842; Reges deutsches Leben bis 1944, nach Evakuierung der Deutschen nach Österreich, werden viele 1945 zurückgeführt, in der Heimat folgen Enteignung, Lager und Zwangsarbeit, Entrechtung, kommunistische Unterdrückung. Allmählicher Wiederaufbau einer deutschen Gemeinschaft ca. ab 1969/70 Auswanderung besonders nach Deutschland.

Ideciu de Sus

Ideciu de Sus, lb. germ. *Ober-Eidisch*, lb. magh. *Felsöidecs.* Sat german situat pe valea Mureşului, la 11 km nord-est de Reghin. 1941: 1132 locuitori, dintre care 1021 germani (90,2%); 1.1.1992: 88 germani. Prima menţiune documentară este din 1319; s-a aflat în posesiunea mai multor familii nobiliare. Biserică gotică mică din sec. al 15-lea; înfăţişarea actuală este din 1861 (turnul cu clopote a fost ridicat în 1842). Viaţă germană activă până la evacuarea saşilor în Austria, în sept. 1944. O mare parte (de fapt sub un sfert, 116 persoane) au fost readuşi în 1945, unde urmează exproprierea lor, muncă silnică în lagăre de concentrare, sustragerea drepturilor civile (până în 1950), asuprirea comunistă. Încet renaşte o comunitate germană restrânsă. După 1970 are loc emigrarea lor mai ales în Germania.

Paßbusch

Paßbusch, rum. *Posmuş*, ung. *Paszmos*, an der Straße Tekendorf-Großschogen gelegen. 1930: 900 Einwohner, davon 333 Siebenbürger Sachsen (37,0%); 1941: 920 Einwohner, davon 324 Deutsche (35,2%); 1.1.1992: 4 Deutsche. 1228 wohl erstmals erwähnt, präziser ab 1319 im Besitz von Adelsfamilien, zuletzt Teleki. Kleine got. Saal-Kirche seit 15. Jh., heutiges Aussehen nach Umbauten, Barockaltar, Glockenturm seit 1923. Reges deutsches Leben. 1944 Evakuierung der Deutschen nach Österreich, die meisten werden 1945 zurückgeführt, in der Heimat folgen Enteignung, Lager und Zwangsarbeit, Entrechtung, kommunistische Unterdrückung. Allmählicher Wiederaufbau einer bedeutenden deutschen Gemeinschaft, 1953: 258 evangelische Sachsen im Ort, ca. ab 1969/70 Auswanderung besonders nach Deutschland.

Posmuş

Posmuş, lb. germ. *Paßbusch*, lb. magh. *Paszmos*. Sat german situat între Teaca şi Şieu. 1930: 900 locuitori, dintre care 333 saşi (37%); 1941: 920 locuitori, dintre care 324 germani (35,2%); 1.1.1992: 4 germani. Prima menţiune documentară este din 1228, iar din 1319 ajunge în posesiunea mai multor familii nobiliare, ultima fiind Teleki. Biserică gotică mică din sec. al 15-lea; înfăţişarea actuală este rezultatul mai multor modificări; altarul este în stil baroc, iar turnul cu clopote a fost ridicat în 1923. Viaţă germană activă până la evacuarea saşilor în Austria, în sept. 1944. Cei mai mulţi au fost readuşi în 1945, unde urmează exproprierea lor, muncă silnică în lagăre de concentrare, sustragerea drepturilor civile (până în 1950), asuprirea comunistă. Încet renaşte o comunitate germană importantă. 1953: 258 germani. După 1970 are loc emigrarea lor mai ales în Germania.

Sächsisch-Regen

Sächsisch-Regen (auch **Sächsisch-Reen**), rum.
Reghin, ung. *Szászrégen.* 1941: 10.179 Einwoh-
ner, davon 1798 Deutsche (17,7%); 1.1.1992: 239
Deutsche. Stadt am Oberlauf des Mieresch und
am SO-Rand der Sbg. Heide. 394m ü. M., mitt-
lere Jahrestemp. um 8°C, mittlere Jahresnieder-
schläge 650 bis 700 mm. 1850 wohnen im Ort:
2.871 Sachsen, 893 Rumänen, 865 Ungarn, und
neun weitere Nationalitäten; 1985: 36.000, 1992:
39.000 Einwohner. Ungarisch-Regen wurde um
1925 eingemeindet, Odendorf (rum. *Apalina,*
ung. *Abafája*) und Etschdorf (*Iernuleni, Radnötfá-
ja*) 1950. Bevölkerungsentwicklung: 1786: 2.705,
1850: 4.771, 1930: 9.290, 1966: 20.071, 1985: 35.944
Einwohner. Anteil der Deutschen: 1850: 63%,
1900: 45%, 1930: 24%, 1956: 3%. 1.1.1992: 239
Deutsche; Anteil der Juden: 1857: 1%, 1900: 7%,
1930: 17%, 1948: 5%, 1956: 3%.
Wirtschaft und Verkehr. 1869: 152 Handwerker, 37
Kaufleute, 3 Bierbrauereien und 21 Brennereien,
deren Slibowitz bis ins Banat vertrieben wur-
de. Erhöhte Nachfrage für Gewerbe und Han-
del durch Mieresch-Flößerei, die bis Arad führ-
te. Sb.-sächs.. Holzhändler schlossen sich zur S.-
R. Floßhandelsgesellschaft (später S.-R. Waldin-
dustrie A.G.) zusammen. Die Eisenbahn Neu-
markt-S.-R. (1870) führte zum Erliegen der Flö-

ßerei; Enteignungen ausgedehnter Waldungen
im Zuge der Agrarreform 1921 schädigten den
Holzhandel und die Wirtschaft allgemein. Nach
1945 Ausbau der Holzverarbeitungsindustrie;
Sportgeräte- und Musikinstrumentenbau.
Baudenkmäler. Nach der Zerstörung im Revolu-
tionsjahr 1848 wurde die Stadt nach neuen Plä-
nen aufgebaut, deshalb ist nur wenig alte Bau-
substanz vorhanden. Die früher mit einer Ver-
teidigungsmauer umgebene vor 1330 erbaute
Evangelische Kirche wurde 1927-1930 und zu-
letzt 1979 erneuert.
Kultur und Erziehung. 1460 wird ein Magister Pe-
trus als Schulrektor erwähnt; 1850 fünfklassige
Knaben und zweiklassige Mädchenschule. Aus
der ersteren entstand vor 1861 eine Realschule,
die 1870 zum Unterrealgymnasium ausgebaut
wurde und bis 1944 bestand. 1941 bis 1944 exis-
tierte eine im Aufbau befindliche Lehrer/innen-
Bildungsanstalt mit zwei Schülerheimen. In der
Stadt entfaltete sich über den Ersten Weltkrieg
hinaus ein reiches Vereinsleben.
Stadtgeschichte. Erste Deutsche Ansiedlung in
Nordsiebenbürgen wahrscheinlich vor 1150.
Doch bereits vor der ersten urkundlichen Nen-
nung (1228 als *Regun*) verlor S.-R. durch Verga-
be an das Geschlecht Bánffy v. Losonc seine Kö-

Reghin

Reghin, lb. germ. *Sächsisch-Regen*, lb. magh. *Szászrégen*. Oraş pe cursul superior al Mureşului; altitudine 394 m, temperatura medie anuală cca. 8°C. 1850: 2871 saşi, 893 români, 865 maghiari, 9 fiind de alte naționalități. Câteva localități (*Apalina, Iernuleni*) au fost alipite în 1950. Populația: 1786: 2.705 locuitori, 1850: 4.771, 1930: 9.290, 1966: 20.071, 1985: 35.944, 1992: 39.000. Procentaj germani: 1850: 63%, 1900: 45%, 1930: 24%, 1956: 3%. 1.1.1992: 239 germani; procentaj evrei: 1857: 1%, 1900: 7%, 1930: 17%, 1948: 5%, 1956: 3%.

Economia şi transporturile. 1869: 152 meşteşugari, 37 comercianți, 3 berării şi 21 velnițe de unde se vindea şliboviță până în Banat. O mare importanță economică a avut plutăritul pe Mureş până la Arad. Comercianții de lemn saşi s-au reunit în Societatea Comercială a Plutarilor din Reghin (mai târziu Industria Silvică Reghin). Inaugurarea căii ferate Tg. Mureş-Reghin (1870) a dus la decăderea plutăritului. Exproprierea unor mari suprafețe de pădure prin reforma agrară din 1921 a lovit atât comerțul cu lemne cât şi economia zonei. După 1945 se dezvoltă industria de prelucrare a lemnului, cea de articole sportive şi de instrumente muzicale.

Edificii importante. După distrugerile din timpul revoluției de la 1848, oraşul a fost reconstruit după planuri noi, pierzându-se astfel din vechea zestre edilitară. Biserica evanghelică, construită înaintea anului 1330 şi înconjurată de un zid fortificat, a fost renovată între 1927-1930 şi în 1979.

Cultura şi educația. În 1460 este pomenit un Magister Petrus ca rector şcolar; în 1850 exista o şcoală pentru băieți, cu cinci clase, şi una pentru fete, cu două clase. Din cea dintâi a luat ființă în 1861 o şcoală reală, apoi în 1870 un pregimnaziu, care a existat până în 1944. Între 1941 şi 1944 a existat o şcoală pedagogică pentru învățătoare şi învățători, având două internate. În Reghin au existat după primul război mondial mai multe asociații cu o activitate deosebit de intensă.

Din istoria oraşului. Prima colonizare germană în nordul Transilvaniei a avut loc înaintea anului 1150. Este posibil ca înainte chiar de prima mențiune documentară (1228, „*Regun*"), Reghinul să-şi fi pierdut privilegiul de a fi o localitate pe teritoriul regal, fiind donat familiei nobiliare Bánffy de Losonc. În 1241 este distrus de către mongoli. În 1427 primeşte dreptul regal de a ține târg. Reghinul îşi câştigă o oarecare independență prin colaborare juridică cu oraşele Bistrița şi Sibiu, precum şi prin transformarea

Sächsisch-Regen

nigsunmittelbarkeit. 1241 von Mongolen zerstört, 1405 Blutgerichtsbarkeit, 1427 Marktrecht. Der Ort erreichte eine unabhängigere Stellung einerseits durch Anlehnung an den Königsboden (seit 1460 gingen Berufungsfälle an den Bistritzer, bei weiterer Berufung an den Hermannstädter Rat), andererseits gelang es, Abgaben und Dienstleistungen an die Grundherren durch eine jährliche Geldtaxe zu ersetzen. 1551 Reformation, Kapitelsitz, 1601 Brand durch Krieg Bastas, 1636 Großbrand, 1730 kaiserliches Privileg für Jahrmärkte, 1765: 1528 ev. Christen, 1810-1811 Bau der gr.-kath. Kirche, 1831 (und 1873) Choleraepidemie. Der Landtag hielt mehrfach

im Ort (so 1666) Sitzungen ab. 1848 zerstörten und brandschatzten aufständische Szekler den Ort, der nun erfolglos versuchte, als „Reener Stuhl" Teil des Königsbodens zu werden. 1863 Erhebung zur Stadt mit Magistratsverfassung. Reges deutsches Leben bis zur Evakuierung der Deutschen nach Österreich 1944, die Mehrheit bleibt im Westen, ein Teil wird 1945 zurückgeführt, in der Heimat folgen Enteignung, Lager und Zwangsarbeit, Entrechtung, kommunistische Unterdrückung. Allmählicher Wiederaufbau einer deutschen Gemeinschaft, ca. ab 1969/ 70 Auswanderung besonders nach Deutschland.

datoriilor anuale față de familia nobiliară într-o taxă anuală. În 1551 este adoptată Reforma luterană. În 1601 (în timpul războiului cu generalul Basta), precum și în 1636 au loc mari incendii. În 1730 primește privilegiul imperial pentru ținerea de târguri anuale. 1765: 1528 creștini evanghelici. Între 1810-1811 este construită biserica greco-catolică. În 1831 și în 1873 sunt înregistrate epidemii de holeră. Dieta Transilvaniei a ținut ședințe în Reghin (așa cum a fost în 1666). În 1848 secuii răsculați incendiază și distrug localitatea, care încearcă fără succes să devină așezare pe teritoriul regal. În 1863 Reghinul devine oraș cu constituție de magistrat.

Viață germană activă până la evacuarea sașilor în Austria, în sept. 1944. Marea majoritate rămâne în vest; o parte au fost readuși în 1945, unde urmează exproprierea lor, muncă silnică în lagăre de concentrare, sustragerea drepturilor civile (până în 1950), asuprirea comunistă. Încet renaște o comunitate germană. După 1970 are loc emigrarea lor mai ales în Germania.

Tekendorf

Tekendorf, rum. *Teaca,* ung. *Teke,* liegt an der Straße von Sächsisch-Reen nach Bistritz, 25 km von S.-R. 1941: 2935 Einwohner, davon 645 Deutsche (25,4%); 1.1.1992: 57 Deutsche. Namensdeutungen: vom ung. Personennamen *Teke;* aus dem gr. *theka* (=Behältnis); nach der Stadt *Deggendorf* in Niederbayern. Die Marktgemeinde liegt in Nordsiebenbürgen am Schnittpunkt zwischen der Siebenbürgischen Heide und dem Karpatenvorland und hatte 1910 eine Gemarkung von 7910 Katastraljoch. Erste urkundliche Erwähnung 1318 („Theke"), jedoch ist das Gebiet von Deutschen zwischen 1161 und 1241 besiedelt, im Besitz verschiedener Adelsfamilien, 1486 erhält Tekendorf im Großen Freibrief zahlreiche Privilegien (oft bestätigt) und kommt dem Rechtsstand der auf dem Königsboden gelegenen Gemeinden sehr nahe. Ab 1486 auch Marktort. 1508 Überschwemmung, 1661 von türkischen Truppen niedergebrannt. Die Handwerker schließen sich zu Zünften zusammen. 1874 bis 1884 Stadt, dann wieder Großgemeinde, Verwaltungszentrum für den Bezirk Tekendorf mit Stuhlrichter-amt, Bezirksgericht, Notariat, Grundbuch, Steueramt. 1896: 2360 Einwohner, davon 1126 Sachsen, 599 Ungarn, 451 Rumänen und Zigeuner, 184 Juden, Armenier und andere. Gehört bis 1918 zum Klausenburger Komitat, ab 1925 zum Kreis Mureş, heute Kreis Bistriţa-Năsăud. Kirchlich gehört Tekendorf bis zur Reformation zum Archidiakonat Ozd, bis 1862 eigenes Kapitel, nachher zum Reener Kirchenbezirk. Die gotische Kirche auf dem Marktplatz, in der zweiten Hälfte des 14. Jh.s als frühgotische Basilika erbaut, hat noch romanische Merkmale, zahlreiche Umbauten, Kirchenburgmauer wird 1870 abgetragen. Reges deutsches Leben bis 1944. Evakuierung der Deutschen nach Österreich, einige bleiben in Tekendorf, weitere werden 1945 dorthin zurückgeführt, die meisten bleiben im Westen, in der Heimat folgen Enteignung, Lager und Zwangsarbeit, Entrechtung, kommunistische Unterdrückung. Allmählicher Wiederaufbau einer deutschen Gemeinschaft, ca. ab 1969/70 Auswanderung besonders nach Deutschland.

Teaca

Teaca, lb. germ. *Tekendorf*, lb. magh. *Teke*. Sat german situat între Reghin şi Bistriţa (la 25 km de Reghin). 1941: 2935 locuitori, dintre care 745 germani (25,4%); 1.1.1992: 57 germani. Denumirea localităţii ar putea să provină de la numele maghiar de familie *Teke*, de la cuvântul grecesc *theka* (=vas, cazan), sau de la locul *Deggendorf* din Bavaria de Est. Târgul Teaca se află la punctul de întâlnire între Câmpia Transilvaniei şi zona premontană şi avea în 1910 un hotar de 7910 iugăre. Prima menţiune documentară este din 1318 ("Theke"), dar zona era populată cu germani deja între 1161-1241. Teaca a fost posesiune a mai multor familii nobiliare. În 1486 Teaca primeşte prin Bula de Aur, multe privilegii şi devine o localitate cu caracter juridic apropiat celor de pe teritoriul regal. Tot din 1486 devine şi târg. În 1508 are loc o mare inundaţie, iar în 1661 este incendiată de către turci. Meşteşugarii se organizează în bresle. Din 1874 până în 1884 a fost oraş, apoi redevine comună, centru administrativ pentru plasa

Teaca, având primărie, judecătorie, notariat, oficiu de cadastru şi secţie financiară. 1896: 2360 locuitori, dintre care 1126 saşi, 599 maghiari, 451 români şi ţigani, 184 evrei, armeni şi alţii. Teaca a aparţinut până în 1918 comitatului Cluj, din 1925 judeţului Mureş, iar astăzi este în jud. Bistriţa-Năsăud. Din punct de vedere bisericesc, Teaca a aparţinut până la Reformă arhidiaconatului Ozd, apoi ajunge capitlu independent, iar din 1862 aparţine de Reghin. Biserica gotică din piaţa centrală datează din a doua jumătate a sec. al 14-lea, având şi elemente romanice; a fost reconstruită de multe ori, zidul fortificaţiei fiind dărâmat în 1870. Viaţă germană activă până la evacuarea saşilor în Austria, în sept. 1944. Majoritatea rămân în vest; o parte au fost readuşi în 1945, unde urmează exproprierea lor, muncă silnică în lagăre de concentrare, sustragerea drepturilor civile (până în 1950), asuprirea comunistă. Încet renaşte o comunitate germană. După 1970 are loc emigrarea lor mai ales în Germania.

Weilau

Weilau, rum. *Uila,* ung. *Vajola.* 1941: 869 Einwohner, davon 677 Deutsche (77,9%); 1.1.1992: 152 Deutsche. Weilau liegt im Miereschtal, 22 km nördlich von Sächsisch-Regen und war dem Komitat Kolozs im Tekendorfer Bezirk zugehörig, der nach 1876 Teil des Komitats Maros-Torda und ab 1925 des Kreises Mureş wurde. 1950 wird Weilau. Teil der Großgemeinde Botsch. Erste urkundliche Nennung 1228 als „*villa Radus*" (noch im Flurnamen Ruadesch erhalten), zweite Nennung 1319 als „*possessio Veyla*", vermutlich eine Sekundärsiedlung nach dem Untergang von Radus-Ruadesch (Mongolensturm 1241/

42*).* Turmlose Kirche ab 1665 erwähnt, wohl 1778 umgebaut, Glockenturm unten im Dorf. Reges deutsches Leben bis 1944, Evakuierung der Deutschen nach Österreich, einige (etwa ein Drittel) werden 1945 zurückgeführt, in der Heimat folgen Enteignung, Lager und Zwangsarbeit, Entrechtung, kommunistische Unterdrückung. Allmählicher Wiederaufbau einer deutschen Gemeinschaft, ca. ab 1969/70 Auswanderung besonders nach Deutschland. In Weilau lebten um 1940 etwa 160 Zigeuner, fast alle ev.-lutherisch, sie erhalten heute die Kirche und das evangelische Leben im Dorf.

Uila

Uila, lb. germ. *Weilau*, lb. magh. *Vajola*. Sat german situat pe valea Mureşului, la 22 km nord de Reghin. 1941: 869 locuitori, dintre care: 677 germani (77,9 %); 1.1.1992: 152 germani. Uila a aparţinut comitatului Cluj, fiind în plasa Teaca; din 1876 a făcut parte din comitatul Mureş-Turda, iar după 1925 din judeţul Mureş. În 1950 Uila devine localitate a comunei Batoş. Prima menţiune documentară este din 1228, sub numele de *"villa Radus"*, iar în 1319 este amintită sub cel de *"possessio Veyla"*, probabil o aşezare apărută ulterior distrugerii localităţii Radus de către mongoli în 1241. Biserică fără turn, menţionată

în 1665, reconstruită probabil în 1778; turnul cu clopote era jos în sat. Viaţă germană activă până la evacuarea saşilor în Austria, în sept. 1944. O parte (circa o treime) au fost readuşi în 1945, unde urmează exproprierea lor, muncă silnică în lagăre de concentrare, sustragerea drepturilor civile (până în 1950), asuprirea comunistă. Încet renaşte o comunitate germană. După 1970 are loc emigrarea lor mai ales în Germania. În Uila trăiau prin 1940 vreo 160 de ţigani, aproape toţi evanghelici-luterani; ei susţin şi în prezent biserica şi viaţa evanghelică în localitate.

Altland

Draas

Draas, rum. *Drăuşeni*, ung. *Homoróddaróc.* 1941: 1095 Einwohner, davon 723 Deutsche (66,0%); 1.1.1992: 0 Deutsche. Die nach dem Andreanischen Freibrief östlichste Siedlung auf dem Königsboden. 1689: Draas Winterquartier österreichischer Söldner, 1719: 420 Menschen sterben an der Pest, 1733 Großbrand. Draas besaß „die schönste, am reichsten und sorgfältigsten ausgeschmückte spätromanische Basilika einer sächs. Landgemeinde" (J. Fabritius-Dancu). Bauzeit im dritten Viertel des 13. Jh.s; Kirche aus Sandstein mit zisterziensischen Bau- und Schmuckformen, wie in St. Bartholomä (Kronstadt) oder in der Minoritenkirche in Bistritz und vor allem in Kerz, Wehrbarmachung durch eine 8 bis 9 m hohe Umfassungsmauer, mit tonnengewölbter Toreinfahrt, zwei Fallgatter unter dem dreigeschossigen Torturm. Weitere fünf Türme verstärken die Wehrmauer. Ein zweiter Mauergürtel wurde im 17. Jh. erbaut und 1841 vollständig abgetragen. Die Kirche besitzt reiche Möbelmalereien; Draas war, als sie entstanden, das führende Zentrum der Möbelmalerei in der Repser Gegend. 1972 Restaurierung durch staatliche Denkmalpflege, 1993 Renovierung mit Mitteln der Messerschmidt-Stiftung, München. Reges deutsches Leben bis 1944. Sept. 1944 Evakuierung der Deutschen nach Österreich, die meisten bleiben im Westen, (Ö, D, USA, Kanada), einige werden 1945 zurückgeführt, in der Heimat folgen Enteignung, Lager und Zwangsarbeit, Entrechtung, kommunistische Unterdrückung. Allmählicher Wiederaufbau einer deutschen Gemeinschaft, ca. ab 1969/70 Auswanderung besonders nach Deutschland.

Drăușeni

Drăușeni, lb. germ. *Draas*, lb. magh. *Homoróddaróc*. Sat german ("Terra Daraus") situat, conform Bulei de Aur a regelui Andrei al II-lea (Privilegium Andreanum) din 1224, la extremitatea de est a teritoriului regal ardelean. 1941: 1095 locuitori, dintre care 723 germani (66,0%); 1.1.1992: nici un german. În iarna anului 1689 este încartiruită aici o trupă austriacă de mercenari. Din cauza unei epidemii de ciumă, în 1719 mor 420 de persoane, iar în 1733 are loc un incendiu de proporții. Drăușeniul a posedat "cea mai frumoasă și deosebit de bogat și îngrijit decorată basilică romanică târzie dintre toate satele săsești" (J. Fabritius-Dancu), construită în al treilea sfert al sec. al 13-lea. Biserică din gresie cu forme ornamentale cisterciene, la fel ca biserica Sf. Bartolomeu din Brașov, biserica minoriților din Bistrița și cea din Cârța. Cetatea a fost fortificată cu un zid de 8-9 m înălțime, cu o poartă cu boltă cilindrică și două bariere ghilotină sub turnul porții cu trei etaje. Alte cinci turnuri întăreau zidul împrejmuitor fortificat. Un al doilea zid de fortificație a fost construit în sec. al 17-lea, fiind dărâmat complet în 1841. Biserica posedă picturi bogate pe mobilier, Drăușeniul fiind un centru renumit în zona Rupei pentru acest tip de pictură. Este restaurată de către autorități în 1972, iar în 1993 are loc o nouă renovare cu sprijinul fundației germane Messerschmidt din München. Viață germană activă până la evacuarea sașilor în Austria, în sept. 1944. Majoritatea lor rămân în vest; unii au fost readuși în 1945, unde urmează exproprierea lor, muncă silnică în lagăre de concentrare, sustragerea drepturilor civile (până în 1950), asuprirea comunistă. După 1970 are loc emigrarea lor mai ales în Germania.

Felldorf

Felldorf, rum. *Filitelnic*, ung. *Fületelke*. 1941: 617 Einwohner, davon 574 Deutsche (93,0%); 1.1.1992: 19 Deutsche. Ehemals eines der wenigen rein deutschen Dörfer Mittelsiebenbürgens. In einem linken Seitental der Kleinen Kokel gelegen, grenzt Felldorf ans Szeklerland. Politisch gehörte es zum Komitat Kleinkokeln, kirchlich erst zum Bogeschdorfer Kapitel, dann zum Schäßburger Kirchenbezirk.

Zum ersten Mal wird Felldorf 1347 als *„possessio Fyleteluke"* urkundlich genannt. Bis 1849 war es grundhörig. Die Kirche, um 1500 erbaut, ist von einer 1556 fertiggestellten Ringmauer mit Befestigungstürmen umgeben, 1848 Reparaturen, 1972 renoviert, 1980 größere Schäden durch Einsturz. Der Haupterwerbszweig war der Weinbau, eine weitere Einnahmequelle war die Dachziegelherstellung. Reges deutsches Leben bis 1944. Nachdem es bereits vor dem Ersten Weltkrieg eine Auswanderungswelle in die USA gegeben hatte, wanderten nach der Flucht im Sept. 1944 viele Felldorfer Familien nach Kanada und in die Vereinigten Staaten aus. 1989 lebten nur mehr einige alte deutsche Ehepaare in Felldorf. Für die 1945 Zurückgeführten folgen in der Heimat Enteignung, Lager und Zwangsarbeit, Entrechtung, kommunistische Unterdrückung. Allmählicher Wiederaufbau einer kleinen deutschen Gemeinschaft, ca. ab 1975 Auswanderung besonders nach Deutschland.

Filitelnic

Filitelnic, lb. germ. *Felldorf,* lb. magh. *Fületelke.* 1941: 617 locuitori, dintre care 574 germani (93,0%); 1.1.1992: 19 germani. Una dintre puținele localități aproape complet germane din centrul Transilvaniei; se află pe o vale mică în stânga Târnavei Mici, în vecinătatea Secuimii. Din punct de vedere administrativ aparținea comitatului Târnavei Mici, iar din punct de vedere bisericesc mai întâi capitlului Bogeschdorf (Băgaciu), apoi celui al Sighișoarei. Prima mențiune documentară este din 1347, sub numele de *„possessio Fyleteluke"*. Până în 1849 a fost posesiune nobiliară maghiară. Biserica, înălțată pe la 1500, este înconjurată de un zid împrejmuitor cu turnuri de apărare, ridicat în 1556. În 1848 se execută reparații, iar în 1972 este renovată; în 1980 se produc deteriorări severe în urma unor prăbușiri. Principalele activități economice au fost viticultura și producerea de țigle. Viață germană activă până la evacuarea sașilor în Austria, în sept. 1944. Majoritatea lor rămân în vest. Deja înaintea primului război mondial, numeroși locuitori din Filitelnic au emigrat în SUA; aici, dar și în Canada, s-au stabilit mulți din cei evacuați. Puțini au fost readuși în 1945, unde urmează exproprierea lor, muncă silnică în lagăre de concentrare, sustragerea drepturilor civile (până în 1950), asuprirea comunistă. După 1970 are loc emigrarea lor mai ales în Germania. În 1989 mai locuiau în Filitelnic doar câțiva etnici germani în vârstă.

Katzendorf

Katzendorf, rum. *Caţa,* ung. *Kaca.* 1941: 1157 Einwohner, davon 541 Deutsche (46,8%); 1.1.1992: 20 Deutsche. Katzendorf liegt im Osten Siebenbürgens im Tal des Großen Homorod, 4 km von Draas entfernt. Der Ort gehörte als freie Königsgemeinde zum Repser Stuhl und zum Kosder Kirchenkapitel. Der Ortsname wurde wohl aus der moselfränkischen Stammheimat mitgebracht. Erste urkundliche Erwähnung 1400. 1488 hatte Katzendorf 92 Wirte, fünf Hirten, eine Schule, eine Mühle und zwei Arme. Vor 1944 war Katzendorf eine wohlhabende Gemeinde im Repser Stuhl, es war auch als „Pferdedorf" bekannt. Kirchenburg: urspr. romanische Anlage (Bauzeit: drittes Viertel des 13. Jh.s, quadratischer Chor mit den hochgelegenen Rundbogenfenstern und der südl. Priestereingang), um und kurz nach 1500 wurde die Kirche gotisiert: z.B. Chor und Mittelschiff erhielten Kreuzgewölbe, das Mittelschiff nach einem Einsturz 1894 eine

dem urspr. Raum nicht entsprechende Flachdecke. Die Kirche erhielt zunächst einen einfachen, von vier Türmen bewehrten Ring (15. Jh.), von denen drei erhalten blieben. 1658, nachdem ein Tatareneinfall den Ort zerstört hatte, wurde ihm eine zweite Umfassungsmauer mit dem Pfarrturm, der der Pfarrfamilie als Wohn- und Wehrturm zugewiesen war, und ein N-Turm hinzugefügt. 1818 und 1836/37 wurden Teile dieser Mauer, 1884/85 der N-Turm abgetragen. Der fünfeckige Pfarrturm blieb erhalten. Reges deutsches Leben. Nach der Flucht im Sept. 1944 verblieb die Hälfte der Bevölkerung von Katzendorf in Deutschland bzw. Österreich, der Rest wird 1945 zurückgeführt, in der Heimat folgen Enteignung, Lager und Zwangsarbeit, Entrechtung, kommunistische Unterdrückung. Allmählicher Wiederaufbau einer deutschen Gemeinschaft, ca. ab 1975 Auswanderung besonders nach Deutschland.

Caţa

Caţa, lb. germ. *Katzendorf*, lb. magh. *Kaca*. 1941: 1157 locuitori, dintre care 541 germani (46,8%); 1.1.1992: 20 germani. Caţa se află în estul Transilvaniei, pe valea Homorodului Mare, la 4 km de Drăuşeni. Era localitate liberă pe teritoriul regal, aparţinând scaunului Rupea şi capitlului din Kosd. Denumirea acesteia ("Satul pisicilor"), probabil, a fost adusă de primii colonişti din patria lor fraco-luxembrgheză. Prima menţiune documentară este din 1400. În 1488 localitatea este pomenită ca având 92 de gospodari, cinci ciobani, doi săraci, o şcoală şi o moară. Înaintea anului 1944 Caţa a fost o aşezare bogată în zona Rupei, cunoscută şi ca un "sat al cailor". Biserica fortificată: la început biserică romanică, înălţată în al treilea sfert al sec. al 13-lea, având un cor quadratic cu ferestre semicirculare înalte şi o intrare sudică pentru preot; imediat după anul 1500, bisericii i-au fost adăugate elemente gotice: de exemplu, corul şi nava centrală au primit o boltă în formă de cruce; în 1894, după o prăbuşire, plafonul navei centrale a fost construit plan. Biserica avea la început un zid împrejmuitor cu patru turnuri (sec al 15-lea), dintre care mai există astăzi trei. În 1658, după ce un atac al tătarilor a distrus localitatea, s-a construit un al doilea zid circular, cu turnul preotului, care îi servea şi de locuinţă, precum şi un alt turn. În 1818 şi în 1836/37 s-au dărâmat părţi ale acestui zid, iar în 1884/85 s-a dărâmat turnul de nord. Turnul pentagonal al preotului a rămas nedărâmat. Viaţă germană activă până la evacuarea saşilor în Austria, în sept. 1944. Circa jumătate dintre ei se stabilesc în Austria, respectiv în Germania. Restul au fost readuşi în 1945, unde urmează exproprierea lor, muncă silnică în lagăre de concentrare, sustragerea drepturilor civile (până în 1950), asuprirea comunistă. După 1975 are loc emigrarea lor mai ales în Germania.

Maniersch

Maniersch, rum. *Mǎgheruş*, ung. *Kükūllömagyaros*. 1941: 627 Einwohner, davon 542 Deutsche (86,4%); 1.1.1992: 1 Deutsche. Die Gemeinde Maniersch liegt in einem Seitental der Großen Kokel, 4 km von der Hauptstraße, die von Schäßburg nach Neumarkt (Tg. Mureş) führt. Maniersch war ein rein deutsches Dorf. Außerhalb der Gemeinde wohnten die Hirten mit ihren Familien in den Hirtenhäusern. Die Gemeinde hatte ein reichhaltiges Kulturleben: zwei große Nachbarschaften, je einen Weinbergverein, Militärverein, Frauenverein, Bruder- und Schwesterschaft, eine Musikkapelle, einen Kirchenchor sowie eine Theatergruppe. Außer zwei Dorfschmieden hatte Maniersch fast keine Handwerker. Die Einwohner beschäftig-

ten sich hauptsächlich mit Ackerbau und Viehzucht sowie mit Weinbau. Die überschüssigen landwirtsch. Erzeugnisse wurden im 20 km entfernten Schäßburg auf den Markt gebracht. Erste urkundliche Erwähnung 1391, im Besitz verschiedener Adelsfamilien, nach 1848 kauft die Gemeinde den gesamten Adelsbesitz, einfache Saalkirche 1744, Glockenturm aus massivem Stein, Kirchenburg aus dem 16. Jh. Reges deutsches Leben bis 1944. Sept. 1944 Flucht der Deutschen nach Österreich, einige werden 1945 zurückgeführt, in der Heimat folgen Enteignung, Lager und Zwangsarbeit, Entrechtung, kommunistische Unterdrückung, ca. ab 1970 Auswanderung besonders nach Deutschland.

Măgheruş

Măgheruş, lb. germ. *Maniersch*, lb. magh. *Küküllömagyaros*. 1941: 627 locuitori, dintre care 542 germani (86,4%); 1.1.1992: 1 german. Se află pe o vale laterală a Târnavei Mari, la 4 km de şoseaua Sighişoara–Tg. Mureş. Măgheruşul a fost un sat german pur; păstorii locuiau în afara satului, în locuinţele lor. Localitatea a avut o viaţă culturală bogată: două asociaţii ale vecinătăţilor, o asociaţie a viticultorilor, una militară, alta a femeilor, a tinerilor, formaţie muzicală, cor bisericesc şi o grupă de teatru. În afara de doi fierari, satul nu avea alţi meşteşugari. Populaţia se ocupa aproape numai cu agricultura, creşterea animalelor şi viticultura. O parte a produselor agricole se vindeau pe piaţă în Sighişoara. Prima menţiune documentară este din 1391; ajunge în posesia mai multor familii nobiliare, dar în 1848 locuitorii cumpără întregul hotar nobiliar. Biserică sală simplă, fortificată în sec. al VI-lea; în 1744 este înălţat un turn din piatră masivă. Viaţă germană activă până la evacuarea saşilor în Austria, în sept. 1944. O parte au fost readuşi în 1945, unde urmează exproprierea lor, muncă silnică în lagăre de concentrare, sustragerea drepturilor civile (până în 1950), asuprirea comunistă. După 1970 are loc emigrarea lor mai ales în Germania.

Rode

Rode, rum. *Zagăr,* ung. *Zágor.* 1941: 1614 Einwohner, davon 1198 Deutsche (74,2%); 1.1.1992: 34 Deutsche. Rode liegt an der Kleinen Kokel und gehörte zu den sogenannten Dreizehn Dörfern, die bis 1848 adelsuntertänig waren. Vor der Ansiedlung der Sachsen scheint es hier eine ung. Siedlung gegeben zu haben, worauf die Flurnamen mit ung. Grundton hindeuten. Der Ortsname stammt jedoch aus dem Slawischen: *za gora* (=über dem Berg). Rode wird erstmals 1412 schriftlich erwähnt. Heutige Kirche von 1783-1784, 1896 renoviert, Barockaltar, Kirchenburg und Glockenturm. Mitte des 17. Jh.s lehnt sich die Dorfbevölkerung gegen die Grundherren auf. Truppen des Fürsten Kemeny ermorden sechs Männer und rauben 100 Pferde. 1752 ist

Rode Sitz des Gerichtsstuhls Kokelburger Komitat. In den Revolutionsjahren 1848/49 kämpft die Bürgerwehr auf der Seite der kaiserlichen Truppen. Am 16.1.1849 werden 25 Roder Männer gefangen und 24 von ihnen (einer konnte fliehen) in Neumarkt a. M. standrechtlich verurteilt und hingerichtet (mit der Axt erschlagen). Im Sept. 1944 Flucht nach Österreich und Deutschland. Zwei Drittel der Flüchtlinge kehrten nicht mehr in den Heimatort zurück. Für Zurückgebliebene folgt im Januar 1945 Verschleppung nach Russland, für Zurückgekehrte folgen Enteignung, Lager und Zwangsarbeit, Entrechtung, kommunistische Unterdrückung. Allmählicher Wiederaufbau einer deutschen Gemeinschaft, ca. ab 1975 Auswanderung besonders nach Deutschland.

Zagăr

Zagăr, lb. germ. *Rode,* lb. magh. *Zágor.* 1941: 1614 locuitori, dintre care 1198 germani (74,2%); 1.1.1992: 34 germani. Se află pe valea Târnavei Mici şi este una dintre cele 13 localităţi săseşti care aparţineau până în 1848 unor familii nobiliare maghiare. Înaintea colonizării germane, se pare că aici a existat o localitate maghiară, deoarece denumirile de hotar au o provenienţă maghiară. Numele însă vine din limba slavă: *za gora,* care înseamnă "dincolo de deal". Satul Zagăr este menţionat pentru prima dată în scris în 1412. Biserica actuală a fost construită între 1783-1784, renovată în 1896, având un altar baroc; cetate fortificată şi turn cu clopote. La mijlocul sec. 17-lea are loc o răscoală ţărănească. Trupele contelui Kemeny omoară 6 bărbaţi şi fură 100 de cai. În 1752 este centrul juridic al comitatului Târnavelor. În timpul revoluţiei de la 1848,

locuitorii luptă de partea trupelor imperiale. La 16 ianuarie 1849, 25 de bărbaţi din Zagăr au fost prinşi, 24 dintre ei fiind executaţi la Tg. Mureş (omorâţi cu toporul); unul a reuşit să fugă. Viaţă germană activă până la evacuarea saşilor în Austria şi în Germania, în sept. 1944. Două treimi nu se mai întorc în Transilvania. Dintre cei rămaşi în sat, unii au fost deportaţi în URSS; pentru cei care s-au reîntors din refugiu în 1945 urmează exproprierea, muncă silnică în lagăre de concentrare, sustragerea drepturilor civile (până în 1950), asuprirea comunistă. Încet se dezvoltă o nouă comunitate germană. După 1975 are loc emigrarea lor mai ales în Germania.

Zendersch

Zendersch, rum. *Senereuş*, ung. *Szénaverös*. 1941: 1491 Einwohner, davon 1321 Deutsche (88,6%); 1.1.1992: 3 Deutsche. Zendersch liegt in einem Seitental der Kleinen Kokel. Aus dem ung. Namen (*szöna*=Heu, *szönaverös*=Heuschlag) ist sowohl die deutsche als auch die rum. Bezeichnung abgeleitet worden. Als Ausbausiedlung ist Zendersch eine der drei jüngsten Gemeinden des ehemaligen Bogeschdorfer Kapitels (erste urkundliche Nennung 1430 „Zenaweres"). Kirchenburg: Die mittelalterliche Kirche wird 1870 abgetragen, die neugotische Saalkirche (Fertigstellung 1873) ist eine der größten sächsischen Dorfkirchen mit massiver Befestigungsmauer; Zusammen mit dem Bau der neuen Kirche wurde der östliche Teil des ein Oval beschreibenden Ringmauergürtels abgetragen, der Rest blieb mit drei Türmen (Bauzeit: Ausgang 15. und 16. Jh.) erhalten. Er besaß einen Wehrgang mit Schießscharten und Gußlöchern, Burgrenovierung 1975. Zendersch gehörte zu den dreizehn Dörfern, die wegen ihrer Lage auf Komitatsboden im 18. und 19. Jh. gegenüber den Feudalherren ihre Rechte hartnäckig geltend zu machen wussten. Haupterwerbsquelle der Bewohner von Zendersch war bis 1944 der Weinbau. Gasbohrungen auf der Gemarkung der Gemeinde bieten heute neben der Landwirtschaft Arbeit. Reges deutsches Leben. Nach dem Wiener Schiedsspruch (1940) unmittelbar an der rum.-ung. Grenze gelegen, werden die sächs. Bewohner im Sept. 1944 evakuiert. Etwa ein Drittel kehrte 1945 nach Zendersch zurück, in der Heimat folgen Enteignung, Lager und Zwangsarbeit, Entrechtung, kommunistische Unterdrückung. Allmählicher Wiederaufbau einer deutschen Gemeinschaft, In den letzten Jahren sind die meisten deutschen Einwohner in die Städte ab- oder nach Deutschland ausgewandert.

Senereuş

Senereuş, lb. germ. *Zendersch*, lb. magh. *Szénaverös*. 1941: 1491 locuitori, dintre care 1321 germani (88,6%); 1.1.1992: 3 germani. Sat german aflat pe o vale laterală a Târnavei Mici. Denumirea germană şi română vine de la cuvântul maghiar *szöna* (=fân). Senereuşul a luat fiinţă prin colonizarea saşilor din localităţi învecinate, fiind una dintre aşezările relativ noi al capitlului Bogeschdorf (Băgaciu). A făcut parte dintre cele 13 localităţi săseşti care aparţineau până în 1848 unor familii nobiliare maghiare şi care s-au revoltat de multe ori împotriva nobilimii. Prima menţiune documentară este din 1430: "Zenaweres". Biserica medievală a fost dărâmată în 1870, în locul ei fiind zidită o biserică sală neogotică (terminată în 1873); aceasta este una dintre cele mai mari biserici săseşti rurale cu fortificaţii masive. La construirea noii biserici, partea de est a ovalului fortificaţiilor medievale a fost dărâmat, restul a rămas de la sfârşitul sec. al 15-lea, cu trei turnuri. Fortificaţiile au avut o circumvalaţiune cu creneluri şi găuri de turnare. În 1975 cetatea a fost renovată. Produsul principal al comunei a fost până în 1944 vinul. Exploatarea gazului metan pe hotarul comunei oferă astăzi, pe lângă agricultură, şi alte locuri de muncă. După dictatul de la Viena din 1940 devine localitate de graniţă cu Ungaria. Viaţă germană foarte activă până la evacuarea saşilor în Austria şi în Germania, în sept. 1944. Circa o treime se întorc în 1945, unde urmează exproprierea lor, muncă silnică în lagăre de concentrare, sustragerea drepturilor civile (până în 1950), asuprirea comunistă. Încet se dezvoltă o nouă comunitate germană. După 1975 are loc emigrarea lor mai ales în Germania.

Zuckmantel

Zuckmantel, rum. *Ţigmandru*, ung. *Cikmán-tor*. 1941: 1175 Einwohner, davon 794 Deutsche (67,6%); 1.1.1992: 60 Deutsche. Die Herkunft des Namens Zuckmantel ist ungeklärt. Der Ort liegt an der Straße Schäßburg-Neumarkt, unweit der Kleinen Kokel, und ist ein Straßendorf. 1325 erstmals urkundlich erwähnt, lag er auf Komitatsboden, 1770 Großbrand, im 18. und 19. Jh. prozessieren die Einwohner gegen die Grundherren (Prozess der Dreizehn Dörfer). Die mittelalterliche Kirche wurde 1851 abgetragen, 1865-1870 Neubau einer Saalkirche mit Westturm (große Glocke 1921, mittlere Glocke vorreformatorisch, kleine Glocke 1879). Reges deutsches Leben. Im Zweiten Weltkrieg wurde Zuckmantel durch den Wiener Schiedsspruch (1940) Grenzort an der neuen rum.-ung. Grenze. Beim Rückzug der deutschen Truppen flüchtete der Großteil der Bevölkerung nach Österreich und Schlesien und wurde größtenteils 1945/46 wieder zurückgeführt. In der Heimat folgen Enteignung, Lager und Zwangsarbeit, Entrechtung, kommunistische Unterdrückung. Allmählicher Wiederaufbau einer deutschen Gemeinschaft, ca. ab 1975 Auswanderung besonders nach Deutschland.

Ţigmandru

Ţigmandru, lb. germ. *Zuckmantel*, lb. magh. *Cikmántor*. 1941: 1175 locuitori, dintre care 794 germani (67,6%); 1.1.1992: 60 germani. Sat german aflat pe şoseaua dintre Sighişoara (23 km) şi Tg. Mureş, nu departe de Târnava Mică. Provenienţa denumirii nu este cunoscută. Ţigmandru a făcut şi el parte dintre cele 13 localităţi săseşti care aparţineau până în 1848 unor familii nobiliare maghiare şi care au avut multe procese cu nobilii lor în sec. al 18-lea şi al 19-lea. Prima menţiune documentară este din 1325. În 1770 are loc un incendiu mare. Biserica medievală a fost dărâmată în 1851; între 1865-1870 a fost construită o biserică sală cu un turn spre vest, având trei clopote (cel mare din 1921, cel mijlociu de dinaintea Reformei, cel mic din 1879). După dictatul de la Viena din 1940 devine localitate de graniţă cu Ungaria. Viaţă germană foarte activă până la evacuarea saşilor în Austria şi în Silezia, în sept. 1944. Majoritatea au fost readuşi în 1945/46, unde urmează exproprierea lor, muncă silnică în lagăre de concentrare, sustragerea drepturilor civile (până în 1950), asuprirea comunistă. Încet se dezvoltă o nouă comunitate germană. După 1975 are loc emigrarea lor mai ales în Germania.

2.2 Evakuierung und Flucht aus Nordsiebenbürgen

Aufgrund eines von der nordsiebenbürgischen Kreisleitung der deutschen Volksgruppe rechtzeitig vorbereiteten Planes erfolgte beim Herannahen der Roten Armee im Sept. 1944 die Evakuierung der Sachsen aus dem Nösnergau und dem Reener Ländchen. Eine Evakuierung der Sachsen aus Südsiebenbürgen war nicht vorbereitet worden. Sie wäre nach dem *Frontwechsel Rumäniens* (23. Aug. 1944) auch nicht möglich gewesen. So ergriffen aus Südsiebenbürgen bloß Einzelpersonen oder kleinere Gruppen mit den abziehenden deutschen Truppen die Flucht. Pa-

2.2 Evacuarea şi refugiul saşilor din Ardealul de Nord

Pe baza unui plan de evacuare pregătit la timp de către conducerea teritorială a Grupului Etnic German (din Ungaria), în faţa înaintării Armatei Roşii în septembrie 1944 a avut loc evacuarea saşilor din zona Bistriţei şi a Reghinului. O evacuare a saşilor din sudul Transilvaniei nu a fost pregătită, dar, totodată, după lovitura de stat din România, de la 23 august 1944, nici nu a mai fost posibilă. Astfel, din sudul Transilvaniei numai unele persoane sau grupuri mici de saşi au fugit împreună cu soldaţii germani în retragere. În panică, la 6 septembrie 1944 au fost

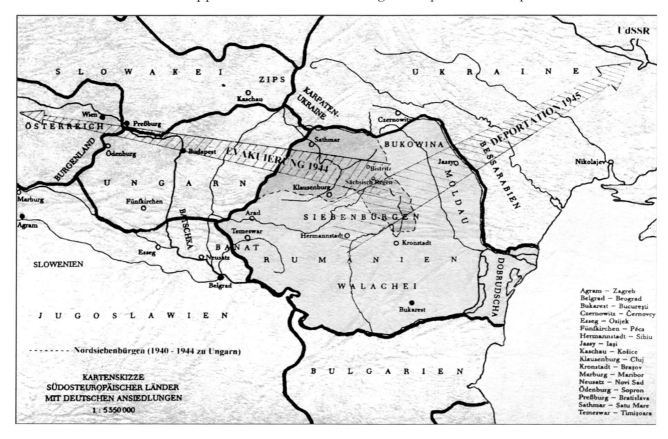

nikartig wurden außerdem am 6. Sept. 1944 die im Kokelgebiet gelegenen Dörfer Felldorf, Katzendorf, Maniersch, Rode, Zendersch und Zuckmantel evakuiert, am 8. September die Gemeinde Draas.

Die nordsiebenbürgischen Trecks aus fast 50 Gemeinden verließen zwischen dem 10. und 20. Sept. ihre Ortschaften. Die Stadtbevölkerung wurde mit Zügen und Lastkraftwagen der Wehrmacht evakuiert. Der letzte Eisenbahntransport mit deutschen Flüchtlingen verließ am 27. September 1944 Bistritz. Am 12. Oktober zogen die Russen/Sowjets in die Stadt ein. Etwa

evacuate satele Filitelnic, Caţa, Măgheruş, Zagăr, Senereuş şi Ţigmandru de pe valea Târnavei Mici, iar la 8 septembrie satul Drăuşeni.

Coloane de căruţe din aproape 50 de localităţi au părăsit între 10 şi 20 septembrie 1944 locurile lor natale. Populaţia germană din oraşele Bistriţa şi Reghin a fost evacuată cu trenuri şi cu camioane ale armatei germane. Ultimul transport pe calea ferată a părăsit Bistriţa la 27 septembrie1944. La 12 octombrie Armata Roşie a ocupat oraşul. Circa 95% din populaţia germană s-a refugiat. Convoaiele de căruţe înaintau pe drumurile înfundate foarte greu şi încet. La începutul

95 % der sächsischen Bevölkerung hatten die Flucht ergriffen. Die Trecks kamen bei verstopften Straßen, meist auf Nebenstrecken, nur langsam vorwärts. Anfang Oktober überschritten sie die Theiß und zwischen dem 25. Okt. und 10. Nov. die damalige Reichsgrenze. Sie wurden größtenteils in Nieder- und Oberösterreich untergebracht. Die mit der Eisenbahn Evakuierten landeten in Schlesien, im „Warthegau", im Erzgebirge und im Sudetenland in Lagern der *Volksdeutschen Mittelstelle.* Doch schon einige Monate später, als die sowjetische Front sich

lunii octombrie au trecut peste Tisa, iar între 25 octombrie şi 10 noiembrie au traversat graniţa austro-ungară. Majoritatea acestor evacuaţi au fost plasaţi în Austria Inferioară şi în Austria Superioară. Cei evacuaţi cu trenul au ajuns în Silezia, în regiunea munţilor Tatra şi în Regiunea Sudetă, fiind cazaţi în lagăre. Dar, deja după câteva luni, când frontul sovietic se apropia din nou, a avut loc un al doilea refugiu spre vest, care a continuat şi după terminarea războiului. Aşa a ajuns o parte a evacuaţilor în Bavaria de Sud, iar de acolo în Franconia.

Zeichnung: Adolf Kroner

näherte, erfolgte zum Teil eine zweite Flucht, die auch nach Kriegsende in westliche Richtung fortgesetzt wurde. So gelangte ein Teil der Evakuierten nach Niederbayern und von dort nach Mittelfranken.

Die bei Kriegsende in den sowjetischen Besatzungszonen Deutschlands und Österreichs sowie in der Tschechoslowakei befindlichen Sachsen wurden im Juni/Juli 1945 nach Siebenbürgen rückgeführt. Da ihr Besitz samt Häusern enteignet worden war, mussten die meisten außerhalb ihrer Heimatgemeinden Unterkunft suchen. Die arbeitsfähigen Männer und Frauen wurden interniert und zu Zwangsarbeit an verschiedenen Stellen eingesetzt. Repressalien, Verfolgungen und Demütigungen kamen hinzu. Die Anerkennung der rumänischen Staatsbürgerschaft wurde zunächst verweigert. Die einzige Institution, die den Rückgeführten beistand, war die evangelische Kirche. Die deutsche Grundschule von Bistritz konnte erst 1947 mit zwei Klassen den Unterricht aufnehmen, um dann in den folgenden Jahren aufgestockt zu werden. Die Gemeinden erhielten erst später deutschsprachige Schulabteilungen. Es dauerte Jahre, bis sich die Heimgekehrten von dem schweren Schicksalsschlag etwas erholten. Mittlerweile haben fast alle Sachsen Nordsiebenbürgens im Zuge der Familienzusammenführung und Aussiedlung dieses einst deutsche Gebiet verlassen.

Dr. Michael Kroner

Saşii care la sfârşitul războiului se aflau în Austria, în zona de ocupaţie sovietică, au fost trimişi de către autorităţile sovietice în iunie/iulie 1945 înapoi în Transilvania. Aici posesiunile lor au fost expropriate şi majoritatea lor au fost nevoiţi să-şi găsească adăpost în afara satelor natale. Cei aflaţi în putere, bărbaţi şi femei, au fost trimişi la muncă silnică în diferite locuri. Urmează represalii, persecuţii, umiliri diferite şi sustragerea drepturilor civile (până în 1950). Singura instituţie care acordă celor reveniţi sprijin a fost Biserica Evanghelică. Şcoala primară germană s-a reconstituit la Bistriţa în toamna anului 1947, cu două clase, la care s-au adăugat altele în anii următori. Mai târziu au fost deschise secţii germane şi la şcolile de la sate. A trebuit să treacă mulţi ani până cei reîntorşi şi-au revenit din această grea lovitură a sorţii. Între timp, prin emigrare în Germania, în vederea reunificării familiilor, aproape toţi saşii din Ardealul de Nord şi-au părăsit fostele lor meleaguri.

Dr. Michael Kroner

Quellen/Izvoare:
Dokumentation der Vertreibung, Bd. 3, Das Schicksal der Deutschen in Rumänien, herausgegeben vom Bundesministerium für Vertriebene, Flüchtlinge und Kriegsgeschädigte, München² dtv 1984; Ernst Wagner: Nordsiebenbürgen in den Jahren 1940-1945, 1984; Gustav Zikeli: Bistritz zwischen 1880 und 1950, Erinnerungen, München 1988.

Fluchtwagen der Familie Georg Krauß sen. aus Deutschzepling auf dem Heimattag in Dinkelsbühl am 30. Mai 2004
"Ziua saşilor" la Dinkelsbühl 30 mai 2004: Căruţa familiei Georg Krauß sen. din Dedrad cu care s-a efectuat evacuarea în 1944

So sahen die Fluchtwagen aus – Bistritz – Gewerbeverein – Sommer 2004
Aşa arătau căruţele evacuaţilor – Bistriţa – Casa de cultură – vara 2004

2.3 Flucht und Evakuierung: Drei Erlebnisberichte

Neben dem sachkundigen Text des Historikers bietet sich in besoderer Weise an, auch Menschen zu Worte kommen zu lassen, die die Evakuierung des Jahres 1944 mit ihren Folgen unmittelbar erlebt haben. Dieses unmittelbar Erlebte, in Worte gefasst von einfachen Menschen, kann uns die Tragik der Flucht auf besondere Weise vor Augen führen.

Aus der großen Zahl von Einzelberichten wurden hier drei ausgewählt: *S.B.* aus Katzendorf berichtet über die völlig unvorbereitete Evakuierung der Sachsen in den südsiebenbürgischen Dörfern Anfang September 1944, *Johann Rauh* aus Kyrieleis in Nordsiebenbürgen erzählt von seinen Erlebnissen während der Evakuierung mit dem Treck und *Maria Göbbel* aus Jaad schließlich beschreibt das umfassende Geschehen der Evakuierung im Herbst 1944 mit der Eisenbahn nach Österreich und die erzwungene Rückkehr im Sommer 1945 nach Nordsiebenbürgen.

Die ersten beiden Erlebnisberichte wurden der großen Dokumentation der Vertreibung der Deutschen aus Ost-Mitteleuropa Band 3: Das Schicksal der Deutschen in Rumänien, Herausgeber: Bundesministerium für Vertriebene, Flüchtlinge und Kriegsgeschädigte, dtv München 1984 (unveränderter Nachdruck der Ausgabe von 1957), S. 105-107 und S. 139-140 entnommen. Der Bericht von Maria Göbbel (geschrieben 1986) wurde erstmals in der Monografie der Gemeinde Jaad in Siebenbürgen 1990 veröffentlicht (siehe: Horst Göbbel (Hrsg.): Abschied aus der Geschichte – Jaad in Siebenbürgen – Werden und Niedergang einer deutschen Gemeinde, Nürnberg 1990, S. 316-320).

2.3 Refugiul şi evacuarea: Trei mărturii din timpul evacuării

Lîngă textul lucid/obiectiv al istoricului în continuare avem prilejul să citim relatările a trei persoane, care au fost evacuate în acel an dificil. Aceste relatări personale a unor persoane simple ne oferă o altă perspectivă a tragediei evacuării din 1944.

Dintr-un număr mare de relatări aici am ales trei: *S.B.* din Caţa relatează despre fuga absolut nepregătită a saşilor din sudul Ardealului la începutul lunii septembrie 1944, *Johann Rauh* din Chiraleş din Ardealul de Nord povesteşte despre întîmplările trăite de el în timpul evacuării cu

căruţele iar *Maria Göbbel* din Iad/Livezile descrie cele întîmplate cu ocazia evacuării ei cu trenul în Austria în toamna anului 1944 şi reîntoarcerea ei forţată în vara anului 1945 în Ardealul de Nord.

Primele două relatări provin din marea documentaţie a alungării/izgonirii germanilor din Europa de est (Dokumentation der Vertreibung der Deutschen aus Ost-Mitteleuropa, Band 3: Das Schicksal der Deutschen in Rumänien, Herausgeber: Bundesministerium für Vertriebene, Flüchtlinge und Kriegsgeschädigte, dtv München 1984 (unveränderter Nachdruck

Treckwagen aus Treppen um 1940
Căruţă din Tărpiu (ca. 1940)

der Ausgabe von 1957), S. 105-107 und S. 139-140). Textul relatării lui Maria Göbbel, scris în 1986, se găseşte în monografia localităţii Iad/Livezile din 1990 (Horst Göbbel (editor): Abschied aus der Geschichte – Jaad in Siebenbürgen – Werden und Niedergang einer deutschen Gemeinde – Rămas bun din istorie - Iad/livezile în Ardeal – Creşterea şi decăderea unei comunităţi germane, Nürnberg 1990, S. 316-320).

Michael Wolf-Windau

AUF DER FLUCHT

... Ein leises Weinen liegt im Wind –
fern am Karpathenrand!
Dort, Mutter, Deutschland, weint dein Kind,
das Siebenbürgerland!

1944

Michael Wolf-Windau (1911-1945)

Michael Wolf-Windau, einer der tiefsinnigen nordsiebenbürgischen Heimatdichter, geboren am 5. November 1911 in Windau in der Nähe von Bistritz, war durch eine schwere Rückenmarkkrankheit, unter der er seit seinem 10. Lebensjahr litt, behindert und von seiner Umwelt äußerlich isoliert. Bücher, vor allem die Bibel, halfen ihm, sich in einer Welt einzurichten, aus der heraus er seinen Landsleuten, seinen Freunden etwas geben konnte. Er begriff seine Gedichte als Seelsorge für seine Mitmenschen.

Am 17. September 1944 begann für die Windauer die Evakuierung, für ihn in einem Lazarettzug nach Chulm. Die Verbindung zu seinen im Treck geflüchteten Eltern, die in Rottweil bei Neubistritz eine Bleibe gefunden hatten, riss ab. Erst im Januar 1945 gelang es ihnen, wieder zusammen zu kommen. Doch da erkrankte der Leidgeprüfte schwer und starb im 34. Lebensjahr am 25. Februar 1945. In Haugschlag bei Lietschau in Niederösterreich haben ihn seine von ihm so geliebten Windauer Landsleute zu Grabe getragen.

Als Kind seiner Zeit verklärte Michael Wolf das Reich, Deutschland, das ihm wie das Bauerntum eine tiefe Sehnsucht war. Das Heimatdorf Windau, das Land seiner Väter Siebenbürgen und die evangelische Kirche als irdische Wirklichkeit göttlicher Barmherzigkeit sind die Grundakkorde seines kurzen Lebens und Schaffens.

Horst Göbbel

Quelle:

Michael Wolf-Windau: Gedichte. Ausgewählt und eingeleitet von Günther Litschel und Peter Schuller, herausgegeben vom Hilfskomitee der Siebenbürger Sachsen, München 1966 .

Michael Wolf-Windau

ÎN REFUGIU

... Un vînt adie un plîns uşor –
departe la marginea Carpaţilor!
Acolo, mamă Germania, plînge copilul tău,
ţara saşilor ardeleni!

1944

Michael Wolf-Windau (1911-1945)

Michael Wolf-Windau, unul dintere poeţii natali norardeleni profunzi, născut la 5 noiembrie 1911 la Ghinda lîngă Bistriţa, a fost handicapat şi aparent izolat de mediul său înconjurător. Acest lucru a fost cauzat de o boală gravă a măduvei spinării, de care el a suferit greu de la vîrsta de 10 ani. Cărţile, mai ales biblia, l-au ajutat să se aranjeze într-o lume a sa, din care a putut da ceva consătenilor şi prietenilor săi. El a înţeles poeziile sale ca o grijă spirituală pentru confraţii săi.

La data de 17 septembrie 1944 pentru saşii din Ghinda a început evacuarea, pentru el într-un tren sanitar spre Chulm. Legătura cu părinţii săi - cara s-au refugiat în convoi - s-a rupt. Ei au ujuns la Rottweil la Nova Bistrica, unde s-au stabilit. Abia în ianuarie 1945 au reuşit să se întîlnească din nou. Din păcate suferindu-l s-a îmbolnăvit foarte grav şi a decedat la vîrsta de 34 de ani la 25 februarie 1945. În Austria Inferioară, la Haugschlag lîngă Lietschau, consătenii săi din Ghinda lui mult iubită, l-au condus pe ultimul său drum.

Ca şi copil al vremii sale Michael Wolf a transfigurat Reichul, Germania, căreia i-a purtat ca şi ţărănimii, un dor profund. Satul lui natal, Ghinda, ţara strămoşilor săi, Ardealul şi biserica evanghelică, reprezentînd o realitate pământească dată din mila domnului, au fost acordurile fundamentale ale vieţii şi creaţiei sale scurte.

Horst Göbbel

Izvor:

Michael Wolf-Windau: Poezii. Alese şi introduse de către Günther Litschel şi Peter Schuller, editate de Hilfskomitee der Siebenbürger Sachsen, München 1966.
Traducere: Margarete Schuster/Horst Göbbel

2.3.1 Erlebnisbericht des S. B. aus Katzendorf: Evakuierung der Gemeinden Katzendorf und Draas durch vorstoßende deutsche Truppen

In meiner Heimatgemeinde Katzendorf wurde schon vor dem 23. August 1944 öffentlich darüber gesprochen und der Befürchtung Ausdruck gegeben, König Michael wolle zu den Russen übergehen. Als dann Ende August der Zusammenbruch erfolgte, gab es schwere Tage für uns Sachsen. Unter anderem wurde öffentlich publiziert, wir dürften nicht mehr deutsch sprechen mit den versprengten und sich zurückziehenden deutschen Soldaten. Es sind gewiß nicht wenige, welchen der Weg zur ungarischen Grenze gezeigt wurde und denen Brot und Speck verabreicht wurde.

Den 7. September 1944 hörten wir plötzlich Schüsse von Nordosten her. Deutsche Truppenteile jagten die Grenzpolizei zwischen Draas und Katzendorf in die Flucht. Sachsen, die seit einigen Tagen ihre Fuhrwerke bereit halten mussten, beförderten die Sachen der Grenzpolizei und des Gemeindeamtes nach Südosten über Hamruden.

Kurze Zeit darauf rückten deutsche Soldaten in Katzendorf ein; es waren nicht viele. Die Männer des Ortes wurden zusammengerufen; von einem deutschen Offizier wurde angeordnet, daß sämtliche deutschen (sächsische) Bewohner des Ortes evakuiert werden müßten. Nachdem wir vorher nichts gehört hatten von der Aussiedlung der Siebenbürger Sachsen, gab es ein überstürztes Packen der Habseligkeiten. Da wir von dem Herannahen der rumänischen Truppen gehört hatten, war von vielen Sachsen Vorsorge getroffen worden; bessere Kleider u. a. m. wurden eingemauert oder vergraben, um dieselben vor dem Raub oder vor dem Verbrennen zu bewahren, denn wir glaubten, es käme zu einer Schlacht zwischen deutschen und rumänischen bzw. russischen Truppen. Die deutschen Soldaten gingen von Hof zu Hof und forderten die Menschen auf zur Eile, denn der Feind komme schon näher. Vielerorts war nur die Frau mit den Kindern zu Hause. In der Hast wußte man nicht recht, was mitzunehmen war. Von dem nahen Berg neben der Gemeinde gingen die Geschosse schon auf unsern Bahnhof - schon wieder wurde zur Eile gemahnt. Die zwei besten Pferde hatte mir das rumänische Militär weggenommen, mit den zwei schwächeren machten wir uns auf den langen Weg. Als wir zum Hoftor herauskamen,

2.3.1 Relatare din viața lui S. B. din Cața: Evacuarea comunelor Cața şi Drăuşeni prin înaintarea trupelor germane

In comuna mea natală Cața, s-a vorbit deja oficial înainte de 23. August 1944 despre teama, ca regele Mihai ar vrea să treacă de partea ruşilor. După prăbuşirea alianței cu Germania au început zile grele pentru noi saşii. Printre altele s-a publicat oficial că ne este interzis de a vorbi in limba germană cu soldații germani rătăciți, rupți de trupa lor in retragere. Desigur nu sînt puțini, cărora li s-a arătat drumul spre granița maghiară şi cărora li s-a dat pîine şi slănină.

La data de 7 septembrie 1944 am auzit dintrodată impuşcături din partea de nordest. Corpuri de trupă goneau poliția grănicerească între Drăuşeni şi Cața in refugiu! Saşii, care de cîteva zile trebuiau să țină caruțele la dispoziție, cărau lucrurile poliției grănicereşti şi a primariei prin Homorod spre sudest.

In scurt timp au sosit în Cața soldați germani, n-au fost mulți. Bărbații localității au fost chemați laolaltă, un ofițer german le-a pus în vedere că toți locuitorii germani din Cața trebuie evacuați. Noi nu auzisem pînă la acea oră de plecarea saşilor ardeleni, aşa că am inceput să împachetăm în mare grabă catrafusele. Cînd am auzit de apropierea trupelor româneşti, am avut grija preventivă să ascundem hainele mai bune şi multe altele, fie că le-am ascuns în ziduri sau sub pămînt, ca să le ferim de incendii sau de furt. Noi credeam că va avea loc o luptă între trupele germane si cele româneşti. Sodatii germani treceau pe la fiecare casă şi îndemnau saşii, să se grăbească cu pregătirea de plecare, pentru că duşmanul se apropia tot mai mult. În multe cazuri erau numai femeile cu copiii acasă. In acea grabă, de multe ori nu ştiai ce să împachetezi. De pe dealul din apropierea satului se trăgea deja la noi asupra gării. Din nou li s-a atras atenția locuitorilor să se grăbească. Cei doi cai mai buni mi luaseră militarii români, cu cei mai slabi ne-am pornit la drumul cel lung. Cînd am ieşit pe poartă mi-a spus un ofiter german: „Luați şi celelalte vite cu dumneavoastră". Am dezlegat trei vaci cu lapte şi patru juninci şi i-am mînat la Drăuşeni. In curte au rămas patru porci de îngraşat, găini şi gîşte.

Pînă la Drăuşeni s-au inşirat căruțele una dupa alta. M-am mirat că artileria română, care era postată la sudest de Cața, pe teritoriul Homorodean nu au tras cu armele asupra noastră.

forderte uns ein Offizier auf: „Nehmen Sie doch auch das andere Vieh mit!" Drei Milchkühe, vier Jungkühe wurden aus dem Stall befreit und mit nach Draas getrieben. Vier Mastschweine, Hühner und Gänse blieben auf dem Hof zurück.

Es reihte sich Wagen an Wagen bis nach Draas. Es wunderte mich, dass die rumänische Artillerie uns nicht beschoss, die südöstlich von Katzendorf auf Hamrudener Hattert, auf dem „Hohen Rennen", aufgefahren war. In Draas angelangt, erfuhren wir, daß die Draaser schon früher von der geplanten Evakuierung gewusst hatten. Am nächsten Morgen, dem 8. Sept. 1944,

Sosiți la Drăuşeni, am aflat că Drauşenii ştiuseră mai de mult că evacuarea a fost planificată. In dimineața următoare, la 8 septembrie 1944 am plecat împreună cu saşii din Drăuşeni, cu multe caruțe, majoritatea trase de cai, mai puține trase de boi, la nordest prin comunele secuieşti nouă bine cunoscute: Jánosfalva, Dálga.

În Bikafalva am lăsat vacile mele în seama unui țaran, incheind cu el un contract in care am specificat urmatoarele: In cazul că voi veni pînă la Crăciun înapoi, să primesc jumătate din cele lăsate înapoi, in caz contrar, să rămînă totul proprietatea dînsului. O vacă tînară cu lapte am

Wagenkolonne von Evakuierten unterwegs im winterlichen Österreich 1944
Coloană de cărăţe cu saşi evacuaţi în Austria în iarna 1944

ging es gemeinsam mit den Draasern mit vielen Fuhrwerken, die meisten mit Pferden bespannt, wenigen Ochsenwagen, nach Nordosten durch die uns wohlbekannten Szeklergermeinden Jánosfalva und Dálga. In Bikafalva überließ ich meine Kühe einem Bauern mit dem schriftlichen Vertrag, wenn ich bis Weihnachten zurückkehren sollte, bekäme ich die Hälfte zurück, sonst blieben alle ihm als Eigentum. Eine junge Milchkuh nahmen wir am Pferdewagen angebunden mit, diese hat uns noch manchen guten Tropfen Milch gespendet in den nächsten 2-3 Wochen, bis ich dieselbe abgeben mußte, weil sie nicht mehr Schritt halten konnte mit dem Pferdewagen.

luat-o cu noi legind-o de căruță. Aceasta ne-a dat pe parcursul nostru 2-3 săptămîni lapte bun, pînă a trebuit s-o predau, pentrucă nu mai putea să țină pas cu caii de la caruță.

În apropiere de Tg. Mureş am aflat că convoiul din Senereuş sau Țigmandru ar fi fost bombardat. La Dedrad lîngă Reghin ni s-a impus să predăm toate vitele cornute. Carele trase de boi au fost descărcate şi toate persoane de pe acele căruțe au fost îmbarcate în tren şi transportate mai departe. De aici inainte convoiul din Drăuşeni şi Cața se compunea numai din care trase de cai.

Cîte 3-4 soldați ne-au condus pe drumul nostru mai departe pînă în Austria. Acestei trupe de

In der Nähe von Marosvásárhely [Neumarkt] hörten wir, dass der Treck von Zendersch oder Zuckmantel bombardiert worden sei. In Deutsch Zepling neben Sächsisch-Reen wurde angeordnet, dass sämtliches Hornvieh abgeliefert werden müßte. Die Ochsenfuhrwerke wurden entladen und alle Personen davon mit der Bahn weiter befördert; nur Pferdefuhrwerke aus Draas und Katzendorf bildeten nun weiter einen Treck. 3 bis 4 Soldaten waren unsere Begleiter auf dem weiteren Weg bis in die Ostmark. Dieser Begleitmannschaft muss ein sehr gutes Zeugnis ihrer Pflichterfüllung ausgestellt werden, denn sie hat uns auf dem beschwerlichen Weg von 6-7 Wochen langer Dauer bestens geführt. Es ging durch ganz Ungarn: über die Theiß, Budapest blieb links, Györ an der Donau hinauf bis an die tschechoslowakische Grenze, dann 20 km südlich von Wien, St. Pölten bis nach Amstetten in Niederösterreich. Dort wurden wir auf die umliegenden Gemeinden gruppenweise aufgeteilt und einquartiert. Die Einquartierung ging auch nicht reibungslos vonstatten. Es gab nicht wenige Einheimische, die uns mit scheelen Augen ansahen. Sieben Wochen lang hatte die Fahrt von Siebenbürgen bis nach Amstetten gedauert. Dank der guten Führung hatten wir keine Menschenleben zu beklagen. Außer kleineren Unfällen war die lange Fahrt mit den Fuhrwerken besser abgelaufen als die Bahnfahrt der anderen, die zeitweise tagelang auf offener Strecke halten mussten. Einmal wurden wir von Fliegern beschossen, die es jedoch mehr auf einen vorbeifahrenden Eisenbahnzug abgesehen hatten, so daß wir glimpflich davonkamen.

* * *

Der Verfasser berichtet abschließend, daß nur etwa 20 Familien aus Katzendorf und Draas im April 1945 mit den vor der Roten Armee zurückweichenden deutschen Truppen in den Raum Salzburg überführt worden seien. Der größte Teil der Flüchtlinge wurde in der Umgebung von Amstetten von den Russen überrollt und nach Rumänien zurückgeführt. Der Bericht endet mit kurzen Angaben zur gegenwärtigen Lage.

* * *

Quelle:
Erlebnisbericht des S. B. aus Katzendorf (Caţa), Plasa Rupea (Reps), Judeţul Târnava-Mare (Groß-Kokel) in Süd-Siebenbürgen, Original, 5. April 1956, 4 Seiten, handschriftlich, Teilabdruck, – aus: Dokumentation der Vertreibung der Deutschen aus Ost-Mitteleuropa Band 3: Das Schicksal der Deutschen in Rumänien, Herausgeber: Bundesministerium für Vertriebene, Flüchtlinge und Kriegsgeschädigte, dtv München 1984 (unveränderter Nachdruck der Ausgabe von 1957), S. 105-107.

escortă ar trebui să le dăm un certificat foarte bun, ei indeplinindu-şi misiunea în mod exemplar, ei ne-au condus timp de 6-7 săptămîni cît se poate de bine pe drumul acesta atît de greu. Am trecut prin toata Ungaria, peste Tisa, Budapesta la stînga noastră, prin Györ, dea lungul Dunării în sus pînă la graniţa cehoslovacă, apoi 20 km la sud de Viena, St Pölten pînă la Amstetten în Austria Inferioară. Acolo am fost repartizaţi în grupuri în comunele din jur. Incartiruirea a fost problematică. Mulţi dintre localnici nu ne priveau cu ochi buni. Şapte săptămîni a durat drumul refugiului de acasă pînă la Amstetten. Mulţumită bunei conduceri, n-am avut victime omenesti, doar accidente mai mici. Călătoria noastră cu căruţe a decurs mai bine decît a celorlalţi cu trenul. Adeseori trenul era oprit zile întregi pe traseu. O singură dată au tras din avioane inspre noi, dar am scapat nevătămaţi, se părea că au vrut să tragă într-un tren în mers.

* * *

Redactorul textului ne relatează în incheiere că numai ca. 20 familii din Caţa si Drăuşeni au fost transferate de armata germană în retragere in zona Salzburg. Majoritatea refugiaţilor au fost trecuţi peste linia inamicului in zona ruşilor din jurul oraşului Amstetten şi apoi trimişi de ruşi în România. Relatarea se incheie cu scurte comunicări la situatia actuală.

* * *

Notă:
Comuna Drăuşeni aparţinea iniţial la Plasa Rupea, dar se afla dincolo de graniţa român-ungară, trasă la Dictatul de la Viena.

* * *

Izvor:
Relatare din viaţa lui S. B. din Caţa, Plasa Rupea, Judeţul Târnava Mare in Ardealul de Sud - Original, 5. Aprilie 1956, 4 pagini (manuscris) aici tipărit parţial - din: Dokumentation der Vertreibung der Deutschen aus Ost-Mitteleuropa Band 3: Das Schicksal der Deutschen in Rumänien, Herausgeber: Bundesministerium für Vertriebene, Flüchtlinge und Kriegsgeschädigte, dtv München 1984 (unveränderter Nachdruck der Ausgabe von 1957), p. 105-107.

2.3.2 Erlebnisbericht des Gärtnermeisters Johann Rauh aus Kyrieleis: Evakuierung der Gemeinde Kyrieleis – Treck nach Niederösterreich – Flucht nach Oberbayern im Frühjahr 1945

Am 14.9.44 war unsere Gemeinde Kyrieleis voll mit Zivilflüchtlingen und deutschem Militär. Auf dem Bahnhof stand schon mehrere Tage ein Zug mit ungarischen Flüchtlingen aus der Háromszek (Drei Stühle). Die bereits geflüchteten Sachsen von Niedereidisch und Birk wunderten sich, dass wir noch Feldarbeiten verrichteten und keine Anstalten machten, unsere Habe zu packen. Am selben Tage nachmittags kam von der Kreisleitung Befehl: „In 3 Tagen fertig machen, Treck organisieren und am 17.9. Abfahrt über Desch, Nagykároly, Polgár, Gyöngyös, Hatvan, Vác, bei Esztergom über die Donau, Tata, Nagyigmánd; Sopron."

Am 17.9.44 in der Früh gingen deutsche Soldaten mit ungarischen Gendarmen von Haus zu Haus und hießen alle fertig machen zur Abfahrt. Es zögerten viele und erkundigten sich bei dem deutschen Stationskommando, ob es sein muß, dass man seine Heimat, verlassen müsse. Die Antwort war: „Es muss sein." Von 95 Familien fuhren am 17.9.1944 79 im geschlossenen Treck ab. 16 blieben trotz aller Ermahnungen zurück. Nach zwei Wochen wurden sie gewaltsam auf deutsche LKW geladen und nach Österreich gefahren. Die 79 Familien mit über 100 Wagen blieben im geschlossenen Treck. Bevor wir Siebenbürgen verließen, wollten einige wieder zurück; das Wanderzigeunerleben gefiel ihnen nicht. Ich ging mit einer Abordnung in einer rumänischen Gemeinde zum deutschen Divisionskommando. Dort sagte man uns, dass alle Deutschen Nordsiebenbürgens zwangsweise evakuiert werden. Es wird das Gelände durch die SS durchkämmt, und wer nicht freiwillig geht, wird mitgenommen. (So war es auch geschehen mit den 16 Familien.)

Der Treck wurde immer abgeleitet auf schlechte Seitenwege. Die Hauptstraßen wurden für die zurückflutende deutsche Wehrmacht freigehalten. Die Straßengräben waren stellenweise gefüllt mit toten Pferden und zerbrochenen Wagen. Deutsche Soldaten fuhren oft betrunken jodelnd in unsere Wagen. Als unser Treckführer den Ausdruck „besoffene Schweine" gebrauchte, sprangen gleich 3 auf ihn zu und wollten ihn erschießen, was durch Dazwi-

2.3.2 Descrierea unor întâmplări trăite de către maistrul horticultor Johann Rauh din Chiraleş: Evacuarea comunei Chiraleş în convoi cu căruţele spre Austria Inferioară – refugiul în primăvara anului 1945 spre Bavaria Superioară

La data de 14 septembrie 1944, comuna noastră era plină de refugiaţi civili şi de soldaţi germani. În gară stătea deja de mai multe zile un tren cu refugiaţi maghiari din Háromszek (Trei Scaune). Saşii refugiaţi din Ideciul de Jos şi din Petelea se mirau că noi mai lucrăm pe câmp şi că nu ne pregătim de plecare. În acea zi, după amiază, a sosit de la conducerea judeţului ordinul de plecare: „În trei zile să fiţi gata de plecare, organizaţi convoiul de căruţe, iar la data de 17.09.1944 va avea loc plecarea pe ruta: Dej, Carei, Polgár, Gyöngyös, Hatvan, Vác, la Esztergom trecerea peste Dunăre, Tata, Nagyigmánd, Sopron."

În 17.09.1944, dis-de-dimineaţă, soldaţi germani şi jandarmi maghiari treceau din casă în casă, punând în vedere locuitorilor să se pregătească de plecare. Mulţi au ezitat şi s-au interesat la comandatura locală germană dacă e chiar necesar să-şi părăsească pământul natal. Răspunsul: „Trebuie neapărat!". Din 95 de familii, în ziua de 17.09.1944 au plecat 79, în convoi de căruţe. Un număr de 16 au rămas acasă, deşi au fost avertizate. După două săptămâni au fost luate cu forţa, îmbarcate în camioane şi transportate în Austria. Cele 79 de familii, cu peste 100 de căruţe, au rămas în convoi. Înainte de a părăsi Ardealul, unii au vrut să se întoarcă acasă, căci această viaţă de ţigani corturari nu le plăcea deloc. Au mers cu o delegaţie într-o comună românească la comandamentul diviziei germane. Acolo li s-a spus că toţi germanii din Ardealul de Nord vor fi evacuaţi cu forţa, că întreg teritoriul va fi cercetat în amănunt, iar cine nu pleacă de bună voie, acela va fi luat cu forţa şi dus (aşa s-a petrecut şi cu cele 16 familii).

Convoiul a fost dirijat tot timpul pe drumuri rele, laterale. Şoseaua principală trebuia lăsată liberă pentru retragerea Wehrmachtului. Şanţurile de lângă şosea erau, în multe părţi, pline cu cai morţi şi căruţe distruse. Soldaţi germani, beţi, intrau cu vehiculele lor în căruţele noastre. Când conducătorul de convoi a folosit expresia „porci beţi", au sărit imediat trei soldaţi asupra lui, vrând să-l împuşte. Oamenii noştri au sărit şi i-au împiedicat. De cele mai multe ori am înnoptat sub cerul liber. Doar când era ploaie am înnoptat în sate. Adesea auzeam bubuituri

schenspringen unserer Leute verhindert werden konnte.

Die Übernachtungen wurden meistens auf freiem Feld gehalten. Bloß an Regentagen übernachteten wir in Dörfern. Die Übernachtungen im Freien wurden oft durch Kanonendonner gestört, denn die Russen folgten uns auf nicht weite Entfernung nach. Übernachtungen in Gemeinden waren mit Schwierigkeiten verbunden; die Ungarn wollten uns nicht in ihre Höfe hineinlassen, da wurden die

de tunuri dinspre ruşi; aceştia ne urmau la distanţe nu prea mari. Găzduirea în comune era dificilă; ungurii nu voiau să ne lase să intrăm în curţile lor; în asemenea cazuri, soldaţii germani deschideau porţile cu forţa şi ne conduceau înăuntru.

Am înnoptat şi în două comune germano-şvăbeşti; dar şi acei locuitori manifestau o atitudine duşmănoasă faţă de noi. Le spuneam: „Şi voi sunteţi germani, de ce nu le purtaţi de grijă fraţilor voştri germani?". Însă ei ne

Wallendorfer unterwegs im Treck 1944 – Saşi din Unirea pe drum în toamna anului 1944

Tore von deutschen Militäristen gewaltsam geöffnet, und [sie] führten uns herein. Wir übernachteten auch in zwei deutschschwäbischen Gemeinden; auch die waren uns feindlich gesinnt. Wir sagten: „Ihr seid doch auch Deutsche, warum nehmt ihr euch eurer deutschen Brüder nicht an?" Sie antworteten: „Wir sind keine Deutschen, wir sind ungarische Schwaben." Ich sagte ihnen: „Ungarische Schwaben gibt es nicht; wenn ihr Schwaben seid, so seid ihr Deutsche, und ihr werdet uns auch folgen müssen und alles hier lassen." Was auch geschehen ist. Heute treffen wir uns mit ihnen in Kitzingen. Die deutsche Wehrmacht hat uns beschützt und unterstützt, von der Heimat bis Österreich. Auch die ungarischen Behörden haben uns unterstützt. Ich habe selbst in Komorom vom Obergespan eine Zuteilung für Pferde-Kraftfutter erhalten für den ganzen Treck.

Am 5.11.44 kamen wir in Sopron an und überfuhren die ungarisch-österreichische Grenze. In Ebenfurth wurden vielen Landsleuten die Kühe abgenommen. Am 7.11.1944 wurden wir in Schwarzau bei Neunkirchen in alle Richtungen verteilt. Ich kam mit 4 Familien nach Schottwien am Semmering, andere nach Puchberg am

răspundeau: „Noi nu suntem germani, noi suntem şvabi maghiari". Atunci le-am spus: „Svabi maghiari nu există; dacă sunteţi şvabi, înseamnă că sunteţi germani şi o să ne urmaţi şi voi, veţi lăsa totul aici". Aşa s-a şi întâmplat! Azi ne întâlnim cu ei la Kitzingen. Wehrmachtul german ne-a sprijinit şi ne-a apărat de acasă până în Austria. De asemenea, şi autorităţile maghiare ne-au ajutat. Eu, personal, am primit de la comitele din Komorn o repartiţie de furaje concentrate pentru caii întregului convoi.

La data de 5.11.1944 am trecut graniţa ungaro-austriacă. În Ebenfurth, multor consăteni le-au fost luate vacile. În 7.11.1944 am fost repartizaţi în Schwarzau, la Neunkirchen, în mai multe localităţi. Eu, împreună cu alte patru familii, am ajuns la Schottwien am Semmering, alţii la Puchberg am Schneeberg. Nicăieri nu ne-au primit cu drag. Aprovizionarea cu furaje pentru cai a fost foarte dificilă. Mulţi au trebuit să-şi vândă caii. Localnicii ne ziceau: „De ce n-aţi rămas acasă?". Iarna a trecut cu chinuri sufleteşti şi disperare. Alimentaţia a fost puţină, insuficientă.

În săptămâna Paştilor 1945 s-au apropiat ruşii de acele meleaguri. La data de 31.03.1945 a sosit

Schneeberg. Nirgends eine freundliche Aufnahme. Die Beschaffung von Futtermittel für die Pferde war sehr schwer, viele mußten sie verkaufen. „Warum seid ihr nicht zuhause geblieben?", mußte man öfters hören. Der Winter verging unter seelischer Not und Verzweiflung. Die Ernährung war sehr dürftig.

In der Osterwoche 1945 näherten sich die Russen auch dieser Gegend. Am 31. 3. 44 kam Evakuierungsbefehl. Aber zu spät, 42 Familien wurden von den Russen geschnappt und nach Siebenbürgen gelenkt. Dort wurde ihnen alles abgenommen, und [sie] wurden in Lager gesteckt und mißhandelt. 40 Familien treckten weiter bis Braunau am Inn, wo sie sich mit den Amerikanern trafen, und wurden im Kreis Braunau untergebracht. Am schlechtesten ging es mir und noch 3 Familien, die am Semmering einquartiert waren. Wir gerieten zwischen die Fronten ins Kreuzfeuer und konnten uns kaum das Leben retten. Es waren die Familien Anders Martin Kraus, Anders Martin Gettfert, Zinz Michael und ich, Rauh Johann, Gärtner. Wir konnten uns mit Mühe durch die deutsche Linie herausschleichen und 16 km zu Fuß bis Mürzzuschlag in die Steiermark kommen. Von dort mit der Eisenbahn bis Altötting in Oberbayern. Am 8.4.44 wurden wir bei die Bauern verteilt. Brennnesseln und je 2 Kartoffeln war unsere Speise in 8 Tagen. 9 Familien verloren sich in Österreich von den übrigen und gelangten über die Grenze nach Nieder- und Oberbayern. Auf der Flucht von Niederösterreich nach Oberösterreich und Bayern wurde oft unter Artilleriefeuer gefahren, und die Gefahr bestand jeden Tag, in Gefangenschaft unter die Russen zu geraten. Die Hilfe der Wehrmacht blieb diesmal aus, weil sie sich selber in Sicherheit bringen wollte.

Der Bericht schließt mit einigen Bemerkungen über die Umsiedlung nach Unterfranken im Jahre 1946.

* * *

Quelle:
Erlebnisbericht des Gärtnermeisters Johann Rauh aus Kyrieleis (Chiraleș), plasa Șieu (Großschogen), județul Năsăud (Nassod) in Nordsiebenbürgen. Original, 8. April 1956, 4 Seiten, mschr. – aus: Dokumentation der Vertreibung der Deutschen aus Ost-Mitteleuropa Band 3: Das Schicksal der Deutschen in Rumänien, Herausgeber: Bundesministerium für Vertriebene, Flüchtlinge und Kriegsgeschädigte, dtv München 1984 (unveränderter Nachdruck der Ausgabe von 1957), S. 139-140.

ordinul de evacuare. Prea târziu! 42 de familii au fost prinse de ruși și trimise înapoi în Ardeal. Acolo li s-a luat totul, iar ei au fost băgați în lagăre și maltratați. 40 de familii plecaseră mai departe în convoi până la Braunau pe Inn, unde s-au întâlnit cu americanii. Aceștia au fost cazați în zona Braunau. Cel mai rău și mai greu am nimerit-o eu și încă trei familii, care am fost găzduiți în Semmering. Am ajuns între fronturile inamice, sub focurile lor încrucișate. Abia ne-am putut salva viața. Eram familiile lui

Für die Frauen war es oft am schwersten
Deseori cel mai greu le era femeilor

Anders Martin Kraus, Anders Martin Gettfert, Zinz Michael și a mea, Rauh Johann, horticultor. Cu mari eforturi am reușit să ne furișăm din linia de luptă germană și să ajungem, după 16 km de mers pe jos, la Mürzzuschlag, în Stiria. De acolo am ajuns cu trenul până la Altötting, în Bavaria Superioară. La 8 aprilie 1945 am fost repartizați pe la diferiți țărani. Urzici și câte doi cartofi ne-a fost hrana timp de opt zile. Nouă familii s-au pierdut de ceilalți în Austria și au ajuns peste graniță, în Bavaria Superioară și Inferioară. În timpul refugiului din Austria Inferioară spre Austria Superioară și spre Bavaria, de multe ori trebuia să călătorim sub focul artileriei, iar pericolul de a fi capturați de către ruși era permanent. Sprijinul soldaților Wehrmachtului acum nu-l mai aveam, deoarece și ei trebuiau să se salveze cumva.

Relatarea se încheie cu descrierea migrării în Franconia Inferioară în 1946.

* * *

Izvor:
Descrierea unor întâmplări trăite de către maistrul horticultor Johann Rauh din Chiraleș, plasa Șieu, județul Năsăud, din Ardealul de Nord. Original, 8 aprilie 1956, 4 pagini scrise la mașină – din: Dokumentation der Vertreibung der Deutschen aus Ost-Mitteleuropa Band 3: Das Schicksal der Deutschen in Rumänien, Herausgeber: Bundesministerium für Vertriebene, Flüchtlinge und Kriegsgeschädigte, dtv München 1984 (unveränderter Nachdruck der Ausgabe von 1957), p. 139-140.

2.3.3 Bericht von Maria Göbbel (1914-2003) aus Jaad: Evakuierung und Rückkehr nach Jaad mit der Eisenbahn

2.3.3 Relatarea evacuatei Maria Göbbel (1914-2003) din Iad/Livezile: Evacuarea şi reîntoarcerea la Iad (Livezile) cu trenul

Als am 23. August 1944 Rumänien zu den Russen überging, hatten die Leute keine Lust mehr zu arbeiten, da redete man auf der Straße herum, müssen wir flüchten oder bleiben? Die Front kam immer näher; deutsche Soldaten waren im Dorf einquartiert; die sagten, ihr müßt gehen. Da kam auch vom Ortsgruppenleiter Karl Henel Befehl, dass man doch gehen muss. Ich, Maria Göbbel, war 30 Jahre alt und schwanger. Es hieß, die Alten und die Kranken, Frauen mit Kleinkindern und die Schwangeren können mit dem Lazarettzug fahren: zwei Tage bis

Când la 23 august 1944 România a trecut de partea ruşilor, nimeni nu mai avea poftă de lucru; oamenii se întrebau pe stradă dacă trebuie să ne refugiem sau să rămânem. Linia frontului se apropia tot mai mult; în sat erau găzduiţi soldaţi germani, care ne spuneau că trebuie să plecăm. În aceste frământări, de la conducătorul grupului local, Karl Henel, a venit ordinul de evacuare.

Eu, Maria Göbbel, aveam de 30 de ani şi eram însărcinată. Ni s-a spus că bătrânii, bolnavii,

Alltag während der Evakuierung mit der Eisenbahn - Griji zilnice În timpul evacuării cu trenul

nach Ödenburg; wenn dann die Front vorüber ist, können alle wieder zurück. Die anderen Leute bereiteten sich Koberwagen vor. Am 17. September 1944, ein Sonntag, sollte jeder bereit sein.

Ich wurde mit meinem jüngeren 10jährigen Töchterchen Margarete nach Bistritz ins Deutsche Gymnasium schon am Samstag gefahren. Dort waren viele Frauen mit Kindern, ein wahres Durcheinander: Kinder weinten, alte Leute verabschiedeten sich von ihren Kindern, es war ein Zustand und ein Gejammer; jeder sollte nur

femeile cu copii mici şi gravidele pot să plece cu un tren-spital, că se va merge două zile până la Ödenburg (Ungaria), iar după ce inamicul va fi respins, se va putea reveni acasă. Ceilalţi oameni îşi pregăteau căruţele cu coviltir. La data de 17 septembrie 1944, o zi de duminică, trebuiau să fie toţi gata de plecare.

Sâmbătă, 16 septembrie 1944, m-a dus soţul cu fiica mea de zece ani, Margarete, în gimnaziul (liceul) din Bistriţa. Acolo erau multe femei cu copii, un vălmăşag nemaipomenit. Copiii plângeau, oamenii în vârstă îşi luau rămas bun

10 Kilo Gepäck haben und jeder hockte auf seinen Sachen. Am Sonntagvormittag brachte mein Mann auch meine Schwiegermutter hin; sie war krank. Sie litt an der Wassersucht. Mein Ehemann fuhr mit den anderen Kindern – Thomas, 14 und Maria, 12 - mit dem Pferdewagen im Jaader Treck mit. Wir musssten nun warten, es gab keine Waggons.

Erst am Mittwoch, dem 20. Sept. wurden wir abends in Viehwaggons verladen, keine Lazarettwagen. Im ersten Wagen hinter der Lokomotive waren Frau Dr. Budaker, eine Hebamme - Frau Wirtik - mit ihrer Tochter Olga, Frau Schuster aus Windau; dort hatten sie einen Gasofen, einige Arzneimittel, Windeln, Kindersachen, Lebensmittel. Zucker für Kleinkinder gab es hie und da im Brei. Im zweiten Wagen befanden sich die schwangeren Frauen mit den Kleinkindern, die sie mithatten, im dritten waren Kranke, unter ihnen meine Schwiegermutter. In den anderen Waggons, es waren insgesamt 52 Viehwaggons, waren alte Leute, meistens Bistritzer, Frauen mit Kindern usw. Donnerstag (21. Sept.) früh, der Zug stand außerhalb des Bahnhofs, liefen die Leute aufs Feld, holten sich Stroh in die Waggons und gegen Mittag ging es dann endlich los - über Desch in Richtung Olasszopor. Der Zug fuhr langsam; wir wurden oft auf tote Gleise gestellt, musssten warten. Samstag abends standen wir wieder, ich ging in den dritten Waggon zu meiner Schwiegermutter; es ging ihr schlecht. Sie bat mich nur, ich solle ihr die Schuhe ausziehen, essen wollte sie nicht, nur einmal Wasser trinken. Kaum war ich in meinen Waggon zurückgekehrt, da rief eine alte Frau aus Mettersdorf, ich solle schnell wieder zu ihr kommen und in wenigen Minuten war sie tot. Was sollte ich nun tun? Der Transportleiter, Lehrer Penteker aus Bistritz, half mir. Wir hatten bei jedem Waggon eine Art Hühnerleiter aus Holz angefertigt, über diese gingen wir hinauf und hinunter. Er bestellte mehrere Männer aus Bistritz; diese legten die Schwiegermutter auf so eine Leiter, trugen sie in einen leeren Waggon auf ein anderes Gleis, zogen die Tür zu und basta. Am Sonntagmorgen standen wir noch immer dort. Ich bat Lehrer Penteker wieder um Hilfe. Er kam, und Männer holten die Tote. mit der Leiter und legten sie auf die Wiese neben die Bahnlinie. Mit einer alten Frau aus Mettersdorf zogen wir sie schön an, legten sie auf eine Decke auf die Wiese; gegen Abend kam ein Pferdewagen, ein Mann brachte einen Sarg. Sofort legten wir sie hinein und der Mann sag-

de la copiii lor. Era o situaţie deosebită, o jale mare. A fost permis să se ia doar 10 kg de bagaje de persoană, şi fiecare şedea pe lucrurile sale. Duminică dimineaţa, soţul meu a adus-o şi pe mama sa la noi, care aşteptam să fim repartizaţi în vagoane. Era bolnavă de hidropizie (apă la inimă). Soţul, împreună cu fiul de 14 ani, Thomas, şi fiica de 12 ani, Maria, au mers cu căruţe cu cai pe urma convoiului celor din Livezile. Noi a trebuit să aşteptăm pentru că nu erau vagoane la dispoziţie. Abia miercuri, 20 septembrie 1944, am fost îmbarcaţi în vagoane de vite, şi nu vagoane-spital!

În primul vagon după locomotivă era doamna dr. Budaker, o moaşă, doamna Vârtig cu fiica ei Olga şi doamna Schuster din Ghinda; acolo aveau o sobă cu gaz, ceva medicamente, scutece, lucruri pentru copii, alimente, zahăr care se punea în hrana copiilor mici, dar nu întotdeauna. În vagonul al doilea erau femeile gravide şi copiii lor mai mici. În al treilea vagon erau bolnavii, între care şi soacră-mea. În total erau 52 de vagoane cu bistriţeni, femei şi copii etc. Joi, 21 septembrie 1944, trenul aştepta în partea de vest a gării; oamenii au fugit dis-de-dimineaţă pe câmp şi au adus paie în vagoane, iar spre amiază trenul s-a pus în mişcare în direcţia Dej, apoi spre Olasszopor. Mergea încet, de multe ori a trebuit să aşteptăm pe linii moarte. Sâmbătă, când s-a oprit trenul din nou, am mers în al treilea vagon, unde era soacră-mea. Se simţea foarte rău. M-a rugat să o descalţ, n-a vrut să mănânce, doar să bea apă. Când m-am întors la vagonul nostru, o femeie în vârstă din Dumitra m-a chemat repede înapoi. M-am întors, iar în câteva minute soacra a murit. Era o situaţie deosebită, nu ştiam ce să fac. Conducătorul transportului, învăţătorul Penteker din Bistriţa, m-a ajutat mult. La fiecare vagon era câte o scară făcută din lemn, pe care urcam în vagon şi coboram. D-nul Penteker a chemat câţiva bărbaţi bistriţeni care au pus-o pe soacră-mea pe o asemenea scară şi au dus-o într-un vagon gol pe o altă linie; au închis uşa. Gata! Am mai stat şi duminică pe linia moartă. Iarăşi am cerut ajutorul d-lui Penteker; a venit cu nişte bărbaţi care au adus-o din acel vagon şi au culcat-o pe pajiştea de lângă tren. O bătrână din Dumitra m-a ajutat s-o îmbrac frumos, apoi am aşezat-o pe o pătură pe pajişte. Spre seară a venit din satul apropiat un bărbat cu o căruţă cu cai, aducând un sicriu. Imediat am pus-o în sicriu şi au dus-o în capelă. Bărbatul mi-a transmis din partea preotului că soacra va fi înmormântată luni, pe la amiază. Luni am plecat pe jos în sat, ca. 6 km, împreună cu fiica mea Grete. Cumnata

te, Montag Mittag würde sie begraben, so hätte der Pfarrer gesagt. Er fuhr sie in das Dorf in die Kapelle. Montag früh machte ich mich auf mit meiner zehnjährigen Grete, meine Schwägerin Maria Klee wollte auch kommen, aber mit ihrem neun Monate alten Thomas ging es nicht. Wir gingen los, etwa 6 km weit, kamen ins Dorf, deutsche Soldaten zeigten uns, wo der Pfarrer wohnte. Er konnte ein bißchen deutsch, ging mit uns in den Friedhof, da waren fünf Zigeuner, die hatten das Grab kaum angefangen, er ermahnte sie, sie sollten sich beeilen. Wir gingen zurück zur Kirche, die Glocken läuteten, fünf Frauen kamen mit einem Kranz, auch vier Männer waren dabei, der Pfarrer predigte ungarisch, wir verstanden kein Wort, die Männer nahmen den Sarg auf die Schultern und singend gings zum Friedhof, wo sie eingescharrt wurde. Ich bezahlte dann die Zigeuner, Pengö hatte ich ja genug, der Kirche habe ich ebenfalls Geld geschenkt. Dann bedankte ich mich bei allen, die dabei waren und holte den Totenschein im Gemeindeamt ab.

Klee Maria n-a putut să ne conducă, având un copil mic de 9 luni.

În sat, soldații germani mi-au arătat unde locuiește preotul maghiar. Acesta știa puțin limba germană. Am mers în cimitir, unde erau cinci țigani care abia începuseră să sape groapa. Preotul le-a atras atenția să se grăbească. Am mers cu el înapoi la biserică; apoi clopotele au început să bată, au venit cinci femei cu o coroană, precum și patru bărbați. Preotul a spus predica în limba maghiară, așa că n-am înțeles o vorbă. Apoi bărbații au luat sicriul pe umeri și l-au dus cântând la cimitir. Am plătit țiganii cu pengö; bani am avut destui, am donat și bisericii. Am mulțumit tuturor și am plecat la primărie, de unde am scos certificatul de deces.

Când ne-am întors la tren ne-a prins o furtună mare; am căutat adăpost pe sub niște nuci de lângă drum. Am ajuns uzi leoarcă, ne-am schimbat hainele și, în scurt timp, trenul s-a pus în mișcare. Cei din tren fuseseră îngrijorați deoarece stătusem mult timp în sat; au crezut

Maria Göbbel, geb./născută Klösler: Ungarische Sterbeurkunde – Certificat de deces maghiar 24.09.1944

Auf dem Rückweg am Nachmittag erwischte uns ein Gewitter; wir suchten Schutz unter Nußbäumen am Straßenrand und kamen völlig durchnäßt beim Zug an. Die Leute hatten schon

că am pățit ceva. Viața și-a continuat însă calea mai departe, iar noi trebuia să așteptăm zile întregi pe linii moarte. Oamenii fugeau în sate și cumpărau pâini albe. Câteodată scăpau trenul,

befürchtet, uns sei etwas zugestoßen. Wir stiegen in unseren Waggon, wechselten die nassen Kleider; nach kurzer Zeit fing der Zug an zu fahren, es ging weiter - auch das Leben - und immer wieder mussten wir tagelang auf toten Gleisen warten. Die Leute liefen oft in die Dörfer, kauften große weiße Brote, manchmal verpaßten sie auch die Abfahrt, man wußte ja nie, wie lange der Zug hält. Lebensmittel bekamen wir auch von der Wehrmacht, Zucker, Salami, Brot, Marmelade, wir hatten von zu Hause einen Henkeltopf mit ausgebratener Butter und einen mit Honig. Damit hatten wir Glück, denn das Fleisch und die Wurst von zu Hause hielten sich ja nicht.

In unserem Waggon waren acht schwangere Frauen mit ihren Kindern. In der Nacht breiteten wir uns das Stroh aus, eine Decke drauf, das war unser Bett. Früh morgens wurde alles aufgeräumt, alle saßen am Boden, Stühle gab es ja keine. Am 2. Oktober 1944, 9 Uhr früh, eine Woche nach dem Tod meiner Schwiegermutter, habe ich im Waggon in einer Ecke auf Stroh ein Mädchen und einen Jungen geboren. Die Tochter der Hebamme brachte von der Lokomotive warmes Wasser. Damit wurden die Zwillinge ein wenig gewaschen und dann angezogen. Wir befanden uns in Ofeherto. Die Hebamme fragte mich, wie sollen die Kinder heißen? Ich dachte lange nach, dann sagte ich Horst und Erika. In der Nacht zum 3. Okt. ging es dann wieder weiter bis Nyiregyhaza, wo wir dann fünf Tage lang auf einem toten Gleis warteten. Am Tag vorher hatte es dort Bombenangriffe gegeben, wir sahen noch die Bombentrichter.

Für mich war es eine besonders schwere Reise. Nach der Geburt der Kinder sind wir noch drei Wochen im Viehwaggon gefahren, die Kleinen weinten oft, einmal nahm ich das eine auf den Arm, dann weinte auch das andere, da nahm ich auch dieses. In der Nacht zündete ich Wehrmachtskerzen an, ganz flache hatten wir von den Soldaten bekommen, im Arm die Kinder, in der Hand die Kerze. Man mussste aufpassen dass sich das Stroh unter uns nicht anzündet. Tagsüber ging es ja besser, die Leute halfen mir ja. Drei Wochen wurden die Kleinen nicht gebadet, nur hie und da ein wenig gewaschen. Sobald der Zug hielt, holten die Leute Wasser im Eimer, bei jedem Manöver verschüttete es sich und es wurde mit dem Besen hinausgekehrt. Die Windeln hingen auf einer Schnur im Waggon, sie wurden nie trocken. Wir legten sie zusammen, saßen auf ihnen, damit sie ein wenig warm und trocken wurden.

căci nu se ştia niciodată cât timp staţionăm. Alimente primeam de la Wehrmacht: zahăr, salam, pâine, marmeladă. Noroc că luasem de acasă o oală cu toartă plină cu unt topit şi una cu miere, căci carnea şi cârnaţul s-ar fi stricat.

În vagonul nostru au fost opt femei gravide şi copiii lor. Noaptea aşterneam paiele pe jos, puneam o pătură deasupra şi ne culcam în aşa-zisul pat. Dimineaţa le strângeam grămăjoară, ne aşezam pe ele dar şi pe jos, fiindcă scaune nu aveam. În dimineaţa de 2 octombrie 1944, la ora nouă, într-un colţ al vagonului, pe paie, am născut doi gemeni, o fată şi un băiat. Fiica moaşei a adus de la locomotivă apă caldă. Am spălat copiii cât de cât şi i-am îmbrăcat. Ne aflam în gara localităţii Ofeherto. Moaşa m-a întrebat cum să fie numiţi copiii. M-am gândit mult, apoi i-am spus: Horst şi Erika. În noaptea de 3 octombrie trenul ne-a dus mai departe până la Nyiregyháza, unde am stat cinci zile pe o linie moartă. Cu o zi înainte au avut loc acolo bombardamente, încă se puteau vedea gropile provocate de bombe.

Pentru mine această călătorie a fost foarte grea. După naşterea copiilor am mai mers trei săptămâni în acele vagoane de vite. Sugarii plângeau des; când îl luam pe unul în braţe, în acelaşi moment plângea şi celălalt; apoi îi legănam pe amândoi. Noaptea aprindeam lumânări primite de la Wehrmacht; erau late, să nu se răstoarne. Într-o mână ţineam lumânarea, grijind să nu se aprindă paiele de sub noi, iar în celălalt braţ aveam un copil la alăptat. Peste zi era ceva mai uşor, mă ajutau femeile. Trei săptămâni n-am îmbăiat copiii, doar îi spălam oarecum. Când trenul se oprea, oamenii aduceau apă în găleţi, însă la fiecare manevră a trenului aceasta se vărsa, trebuind apoi s-o dăm afară cu mătura. Întindeam scutecele pe o sfoară în vagon, dar nu se uscau deloc; le împăturam şi ne aşezam pe ele ca să se usuce şi să se încălzească puţin.

În Krakovia am primit de la Wehrmacht o mâncare caldă. O soră medicală a consultat copiii şi a împărţit medicamente. Dintre cele opt femei gravide au născut în vagon cinci, pe paie, iar trei au născut mai târziu. Trenul cu cele 52 de vagoane a mers mai departe în Silezia Superioară, prin Katovice şi Görlitz, până la Gleiwitz. Acolo au coborât bistriţenii. Ceilalţi au fost duşi la Schwintochlowitz, deocamdată staţia finală. Era data de 23 octombrie 1944.

În Schwitochlowitz am fost cazaţi într-o clădire imensă, cu săli mari. Acolo au dormit oamenii

In Krakau erhielten wir von der Wehrmacht ein warmes Essen. Eine Krankenschwester untersuchte die kleinen Kinder und teilte Medikamente aus. Von den acht schwangeren Frauen haben fünf ihre Kinder im Zug auf Stroh geboren, drei erst später. Der Zug mit den 52 Viehwaggons fuhr weiter nach Oberschlesien hinein, über Kattowitz und Görlitz nach Gleiwitz, wo die Bistritzer ausstiegen. Die anderen kamen alle nach Schwintochlowitz. Dies war am 23. Oktober 1944 die vorläufige Endstation.

In Schwintochlowitz wurden alle in einem großen Gebäude in großen Sälen untergebracht. Auf dem Fußboden schlief einer neben dem anderen, die Kinder weinten, es war ein großes Durcheinander.

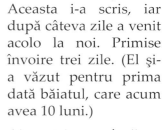

Maria Göbbel mit Erika und Horst in Hoheneich
Maria Göbbel cu Erika şi Horst la Hoheneich

Ich selber bekam oben im Stock ein kleines Zimmer, weil ich Zwillinge hatte. Hier hatten wir es ein wenig besser, es gab auch warmes Mittagessen aus einem großen Kessel.

Meine Schwägerin Maria Klee und ich wussten natürlich nicht, wo unsere anderen Kinder, wo unsere Männer, Eltern, unsere Angehörigen zu dem Zeitpunkt waren. Von meinem Bruder Thomas Klee (282), der Soldat war, hatten wir eine Adresse. Meine Schwägerin schrieb ihm und nach einigen Tagen war er bei uns, er hatte drei Tage Urlaub bekommen. Unsere Angehörigen waren mit dem Treck unterwegs. Mein Mann und die zwei größeren Kinder, Thomas und Maria, sind im November in Auhof bei Perg angekommen, meine Eltern waren mit den Kleinbistritzern in Romau b. Neubistritz. Meine Mutter schrieb meinem Bruder Thomas, dass sie in Romau bleiben, mein Bruder, der unseren Aufenthaltsort kannte, teilte diesen die Geburt der beiden Kinder mit. Mein Vater Thomas Klee (282) machte sich daraufhin mit meinem Schwager Rektor Otto Engler auf den Weg nach Schwintochlowitz.

An einem Morgen, es war schon Anfang Dezember 1944, rief man mich hinunter und wer war da, mein Vater und mein Schwager Otto. Die Freude war riesengroß. Schon am Abend reisten wir ab, in Brünn musssten wir umsteigen, uns in einem Luftschutzkeller vor einem Fliegerangriff schützen. Die Kinder weinten, eine Schwes-

pe jos, unul lângă altul. Copiii plângeau, era o harababură mare. Eu, pentru că aveam gemenii, am primit o cameră mică la etaj. Aici ne-a mers ceva mai bine. Am primit mâncare caldă pregătită într-un cazan mare. Nici eu şi nici cumnata mea, Maria Klee, nu ştiam la acea dată unde ne sunt copiii, soţii şi părinţii. De la fratele meu, care era soldat, am aflat adresa soţului ei. Aceasta i-a scris, iar după câteva zile a venit acolo la noi. Primise învoire trei zile. (El şi-a văzut pentru prima dată băiatul, care acum avea 10 luni.)

Ai noştri erau încă pe drum cu convoiul. Soţul şi copiii noştri mai mari, Thomas şi Maria, au sosit în noiembrie 1944 la Auhof, lângă Perg, în Austria. Părinţii şi sora mea au fost dirijaţi cu dorolenii la Romau, tot în Austria. Mama i-a scris fratelui meu Thomas, care era soldat, şi i-a comunicat că vor rămâne la Romau. Acesta le-a transmis adresa noastră şi le-a dat de ştire despre naşterea gemenilor. Tata, Klee Thomas, şi cumnatul meu, rectorul Engler Otto, s-au pus pe drum spre Schwintochlowitz. Într-o dimineaţă, la început de decembrie, am fost chemată jos la poartă; bucuria mi-a fost extrem de mare când i-am văzut. Deja în acea seară, împreună cu cumnata Maria Klee şi cu copiii am plecat prin Brno, în direcţia Romau. La Brno am schimbat trenul, dar mai întâi a trebuit să ne adăpostim într-un beci antiaerian, pentru că era alarmă. Copiii plângeau; o soră medicală ne-a adus pentru copii ceai de muşeţel; tot ea ne-a condus până la Romau.

După două zile a venit la noi şi soţul meu, Göbbel Thomas. Ne căutase la Schwintochlowitz, apoi aflase adresa noastră prin serviciul de căutare. Eu am rămas la Romau, la părinţii mei, căci mama nu m-a lăsat să plec cu doi copii aşa de mici.

Bunica mea, Klee Maria, părinţii, cumnata cu cei patru copii, sora mea, Engler Margaretha, şi soţul ei, Engler Otto (el a fost învăţător la Dorolea, iar acum era învăţător la şcoala din Romau), toţi locuiam în incinta şcolii. Ne era cam greu; copiii mergeau la şcoală, noi pregăteam mâncare pentru 12 persoane şi aveam grijă de cei mici. Am fost vizitaţi de o soră socială a localităţii, iar

ter brachte für die Kleinen Kamillentee und begleitete uns dann bis Romau. Nach zwei Tagen kam auch mein Mann hin, er hatte uns durch die Suchaktion auch in Schwintochlowitz gesucht. Ich blieb dann in Romau bei meinen Eltern. Meine Mutter wollte mich nicht fortlassen mit zwei kleinen Kindern. Meine Großmutter, meine Schwägerin mit 4 Kindern, meine Eltern, meine Schwester mit ihrem Mann Otto, alle wohnten wir in Romau in der Schule, wo Otto Lehrer war.

Wir plagten uns alle miteinander, die Kinder gingen in die Schule, wir Frauen kochten das Essen für 12 Personen und sorgten auf die Kleinen. Eine Gemeindeschwester besuchte uns, die Dorfbewohner brachten uns Milch, Kartoffeln u.a. Diese Schwester hat dann für mich gesorgt, dass ich am 8. Januar 1945 in ein Müttererholungsheim nach Hoheneich bei Gmünd gekommen bin.

Dort ist es mir und meinen Kleinen sehr gut gegangen. Vier Monate blieb ich dort. Es waren 12 Mütter mit ihren Kleinen, sie blieben jeweils 4 Wochen, dann kamen andere. Eine Wienerin, Frau Neundlinger, sie hatte auch Zwillinge, Renate und Hilde, ihr Mann war gerade im Krieg gefallen, und wir durften beide bis zum Kriegsende dort bleiben. (1977 besuchte ich nach 33 Jahren mit meinem Sohn Horst Hoheneich, Frau Neundlinger begegnete ich erst 1981 in Wien wieder...)

Am 8. Mai 1945 hat mich mein Vater mit meinem Sohn Thomas aus Hoheneich abgeholt. In Romau packten wir am 9. Mai all unser Hab und Gut auf einen Wagen, Vater hatte von Soldaten ein schönes Pinzgauerpferd bekommen. In der Nacht mussten wir weg, denn die Russen waren nahe. Das Pferd schleppte den schweren Wagen, wir alle zu Fuß, der zweiteilige Kinderwagen am Pferdewagen angebunden. So zogen wir

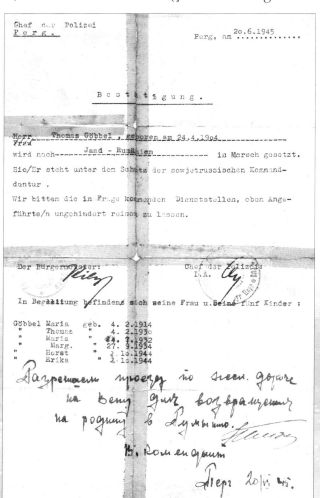

Reisebestätigung für Familie Göbbel 20. Juni 1945
Dovadă pentru familia Göbbel din 20 iunie 1945

cetăţenii din Romau ne aduceau lapte, cartofi etc. Această soră m-a ajutat să ajung într-un cămin de recuperare pentru mame, situat la Hoheneich, lângă Gmünd, unde am plecat la 8 ianuarie 1945. Acolo ne-a mers foarte bine atât mie cât şi gemenilor. Erau 12 mame cu copiii lor; acestea avuseră dreptul să stea patru săptămâni în cămin. Eu şi încă o femeie din Viena, doamna Neundlinger, al cărei bărbat căzuse pe front (şi ea avea gemeni: Renate şi Hilde), am avut permisiunea să rămânem acolo până la sfârşitul războiului.

În 1977, după 33 de ani, am fost la Hoheneich împreună cu fiul meu Horst, însă pe doamna Neundlinger am întâlnit-o abia în 1981 la Viena.

În ziua de 8 mai 1945 a venit la Hoheneich tata cu fiul meu Thomas şi m-au dus cu copiii la Romau. În 9 mai am împachetat într-o căruţă tot ce am avut; tata primise de la militari un cal frumos de rasă Pinzgau. Noaptea am părăsit satul Romau, căci ruşii se apropiau tot mai mult. Calul trăgea căruţa grea, noi toţi mergeam pe jos, căruciorul dublu cu gemenii l-am agăţat de căruţă; aşa am ajuns la Litschau, unde ne-am întâlnit cu primii ruşi. Ne-a fost frică de ei, dar nu ne-au făcut nimic. Am mai mers apoi încă o săptămână până la Auhof, lângă Perg, unde am fost cazaţi la un ţăran bogat, pe nume Heidelbauer. Acolo, la Auhof, locuia soţul meu. Am lucrat la acel ţăran.

Calul ne-a fost luat. Adesea am dormit în câmp, pentru că veneau ruşii noaptea şi căutau femei şi fete. Gazda avea câini; când aceştia lătrau, atunci ştiam că vin ruşii, fugeam pe portiţa din dos, ne ascundeam în holde de grâu până se liniştea împrejur. Deţinuţii, acum eliberaţi din lagărul de concentrare de la Mauthausen, veneau la localnici, le deschideau dulapurile, îşi luau

langsam bis nach Litschau, wo wir die ersten Russen sahen. Wir hatten furchtbare Angst, die taten uns aber nichts. So ging`s dann eine Woche lang bis zum Heidelbauer in Auhof bei Perg, wo mein Mann einquartiert war. Dort arbeiteten wir beim Bauern, das gute Pferd nahm man uns. Öfters haben wir draußen im Feld geschlafen. Die Russen kamen in der Nacht und suchten junge Frauen und Mädchen. Der Bauer hatte Hunde, als die bellten, liefen wir durch eine Hintertür, versteckten uns im Kornfeld bis wieder Ruhe war. Die befreiten Gefangenen aus dem nahegelegenen KZ Mauthausen nahmen den Bauern die besten Kleider aus dem Schrank, zogen sich schön an, holten sich aus dem Stall das beste Pferd und ritten davon.

Mitte Juni 1945 kam von den Russen Befehl, jeder geht, von wo er gekommen ist. Unsere Männer - Gierescher 226, Gierling 288, Baier 164... - berieten und beschlossen, dass wir uns dem russischen Befehl beugen sollten. Diejenigen, die keine Pferde mehr hatten, kamen alle zum Bahnhof nach Perg, die anderen fuhren mit Pferdewagen in Richtung Heimat Siebenbürgen. Wir fuhren bis St. Pölten in Personenwagen, dort mussten wir alles ausladen. Mit unserem Gepäck haben wir an einer Wand auf dem Fußboden geschlafen, Horst und Erika im Kinderwagen.

Es hieß, die Züge dürften nicht aus einem Raion in den anderen fahren. In St. Pölten durften wir unsere Sachen auf offene Plattformen aufladen und weiter gings bis zum nächsten Raion, wo unsere Männer wieder andere Waggons „verschaffen" mussten, was Geld, Zucker, Militärschuhzeug, Streichhölzer u.a. kostete. All das mussten die Leute zusammenlegen, sonst kamen wir nicht weiter.

Wir haben immer nur offene Waggons erhalten, viel, viel Wind und Regen ausgehalten. Wir legten uns nur Decken über den Kopf und über den Kinderwagen. Es ging langsam weiter. In Ungarn auf einem Bahnhof kamen Frauen mit Literflaschen Milch, sie wollten von uns Streichhölzer dafür. So bekamen wir 2 Liter Milch für die Kleinen. Bis zu dem Zeitpunkt hatte ich ihnen nur Gries im Wasser gekocht, Zucker und Kakao hinein, das war zusätzlich zur Brust. Wie verlief aber das Kochen? Immer, wenn der Zug irgendwo hielt, suchten die Männer zwei Steine, ein Blech drauf, ein kleines Feuerchen darunter, sie sorgten auch immer für Holz. So kochten wir hie und da. Nun hatte ich Milch und kochte für die Kleinen Gries, doch das war nicht gut, denn die Milch war wohl verdorben. Beide er-

hainele cele mai frumoase, se îmbrăcau, îşi luau din grajd caii cei mai buni şi plecau călare.

La mijlocul lunii iunie 1945 am primit din partea armatei sovietice ordinul ca toţi refugiaţii să plece înapoi de unde au venit. Soţii noştri, printre care Gierescher, de la nr. 226, Gierling, nr. 288, Baier, nr. 164, s-au sfătuit şi au hotărât să respecte ordinul dat de ruşi. Cei care nu mai aveau cai au venit în gară la Perg, iar ceilalţi au plecat cu căruţele spre Ardeal. Noi am mers cu trenul personal până la St. Pölten, unde a trebuit să ne dăm jos cu toate bagajele. Am dormit în gară pe jos, lângă pereţii clădirii, iar gemenii în cărucior. Am fost anunţaţi că trenurile n-au voie să circule dintr-un raion în altul. Apoi am primit permisia de a ne încărca bagajele (lăzi şi saci) pe vagoane-platformă. Am mers până în raionul următor, unde iarăşi ne-am dat jos; bărbaţii trebuiau să caute alte vagoane, desigur, cu plată – zahăr, chibrituri, încălţăminte militară. Toţi puneau mână de la mână, altfel n-am fi putut merge mai departe. Tot timpul am primit numai vagoane deschise, platforme. Am răbdat frig, vânt şi ploaie. Ne acopeream cu pături, la fel acopeream şi căruciorul cu copiii. Într-o gară în Ungaria au venit femei cu lapte de vânzare; cereau chibrituri. Astfel am cumpărat doi litri de lapte pentru copii. Până atunci am fiert numai gris în apă, adăugând un pic de cacao şi zahăr; aceasta era supliment alimentar pe lângă laptele matern. Dar cum fierbeam alimentele când eram cu trenul? Când acesta se oprea, bărbaţii fugeau şi căutau două pietre şi lemne de foc. Aşezam o bucată de plev pe ele, făceam un foc mic şi ne apucam să fierbem mâncarea. Având laptele cumpărat, am fiert gris în lapte, dar nu le-a fost bun copiilor, probabil a fost stricat; aceştia au plâns, n-au mai vrut să sugă, au început să aibă diaree. Trenul îşi continua drumul. La Budafok ne-am oprit câteva zile, am mers cu copiii la doctor în oraş; eu aş fi vrut să fie internaţi, dar medicul mi-a spus că nu este aşa de grav; mi-a dat medicamente dar nu le-a mers mai bine, ci tot mai rău. Mama, peste tot unde era posibil, căuta apă şi spăla scutecele. Odată trenul a pornit, însă ea l-a pierdut; s-a pornit pe jos pe linia ferată până ne-a ajuns. Seara târziu trenul a plecat din nou; copiii se simţeau tot mai rău. Dimineaţa am sosit la Püspökladány. Gemenii plângeau. Pe linii staţionau multe trenuri, iar noi ne aflam pe partea opusă clădirii gării. Fiul meu l-a luat în braţe pe Horst, iar eu pe Erika; am traversat cât se poate de repede printre trenurile staţionate, pentru a ajunge la clădirea

krankten, weinten, wollten die Brust nicht mehr, Durchfall und der Zug fuhr weiter. In Budadfok hielten wir dann wieder einige Tage, wir gingen in die Stadt zu dem Doktor, ich wollte mit den Kindern ins Krankenhaus, aber der Arzt sagte, es sei nicht so schlimm, wir könnten weiterfahren, gab uns Arzneimittel, doch es ging den Kleinen immer schlechter. Meine liebe Mutter, überall wo sie nur konnte, ging sie zum Wasser, um Windeln zu waschen; einmal ist der Zug losgefahren, und sie ist zurückgeblieben. Sie ist dann auf der Bahnlinie zu Fuß gekommen und hat uns dann wiedergefunden. Spät am Abend fuhr dann der Zug wieder los, meinen Kindern ging es immer schlechter, früh zwischen 8 u. 9 kamen wir in Püspöklodanyi an. Die Kinder weinten, auf den vielen Gleisen standen Züge, Waggons, alles voll, mein Sohn Thomas hatte das Bahnhofsgebäude gesehen, er nahm den kleinen Horst in den Arm, ich nahm Erika und so schnell wir unter den Waggons rauf und runter konnten, kamen wir zum Gebäude. Dort war ein deutscher Arzt; er untersuchte die Kleinen, sagte dann, leider hätte er keine Medikamente. Als wir wieder über und unter den Waggons zurückkamen, ist meine liebe Erika in meinen Armen für immer eingeschlafen - es war am 10. August 1945 vormittags um ca. 10 Uhr. Sie war 9 Monate und 8 Tage alt. Nun kann man sich denken, was das für mich und für uns alle bedeutete. Nun was tun? Mein Mann ging in die Stadt; er sollte einen Sarg kaufen, aber für Geld allein ging es nicht. Er kam zurück; wir hatten ein Bierfäßchen aus Holz bei der Flucht von zu Hause voll mit Honig mitgenommen; es war noch was drin. Er ging dann mit Honig und Geld und holte einen kleinen Kindersarg. Wir haben Erika dann schön angezogen und den Sarg auf die Wiese neben der Bahnlinie gestellt; es war schön grün dort. Die Leute aus dem Transport, es waren ja viele Jaader dabei, kamen und sahen und weinten mit uns zusammen; es waren schwere Tage. In der Nacht nahmen wir den Sarg hinauf auf den Waggon, denn niemand wußte, wann es wieder weitergeht. Meinem kleinen Horst ging es ziemlich schlecht, er krächzte nur, konnte nicht mehr weinen, er wurde einmal blau, gelb, kalter Schweiß stand auf seiner Stirn. Ich betete: „Du, lieber Gott, laß mir auch nur dieses Kind gesund werden und mit nach Hause nehmen!" An der Bahnlinie war ein großer Friedhof. Dort haben wir dann unsere kleine Erika zu Grabe getragen. Ich kann mich nicht mehr genau erinnern, am 11. oder am 12. August. Mein Schwager Otto hat dann am Grab gebetet. Ich bin 1987

gării. Acolo era un medic german; acesta i-a consultat, dar cu părere de rău ne-a spus că nu are medicamentele necesare. Când am traversat din nou printre trenuri, scumpa mea Erika a adormit pentru totdeauna în brațele mele; era data de 10 august 1945, ora zece; avea nouă luni și opt zile. Vă puteți închipui ce a însemnat asta pentru mine și pentru toată familia... Ce era de făcut? Soțul a mers în oraș să cumpere un sicriu, dar pe bani nu i-a vândut nimeni. A venit înapoi. De acasă luasem un butoiaș de bere plin cu miere; mai era ceva miere în el. A mers cu mierea și cu banii și a adus un sicriu mic. Am îmbrăcat-

Erika Göbbel
*2.10.1944 Ofeherto †10.08.1945 Püspöklodanyi

o frumos și am pus-o în sicriu pe pajiștea verde de lângă tren. Oamenii din transportul nostru, printre care erau și mulți din Livezile, au venit să o vadă și au plâns alături de noi; au fost zile foarte grele. Noaptea am luat sicriul în vagon; nimeni nu știa când va pleca trenul mai departe. Băiatului mic, Horst, îi mergea foarte rău, nu mai putea să plângă de slăbiciune, se văieta răgușit, cu voce slabă; i se schimba culoarea feței, când galbenă, când albăstruie, avea sudori reci pe frunte. Mă rugam: "Bunule Dumnezeu, fă ca măcar acest copil să se însănătoșească, să-l

auf dem Friedhof in Püspöklodanyi gewesen, habe aber das Grab nicht mehr gefunden.

In der Nacht ging es dann wieder weiter bis Bihorkeresztes. Dort gingen wir mit Horst in die Stadt zum Doktor, kauften aus der Apotheke Medikamente und unserem kleinen Jungen ging es bald besser. Der Arzt hat uns auch eine Schrift gegeben, dass wir nicht weiterfahren dürfen, weil das Kind krank ist. Dort sind wir dann 4 Wochen geblieben. Am Bahnhof war ein ausgebombtes Gebäude; in dem haben wir gehaust. Meine Schwester Grete und ihr Mann Otto sind mit uns geblieben; Otto ging es ja auch nicht gut.

Die anderen Jaader musssten dann weiter nach Großwardein, wo sie ausgeplündert und manche in Arbeitslager transportiert wurden. Manche alten Leute sind früher nach Hause gekommen, wie das genau war, weiß ich nicht. Meine Großmutter war auch unter ihnen. Als wir in Bihorkeresztes hörten, dass nicht mehr geplündert wird, haben uns dann Züge, die nach Großwardein fuhren, mitgenommen. Dort trafen wir dann meine Eltern, fuhren zusammen bis Desch, wo es nicht mehr weiterging. Die Bahnlinie sei zerstört, hieß es. Von Desch hat uns dann Sidor, der Ziegelmacher, mit einem Lastauto abgeholt. Er wohnte in meinem Elternhaus und sagte uns, dass Großmutter gestorben sei. Als wir ankamen, war sie aufgebahrt in ihrem Haus. Der rumänische Pfarrer hat sie beerdigt. Wir waren zum Glück alle dabei.

So habe ich die Flucht erlebt; es waren schwere Tage und Nächte zu überwinden. Mit Gottes Hilfe haben wir es geschafft.

Maria Göbbel, Nürnberg im Juli 1986

pot lua acasă!". Lângă gară era un cimitir. Acolo am pus-o în mormânt pe micuța noastră Erika. Nu-mi mai amintesc exact, a fost în 11 sau în 12 august 1945. Cumnatul Otto a spus o rugăciune la înmormântare. În anul 1982 am fost la acel cimitir din Püspökladány; era pustiit şi nu am mai găsit mormântul.

În acea noapte am plecat mai departe, la Biharkeresztes. Acolo am mers cu Horst la medic. Am cumpărat de la farmacie medicamente; încetul cu încetul a început să se însănătoşească. Medicul ne-a avertizat că nu putem pleca mai departe, copilul fiind încă bolnav. A trebuit să rămânem aici încă patru săptămâni, aproape tot timpul sub cerul liber; uneori mai dormeam într-o clădire a gării, care a fost bombardată. Sora mea, Grete, şi soţul ei, Otto, au rămas cu noi; dar nici Otto nu era prea sănătos. Ceilalţi din Livezile au trebuit să meargă mai departe, la Oradea, unde au fost jefuiţi şi trimişi în lagăre de muncă. O parte dintre bătrâni au ajuns mai repede acasă. Cum a fost posibil? Nu ştiu. Bunica mea era printre acei bătrâni. Când am aflat la Biharkeresztes că nu se mai produc jafuri, am plecat şi noi peste graniţă la Oradea. Acolo m-am întâlnit iarăşi cu părinţii, alături de care am mers până la Dej, deoarece mai departe liniile ferate erau stricate. Acasă am ajuns cu un camion; venise după noi Sidor, cărămidarul, care locuia în casa părinţilor mei. Tot el ne-a dat de ştire că bunica a murit. Sosind acasă am găsit-o pe catafalc în casa ei. Preotul român, ortodox, a ţinut slujba de înmormântare. Spre norocul nostru, am fost prezenţi cu toţii în acel moment.

Aşa am trăit refugiul; au fost zile şi nopţi greu de învins. Cu ajutorul lui Dumnezeu am reuşit să trecem peste aceste timpuri grele.

Maria Göbbel, scris la Nürnberg în iulie 1986

Quelle:
Horst Göbbel (Hrsg.): Abschied aus der Geschichte – Jaad in Siebenbürgen – Werden und Niedergang einer deutschen Gemeinde, Nürnberg 1990, S. 316-320.

Izvor:
Horst Göbbel (ed.): Abschied aus der Geschichte – Jaad in Siebenbürgen – Werden und Niedergang einer deutschen Gemeinde, Nürnberg 1990, p. 316-320.

3. Kurzgeschichte der Siebenbürger Sachsen

Im 12. Jahrhundert folgten Siedler aus dem deutschen Reich dem Ruf des ungarischen Königs Geisa II. (1141-1161) nach Siebenbürgen. Durch die Anpassung an die Verhältnisse vor Ort und im stetigen Austausch mit dem Herkunftsraum konnten sie ihre Kultur bewahren und weiter-

3. Scurt istoric al saşilor ardeleni

În secolul al XII-lea, colonişti din Imperiul german urmează chemării regelui ungar Geza al II-lea (1141-1161) şi vin în Transilvania. Prin adaptarea la condiţiile locale şi prin legăturile continue cu patria de origine, ei şi-au păstrat cultura, dezvoltând-o permanent: experienţa

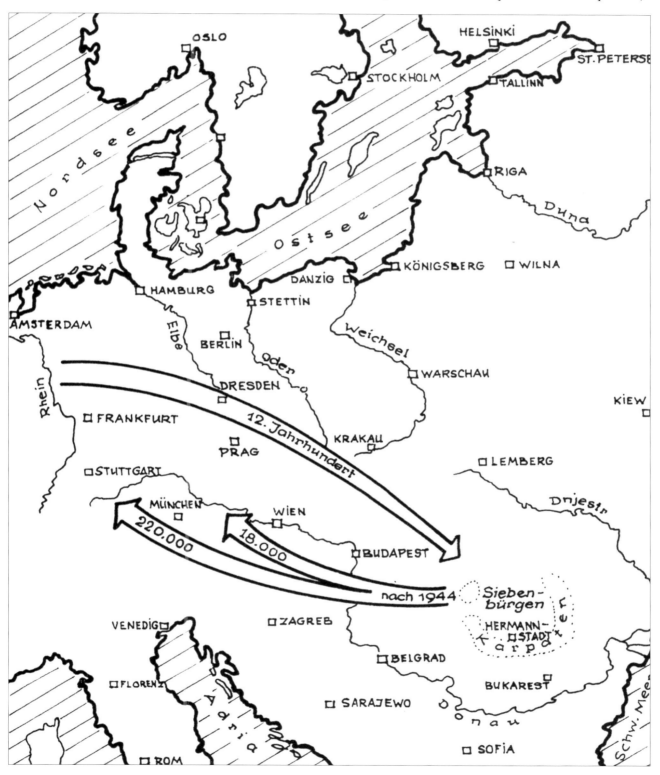

entwickeln: wirtschaftliche und technische Erfahrungen, religiöse Überzeugungen und tradierte Sitten, deutsche Sprache und Kultur sowie ausgeprägte Freiheitsliebe. Ihr Siedlungsgebiet mit Territorialautonomie haben sie als Kulturlandschaft geprägt und ein Gemeinwesen entwickelt, dessen Einrichtungen das Wohl des Einzelnen als auch das der Gemeinschaft förderte. Als staatstragende Nation haben sie die Geschicke Siebenbürgens mitbestimmt und ihren Beitrag zur Entwicklung Ungarns sowie des Habsburger-Reiches geleistet. Die Kriege und Wirren des 20. Jahrhunderts haben die Siebenbürger Sachsen dezimiert und auseinander gerissen. Die Mehrzahl von ihnen lebt heute in Deutschland.

economică şi tehnică, obiceiurile tradiţionale şi convingerile religioase, limba şi cultura germană, la fel şi dragostea profundă pentru libertate. Din teritoriul colonizat, teritoriu cu autonomie politică, au format un ţinut cultural deosebit şi au constituit o comunitate socială, care a fost de folos atât persoanei individuale cât şi întregului grup. Ca o naţiune cu drepturi politice, saşii şi-au adus aportul la dezvoltarea Transilvaniei, apoi a Ungariei şi a Imperiului habsburgic. Războaiele şi tulburările din secolul XX au decimat şi i-au separat pe saşii ardeleni. Majoritatea lor locuiesc astăzi în Germania.

12. Jahrhundert

Der ungarische König GEISA II. (1141-1162) rief Kolonisten „zum Schutz der Krone" nach Siebenbürgen und stattete sie mit weitreichenden Autonomierechten aus. Sie kamen aus allen Gebieten des deutschen Reiches, besonders aus dem Raum Rhein-Mosel-Luxemburg, und verschmolzen in Siebenbürgen zu einem neuen deutschen Volksstamm, für den sich die Bezeichnung „Saxones" einbürgerte.

13. Jahrhundert

König ANDREAS II. bekräftigte im „Goldenen Freibrief" (1224) die von GEISA II. verliehenen Rechte: Territorialautonomie auf dem den „treuen Gästen" überantworteten „Königsboden" (ca. 20.000 qkm), Selbstverwaltung und eigenständige Gerichtsbarkeit. Die Gemeinschaft der Siebenbürger Sachsen bildete im Rahmen des ungarischen Reiches größtenteils eine von Adelsherrschaft und Leibeigenschaft freie, nur dem König unterstellte Enklave. Die Siebenbürger Sachsen bauten befestigte Städte (Hermannstadt, Kronstadt, Klausenburg, Mediasch, Schäßburg, Bistritz) und mehr als 250 mit Kirchenburgen ausgestattete Dörfer. Der deutsche Ritterorden, vom König 1211 nach Siebenbürgen (Burzenland) gerufen, musste 1225 nach Ostpreußen ausweichen. Der Mongolen(=Tataren)einfall 1241 bringt auch Siebenbürgen riesige Verluste und Zerstörungen.

14. Jahrhundert

In den Städten entwickelte sich ein bemerkenswertes deutsches Zunftwesen – z.B. in Hermannstadt 19 Zünfte. Siebenbürgisch-sächsische Kaufleute dehnten ihren Handel bis Vorderasien und Westeuropa aus. Früh entstand bei

Secolul XII

Regele ungar Geza al II-lea (1141-1161) cheamă colonişti în Transilvania „pentru apărarea coroanei" şi le acordă drepturi autonome largi. Aceştia au venit din toate ţinuturile Imperiului german, dar mai ales din zona Rhin-Mosella-Luxemburg, contopindu-se într-un nou neam german, sub numele de „saxones = saşi" (aşa au fost numiţi de către maghiari).

Secolul XIII

Regele Andrei al II-lea a confirmat prin "Bula de Aur" (1224) drepturile acordate de către Geza al II-lea: autonomie parţială pe „pământul regesc" (cca. 20.000 qkm) oferit „oaspeţilor fideli", administraţie şi jurisdicţie proprie. Comunitatea saşilor ardeleni a constituit în cadrul regatului ungar, în majoritatea ei, o enclavă liberă de dominaţia nobiliară şi fără iobăgie, supusă direct doar regelui. Saşii au construit oraşe fortificate (Sibiu, Braşov, Cluj, Mediaş, Sighişoara, Bistriţa) şi peste 250 de sate cu cetăţi bisericeşti. Ordinul cavalerilor teutoni, care a fost chemat de către regele Andrei al II-lea în Ţara Bârsei, a fost nevoit să părăsească ţara în 1225 şi s-a stabilit în Prusia Orientală. Atacul mongolilor (tătarilor) din 1241 a produs şi în Transilvania victime numeroase şi distrugeri imense.

Secolul XIV

În oraşele săseşti se dezvoltă bresle renumite (de exemplu, în Sibiu erau 19 bresle). Negustorii saşi fac comerţ cu multe oraşe, din Europa apuseană până în Asia Mică. Saşii îşi constituie un sistem şcolar propriu.

Secolul XV

Creşte tot mai mult pericolul din partea

den Siebenbürger Sachsen auch ein eigenständiges Schulwesen.

15. Jahrhundert

Die frühe Bedrohung durch Reitervölker aus dem Osten wurde durch die Ausdehnung des Osmanischen Reiches bis an die Karpaten zur ständigen Gefahr. Als „Bollwerk der Christenheit" (Papst Eugen IV.) kann Siebenbürgen Abwehrerfolge erzielen: Hermannstadt widersteht einer achtjährigen Belagerung und 1479 wird auf dem Brodfeld das bis dahin größte türkische Heer vernichtet. Siebenbürgen erleidet allerdings auch viele Verwüstungen. Gegen diese Gefahren und zur inneren Stabilisierung bildet sich die „Union" der drei Nationen: Ungarischer Adel, Szekler und Sachsen. Die Kirchenburgen boten jahrzehntelang Schutz gegen die immer wieder in sächsische Orte einfallenden Türken.

16. Jahrhundert

Nach der Schlacht von Mohács (1526) besetzten die Türken weite Teile Ungarns und drangen sogar erstmals bis Wien vor (1529). Siebenbürgen behauptete sich als selbstständiges, freilich tributpflichtiges Fürstentum, in dem religiöse Toleranz herrschte. 1547 traten die Siebenbürger Sachsen geschlossen zum Luthertum über (Reformator: Johannes Honterus). Sie schlossen sich politisch in der „Nationsuniversität" und kirchlich in der „Ecclesia Dei Nationis Saxonum" zusammen. Die Siebenbürger Sachsen erfuhren eine Hochblüte des Wirtschafts- und Kulturlebens.

17. Jahrhundert

Siebenbürgen wurde schwer durch Seuchen und Kriege auch nach dem Ende der Türkenzeit (1688, Prinz Eugen) und der Einbeziehung Siebenbürgens in das Habsburgerreich. Kaiser Leopold I. bekräftigte 1691 die sächsischen Autonomierechte, der ungarische Adel verweigert ihre Anerkennung. Es beginnt ein hartes Ringen um die sächsischen Rechte.

18. Jahrhundert

Bilanz der Schreckenszeit: 1711 wurden nur noch ca. 100.000 der vorher ca. 200.000 Siebenbürger Sachsen und nur noch 228 ihrer Siedlungen gezählt. Erst mit dem Sachsen Samuel Freiherr von Brukenthal, den Maria Theresia 1769 zum Gubernator von Siebenbürgen bestellte, keimt neue Hoffnung. Der Sohn eines sächsischen Dorfrichters, der die Siebenbürgische Kanzlei am Wiener Hof geleitet hatte, sorgte für den Ausbau des

Imperiului otoman care domină până la Carpați. Transilvania se dovedeşte un „bastion al creştinătăţii" (papa Eugen al IV-lea) în lupta împotriva turcilor: Sibiul rezistă unui asediu de opt ani, iar în 1479 în lupta de la Brodfeld este nimicită cea mai mare armată turcească de atunci. Transilvania însă trebuie să suporte şi multe distrugeri. Împotriva acestor pericole din afară, ca şi pentru stabilizarea ţării în interior, se constituie uniunea celor trei naţiuni („Unio trium nationum"): nobilimea maghiară, secuii şi saşii. Timp de multe decenii bisericile fortificate au oferit refugiu şi protecţie locuitorilor împotriva turcilor care năvăleau mereu în localităţile săseşti.

Secolul XVI

După bătălia de la Mohács (1526), turcii ocupă părţi mari ale Ungariei şi asediază pentru prima dată şi Viena (1529). Transilvania se apără cu succes, fiind un principat autonom, însă tributar turcilor, în care domneşte toleranţa religioasă. În 1547 saşii adoptă confesiunea luterană (reformatorul a fost Johannes Honterus). Din punct de vedere politic ei constituie „Universitatea naţiunii săseşti", iar din punct de vedere ecleziastic „Biserica naţiunii săseşti" („Ecclesia Dei Nationis Saxonum"). Saşii cunosc o epocă de puternică dezvoltare a vieţii economice şi culturale.

Secolul XVII

În Transilvania se înregistrează epidemii şi războaie şi după alungarea turcilor (1688, principele Eugen) şi includerea ei în Imperiul habsburgic. Împăratul Leopold I confirmă drepturile de autonomie pentru saşi, însă nobilimea maghiară nu le recunoaşte. Începe o perioadă de luptă grea pentru apărarea acestor drepturi.

Secolul XVIII

Bilanţ cutremurător: în 1711 saşii numără numai 100.000 de persoane în comparaţie cu cca. 200.000 în secolul precedent, precum şi numai 228 de localităţi. După ce primul (şi singurul) sas devine gubernator al Transilvaniei – Samuel Baron von Brukenthal, desemnat în această funcţie de Maria Theresia în 1769 – începe o perioadă de speranţă. Bruckenthal, fiul unui graf sas, care a condus cancelaria transilvăneană, a dezvoltat cultura şi educaţia şi a rezistat la început presiunilor privind limitarea drepturilor saşilor. Dar nici el nu a putut împiedica abolirea acestor drepturi seculare de către împăratul Iosif al II-lea. Epoca naţionalismului începe să domine Europa.

Kultur- und Bildungswesens und verteidigte zunächst mit Erfolg sächsische Rechtspositionen. Aber auch er konnte nicht verhindern, dass Kaiser Joseph II. die verbrieften Rechte der Sachsen aufhob. Das Zeitalter des Nationalismus begann Europa in seinen Bann zu ziehen.

19. Jahrhundert
Der Aufstand der Ungarn gegen Habsburg 1848/1849 richtete sich auch gegen die kaisertreuen Sachsen und Rumänen. Deren Vorkämpfer, Stephan Ludwig Roth, wurde 1849 in Klausenburg hingerichtet. Österreich musste nach dem 1866 verlorenen Krieg gegen Preußen 1867 in den „Ausgleich" einwilligen und im Rahmen der Doppelmonarchie Österreich-Ungarn die östliche Reichshälfte mit Siebenbürgen an Ungarn abtreten. Im Zuge der Magyarisierungspolitik wurden der Königsboden und die sächsische Nationsuniversität 1876 aufgelöst. Die Sachsen verloren einen wesentlichen Teil ihres Kollektivvermögens, mussten den Status einer staatstragenden Nation abgeben und wurden eine bedrohte nationale Minderheit. Die Evangelische Landeskirche A.B. übernahm die sächsischen Bildungs- und Kultureinrichtungen und entzog sie dadurch dem Zugriff des ungarischen Staates.

20. Jahrhundert
Nach dem Ersten Weltkrieg (1914-1918) wurde Siebenbürgen Teil Rumäniens. Die Rumänisierungsbestrebungen des Bukarester zentralistischen Regimes sowie interne Richtungskämpfe und Rivalitäten führten die deutsche Minderheit in die Arme Berlins, mit dessen Beistand Schutzgarantien und die Anerkennung der deutschen Volksgruppe als Rechtspersönlichkeit erwirkt wurden, dessen Wiener Schiedsspruch 1940 aber auch Nordsiebenbürgen und die dortigen Siebenbürger Sachsen Ungarn zusprach. Der Frontwechsel Rumäniens im August 1944 markierte den Anfang des Leidensweges der Siebenbürger Sachsen, die kollektiv die Kriegsfolgen zu erdulden hatten – bloß weil sie Deutsche waren. Durch Krieg und Flucht dezimiert, hatten sie insbesondere in der unmittelbaren Nachkriegszeit vielfältige Verfolgungen und Demütigungen zu erdulden: Deportation zur Zwangsarbeit in die Sowjetunion, Verhängung von Zwangsaufenthalt, Entzug der Bürgerrechte, Totalenteignung, Beseitigung der Führungsschicht durch Schauprozesse, Einkerkerung und Ermordung. Auch danach waren sie im kommunistischen Rumänien Opfer von Diskriminierung,

Secolul XIX
Răscoala maghiarilor din 1848/49 contra Habsburgilor a fost îndreptată și împotriva sașilor și a românilor fideli împăratului. Marele luptător sas, Stephan Ludwig Roth, a fost executat în 1849 la Cluj. În 1866 Austria pierde războiul cu Prusia lui Bismarck și trebuie să împartă puterea cu maghiarii. În 1867 se constituie dualismul austro-ungar, iar Transilvania devine provincie a părții maghiare a monarhiei austro-ungare. Urmărind o politică de maghiarizare, guvernul maghiar a desființat în 1876 "teritoriul regal" și "Universitatea națiunii săsești". Sașii au pierdut o mare parte a bunurilor comune, au fost nevoiți să-și supună statutul unei națiuni privilegiate și au devenit o minoritate națională primejduită. În această situație dificilă, Biserica Evanghelică a preluat patronajul instituțiilor de învățământ și de cultură, așa că acestea nu au putut fi distruse de politica guvernului maghiar.

Secolul XX
După primul război mondial (1914-1918) Transilvania devine parte componentă a României. Încercările de românizare întreprinse de către guvernul centralist bucureștean au contribuit, împreună cu diferite rivalități și dispute interne, la atragerea multor germani înspre ideile național-socialiste ale guvernului de la Berlin. Acesta le-a promis germanilor protecția sa, precum și garanția constituirii unui grup etnic național ca persoană juridică; totodată, prin dictatul de la Viena din 1940 separă nordul Transilvaniei de la statul român și-l acordă Ungariei. Schimbarea de front de la 23 august 1944 marchează începutul unui calvar pentru sașii ardeleni, care au fost nevoiți să suporte în mod colectiv consecințele războiului – numai pentru că erau germani. Decimați prin război și evacuare, ei au trebuit să suporte în perioada imediată de după război numeroase persecuții și umiliri: deportarea la muncă silnică în Uniunea Sovietică, domiciliu forțat, privarea de drepturi civile, exproprierea totală, eliminarea principalelor personalități prin procese publice, întemnițare și ucidere. Și după această perioadă germanii din România comunistă au fost victime ale nesiguranței, ale discriminării, ale unor acte arbitrare și multiple șicane. Biserica Evanghelică (luterană) din România rămâne singura instituție care oferă sașilor ardeleni un loc de libertate spirituală. Prăbușirea dictaturii lui Nicolae Ceaușescu la 22 decembrie 1989 a produs o cotitură politică prin care România se dezvoltă ca un stat democratic, de drept, însă refacerea

Willkür, Unsicherheit und vielfältiger Schikane. Die Evangelische Landeskriche A.B. in Rumänien bleibt die einzige Instanz, die den Siebenbürger Sachsen einen geistigen Freiraum bietet. Der Sturz Ceauşescus am 22. Dezember 1989 leitete eine politische Wende ein, wobei sich die Entwicklung Rumäniens hin zu einem demokratischen Rechtsstaat und zu wirtschaftlicher Gesundung nur langsam vollzieht. Für die Siebenbürger Sachsen kam diese Entwicklung zu spät: Im Bestreben, der Verfolgung und dem staatlichen Druck zu entgehen, wächst sich die schon kurz nach Kriegsende einsetzende Familienzusammenführung zur Aussiedlung und 1990 zum Massenexodus aus. Heute leben mehr als 200.000 Siebenbürger Sachsen in Deutschland, ca. 18.000 in Österreich, etwa 30.000 in den USA und rund 8.000 in Kanada. Nur noch knapp 16.000 Siebenbürger Sachsen leben in Siebenbürgen. Ihre politischen Interessen werden vom „Demokratischen Forum der Deutschen in Rumänien" vertreten, das sich auch um die Wahrung der kulturellen Identität bemüht. Den völkerrechtlichen Rahmen dafür bieten der im April 1992 zwischen Rumänien und der Bundesrepublik Deutschland geschlossene Freundschaftsvertrag sowie das Kulturabkommen von 1995 mit ihren Bestimmungen zum Schutz der Minderheit und ihrer Kultur. Trotz ihrer geringen Zahl, ihrer Diasporasituation und ihrer Altersstruktur nimmt die siebenbürgisch-sächsische Minderheit eine völkerverbindende und friedenssichernde Brückenfunktion wahr, die auch von der Bundesregierung mit finanziellen Mitteln gefördert wird.

Die Siebenbürger Sachsen außerhalb Siebenbürgens

Bei Kriegsende und in der Nachkriegszeit gelangten viele Siebenbürger Sachsen nach Österreich und Deutschland und von hier in die USA und nach Kanada. Es waren ehemalige Soldaten und Kriegsdienstleistende, entlassene Kriegsgefangene, Flüchtlinge, die mit Trecks die nordsiebenbürgische Heimat verlassen hatten oder sich auf anderen Wegen nach Deutschland durchgeschlagen hatten, Deportierte, die aus der Sowjetunion nach Deutschland entlassen wurden. Ihre Bemühungen zur Sammlung und gegenseitigen Hilfe führten in Deutschland 1945 zur Entstehung des „Hilfskomitees der Siebenbürger Sachsen und Banater Schwaben" und 1949 zur Gründung des „Verbandes der Siebenbürger Sachsen und Banater Schwaben", der sich

economică este înceată. Pentru saşii ardeleni (ca şi pentru şvabii bănăţeni) această nouă situaţie a venit prea târziu. Vrând să scape de presiunile statului, mulţi germani doresc să părăsească ţara deja imediat după război. La început are loc reunificarea familiilor separate de război, apoi după 1970 emigrarea (cca. 10.000 de persoane pe an au voie să plece în Germania), iar după 1989 are loc exodul în masă. Astăzi trăiesc mai mult de 200.000 de saşi ardeleni în Germania, cca. 18.000 în Austria, vreo 30.000 în SUA şi cca. 8.000 în Canada. În România se mai află numai aproximativ 16.000. Interesele lor politice sunt reprezentate de Forumul Democratic al Germanilor din România, care se străduieşte să păstreze identitatea culturală a tuturor etnicilor germani. Important în acest sens este şi tratatul de prietenie şi convenţia culturală încheiată între România şi Germania în 1995, cu articolele sale privind protecţia minorităţii germane şi a culturii ei. Cu toate că este tot mai redusă, într-o situaţie de diaspora, cu o structură de vârstă deficitară, comunitatea săsească ardeleană, sprijinită cu mijloace financiare şi de către guvernul federal german, reprezintă o punte de legătură între cele două popoare.

Saşii ardeleni în afara Transilvaniei

La sfârşitul celui de-al doilea război mondial şi în faza postbelică, mulţi saşi ardeleni se aflau în Austria şi în Germania – foşti soldaţi, prizonieri, evacuaţi din Ardealul de Nord, deportaţi în URSS care au fost puşi în libertate şi trimişi în Germania –, iar de acolo unii au emigrat în SUA şi Canada. În anul 1945 aceştia au constituit la München „Comitetul de ajutorare al saşilor ardeleni şi şvabilor bănăţeni", iar în 1949 „Asociaţia saşilor ardeleni şi şvabilor bănăţeni", care a devenit „Asociaţia saşilor ardeleni" în Germania, Austria şi Canada („Landsmannschaft der Siebenbürger Sachsen"), iar în SUA „Association of Transilvanian Saxons" (ATS). În timpul războiului rece, aceşti saşi din Apus au ţinut legătura nu numai între ei, ci au reprezentat şi interesele compatrioţilor lor din România, cărora le-au oferit sprijin politic şi umanitar. Ei au reclamat dreptul fiecărei persoane de a emigra şi de a trăi unde vrea şi, totodată, au cerut guvernelor german şi austriac sprijin pentru imigranţii germani în vederea stabilirii acestora în condiţii corespunzătoare. Integrarea lor în aceste ţări a avut succes. În Germania şi Austria limba lor maternă le-a fost

zur „Landsmannschaft der Siebenbürger Sachsen" wandelte. Ebenso entstanden die „„Landsmannschaft der Siebenbürger Sachsen in Österreich" und die „Landsmannschaft der Siebenbürger Sachsen in Kanda". In den USA existierte schon die „Association of Transilvanian Saxons" (ATS).

Die im freien Westen lebenden Siebenbürger Sachsen vertraten nicht nur ihre eigenen Interessen, sondern verstanden sich in der Zeit des Kalten Krieges auch als Sachwalter für die in Rumänien verbliebenen Landsleute. Es wurde alles unternommen, ihnen humanitäre und politische Hilfe zu gewähren, und man setzte sich dafür ein, dass das Recht auf individuelle Freizügigkeit sowie auf Aufnahme und Eingliederung in Deutschland gewahrt blieb.

Die Eingliederung von inzwischen über 250.000 Siebenbürger Sachsen verlief erfolgreich. Ihre deutsche Sprache und Kultur, ihre Fähigkeiten und Kenntnisse sowie der Zusammenhalt untereinander ermöglichten es ihnen, ohne größere Schwierigkeiten ihren Platz im bundesdeutschen Wirtschafts- und Sozialgefüge zu finden und ließen ihren Wunsch „als freie Deutsche unter freien Deutschen zu leben" Wirklichkeit werden.

Als Träger eines reichen kulturellen Erbes sind die Siebenbürger Sachsen in Deutschland bemüht, die traditionellen Werte zu erhalten und kreativ fortzuführen. Sie tun das als Einzelne und in losen Gruppen, im Rahmen allgemeiner sowie – am erfolgreichsten – darauf spezialisierter Institutionen, Einrichtungen, Gremien und Vereinen (Landsmannschaft der Siebenbürger Sachsen in Deutschland, in Österreich, in Kanada, ATS in den USA, Verband der siebenbürgisch-sächsischen Heimatortsgemeinschaften, Siebenbürgisch-sächsischer Kulturrat, Siebenbürgen-Institut Gundelsheim, Siebenbürgisches Museum Gundelsheim, Siebenbürgische Bibliothek Gundelsheim, Hilfskomitee der Siebenbürger Sachsen und ev. Banater Schwaben im Diakonischen Werk der Ev. Kirche in Deutschland, Siebenbürgisch-Sächsische Jugend in Deutschland (SJD) Sozialwerk der Siebenbürger Sachsen e.V. Arbeitskreis für Siebenbürgische Landeskunde e.V. Sektion Karpaten im Deutschen Alpenverein, Siebenbürgisch-Sächsische Stiftung, München weltweite Föderation der Siebenbürger Sachsen u.v.a.).

Horst Göbbel / Hans-Werner Schuster

de mare folos, la fel şi cultura şi aptitudinile lor, iar coeziunea le-a permis să ocupe poziţii bune în sistemul social-economic al noii lor patrii. Mai ales în Germania şi Austria, ei se văd ca „germani liberi care trăiesc împreună cu alţi germani liberi" în patria comună. Ca purtători ai unor tradiţii culturale importante, saşii ardeleni doresc să perpetueze aceste tradiţii în mod creativ. Acest lucru îl fac atât ca persoane individuale, cât şi ca grupuri sau în cadrul asociaţiilor şi instituţiilor lor diverse: „Asociaţia saşilor ardeleni" din Germania, Austria şi Canada, „Asociaţia comunităţilor localităţilor săseşti din Transilvania", „Consiliul cultural al saşilor ardeleni", „Institutul Transilvaniei", „Muzeul saşilor ardeleni" şi „Biblioteca saşilor ardeleni" din Gundelsheim, „Comitetul de ajutorare al saşilor ardeleni şi şvabilor bănăţeni din cadrul Oficiului Diaconic al Bisericii Evanghelice din Germania", „Tineretul sas ardelean din Germania" (SJD), „Asociaţia socială a saşilor ardeleni", „Cercul ştiinţific pentru istoria Transilvaniei", „Secţiunea «Carpaţi» din asociaţia alpină germană", „Fundaţia saşilor ardeleni din München" „Federaţia (internaţională) a saşilor ardeleni" (1983) şi altele.

Horst Göbbel / Hans-Werner Schuster

Kontakt:
Schloß Horneck, 74831 Gundelsheim/Neckar,
Tel.: 06269/4210-0, Fax: 06269/4210-10,
E-Mail: info@siebenbuergen-institut.de
http://www.siebenbuergen-institut.de

4. Bibliografie

4.1 Izvoare – Quellen

Arhive – Archivalien

Arhivele Naționale filiala Bistrița-Năsăud, fonduri: Prefectura județului Năsăud (1944-1948), Primăria orașului Bistrița (1947), Legiunea de Jandarmi a județului Năsăud (1945-1946).

Archiv Bistritz: B III 1 Bd. 6 13.

Archiv Bistritz: B III 1 Bd. 69 1-5.

Documente publicate – Veröffentlichte Quellen

Baier, Hannelore: Deportarea etnicilor germani din România în Uniunea Sovietică. 1945, Sibiu, 1994.

Kroner, Michael: Urkunden, Dokumente und Berichte zur Geschichte der Siebenbürger Sachsen, Nürnberg, 2002.

Scurtu, Ioan, Boar, Liviu (coord.): Minoritățile naționale din România. Documente. 1918-1925, București, 1995.

Scurtu, Ioan/ Dordea, Ioan (coord.): Minoritățile naționale din România. Documente. 1925-1931, București, 1996.

Memorii – Memoiren

Moldovan, Vasile: Memorii, manuscris păstrat la Arhivele Naționale filiala Bistrița-Năsăud, fond VI/ 1956, vol. II - III.

Pop, Ștefan I.: O pagină de istorie. Viața județului Năsăud de la 13 octombrie 1944 la 13 martie 1945, Bistrița, Edit. Minerva, 1947.

Zikeli, Gustav: Amintirile unui tipograf, manuscris păstrat la Arhivele Naționale filiala Bistrița-Năsăud, fond XVII / 1952 – Bistritz zwischen 1880 und 1950 – Erinnerungen eines Buchdruckers, Verlag Südostdeutsches Kulturwerk, München 1989.

4.2 Lucrări și studii – Fachliteratur

Academia Română, Institutul de Cercetări Socio-Umane Sibiu, Forschungen zur Volks- und Landeskunde Sonderabdruck, Band 40, nr. 1-2/1997.

Auric, Simion: Dictatul de la Viena, Cluj, Edit. Dacia, 1972.

Benedek József: Organizarea spațiului rural în zona de influență apropiată a orașului Bistrița, Cluj-Napoca, Edit. Presa Universitară Clujeană, 2000.

Bergel, Hans/ Myß: Walter (Hrsg.): Wir Siebenbürger, Wort und Welt Verlag Innsbruck 1986.

Brandscher, Johann/ Brandscher, Michael: Heimatbuch Klein-Bistritz, Nürnberg 1991.

Breckner, Georg: Spuren & Bilder aus Chepan – Heimatbuch der Gemeinde Tschippendorf in Nordsiebenbürgen, Vorchdorf 1999.

Bundeszentrale für politische Bildung (Hrsg.): Informationen zur politischen Bildung 225 Ostmitteleuropa und Südosteuropa, Bonn, 1989.

Buzatu, Gheorghe (coord.): Actul de la 23 august 1944 în context internațional, București, Edit. Științifică și Enciclopedică, 1984.

Ciubotă, Viorel (coord.): Sovietizarea nord-vestului României. 1944-1950, Satu Mare, Edit. Muzeului Sătmărean, 1996.

Csallner, Emil: Denkwürdigkeiten aus dem Nösnergau – ein Zeitkundlicher der Stadt, der Kapitels und des Distriktes Bistritz, Bistritz, Druck und Verlag von Gustav Zikeli, 1941.

Csallner, Kurt: Heidendorfer Heimatbuch, München 1969.

Csallner, Kurt: Nösner Heimatbuch, Kissingen o.J.

Csellner, Michael: Windau – es war einmal…, Nürnberg 1983.

Czell, Albert: Heimat verloren, Heimat gefunden, München, Delna Werbedruk, 1988.

Dahinten, Otto: Geschichte der Stadt Bistritz in Siebenbürgen, Köln, Böhlau Verlag, 1988.

Dănilă, Ștefan: Bistrița – o mică istorie, Cluj, Edit. Dacia, 1969.

Dokumentation der Vertreibung der Deutschen aus Ost-Mitteleuropa Band 3: Das Schicksal der Deutschen in Rumänien, Herausgeber: Bundesministerium für Vertriebene, Flüchtlinge und Kriegsgeschädigte, dtv München 1984 (unveränderter Nachdruck der Ausgabe von 1957).

Engler, Richard/ Engler, Walter/ Engler, Dieter: Chronik von (Elixhausen-) Sachsenheim, Salzburg o.J.

Fabini, Hermann: Atlas der siebenbürgisch-sächsischen Kirchenburgen und Dorfkirchen, Monumenta Verlag Hermannstadt, Band I 1998, Band II 1999.

Frühm, Thomas: Wetterleuchten über Siebenbürgen. Erinnerungen eines siebenbürgisch-sächsischen Schulmannes, Verlag des Südostdeutschen Kulturwerks, München 1958.

Gerster, Georg/ Rill, Martin: Siebenbürgen im Flug. Das deutsche Siedlungsgebiet: seine Kirchenburgen, Dörfer, Städte und Landschaften, Edition Wort und Welt, München, 1997.

Göbbel, Horst (Hrsg.): Abschied aus der Geschichte – Jaad in Siebenbürgen – Werden und Niedergang einer deutschen Gemeinde, Nürnberg 1990.

Goethe-Institut Inter Nationes/ Centrul Cultural German (Hrsg.): Was im Gedächtnis bleibt – Trasee ale memoriei, Goethe-Institut Inter Nationes Bukarest/Bucureşti 2003.

Gottschick, Johann/ Kelp, Gerhard: Treppen. Heimatbuch, 1978.

Grapini, Florea: Cartea vieţii părintelui Pamfiliu, Suceava, Edit. Muşatinii, 2003.

Jinga, Victor: Germanii în economia transilvană, Sibiu, Tipografia Dacia Traiană, 1942.

Jinga, Victor: Probleme fundamentale ale istoriei Transilvaniei, Braşov, Edit. Braşovia, 1995.

Johrend, Günther J. (Hrsg.): Heimatbuch der Gemeinde Kyrieleis, Wort und Welt Verlag, Thaur bei Innsbruck 1995.

Kauntz, Johann: Petersdorf. Heimatbuch, 1988.

Kisch, Oskar: Die wichtigsten Ereignisse aus der Geschichte von Bistritz und des Nösnergaues von der Zeit der Kolonisten – Einwanderung bis zur Gegenwart, Bistritz, Verlag Minerva, vol. I 1926.

Klöck, Oliver/ Wallet, Norbert: Der große Treck der Siebenbürger Sachsen, Gummersbach, Verlagskontor Oberghaus, 1993.

Kroner, Michael/ Göbbel Horst: Vor 50 Jahren: Flucht – Deportation – Enteignung – Entrechtung – Die Siebenbürger Sachsen – 23. August 1944 bis 1947, Nürnberg 1994.

Kroner, Michael: Schriftenreihe Geschichte der Siebenbürger Sachsen und ihrer wirtschaftlich-kulturellen Leistungen (in 12 Heften: 1. Völkervielfalt und staatliche Zugehörigkeit Siebenbürgens. 2. Die Siebenbürger Sachsen vor der Ansiedlung bis zur Auflösung des Königsbodens 1876. Ihre Rechtslage auf Sachsen- und Komitatsboden, Mongoleneinfälle, Türkenabwehr, Bürgerkriege, Revolution von 1848/49. 3. Im ungarischen und rumänischen Staatsverband von 1876 bis 1940. Die Siebenbürger Sachsen im Ringen um nationale Selbstbehauptung. 4. Niedergang und Auflösung eines 850jährigen Gemeinwesens (1940 bis 1999). Die Siebenbürger Sachsen in der Zeit des Nationalsozialismus, Kommunismus und Postkommunismus. 5. Wirtschaftliche Leistungen der Siebenbürger Sachsen. Städtewesen, Zünfte, Handel, Industrie, Banken, Landwirtschaft. 6. Kirche und Schule bei den Siebenbürger Sachsen. Stützen eines 850jährigen deutschen Gemeinwesens. 7. Kultur- und Kunstdenkmäler der Siebenbürger Sachsen. Architekturhistorische und kunstgeschichtliche Entwicklung der Dörfer und Städte, der Kirchen und Kirchenburgen sowie anderer Wehranlagen und weltlicher Bauwerke. Kunstgewerbe und bildende Kunst. 8. Siebenbürgisch-sächsische Kulturleistungen. Literatur, Wissenschaft, Theater, Musik, Buchdruck, Museen, Pressewesen. 9. Gemeinschaftliche Einrichtungen, Brauchtum und Sprache. Vereinsleben, Nachbarschaften, Bruder- und Schwesternschaften, Brauchtum, Feste, Volkskunst, Trachten, Mundart. 10. Die Siebenbürger Sachsen in Deutschland, Österreich, den USA und Kanada. 11. Geschichte der Siebenbürger Sachsen in Daten. 12. Urkunden, Dokumente, Berichte zur Geschichte der Siebenbürger Sachsen), Nürnberg 1997-2002.

Kroner, Michael: Von der Ansiedlung bis zur Aussiedlung – 850 Jahre Siebenbürger Sachsen, Nürnberg 1992.

Längin, Bernd G.: Unvergessene Heimat Siebenbürgen – Städte, Landschaften und Menschen auf alten Fotos, Weltbild Verlag, Augsburg 1995.

Linkner, Jost: Auen-Kuschma. Das Bärendorf am siebenbürgischen Karpatenwald, Wels 1994.

Linkner, Jost: Heimatbuch Ungersdorf in Nordsiebenbürgen, Wels 1995.

Linkner, Jost: Ludwigsdorf in Nordsiebenbürgen, 1997.

Marseille, Jacques: Le petit atlas de l'historie mondiale, Paris, Albin Michel, 1984.

Mureşan, Ioan: Situaţia social-politică şi economică a judeţului Năsăud în timpul administraţiei militare sovietice (13 octombrie 1944 - 12 aprilie 1945), în "Revista Bistriţei", nr. VII / 1993.

Myß, Walter (Hrsg.): Lexikon der Siebenbürger Sachsen – Geschichte – Kultur – Zivilisation – Wissenschaften – Wirtschaft – Lebensraum Siebenbürgen (Transsilvanien), Wort und Welt Verlag, Innsbruck 1993.

Nägler, Thomas: Die Ansiedlung der Siebenbürger Sachsen, Bukarest, Kriterion Verlag, 1992.

Nouzille, Jean: Transilvania - zonă de contacte şi conflicte, Bucureşti, Edit. Enciclopedică, 1995.

Onofrei, Adrian: Factori de influenţă politică în activitatea Prefecturii judeţului Năsăud. 1944-1947, în „Revista Bistriţei", nr XII-XIII/1999.

Petri, Volker: Österreich – Deine Siebenbürger Sachsen, Verlag Wort und Welt und Bild, Dresden 2001.

Philippi, Ernst H./ Weltzer, Wigant (Hrsg.): Sächsisch-Regen – Die Stadt am Berge. Lebensbilder aus der Vergangenheit einer kleinen Stadt in Siebenbürgen, Bochum 1991.

Phleps Reinhard: Contribuţii la studiul evoluţiei demografice a saşilor din Transilvania, 1925-1938, Teză de doctorat, Facultatea de Medicină din Bucureşti, 1941.

Popa, Lucian: Monumente istorice din Transilvania, Sfântu Gheorghe, Edit. Castrum, 1994.

Reinerth, Karl M./ Cloos, Fritz: Zur Geschichte der Deutschen in Rumänien, 1935-1945, Beiträge und Berichte, Bad Tölz, 1988.

Roth, Harald: Kleine Geschichte Siebenbürgens, Böhlau Verlag Köln Weimar Wien 1996.

Schliessleder-Fronius, Ilse: Tekendorf in Nordsiebenbürgen. Ortsmonographie, 1989.

Schmidt, Maria und Wilhelm: Heimatbuch der Gemeinde Jakobsdorf in Nordsiebenbürgen, 1989.

Schröcke, Helmut: Siebenbürgen – Menschen, Kirchenburgen, Städte – Kulturleistungen einer deutschen Volksgruppe im Südosten, Langen Müller, München 2001[3].

Schulze, Helmut (Hrsg.): Alexander Weltatlas, Klett Verlag, Stuttgart, 1989.

Scurtu, Ioan: Istoria României în anii 1918-1940. Evoluţia regimului politic de la democraţie la dictatură, Edit. Didactică şi Pedagogică, Bucureşti, 1995.

Sitz, Andreas: Heimatbuch der Gemeinde Pintak bei Bistritz in Siebenbürgen (bearbeitet und herausgegeben von Jost Linkner) o.J. (1988?).

Skrabel, Oskar: Bistriţa – nostalgii citadine – Album, Editura Răsunetul, Bistriţa 2001.

Someşan, Ioan (coord): Anuarul demografic al judeţului Bistriţa-Năsăud, Bistriţa 1997.

Stierl, Johann (Hrsg.): Wermesch – ein Dorf in Siebenbürgen o.J. (Traun bei Linz, wohl um 1970).

Tilkovszky, Loránd: Ungarn und die deutsche «Volksgruppenpolitik» 1938-1945, Köln-Wien, Böhlau Verlag, 1981.

Titlenhofer, Johann: Repere din istoria plină de schimbări a germanilor din România, în „Anuarul Societăţii de Istorie din Bavaria de Sud", München, nr. XXI / 1994.

Trebici, Vladimir: Demografie, Bucureşti, Edit. Enciclopedică, 1996.

Wagner, Ernst (coord.): Beiträge zur Geschichte der Stadt Bistritz in Siebenbürgen, Wehrheim, Verlag Peter GmbH, vol. III (1984), vol. IV (1986), vol. V (1990), vol. VI (1992).

Wagner, Ernst: Evakuierung, Flucht, Rückkehr und Aussiedlung. Zum Schicksal der Deutschen Nordsiebenbürgens seit dem Jahre 1944, în „Zeitschrift für Siebenbürgische Landeskunde" 17, (1994), Heft 1.

Wagner, Ernst: Geschichte der Siebenbürger Sachsen. Ein Überblick, Wort und Welt Verlag, Innsbruck 1981 - Istoria saşilor ardeleni, Bucureşti, Edit. Meronia, 2000.

Weber, Renate und Georg: Zendersch – eine siebenbürgische Gemeinde im Wandel, München 1985.

Zehner, Hanspeter: Schönbirker Heimatbuch, Vöcklabruck-Dürnau, Seewalchen/Rosenau 1981.

Zehner, Hanspeter: Tatsch in Siebenbürgen – Geschichte und Chronologie eines Korbflechterdorfes, Verlag der Siebenbürgisch-Sächsischen Stiftung, München 2000.

Zehner, Hanspeter: Verlorene Heimat Nordsiebenbürgen, Emmendingen 1989.

4.3 Quellennachweis: Abbildungen und Fotos – Izvoare: Ilustraţii şi fotografii

Die Abbildungen bzw. Fotos werden für die einzelnen Seiten folgendermaßen nummeriert: von oben links nach unten rechts.
Imaginile respectiv fotografiile sunt numerotate pentru fiecare pagină în felul următor: începînd sus în stînga şi terminînd cu jos în dreapta.

Zum Beispiel hier Seite 185:
De exemplu pagina 185:

Foto 1

Text

Foto Foto Foto
2   3   4

S. 185: 1 Horst Göbbel,
2, 3 Mihaela Someşan,
4 Martin Eichler

* * *

S. 13: aus: Michael Kroner/Horst Göbbel: Flucht – Deportation – Enteignung – Entrechtung, Nürnberg 1994

S. 16: 1 Myß, Walter (Hrsg.): Lexikon der Siebenbürger Sachsen, Innsbruck 1993, 2 Umschlag des Buches

S. 17: Zikeli, Gustav: Erinnerungen eines Buchdruckers, München 1989

S. 18: Dokument aus dem Bistritzer Archiv (Fotokopie)

S. 20: Frankfurter Allgemeine Zeitung

S. 21: Informationen zur politischen Bildung 225 Ostmitteleuropa und Südosteuropa, Bonn, 1989.

S. 22: Schröcke, Helmut: Siebenbürgen – Menschen Kirchenburgen Städte – Kulturleistungen einer deutschen Volksgruppe im Südosten, Langen Müller, München 2001[3]. (Ausschnitt)

S. 24, 27: Roth, Harald: Kleine Geschichte Siebenbürgens, Köln Weimar Wien 1996.

S. 28: Skrabel, Oskar: Bistriţa – nostalgii citadine – Album, Editura Răsunetul, Bistriţa 2001.

S. 30: Roth, Harald: Kleine Geschichte Siebenbürgens, Köln Weimar Wien 1996.

S. 32: Kroner, Michael: Von der Ansiedlung bis zur Aussiedlung – 850 Jahre Siebenbürger Sachsen, Nürnberg 1992

S. 35: Roth, Harald: Kleine Geschichte Siebenbürgens, Köln Weimar Wien 1996.

S. 36: dtv-Atlas zur Weltgeschichte, Band 2, Ausgabe 1992 (Kartenausschnitt)

S. 37: 1, 2, S. 38: alte Postkarten aus Bistritz

S. 39: Roth, Harald: Kleine Geschichte Siebenbürgens, Köln Weimar Wien 1996.

S. 45: Enni Janesch

S. 46: Siebenbürgisch-Sächsisches Archiv Gundelsheim A 607-2053

S. 48: Zikeli, Gustav: Erinnerungen eines Buchdruckers, München 1989

S. 52: Goethe-Institut Inter Nationes/Centrul Cultural German (Hrsg.): Was im Gedächtnis bleibt – Trasee ale memoriei, Bukarest/Bucureşti 2003.

S. 54: 1, 2 Alfred Fischer (KLV-Album)

S. 55: Sbg.-Sächs. Archiv Gundelsheim A 2362

S. 56: Sbg.-Sächs. Archiv Gundelsheim A 4242 (Postkarte)

S. 57: Wagner, Ernst: Beiträge zur Geschichte der Stadt Bistritz in Siebenbürgen, Wehrheim, Band III (1984)

S. 59: Alfred Fischer

S. 63: Längin, Bernd G.: Unvergessene Heimat Siebenbürgen, Augsburg 1995.

S. 67: Wagner, Ernst: Beiträge zur Geschichte der Stadt Bistritz in Siebenbürgen, Wehrheim, Band III (1984).

S. 69: Zikeli, Gustav: Erinnerungen eines Buchdruckers, München 1989.

S. 70, 71: Klöck, Oliver, Wallet, Norbert: Der große Treck der Siebenbürger Sachsen, Gummersbach, 1993.

S. 72: Ernst Wagner

S. 74: Helmut Schröcke

S. 75: Bernd G. Längin

S. 76: Taschen-Atlas Weltgeschichte, Klett Perthes, Gotha 2002.

S. 77: Myß, Walter (Hrsg.): Lexikon der Siebenbürger Sachsen, Innsbruck 1993.

S. 78: Kroner, Michael/ Göbbel, Horst: Vor 50 Jahren: Flucht – Deportation – Enteignung – Entrechtung – Die Siebenbürger Sachsen – 23. August 1944 bis 1947, Nürnberg 1994.

S. 81: Klöck, Oliver, Wallet, Norbert

S. 82: Philippi, Ernst H./Weltzer, Wigant (Hrsg.): Sächsisch-Regen – Die Stadt am Berge. lebensbilder aus der Vergangenheit einer kleinen Stadt in Siebenbürgen, Bochum 1991.

S. 83: Klöck, Oliver, Wallet, Norbert

S. 84: Kroner, Michael/ Göbbel, Horst: Flucht – Deportation – Enteignung – Entrechtung, Nürnberg 1994.

S. 86: Hans-Werner Schuster

S. 87: 1 Kroner, Michael/ Göbbel, Horst: Flucht – Deportation – Enteignung – Entrechtung, Nürnberg 1994. 2 Jürgen Felker/Wigant Weltzer (HOG Lechnitz)

S. 88: 1, 2 Jürgen Felker/Wigant Weltzer (HOG Lechnitz)

S. 89: 1, 2 Jürgen Felker, Friederike Clemens

S. 90: 1, 2 Kroner, Michael/Göbbel Horst: Flucht – Deportation – Enteignung – Entrechtung, Nürnberg 1994.

S. 91, 92: Römischer

S. 93: 1 Maria Winter, 2 Jürgen Felker, Friederike Clemens

S. 94: 1 Klöck, Oliver, Wallet, Norbert, 2, 3 Maria Winter

S. 95: 1 Maria Winter, 2 Breckner, Georg: Spuren &

Bilder aus Chepan, Vorchdorf 1999.

S. 96: Ernst Wagner (Karte bearbeitet von Hans-Werner Schuster)

S. 99: 1, 2, 3 Sbg.-Sächs. Archiv Gundelsheim A 137.

S. 102: Informationen zur politischen Bildung 225 Ostmitteleuropa und Südosteuropa, Bonn, 1989.

S. 103: Archiv Bistritz - Arhivele Naționale filiala Bistrița-Năsăud

S. 110-111: Ernst Wagner (Karte bearbeitet von Hans-Werner Schuster)

S. 116: Kroner, Michael/Göbbel Horst: Flucht – Deportation – Enteignung – Entrechtung, Nürnberg 1994.

S. 118, 119, 123: Archiv Bistritz - Arhivele Naționale filiala Bistrița-Năsăud

S. 134: 1, 2, 3 Foto Weimer - Petri, Volker: Österreich - Deine Siebenbürger Sachsen, Verlag Wort und Welt und Bild, Dresden 2001.

S. 135: 1, 2, 3, 4 Karlheinz Graffi, Setterich

S. 136: 1, 2, 3 Engler, Richard, Engler Walter, Engler Dieter: Chronik von (Elixhausen-) Sachsenheim, (Salzburg) o.J.

S. 137: Faltblatt: Wer sind die Siebenbürger Sachsen?

S. 138: Paulini, Kitchener

S. 141, 142: Skrabel, Oskar: Bistrița – nostalgii citadine – Album , Editura Răsunetul, Bistrița 2001.

S. 160: Kartenausschnitt (bearbeitet von Horst und Roland Göbbel) aus: Schröcke, Helmut: Siebenbürgen – Menschen Kirchenburgen Städte – Kulturleistungen einer deutschen Volksgruppe im Südosten, Langen Müller, München 2001[3].

S. 162 1, 3 Horst Göbbel, Nürnberg, Juni 2004, 2, 4 Georg Gerster, Zürich (Flugbilder aus dem Projekt „Dokumentation siebenbürgisch-sächsischer Kulturgüter" 1991-1995)

S. 163 1 Martin Eichler, Dresden (Bilderdienst Siebenbürgen), 2 Horst Göbbel, 3 Mihaela Someșan, Bistrița (Direcția Județeană pentru Cultură, Culte și Patrimoniul Cultural Național Bistrița-Năsăud), 4, 5 Georg Gerster

S. 164: 1, 2, 3 Horst Göbbel

S. 165: 1, 2, 3, 4 Horst Göbbel

S. 166: Georg Gerster

S. 167: Horst Göbbel

S. 168: 1 Georg Gerster, 2 Martin Eichler, 3 Horst Göbbel, 4 Martin Eichler

S. 169: 1, 2, 4, 5 Horst Göbbel, 3 Martin Eichler

S. 170: 1, 3, 4 Horst Göbbel, 2 Georg Gerster

S. 171: 1, 4 Horst Göbbel, 2, 3 Georg Gerster

S. 172: 1, 3 Horst Göbbel, 2 Georg Gerster

S. 173: 1, 2, 3, 4 Horst Göbbel

S. 174: 1 Horst Göbbel, 2, 3, 4 Mihaela Someșan

S. 175: 1, 2 Horst Göbbel, 2, 4 Georg Gerster

S. 176: 1, 3, 4 Horst Göbbel, 2 Georg Gerster

S. 177: 1 Georg Gerster, 2, 3 Horst Göbbel

S. 178: 1, 3, 4, 5 Horst Göbbel, 2 Georg Gerster

S. 179: 1, 3 Horst Göbbel, 2, 4, 5 Georg Gerster

S. 180: 1, 3 Horst Göbbel, 2, 4 Georg Gerster

S. 181: 1, 2, 4 Horst Göbbel, 3 Dieter Mäckl, Neustadt a. d. Aisch

S. 182: 1, 3, 4 Horst Göbbel, 2 Georg Gerster

S. 183: 1 Horst Göbbel, 2, 3, 4 Georg Gerster

S. 184: 1 Martin Eichler, 2, 3 Georg Gerster

S. 185: 1 Horst Göbbel, 2, 3 Mihaela Someșan, 4 Martin Eichler

S. 186: 1, 3, 4 Horst Göbbel, 2 Georg Gerster

S. 187: 1, 2, 3, 4 Horst Göbbel

S. 188: 1 Horst Göbbel, 2, 3, 4 Georg Gerster

S. 189: 1, 2, 3, 4 Horst Göbbel

S. 190: 1, 3, 5 Horst Göbbel, 2 Martin Eichler, 4 Georg Gerster

S. 191: 1, 4 Horst Göbbel, 2 Mihaela Someșan, 3 Dr. Ernst Wagner, 5 Georg Gerster

S. 192: 1, 3, 4, 5 Horst Göbbel, 2 Georg Gerster

S. 193: 1, 2 Martin Eichler, 3 Georg Gerster, 4 Horst Göbbel,

S. 194: 1 Martin Eichler, 2, Georg Gerster, 3, 4 Horst Göbbel

S. 195: 1 Georg Gerster, 2, 4 Horst Göbbel, 3 Mihaela Someșan

S. 196: 1, 4 Georg Gerster, 2, 3 Horst Göbbel

S. 197: 1, 3 Horst Göbbel, 2 Georg Gerster, 4 Mihaela Someșan

S. 198: 1, 4 Horst Göbbel, 2, 3, 5 Georg Gerster

S. 199: 1, 2, 3, 4 Horst Göbbel, 5 Mihaela Someșan

S. 200: 1, 2, 3, 4 Hermann Fabini: Atlas der siebenbürgisch-sächsischen Kirchenburgen und Dorfkirchen band I, Monumenta Verlag Hermannstadt, Band II 1999.

S. 201: 1, 2 Hermann Fabini, 3, 4 Georg Gerster

S. 202: 1, 3, 4 Horst Göbbel, 2 Georg Gerster

S. 203: 1, 2 Horst Göbbel, 3 Mihaela Someșan, 4 Georg Gerster

S. 204: 1 Georg Gerster, 2, 3, 4 Horst Göbbel,

S. 205: 1 Martin Eichler, 2 Horst Göbbel, 3, 4 Georg Gerster

S. 206: 1, 2, 3, 4 Horst Göbbel

S. 207: 1 Georg Gerster, 2, 3 Horst Göbbel

S. 208: 1, 3 Georg Gerster, 2 Horst Göbbel

S. 209: 1, 3 Horst Göbbel, 2 Martin Eichler

S. 210: 1, 4 Georg Gerster, 2 Martin Eichler, 3 Horst Göbbel

S. 211: 1 Horst Göbbel, 2 Georg Gerster, 3 Hanspeter Zehner

S. 212: 1, 2, 4 Horst Göbbel, 3 Georg Gerster

S. 213: 1, 5 Georg Gerster, 2 Horst Göbbel, 3, 4 Mihaela Someșan

S. 214: 1, 2, 3 Mihaela Someșan, 4 Horst Göbbel

S. 215: 1, 4 Georg Gerster, 2 Mihaela Someșan, 3 Horst Göbbel

S. 216: 1 Martin Eichler, 2 Georg Gerster, 3, 4 Horst Göbbel

S. 217: 1, 3 Horst Göbbel, 4 Mihaela Someșan, 2 Georg Gerster,

S. 218: 1, 3, 4 Horst Göbbel, 2 Georg Gerster

S. 219: 1, 3 Georg Gerster, 2 Horst Göbbel

S. 220: 1 Horst Göbbel, 2, 3 Georg Gerster

S. 221: 1, 3, 4 Horst Göbbel, 2 Martin Eichler, 5 Georg Gerster

S. 222: 1, 3, 4 Horst Göbbel, 2 Georg Gerster

S. 223: 1 Georg Gerster, 2, 3 Horst Göbbel

S. 224: 1, 2, 3 Horst Göbbel, 4 Georg Gerster

S. 225: 1, 2, 3, 4 Horst Göbbel

S. 226: 1 Mihaela Someşan, 2 Georg Gerster, 3, 4

S. 227: 1, 4 Georg Gerster, 2, 3 Mihaela Someşan

S. 228: 1, 3, 4 Horst Göbbel 2 Georg Gerster

S. 229: 1, 2, 3 Horst Göbbel, 4, 5 Georg Gerster

S. 230: 1 Martin Eichhorn, 2 M. Lörinz, 3 Georg Gerster, 4 M. Kuales

S. 231: 1 Georg Gerster, 2, 3 Horst Göbbel

S. 232: 1 Georg Tinnes, 2, 3 Georg Gerster

S. 233: 1, 2, 3, 4, 5, 6 Hermann Fabini, 7, 8, 9 Georg Gerster

S. 234: 1, 2, 3 Horst Göbbel, 4 Georg Gerster

S. 235: 1, 3, 4 Horst Göbbel, 2 Georg Gerster

S. 236: 1 Martin Eichler, 2, 3, 4 Horst Göbbel

S. 237: 1 Martin Eichler, 2, 3, 4 Horst Göbbel

S. 238: 1, 2, 4 Horst Göbbel, 3 Mihaela Someşan

S. 239: 1, 3, 4 Horst Göbbel, 2 Mihaela Someşan

S. 240: 1, 3, 4 Johann Rehner, 2 Georg Gerster

S. 241: 1 Dr. Ernst Wagner, 2 Erich Weniger, 3 Johann Rehner

S. 242: 1 Martin Eichler, 2, 3 Michael Leprich

S. 243: 1 Martin Eichler, 2, 3, 4 Georg Gerster

S. 244: 1 Martin Eichler, 2, 3 Georg Gerster

S. 245: 1, 2, 3, 4, 5, 6 Hermann Fabini, 7, 8, 9 Georg Gerster

S. 246: 1, 3 Horst Göbbel, 2 Georg Gerster

S. 247: 1, 4 Horst Göbbel, 2 Georg Gerster, 3 Mihaela Someşan

S. 248: 1 Georg Gerster

S. 249: 1 Georg Gerster

S. 250: 1, 2 Hermann Fabini, 3 Martin Eichler

S. 251: 1, 2, 3 Hermann Fabini, 4 Martin Eichler

S. 252: 1 Georg Gerster, 2, 3 Horst Göbbel

S. 253: 1, 5 Horst Göbbel, 2 Mihaela Someşan, 3, 4 Hermann Fabini

S. 254: 1, 3 Johann Rehner, 2 Hermann Fabini, 4 Georg Gerster

S. 255: 1 Georg Gerster, 2, 3 Johann Rehner

S. 256: 1 Hermann Fabini, 2 Martin Eichler, 3, 5 Georg Gerster, 4 Michael Klösler

S. 257: 1, 2, 4 Michael Klösler, 3 Georg Gerster

S. 258: 1, 2 Friedrich Gottschling, 3 Georg Gerster

S. 259: 1, 2, 3 Friedrich Gottschling, 4 Georg Gerster

S. 260: 1 Martin Eichler, 2, 4 Georg Gerster, 3 Hermann Fabini

S. 261: 1, 2, 3 Hermann Fabini, 4, 5 Georg Gerster

S. 262: 1, 4 Edwin Zakel, 2 Georg Gerster, 3 Hermann Fabini

S. 263: 1, 2, 3 Edwin Zakel, 4 Georg Gerster

S. 264: 1, 3 Hermann Fabini, 2, 4 Georg Gerster

S. 265: 1 Martin Eichler, 2, 3, 4 HOG Rode (Annette Folkendt)

S. 266: 1, 2 Martin Eichler, 3, 4, 5 Hermann Fabini

S. 267: 1 Martin Eichler, 2, 3, 4 Georg Gerster

S. 268: 1 Martin Eichler, 2, 3, 4 Helmut Müller

S. 269: 1, 3 Helmut Müller, 2, 4 Georg Gerster

S. 270: Kroner, Michael/ Göbbel Horst: Flucht – Deportation – Enteignung – Entrechtung, Nürnberg 1994.

S. 271: Zeichnung Adolf Kroner

S. 272: 1, 2, 3, 4, 5 Horst Göbbel

S. 276: Maria Winter

S. 279: Foto Römischer

S. 280: Foto Maria Winter

S. 281: Kroner, Michael/ Göbbel, Horst: Flucht – Deportation – Enteignung – Entrechtung, Nürnberg 1994.

S. 283: Horst Göbbel

S. 285: Maria Göbbel

S. 286: Horst Göbbel

S. 288: Otto Engler

S. 290: Infoblatt: Wer sind die Siebenbürger Sachsen?

S. 291: Infoblatt: Wer sind die Siebenbürger Sachsen?

Alexandru Pintelei

S-a născut la 10.11.1972 în localitatea Mocod, situată în apropierea Năsăudului. După absolvirea în 1991 a Liceului Pedagogic din Năsăud, profilul învățători, activează ca educator la Casa de Copii din Beclean. Urmează apoi Facultatea de Istorie a Universității din București, absolvită în 1998, unde a susținut teza de licență „Sașii din zona Bistriței în timpul celui de-al doilea război mondial", iar apoi Facultatea de Studii Europene a Universității din Cluj, absolvită în 2002, aici susținând teza de licență „Alteritatea etno-confesională a Transilvaniei interbelice". În anii studenției la Cluj a fost colaborator la postul public de radio. Este autor al mai multor studii, articole și recenzii, publicate în țară și străinătate, consacrate în principal minorității germane din Transilvania și Bisericii Greco-Catolice. În vara anului 2003 ședere de studii în Germania (Gundelsheim, Nünberg). Din ianuarie 2003 este redactor-șef al Editurii greco-catolice „Viața Creștină" din Cluj.

Geboren am 10. November 1972 in Mocod in der Nähe von Nassod. 1991 Absolvent des Pädagogischen Lyzeums Nassod, Profil Lehrer. Ist anschließend als Erzieher im Kinderheim Beclean tätig. Es folgt das Studium der Geschichte an der Fakultät für Geschichte der Universität Bukarest, das er 1998 mit der Lizentiaten-Arbeit „Die Siebenbürger Sachsen aus der Bistritzer Gegend während des Zweiten Weltkrieges" abschließt. Anschließend studiert er an der Fakultät für Europäische Studien an der „Babeș-Bolyai"- Universität in Klausenburg und schließt hier mit der Lizentiaten-Arbeit „Die ethnische und konfessionelle Mannigfaltigkeit Siebenbürgens zwischen den beiden Weltkriegen" ab. Während seiner Studienzeit in Klausenburg war er Mitarbeiter beim öffentlichen Rundfunk. Er ist Autor mehrerer Studien, Beiträge und Rezensionen, die sich vorwiegend mit der deutschen Minderheit in Siebenbürgen und der Griechisch-Katholischen Kirche befassen. Im Sommer 2003 Studienaufenthalt in Deutschland (Gundelsheim, Nürnberg). Seit Januar 2003 Chefredakteur des griechisch-katholischen Verlags „Christliches Leben" in Klausenburg.

Horst Göbbel

Fiu de țăran născut într-un tren în Ungaria la 2. octombrie 1944 în timpul evacuării sașilor din Ardealul de Nord; copilăria la Iad/Livezile, 1962 absolvent al Liceului din Bistrița (azi Colegiul Național „Liviu Rebreanu"), studiul istoriei la Facultatea de Istorie-Filozofie la Universitatea „Babeș-Bolyai" din Cluj (Lucrare de diplomă: „Cotropirea Austriei de către Germania nazistă – Anschlussul și realizarea sa 1918-1938"); apoi profesor de istorie la liceul „Liviu Rebreanu" la Bistrița; 1973 plecarea în Germania; 1974-1977 Studiul limbii și literaturii germane la Facultatea Filozofică II la Universitatea „Friedrich-Alexander" Erlangen-Nürnberg; 1977 Examen de Stat în Filologia germană și Științe sociale; din 1977 angajat în învățămîntul bavarez, din 1979 la Hans-Sachs-Gymnasium în Nürnberg, unde predă și actualmente ca director de studii istoria, germana și științe sociale.

Căsătorit, are doi copii (fiul Roland *1979, fiica Sigrid *1982); angajat onorific pe plan social și bisericesc în diferite asociații (Sașii ardeleni, Biserica Sf. Sebaldus Nürnberg, integrarea migranților, …).

Publicații: „Rămas bun din istorie – Exemplul Iad/Livezile din Transilvania", Monografie, Nürnberg 1990; „Politica Internațională", München 1995; broșuri și articole de ziar cu teme transilvănene (de ex. „Nürnberg și Transilvania" (cu dr. Michael Kroner), Nürnberg 1993; „Refugiu – Deportare – Expropriere – Privare de drepturi. Sașii ardeleni între 23. august 1944 și 1947" (cu dr. Michael Kroner), Nürnberg 1994; „România și germanii săi 1948-1995" (cu dr. Michael Kroner), Nürnberg 1995; „Actualitatea comunităților sașilor ardeleni", Nürnberg 1997/1999/2000).
E-Mail: horst...bbel@gmx.de

Bauernsohn aus Siebenbürgen, geboren auf der „Flucht" der Nordsiebenbürger Sachsen in einem Eisenbahnwaggon am 2. Oktober 1944 in Ungarn; Kindheit in Jaad Gymnasium in Bistritz (heute Colegiul Național „Liviu Rebreanu"), Abitur 1962, Studium der Geschichte an der Historischen Fakultät der Universität „Babeș-Bolyai" in Klausenburg (Diplomarbeit: „Der Anschluss Österreichs 1918-1938"), anschließend Gymnasiallehrer in Bistritz 1973 Aussiedlung in die Bundesrepublik Deutschland 1974-1977 Studium der Germanistik an der Philosophischen Fakultät II der Friedrich-Alexander-Universität Erlangen-Nürnberg 1977 Erweiterungsprüfung Sozialkunde; seit 1977 im bayerischen Schuldienst, seit 1979 am Hans-Sachs-Gymnasium in Nürnberg, wo er auch gegenwärtig als Studiendirektor Geschichte, Deutsch und Sozialkunde unterrichtet.

Verheiratet, zwei Kinder (Sohn Roland *1979, Tochter Sigrid *1982), vielseitig ehrenamtlich tätig (Siebenbürger Sachsen, Sebaldus Kirche Nürnberg, Aussiedlerintegration seit 2000 Vorsitzender des Vereins „Haus der Heimat" Nürnberg).

Veröffentlichungen: „Abschied aus der Geschichte. Das Beispiel Jaad in Siebenbürgen", Monografie, Nürnberg 1990; „Internationale Politik", München 1995; Broschüren und Zeitungsbeiträge zu siebenbürgischen Themen (u.a. „Nürnberg und Siebenbürgen" (mit Dr. Michael Kroner), Nürnberg 1993; „Flucht – Deportation – Enteignung – Entrechtung. Die Siebenbürger Sachsen 23. August 1944 bis 1947" (mit Dr. Michael Kroner), Nürnberg 1994; „Rumänien und seine Deutschen 1948-1995" (mit Dr. Michael Kroner), Nürnberg 1995; Siebenbürgisch-Sächsisch